权威·前沿·原创

皮书系列为
"十二五""十三五"国家重点图书出版规划项目

健康老龄化蓝皮书

BLUE BOOK OF HEALTHY AGEING

中国大中城市健康老龄化指数报告
（2017~2018）

REPORT ON INDEX OF HEALTHY AGEING IN URBAN CHINA
(2017-2018)

主　编／杨一帆
副主编／张雪永　阎　星　董　蕤

社会科学文献出版社
SOCIAL SCIENCES ACADEMIC PRESS (CHINA)

图书在版编目(CIP)数据

中国大中城市健康老龄化指数报告.2017-2018/杨一帆主编.--北京:社会科学文献出版社,2018.9
（健康老龄化蓝皮书）
ISBN 978-7-5201-3410-1

Ⅰ.①中… Ⅱ.①杨… Ⅲ.①城市人口-人口老龄化-研究报告-中国-2017-2018　Ⅳ.①C924.24

中国版本图书馆 CIP 数据核字（2018）第 205169 号

健康老龄化蓝皮书
中国大中城市健康老龄化指数报告（2017~2018）

主　　编／杨一帆
副 主 编／张雪永　阎　星　董　蕤

出 版 人／谢寿光
项目统筹／邓泳红　桂　芳
责任编辑／桂　芳

出　　版／社会科学文献出版社·皮书出版分社（010）59367127
　　　　　地址：北京市北三环中路甲29号院华龙大厦　邮编：100029
　　　　　网址：www.ssap.com.cn

发　　行／市场营销中心（010）59367081　59367018
印　　装／三河市龙林印务有限公司

规　　格／开　本：787mm×1092mm　1/16
　　　　　印　张：22　字　数：331千字
版　　次／2018年9月第1版　2018年9月第1次印刷
书　　号／ISBN 978-7-5201-3410-1
定　　价／128.00元

皮书序列号／PSN B-2017-618-1/1

本书如有印装质量问题，请与读者服务中心（010-59367028）联系

▲ 版权所有　翻印必究

健康老龄化蓝皮书编委会
专家名单

吴　江　董克用　蓝志勇　何云庵　韩冬雪
赵汝鹏　陈　光　陈　蛇　John Beard（澳大利亚）
堀江正弘（日本）　金判锡（韩国）　言培文（丹麦）
Lichia Saner-Yiu（瑞士）　Raymond Saner（瑞士）

中国大中城市健康老龄化指数报告
（2017～2018）

主　　编 杨一帆

副 主 编 张雪永　阎　星　董　蕤

写作组成员（排名不分先后）
　　　　　　雷　斌　张　铎　明　亮　付　飞　李春艳
　　　　　　席惠莉　陈　璐　张田丰　钱　磊　巩奕辰
　　　　　　李　楠　罗　忠　宣绍雯　陈柯宇　奉　蓓
　　　　　　车思涵　张　霞　程子建　费　凯　孙雅馨
　　　　　　房庆云　黄敏捷　吴　昊　张容嘉

主编简介

杨一帆 西南交通大学国际老龄科学研究院/国际康养学院（全国老龄委国家老龄科学研究基地）副院长，公共管理与政法学院副教授，硕士研究生导师。西南财经大学—德国马克斯普朗克学会联合培养经济学博士，中国人民大学管理学硕士，西南财经大学本科。2010年12月毕业后即作为西南交通大学引进人才任职副教授，从事健康老龄化、妇女儿童及老年人发展，及康养产业等领域教学研究。国家老龄事业"十三五"规划课题、国家"马工程"2017年重点项目"习近平总书记关于有效应对人口老龄化的新理念新思想新战略的基本内涵和重大意义研究"课题组主要成员。主持国家社会科学基金项目"全球应对老龄化治理与构建年龄友好城市研究"、国家自然科学基金项目"城镇化、劳动力市场变迁及养老保险制度优化"、教育部人文社科研究项目"基于OLG-CGE模型的养老保险体系优化：理论分析与政策模拟"。

已在 Public Administration and Development（SSCI）、The Chinese Economy（ESCI）、Journal of Chinese Studies（KCI）、Asian Review of Public Administration、《中国管理科学》、《经济社会体制比较》、《财经科学》、《保险研究》、《人口与经济》、《老龄科学研究》、《社会保障研究》、《西北人口》、《消费经济》等国内外核心期刊发表中英文学术论文40余篇（独立或第一作者25篇），其中SSCI收录1篇、CSSCI及北大核心收录15篇。曾获人力资源和社会保障部优秀成果三等奖1项（独立），中国社会保障学会2016年度优秀论文奖1项（第一作者）。

目前担任中国社会保障学会青年委员会委员，中国社会保障30人论坛青年学者联盟成员，（中国）消费经济学会理事、四川省居民消费研究会理事、中国养老金融 50 人论坛特邀研究员，国家自然科学基金通讯评议人，四川省政策法规性别平等评估咨询委员会专家委员，亚洲公共管理学会（AAPA）会员、日本明治大学客座教授、韩国延世大学国际减贫与发展研究中心客座研究员、日本政策研究大学院大学客座研究员、国际行政科学学会（IIAS）"全球减贫战略"跨国研究理事会成员，《减贫与区域发展》、《亚洲公共管理评论》等国际英文期刊匿名审稿人等学术和社会兼职。

自 2015 年起，推动研究院以联合国 2030 可持续发展目标（SDGs）和以人为中心的包容性发展为根本理念，探索老龄社会的治理目标、治理结构、治理工具和治理能力从被动养老向主动健康转变，从消极老龄化向积极老龄化转变的途径与方法，在地方治理实践中积极倡导构建人人共建共治共享的年龄友好城市，在事业产业发展中努力促进老龄科技、老龄教育、老龄金融、养老地产等互动融合。

西南交通大学国际老龄科学研究院

——国内首个"国家老龄科学研究基地"

西南交通大学国际老龄科学研究院（以下简称交大老龄研究院）于2015年5月15日正式从全国老龄工作委员会获批，成为全国首个"国家老龄科学研究基地"。作为学校二级实体教育科研机构，交大老龄研究院的成立旨在发挥西南交通大学在老龄科学交叉研究领域的优势，建设具有国际影响力的一流师资团队，培养拥有国际视野的一流人才，开辟学科改革与发展的实验田。发展目标是"国内一流，国际知名"，发展原则是"高起点、跨学科、国际化"。

交大老龄研究院深刻认识到：其一，人口老龄化问题已经成为世界各国共同面对的全球性难题。未来40年内，中国面临着人类历史上前所未有的人口老龄化规模、速度和程度。预计到2050年左右，60岁以上老年人口占比将超过我国人口总数的1/3，绝对数超过全部发达国家60岁以上人口总数。规模越来越大、程度越来越深、速度越来越快的人口老龄化形势给中国经济和社会发展带来了空前的考验和挑战。社会各界逐渐认识到，"老龄问题是关系国计民生、民族兴衰和国家长治久安的重大课题"。中国在经济并不发达的背景之下逐渐进入老龄化社会，一方面，具有老年人口基数巨大，老龄化发展速度极快，人口结构波动剧烈等显著特点；另一方面，作为后发型现代化国家，"二元"社会结构长期存在，应对人口老龄化的经济社会发展基础差异巨大。因此，发达国家应对人口老龄化的经验在很大程度上难以为我国借鉴，世界迫切需要中国提出在复杂条件下应对人口老龄化的办法。

其二，老龄问题研究需要学科交叉融合。老龄产业链条长，包括生产、经营和服务等方面，从理念的提出到服务成果的产出要求多学科综合能力的配合。一项优质的养老服务的产出，不仅需要公共管理的政策需求分析，也需要医学、生物学等学科专业技术和金融经济学的融资方案分析等等，这对其综合性和科学性提出了要求。站在成果转化的角度来看，我们需灵活合理地运用各个学科的专业知识，以提供全方位的养老服务。单一的学科弊端和壁垒容易造成养老服务提供链条的断裂。

更进一步地，人口老龄化带来的挑战不仅是日渐严峻的养老问题，还必将使整个社会在经济结构、政治态度、价值取向等各个方面发生根本性的变化。从国内外关于老龄化问题的研究趋势来看，涉及方方面面，任何一个单一学科都无法解决。因此，有必要联合自然科学、工程技术、社会科学等不同学科门类协同创新，发挥各个学科的综合优势，共同开展综合型的大规模研究，涵盖老龄化的基本规律、本质特征，人口老龄化给经济社会发展带来的宽领域、深层次、长周期的影响以及立足中国国情的人口老龄化应对策略等等。

成立三年来，交大老龄研究院已经开展多项创新性工作。如：主持以健康老龄化、养老金融与经济、产业发展为主题的国家"马工程"重点项目、国家社会科学基金项目、国家自然科学基金项目等多个国家级课题；策划编写全国第一部反映大中城市居民退休生活质量的蓝皮书，以及第一部反映大中城市健康老龄化状况的蓝皮书；同世界卫生组织、联合国欧洲经济委员会、日内瓦经济社会研究中心及欧美日韩的多个著名研究机构合作，组建国际健康老龄化领域学术交流研究网络（W‐HAC）；研发"老龄社会的跨学科洞察力"、"康养产业发展与城市转型"、"国际康养城市建设及项目开发案例分析"等课程，并同意大利威尼斯大学等欧洲合作伙伴联合推出全球第一个以"银发经济"为主题的国际硕士项目（IM‐AGE）；积极倡导人口老龄化背景下的康养科技创新和康养人才教育，组建了第一个区域性的产教融合人才教育培养协作机制——"四川康养教育联盟"。

交大老龄研究院的六个重点研究领域包括：

- 老龄公共政策与治理

- 老龄社会保障与经济金融
- 老龄医疗保健与健康管理
- 老龄建筑交通与城市发展
- 老龄人因工程与适老设计
- 老龄信息化与大数据

交大老龄研究院将按照去行政化的改革要求，继续秉承"开放办院、不拘一格"的选材用人原则，不断创新组织模式，努力成为西南交通大学汇聚老龄科学和康养事业与产业交叉领域优质学术资源与培养创新人才的高地。（联系人：副院长杨一帆，yfyang@swjtu.cn）

摘　要

本报告倡导"可持续发展与城市对不同年龄人的包容",探索城市如何为老年人提供机会,让他们方便和安全地参加经济和社会生活;如何为老年人提供必要的住房、社会保障以及卫生保健和社会服务,帮助他们就地养老;如何创建包容、安全、有活力和可持续的城市和人类住区,不让一个人——不管他(她)年龄多大——掉队;反过来,如何协助老年人更好地参与城市规划、建设和社会营造等公共活动,不断确认、强化、丰富其自身的人生意义和社会价值,从而实现人的可持续发展。

本报告以世界卫生组织(WHO)倡导的健康老龄化为主线,将"健康老龄化"概念植入城市治理与可持续发展议题中,力求阐述人口老龄化与城市地方治理的关系。报告基于层次分析法构建了城市健康老龄化指数评估体系,以我国38个大中城市作为研究考察对象,利用公开数据,从健康医疗、交通出行、经济金融、人居环境以及社会公平五个维度,客观公正地评估我国大中城市健康老龄化发展水平,反映了以老年人为重点的包括各年龄段人群生存发展的总体社会环境,并对其中老龄化与主动健康、无障碍与适老宜居、老年人价值与社会参与、包容发展与共建共治共享等重点难点问题进行了诊断和剖析,提出了若干有针对性的政策建议。

本报告强调"健康老龄化"是关乎所有年龄段人群的重要举措:老龄社会的治理,除了需要解决当前所面临的问题和挑战之外,更重要的是促进健康老龄化的"年龄友好"理念纳入决策主流,帮助有关城市在地方治理中理解采纳"年龄意识",并引导年轻一代适应社会的老龄化趋势,主动为老年期做准备,创新地挖掘人口老龄化给经济社会发展带来的潜力和机遇,从而促进国家和地方治理水平与能力不断提高,实现可持续发展目标。报告

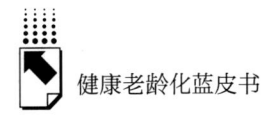

有望为健康老龄化公共政策研究和制定提供理论支撑，为城市规划建设开辟新的观察视角，为各地因地制宜地创建老年友好城市、健康城市提供决策参考。

关键词： 健康老龄化　年龄友好　地方治理　年龄友好型城市

前　言

如何确保城市的可持续发展，是联合国2030年可持续发展议程（SDGs 2030）的重点。其中，可持续发展目标11（SDG 11）是"使城市和人类住区具有包容性、安全、有弹性和可持续"。该议程不仅需要各成员国在国家层面订立发展战略，更需要地方政府改革创新。地方政府所提供的社会保障、卫生保健、医疗、养老、教育等公共服务与每个公民所期望的幸福感、生活质量和尊严都密切相关。

在新时代、新理念、新矛盾面前，城市治理既要以高品质的可持续发展为目标，紧紧围绕满足人民对美好生活的需要这一核心任务，做出新的制度安排、政策创新和技术应用，不论城乡、性别、年龄差别，全面提升人民福祉，不让一个社会成员掉队；更要以习近平总书记提出的"市民是城市建设、城市发展的主体。要尊重市民对城市发展决策的知情权、参与权、监督权，鼓励企业和市民通过各种方式参与城市建设、管理。在共建共享过程中，城市政府应该从'划桨人'转变为'掌舵人'，同市场、企业、市民一起管理城市事务、承担社会责任"为根本依循，着力破解不平衡不充分的矛盾，创建更加整洁、安全、包容、有序、公正的城市环境。

在此背景下，为突出国家积极应对人口老龄化行动和"健康中国2030"战略的宏观导向，响应十九大关于老龄工作体制的变化和调整，《中国大中城市健康老龄化指数报告（2017~2018）》在继续沿用《中国城市居民退休生活质量指数报告（2016~2017）》核心理念和分析框架的基础上，着眼于国际视野，跟踪全球老龄化治理前沿动态，在国内首次将"健康老龄化"概念植入城市治理与可持续发展议题中，力求初步阐述人口老龄化与城市地方治理的关系。但在具体实施过程中，我们深刻感受到我国政府相关部门和

各城市应更加重视开展具有"年龄意识"的数据体系建设和采集工作。原本一些更有健康老龄化指向性的指标，如：无障碍站点及交通工具所占比重，城市通勤范围里每小时所有方向公共交通工具的数量，方圆数公里内的通勤时间，方圆数公里内的公园数量，方圆数公里内的公共图书馆数量，常住人口中外国居民的来源、数量、结构及与本国人口的对比状况，城市接纳本国其他城市流入老年人口的数量，国际旅客占常住人口的比重等，均因为数据可获得性及城市之间口径的可比性等因素，不得不使用替代性指标，这仍然是本报告最大的遗憾和不足。同时，城市创新发展和地方治理实践离不开老年人群体的有效参与，如何确保他们能提出真实反馈和改善意见，发挥其在倡导、实践、顾问和监督方面的作用，仍然是我国老年友好型城市建设过程中待解的命题。

本报告是国际老龄科学研究院围绕健康老龄化开展广泛国际学术交流活动的成果产出。相关合作机构包括但不限于世界卫生组织（WHO）生命历程与老龄化司、联合国欧洲经济委员会（UNECE）、联合国开发计划署（UNDP）驻华代表处、瑞士社会经济发展中心（CSEND）、国际行政科学学会（IIAS）"Productive Ageing"全球研究组、成都市社会科学院、意大利威尼斯大学、日本明治大学、韩国延世大学等。同时，本报告也是2018年中央高校基本业务费重点团队项目和国家社会科学基金项目"全球应对老龄化治理与构建年龄友好城市研究"（18BZZ044）的阶段性成果。创作团队对上述机构和合作伙伴在资金、知识、技术和案例等方面给予研究院的支持和启发表示诚挚感谢。当然，一切文责自负。

国际老龄科学研究院　杨一帆

2018年8月6日于西南交大峨眉校区

目 录

Ⅰ 总报告

B.1 中国大中城市健康老龄化指数报告（2017~2018）
　　　　……………………………… 杨一帆　董 蕤　奉 蓓 / 001
　　一　人口老龄化与城市化的时代背景 …………………… / 002
　　二　健康老龄化与城市治理的研究现状 ………………… / 006
　　三　中国大中城市健康老龄化评估体系与构建原则 …… / 031
　　四　中国大中城市健康老龄化评估总排名及综合分析 … / 046
　　五　提高老龄社会地方治理能力，构建年龄友好型健康城市
　　　　………………………………………………………… / 071

Ⅱ 分报告

B.2 中国大中城市老年人健康医疗发展报告……… 雷　斌　李　楠 / 078

B.3 中国大中城市老年人人居环境发展报告
　　　　……………………………… 付　飞　费　凯　孙雅馨 / 122

B.4 中国大中城市老年人经济金融发展报告……… 张　铎　张田丰 / 162

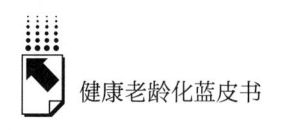

B.5 中国大中城市老年人社会公平与社会参与发展报告
　　　　　　　　　　　　　　　　　　　　明　亮　李春艳　张容嘉 / 212
B.6 中国大中城市老年人交通出行发展报告……… 张雪永　车思涵 / 258

Ⅲ　专题报告

B.7 信息无障碍视阈下的老年群体状况研究：现状与问题
　　　　　　　　　　　　　　　　　　　　　　　　　宋　煜 / 305

Abstract　……………………………………………………………… / 322
Contents　……………………………………………………………… / 324

皮书数据库阅读 **使用指南**

总 报 告

General Report

B.1 中国大中城市健康老龄化指数报告 （2017~2018）

杨一帆 董蕤 奉蓓*

摘 要： 本报告以我国38个大中城市作为研究考察对象，立足积极老龄化与地方治理、可持续发展的交叉领域，在研究可持续发展城市治理趋势的基础上，以健康老龄化为导向，借鉴世界卫生组织关于构建老年友好型城市/社区的政策框架，从健康医疗、交通出行、经济金融、人居环境以及社会公平五个维度，解析了其运作机制、过程和成效、风险

---

* 杨一帆，经济学博士，西南交通大学国际老龄科学研究院副院长、副教授，研究领域：养老金融、健康老龄化、康养产业发展；董蕤，西南交通大学公共管理与政法学院，硕士研究生，研究领域：社会保障与养老金融；奉蓓，西南交通大学公共管理与政法学院，硕士研究生，研究领域：社会保障与行政管理。此外，李楠、罗忠、宣绍雯等三位同学对此报告的修改完善亦有贡献。

和保障以及约束条件等要素，初步构建了一个具有中国特色、体现可持续发展和韧性治理理念的、共建共治共享的年龄友好城市治理及绩效分析评估框架——城市健康老龄化指数，最终从构建年龄友好城市的总目标出发，就价值取向、功能维度、结构体系、协同机制和绩效评估机制等方面提出了建构我国积极应对人口老龄化的地方治理框架、坚持以人民为中心的发展理念、尊重和发扬老年人积极价值、把年龄友好城市的地方治理纳入现代社会治理总框架、提高老龄社会地方治理的系统性、探索多元化的治理保障机制等相关政策建议。

关键词： 健康老龄化　城市治理　年龄友好

一　人口老龄化与城市化的时代背景

习近平总书记指出："人口老龄化是世界性问题，对人类社会产生的影响是深刻持久的。我国是世界上人口老龄化程度比较高的国家之一，老年人口数量最多，老龄化速度最快，应对人口老龄化任务最重。"民政部数据显示，到2020年，全国老年人口占比将接近世界发达国家平均水平（22%），而到2050年，再增长接近一倍。其中，高龄老年人口（80岁及以上）在已经突破2500万的基础上，正以年均增长100万的态势持续到2025年，到2050年占比会上升到23.2%。完全失能和部分失能老年人口已超过4000万，患有慢性病的老年人也已经突破1亿人。应对人口老龄化，既是全球治理面临的重大社会问题，也是我国在新时代协调推进"四个全面"战略布局、实现"两个一百年"奋斗目标和中华民族伟大复兴中国梦所无法回避的现实课题。

人口老龄化，在经济领域影响着经济增长、储蓄、消费与投资、税收及代际资源配置；在社会层面，人口老龄化影响着保健和医疗、家庭构成、生活安排、住房与人口流动等。联合国可持续发展目标中提出促进全年龄段福祉，而在老龄化逐渐加深的今天，老年人成了国际、国家以及城市建设的重点关注对象之一。在中国，无论是老年人口规模、老龄化程度，还是社会抚养负担、社会保障压力都大大超出预期，逐渐呈现高龄化、失能化和空巢化"三化并发"的显著特点。另外，作为吸纳老年人口超过一半的城市，其基础设施和服务大多基于年轻人、健康居民的需要，没有预先考虑到应对人口老龄化和城市化迅速发展的特点和要求。数据显示，我国当前的城镇化率已经由1996年的30.48%快速上升至2016年的57.35%[①]，10年间提高了近27个百分点，城镇化速度十分快，这一趋势决定了未来中国乃至全世界的可持续发展能否实现取决于城市的发展。城市的基础设施包括公共交通设施建设等大多基于年轻人、健康居民以及预期城市人口的需要而设计的，没有预先考虑到应对人口老龄化和城市化迅速发展的特点和要求，缺乏长远的战略规划和目标。第四次中国城乡老年人生活状况抽样调查研究显示，58.7%的城乡老年人认为住房存在不适应老年人生存和发展的问题，其中农村高达63.2%。因此，随着城市化水平的不断提高，城市规划和建设逐步推进，居住生活环境的改造难度和成本较高，使得城市中老年人的生存和发展状况愈加困难，进而增加了政府应对人口老龄化的难度。

上述因素的叠加效应突出地体现为，一方面，城市化的快速发展使得包含老年人在内的所有城市居民物质文化需求的满足落后于城市发展，交通拥堵、环境污染、疾病等严重影响了城市居民的生活质量。另一方面，人口老龄化使得城市不得不将有限的社会资源投入城市老年群体的医疗保健和照护当中，对经济增长和城市问题的解决产生了不利影响。因此，必须将城市化问题和人口老龄化问题综合考虑、共同加以应对，才能实现老龄化和城市化的协调发展。主要表现如下。

---

① 国家统计局编《中国统计年鉴2016》，中国统计出版社，2016。

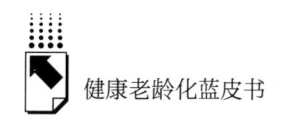

（一）城市基础设施建设适老化程度低

老龄社会是一种全新的社会形态，城市的建设水平直接关系包含年轻人在内的全体公民进入老年期的生活水平，是积极应对人口老龄化不可忽视的方面。长期以来，在我国的经济社会发展过程中，城乡社会建设、基础设施建设也基本基于年轻健康群体的需求，对老年人、残障人士等群体的特殊需求考虑不够，甚至是完全忽略。第三次中国城乡老年人口状况调查结果显示：在城市生活的老年人中，四成以上的老年人（44.7%）认为社区活动不便捷，超过六成的老年人（65.4%）认为社区设施不齐全，多数老年人（60.6%）认为社区服务不完善[1]。随着人口老龄化问题和城镇化问题的交汇，暴露出的问题越来越突出，已经成为我国当前积极应对人口老龄化的重大风险因素。

在户外空间、交通出行和公共建筑方面这些设计的弊端表现得尤为突出。一是城市的公共休闲空间难以满足包含老年人在内的全年龄段居民的需求。一直以来，城市的公共休闲空间都是承载城市居民休闲娱乐活动、提升生活质量的重要场所。但是当前城市休闲空间存在配置不足、品质不高的问题。在场地功能上，现有的城市公共休闲空间不仅无法满足老年群体的体育锻炼、社会交往、文化娱乐等方面的需求，而且公共空间的环境质量不佳，相关配套缺乏。在很多地方，这些公共空间和设施往往距离居住密集区较远，但是公共交通的配套建设又十分落后。二是交通障碍多，安全隐患较大。城市各个公共空间和设施同老年人集中居住的区域存在明显的不匹配，城市公共交通的适老性只体现在交通价格的补贴上，而服务和适老设施的建设并没有得到改善。城市整体的步行交通设施也较为落后，老年人过马路、过天桥、过地下通道困难的问题仍然十分突出；另外，当前道路上的标志牌颜色不够明显、字体较小，公共交通中的广播系统声音较小等也是老年人出行面临的主要障碍。三是公共建筑无障碍问题凸显。目前，对于老年人和残

---

[1] 蓝青：《二〇一〇年城乡老年人口状况调查结果发布》，《中国老年报》2012年7月11日。

疾人等群体而言，在设计大多数公共建筑时并未考虑到他们的使用情况，如建筑的出入口、卫生间、走廊通道等均缺乏无障碍的坡道和扶手，使得他们寸步难行。

（二）社会缺乏对老年人的包容

当前，"老年人无用论"的文化观念使大多数包括老年人在内的人认为老年人是社会的负担，他们的观点和思想几乎都与时代脱节了。有研究显示，一方面，人口老龄化会导致家庭、社区、国家的财政成本增加，消费和投资下降，从而影响国家的富裕程度和经济发展。因此，如今社会上很多文化制度和产品设计都忽略了老年群体的特殊需求，没有为他们创造一个平等参与社会、服务社会和奉献社会的机会和环境。但是，另一方面，随着老年群体生理机能和认知水平的下降，老年群体对社会的依赖性将会逐渐提高。但是这个问题的产生不在于老年人本身，而在于整个社会都将老年人视作问题，缺乏对老年人等弱势群体的包容。

而老年人希望看到一个具有包容性的社会，希望年轻人尊重和爱护老年人，希望自家附近可以拥有更多的社会空间，在那里他们可以与儿童、年轻人、其他老年人经常互动，以减少寂寞并发挥自身作用，甚至可以与城市其他居民和政府官员探讨城市政策的可行性，推动城市的可持续发展。

如何让城市对包括老年人在内的所有成员都具有包容性，是国家治理面临的新问题。尽管近年来党和国家高层越来越重视老龄化问题，提出开展积极应对人口老龄化战略行动，出台了老年宜居环境建设行动方案，但地方政府对老龄问题的认识程度不一，有些流于表面，甚至存在许多认识偏差。比如，把老龄化问题简化为老年人的养老服务照料问题，把老年人简单视为社会的"负担"、"包袱"。我国城市普遍存在新建商业小区排斥养老机构、老龄工作机构乏力等现象，折射出城市治理同人口老龄化现象之间的不匹配、不协调。占总人口比例达到1/4甚至1/3的老年人口关于照料、参与等的多元利益诉求，难以通过现有治理框架和手段得到充分、平衡的回应，城市治理面对老龄化挑战时显得韧性不足、创新乏力。

因此，研究可持续发展城市治理趋势，借鉴世界卫生组织关于构建老年友好型城市社区的政策框架，解析其运作机制、成效和风险、约束条件，进而构建具有中国特色的、具有可持续发展性的、共建共治共享的年龄友好城市治理模式及绩效评估体系，应成为积极老龄化与地方治理、可持续发展交叉议题的重要研究方向，具有重要的理论价值和实践意义。

二 健康老龄化与城市治理的研究现状

（一）健康老龄化国际倡议与政策框架

1. 健康老龄化国际倡议

自1990年世界卫生大会上首次提出"健康老龄化"的概念以来，各个国际组织纷纷积极引领着人口老龄化应对战略的发展。

世界卫生组织一直关注人口老龄化的应对问题。1999年，世界卫生组织发起了一项强调老有所事好处的运动，这项运动与"所有年龄走向社会"的"国际老年人年"口号实现了一致，突出了积极老龄化在社会融合上的重要性[1]。

2002年，世界卫生组织在《积极老龄化：从论证到行动》一书中对积极老龄化的内涵进行了较为充分的解释，并指出"积极老龄化"的目的是使所有进入老年的人，都能提高健康的预期寿命和生活质量[2]。这表明世界卫生组织对人口老龄化问题十分重视，并且渴望寻找一种切实可行的战略措施来应对人口老龄化。

2007年，世界卫生组织在《全球老年友好型城市建设：指南》中提出"老年友好型城市"这一概念，较为明确地指出积极应对老龄化的城市是能够为老年人提供无障碍行动环境、能包容老年人的城市。这一概念的提出为

---

[1] Kalache A. Active Ageing Makes the Difference. (1999). Bulletin of the World Health Organization, 77 (4), 299.

[2] 刘文、焦佩：《国际视野中的积极老龄化研究》，《中山大学学报》（社会科学版）2015年第5期。

世界范围内所有国家和地区积极应对人口老龄化指出一个新的方向，倡导各国以老年人为切入点，积极构建适宜并符合老年人生活习惯的城市，让老年人能够安享晚年。

2010年，世界卫生组织又启动了一项全球性行动——全球关爱老人城市和社区网络。加入该网络建设的城市位于世界不同地区，经济和社会文化背景迥异且城市和社区的规模和所处环境各不相同。但网络中成员的共同点是承诺并且积极出台相关计划为各自城市的老年居民提供高质量的城市自然和社会环境以促进积极老龄化。通过该网络，世界卫生组织为全球各个国家和地区的城市提供了一个信息交流平台，各个城市可以通过分享经验以相互支持。

2015年，世界卫生组织在《关于老龄化与健康的全球报告》中以全新的理念阐释了"健康老龄化"的内涵，并倡导政策制定者通过开展人口老龄化的综合性公共卫生服务行动来发展面向21世纪的人口老龄化应对战略新模式[1]。此报告的发布是对人口老龄化应对战略的进一步深化，其提出的人口老龄化应对战略新模式也极有建设性。

2016年，第六十九届世界卫生大会认识到老年人对社会的贡献是多样的、有价值的，老年人应享受到平等的社会权利和机会。这一说法深刻阐释了老年人对社会的重要性，指出"积极老龄化"的意义。大会还指出要通过提供充足、公平的服务和援助支持并提高老年人及其护理人员的福祉，将人口老龄化的应对战略提升到一个新的高度，即在提高老年人的生活条件的同时也要提升其护理人员的福利[2]。

欧洲人口老龄化程度较深，欧盟在应对人口老龄化方面提出了很多建设性的提议，并对积极应对老龄化进行了多方面的研究。2012年10月发布的《欧洲报告执行摘要》中的《代际学习与积极老龄化》就探讨了代际学习的

---

[1] 杜鹏、董亭月：《促进健康老龄化：理念变革与政策创新——对世界卫生组织〈关于老龄化与健康的全球报告〉的解读》，《老龄科学研究》2015年第12期。
[2] 《2016~2020年老龄化与健康全球战略和行动计划：建设每个人都能健康长寿的世界》，第六十九届世界卫生大会，2016。

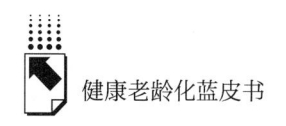

主题及其对积极老龄化的贡献,以及促进欧盟积极应对老龄化的政策。报告指出,对欧盟来说成功的老龄化是一个进程,其目的是最大限度地实现平等获得保健的机会,以使老年人能够积极参与社会,并享有包括独立和福祉在内的高质量生活[1]。

爱尔兰发布的《国家积极老龄化战略》提出了一个有利于老年人的社会愿景,并围绕参与、健康、安全和研究等四项国家目标,为促进解决积极老龄化的问题提供指导;指出实现积极老龄化需要政府、保健服务提供者、地方当局、企业、志愿团体、家庭和个人都发挥作用,并需要获知关于健康、幸福和生活质量的决定因素以及它们之间关系的有效、可靠和及时的证据[2]。

Alan Walker 和 Asghar Zaidi 以新的主动老龄化指数的应用为基础,探讨主动老龄化可能面临的主要挑战。《欧洲积极老龄化的新证据》认为欧洲应对老龄化存在一些缺陷,文中试图提出一种多层次的模式来解决缺陷,即应有一个在个人生活方式、组织年龄管理、社会政策三级及生命过程的所有阶段同时运作的人口老龄化应对战略,最终得出积极老龄化是欧盟的一项重要增长战略的结论,这不仅要从经济角度来看,还要从更广泛的社会增长的角度来看[3]。

美国国家预防、健康促进和公共卫生委员会在 2016 年发布了《健康老龄化行动:推进国家预防战略》,不仅提出了促进健康、预防伤害和管理慢性病、增强社会设施和优化生理、认知和心理健康的目标,更是为人口老龄化预防战略指明了方向。该战略提出可以从健康和安全的社区环境、临床和社区预防服务、赋予老年人相应的权利和消除健康差距四个方面来应对人口老龄化并实现积极老龄化。作为美国最大的全国性老年人联盟和研究组织,

---

[1] Franck Dantzer, H. K. F. S. (2012). Intergenerational Learning and Active Ageing Executive Summary.
[2] Age-friendly Ireland, Healthy & Positive Ageing Initiative Preliminary Report. 2015.
[3] Walker A., Zaidi A. (2016). New Evidence on Active Ageing in Europe. *Intereconomics*, 51 (3), 139–144.

美国退休长者联盟在20世纪90年代就针对老年人的生活需求做出了研究，研究内容包含了公共交通、公共步行空间、住宅和购物、公共设施、服务和休闲等方面，并形成了一份较为完善的行动准则[1]。另外，其在2005年发布的报告解释了城市环境应该如何应对"宜居社区"的要求的问题，主要涵盖了交通、住房和社会参与三个部分，即从这三个部分来强化老年人的独立生活能力，并使其达到参与市民和社会活动的要求[2]。

2. 健康老龄化政策框架

世界卫生组织在2002年发布了《积极老龄化政策框架》，该政策框架旨在为讨论提供信息，并制定促进健康和活跃年龄的行动计划。该框架指出实现积极老龄化需要教育、就业和劳动、金融、社会保障、住房、运输、司法以及农村和城市发展等各个部门共同采取行动，并强调了卫生部门的重要性，尽管卫生部门不直接负责所有这些其他部门的政策，它们属于最广义的公共卫生范畴，但卫生部门作为行动催化剂，其职能需要被加强。此外，该框架提出所有应对人口老龄化的政策都要支持代际团结，以减少男女不平等现象以及老年人群体中不同分组之间的不平等现象，也需要特别关注贫穷和处于社会边缘地位的老年人以及生活在农村地区的老年人。积极老龄化的政策要力求消除年龄歧视，并承认老年人口的多样性。老年人及其照顾者必须积极地参与与老有所事有关的政策、方案和知识发展活动的规划、执行和评价[3]。

该框架提出的政策旨在解决老有所事的三大支柱问题，即健康、参与和安全问题。有些政策覆盖了所有的年龄层，而另一些政策则是专门针对老年人或接近老年的人。首先是健康方面，预防和减少过度疲劳、慢性疾病和过早死亡的负担，这个政策以制定针对不同性别、可衡量的指标，改善老年人的健康状况，并减少与年龄有关的慢性病、残疾和过早死亡为目标。该框架

---

[1] 窦晓璐、约翰、派努斯：《城市与积极老龄化：老年友好城市建设的国际经验》，《国际城市规划》2015年第3期。
[2] AARP. Livable Communities. [EB/OB]. 2013.
[3] World Health Organization. Active Ageing: A Policy Framework. 2002.

表示制定政策和方案时不能忽略经济对健康的影响，因此要制定政策来减少造成晚年疾病和残疾的经济因素，即贫穷、收入不平等和社会排斥、识字率低、缺乏教育等，以此优先改善贫困和边缘化人口群体的健康状况。除此之外，预防和有效治疗、老年友好型安全型的环境、听觉和视觉、无障碍生活、生活质量、社会支持、艾滋病毒和艾滋病、心理健康、干净的环境等都是需要被特别关注的。其次是参与方面，具体分为三个部分：在整个人生中提供教育和学习机会；使人们能够根据其个人需求、喜好和能力，在年龄增长时积极参与各类社会活动；鼓励人们随着年龄的增长充分参与家庭社区生活。参与这个角度着重从不同年龄层的人对社会活动的参与程度来制定政策，旨在提高老年人对社会的参与程度。最后是安全方面，该框架提出要确保老年人的保护、安全和尊严，保障老年人随着年龄的增长在社会、经济和人身安全方面的需求，并减少老年妇女在安全权利和需要方面的不平等。

Walker 和 Maltby 指出欧盟委员会为促进老有所事做出努力，并建立一个框架，在这个框架内，支持老有所事的各级，包括成员国、区域、地方、社会伙伴、民间社会等，老有所事的新倡议和伙伴关系都可以得到保障并得到宣传[1]。

Boudiny 在研究中考虑了先前的疏漏，提出了一项全面的战略。鉴于早期的政策倾向于将体弱的老年人排除在外，他提出的这一战略特别注意重新界定积极老龄化概念，其核心是三项关键原则：促进适应性、支持维持感情上的亲密关系以及消除与年龄或依赖有关的结构性障碍。在单个途径方面，他指出原本的一些办法仅仅侧重于通过诸如养恤金的办法进行调整，如提高退休年龄和终止提前退出办法，来促进更长的工作时间，因此他强调在雇用中反对年龄歧视的重要性，并增加老年工人的吸引力。在多层次途径方面，他认为一些人设想的积极老龄化（指老年人在生活的几个领域中持续参与）并不全面，应该对此进行更详细的区分。在超越行为标准方面，他认为到目

---

[1] Walker A., Maltby T. (2012). Active Ageing: A Strategic Policy Solution to Demographic Ageing in the European Union. *International Journal of Social Welfare*, 21 (s1).

前为止所讨论的积极老龄化定义都是强调行为的，然而实现积极老龄化需要注重老有所事的三个组成部分：经济情况、社会支助、保健和社会服务的获得和使用[1]。

Moulaert 和 Biggs 批判性地研究了在人口变化的背景下与工作和退休相关的主题，重点讨论了国际和欧洲的社会政策，探讨了主导话语的出现及其对老龄政策理解的影响，确定了老龄主体性的新正统观念，解决限制老年人对工作和类似工作的活动的社会贡献的问题。他认为自由的老年事项应与社会身份认同形式相结合，从而使特定的变老方式合法化，但这并不是说，使论述合法化和政府性的创造，对老龄化社会以及晚年工作和非工作活动之间的关系没有什么帮助[2]。

Beard 等人在《老龄与健康问题世界报告：促进健康老龄化的政策框架》中提出要想实现积极老龄化，现在迫切需要做的是在多个部门和利益攸关方之间做出连贯一致、重点突出的公共卫生反应。结合世界卫生组织发表的《关于老龄化与健康的全球报告》，他们审查了目前的知识和差距，并提供了一个公共健康行动框架，框架的核心是个人的内在能力的组合、相关的环境特征以及个人与这些特征之间的相互作用。他们认为可以通过最大限度地发挥功能，为促进健康老龄化的行动提供切入点。可以通过两种方式实现积极老龄化的目标，分别是通过建立和保持内在能力和使具有一定内在能力的人能够从事对他们有意义的事情。在此过程中，他们强调，不仅要考虑能够减轻与老年人相关的损失的方法，而且要考虑能够加强复原力和心理社会成长的方法。在人口方面他们还强调，需制定既能提高总体能力，又要通过特别注重提高底层能力来缩小能力分配差距的

---

[1] Boudiny K. (2013). "Active Ageing": from Empty Rhetoric to Effective Policy Tool. *Ageing & Society*, 33 (6), 1077 - 1098.

[2] Moulaert T., Biggs S. (2013). International and European Policy on Work and Retirement: Reinventing Critical Perspectives on Active Ageing and Mature Subjectivity. *Human Relations*, 66 (1), 23 - 43.

战略[1]。

Ellen等人提出了一个支持老龄化与健康方面的决策框架。他们通过"文献审查"和"召集专家小组提供反馈"这两个阶段来发展该框架。Ellen等人的框架解决了在实现积极老龄化方面与循证决策相关的大多数障碍，该框架包括了对老龄化和健康具有重要意义的子元素，并重新检查了这些子元素的重要性顺序。他们提出的主要内容有研究使用的背景、联系和交流努力、创造新知识、推动努力、促进拉动努力、吸引努力和评估几个部分，并建议确立这个框架需要按照背景划分、确定老龄与健康的优先主题、简介制定政策的研讨会、召开审议对话四个步骤进行。作者创新地提出，发展中国家也正在经历人口结构的变化，有必要考虑到文化、财政、服务和人力资源的可得性，可以根据该框架提供的必要视角，以审查和协助各国确定其所需的"管理和建立循证方法"的政策和方法[2]。

（二）国际典型城市应对老龄化行动经验

在国际提出诸多倡议后，随着老龄化程度日益深化，国际上各城市分别根据自身情况结合国际倡议采取了许多应对老龄化的地方治理措施。

2009年，《曼彻斯特，一个养老的好地方》(*Manchester: A Great Place to Grow Older*)中写到一个对老年人友好的城市，其结构和服务必须相应地做出调整，使其能够向具有不同需求和能力的老年人提供服务；并提出了2020年要达到五个目标：为老年人创造更好的街区，增加老年人的收入和就业，增加老年人对文化和学习活动的参与，改善老年人的健康，改善对老年人的照顾和支助。

2015年，《纽约：规划更富强和公正的纽约》提出了"老年人友好"的规划导引，确保老年人的健康、活跃和参与。具体策略包括减少老年人在

---

[1] Beard J. R., Officer A., de Carvalho I. A., et al. (2016). The World Report on Ageing and Health: A Policy Framework for Healthy Ageing. *The Lancet*, 387 (10033), 2145–2154.

[2] Ellen M. E., Panisset U., de Carvalho I. A., et al. (2017). A Knowledge Translation Framework on Ageing and Health. *Health Policy*, 121 (3), 282–291.

住房中的跌倒危险,增加交通的可达性和可移动性,提供更加方便健康和营养的食物等。

我国学者李胜提出,为了迎接老龄化的挑战,我们应该在城市规划、道路设计、交通优惠、老年住房等方面做出调整。①《大伦敦地区规划》记载了伦敦为了应对人口老龄化而采取的一系列措施,其中主要包括:一是建设老年人住房,其中10%应该设计成可使用轮椅或是轮椅使用者易于习惯的房屋类型;二是完善健康与社会关怀设施,尤其是在供给不足的区域和有特殊需要的地方,提供高质量的健康与社会关怀;三是包容性的环境,要求所有位于伦敦的新建开发计划应达到可用的以及包容的最高标准,并支持包容性的设计原则。②

李忠东指出,新加坡政府主导的养老模式以免费为主,养老方式呈现"去产业化"色彩。政府从养老金、医疗、护理、就业、子女、城市规划和基础设施等多方面,全面构建和完善以"乐龄公寓"和临终护理为重点的老龄化社会保障网络。③ 此外,通过对新加坡官网相关内容的查询,新加坡提供以EASE方案与日常购物折扣为主的日常生活改善,对于低收入群体以及家庭需要支持的群体,新加坡政府提供现金补助以及特殊的先驱计划。随着老龄化程度的加深,新加坡对退休年龄的思考以及对老年人力资源的利用开始重视。对于愿意继续进行学习的老人,新加坡提供健康高级学院,使老年人跟得上时代发展的步伐,丰富老年人生活,为老年人的再就业提供可能。

尹豪提出,1995年日本的老年人社会保障制度已经健全,其人口老龄化对策也较为完善和具体。其为解决人口老龄化问题而制定的"老龄社会对策大纲"主要由以下五个方面的内容组成:(1)就业与收入;(2)健康与福利;(3)学习与社会参与;(4)生活环境;(5)调查研究。④ 尹文清等人提出日本属于立足国情成功探寻适宜养老居住模式的国家,现在推行的

---

① 李胜:《当代纽约:从人口老龄化到老年友好型城市的转变》,《西北人口》2015年第4期。
② 盛明洁:《大伦敦地区规划》,《城市与区域规划研究》2012年第1期。
③ 李忠东:《新加坡养老关键词:"居家"和"免费"》,《检察风云》2017年第21期。
④ 尹豪:《日本人口老龄化与老龄化对策》,《人口学刊》1999年第6期。

养老方式主要是"居家—社会型"模式和以"年金—医疗—护理"为核心的养老服务体系的综合。①

2013年,首尔围绕"建立超老龄化社会福利体系",主要采取以下三种策略:一是加强社会性援助,保障稳定的养老生活;二是增加老龄人参加社会活动的机会,营造世代和谐文化氛围;三是创建宜居住宅社区,建立以社区为中心的居家养老服务体系。与此同时,首尔通过建立老年人参与经济活动的基础、增加老年人参加休闲活动和贡献活动的机会、扩大世代和谐空间等方式让更多老年人的社会价值再实现。首尔规划策略的制定已超出保障老年人基本的生存质量的内容,转而发掘老龄社会新的发展机会。②

上海作为我国最早步入老龄化的城市,面临着较大的老龄化压力。于宁提出从长期来看,人口老龄化的经济影响是一个十分复杂和政策性很强的问题,是上海未来发展中的一项重大战略课题,需要从人口老龄化对劳动力供求的影响、对社会保障计划的影响、对产业结构和产业国际竞争力的影响以及对国内消费结构的影响等诸多方面进行探讨与研究。③ 也有学者提出,上海以居家养老为重点的社会养老体系步入了规范化全面发展阶段,其中主要成就包括:第一,"居家+社区+机构"的养老服务格局基本形成;第二,养老服务多元投入机制日趋建立;第三,养老服务的惠及对象范围逐步扩大;第四,养老服务体系的能力不断加强。④

城市是老龄化社会中有效政策行动的重要伙伴,国际典型城市在应对老龄化时提供了令人鼓舞的范例。面对日益增加的人口压力,城市正在努力增强它们对家庭和企业的吸引力。促进老年人福利的努力不仅将帮助它们尽可能有效地支持越来越多的老年人,而且还将吸引它们所需要的青年人,使它

---

① 尹文清、罗润东:《老龄化背景下日本养老模式创新与借鉴》,《浙江学刊》2016年第1期。
② 韩堤铉:《首尔2030城市总体规划》,《上海城市规划》2013年第6期。
③ 于宁:《人口老龄化的长期经济影响:上海的挑战与对策》,《上海经济研究》2011年第7期。
④ 民政部政策研究中心课题组、王杰秀:《上海养老服务发展研究》,《科学发展》2016年第1期。

们能够确保持续的经济和社会活力。最终，应对人口变化挑战的政策将是建设经济和社会适应能力强的城市的核心。

（三）可持续发展目标（SDGs）与城市治理

2015年9月，联合国大会一致通过了2030年可持续发展议程。它包括了含169项指标在内的17项可持续发展目标，为未来的15年制定了定量定性的政策目标[①]。其中还包括了用来衡量各国在实施可持续发展战略方面取得进展的230个指标。这些目标跨越了可持续性的社会和经济环境维度，预计到2030年实现。它打算提供一个框架，可以通过合作伙伴关系，由所有国家和所有利益攸关方实施。这一雄心勃勃的议程旨在终止贫困，保护地球，并确保所有人的繁荣。实现可持续发展目标的责任在于各国政府，但地方政府是可持续发展目标实施的核心。毫无疑问的是，有必要建立一个运作良好、管理良好的地方政府来使可持续发展目标成为现实。该文件的目的是对在地方一级，特别是在城市和较大的直辖市层面成功执行可持续发展目标做出贡献。具体而言，该文件的重点是第16项目标和其中两项指标，它们为执行2030年议程提供了必要的手段。就其本身而言，169项指标中有两项特别重要，即指标16.6和指标16.7。它们为可持续发展目标的成功实现确定了制度上的先决条件。这两个指标与许多国家经常有缺陷或发展不足的善政原则相一致。这两个指标是：16.6在所有层面发展有效、负责和透明的机构；16.7确保在所有层面都能做出反应性、包容性、参与性和代表性的决定。

1. 治理的一般理论

学界对治理的一般理论和地方治理实践的总结极大地拓展了老龄问题的研究广度、深度与厚度，极具启发性。宾厄姆、奥斯特罗姆、多莱里、阿尔贝克等人的研究，均认为：要转变政府职能，引入市场机制；改革县级政府机构，加强整合治理；重视绩效评估；扩大地方政府自主决策权，提高服务

---

① Transforming Our World: the 2030 Agenda for Sustainable Development, Preamble. 30 Vries M. S. D. Understanding Public Administration. 2016.

所有居民的能力，包括日益增长的老年居民。[1] 近年来国际学界特别重视"韧性"（Resilience）一词。国际标准化组织 ISO 新组建了国际安全标准化技术委员会（ISO-TC292），将 Security 拓展为 Security and Resilience。2018年6月国际行政科学学会（IIAS）将其2018年会主题定为治理韧性。我国学者在21世纪初开始跟进社会治理研究。童星、陈振明、汪大海、孙柏瑛、俞可平、王诗宗、吴江的作品都具有极大影响力，比较全面地对社会治理的价值、内涵、系统构成进行了探讨。杨宏山、范逢春等对地方治理、县级政府社会治理质量亦有深入探讨。

2. 政府治理与可持续发展目标

公民难以在国家层面参与决策进程，特别是在参与时与政府接触的可能性很小，以及当政策和政府基础设施太薄弱或根本不适合民间社会参与时。另外，在乡村、城镇或城市层面参与相对容易，例如参加地方政府的事务，或通过个人网络与城市委员会或城市行政机构沟通。公民与地方政府之间很近，因此可以进行直接沟通，这是地方行政的一个重要方面。除了提供有效和高效的服务之外，本地政府有义务（在大多数情况下）提供一个论坛，让公民关于服务的交付提供意见，以便提高服务的质量、扩大服务覆盖面和提升对公民主动权的反应能力。

地方治理，包括有活力、有生活、有工作的多种目标和环保的自治社区。好的地方治理不仅提供一系列本地服务，而且还涉及保护居民的生命和自由，为民主参与和公民对话创造空间，支持市场主导的和环境可持续的地方发展，并促进产生能够丰富居民生活的成果。面对管理向可持续性转变的复杂任务，创造以透明、参与和责任为基础的可行的地方治理条件是至关重要的，因为一个综合的和跨部门的发展办法是新颖、很少受到考验的，发展中国家尤其如此。在这种情况下，机构学习是迫切需要的，它依赖于从政府到民间社会和商业利益相关者的反馈循环的稳定可靠的流动，反之亦然。能力有限包括公共政策能力有限的国家已经在公民和企业搜集人口普查数据方

---

[1] 陈国申、高秉雄：《我国地方政府学发展的回顾与展望》，《江汉论坛》2011年第9期。

面遇到了困难。在尝试搜集业绩和影响的相关数据或公民反馈以改进它们的行政程序和服务时，它们将面临更大的挑战。这种信息差距给了解其公民的需要和愿望造成了障碍，并且难以满足他们的社会服务期望。改善地方治理可以促进经济发展，最大限度地提高行政效率，确保社会包容和环境可持续发展能力，来加强治理能力。较优的治理能力和政府绩效是实现可持续发展目标的必要前提。

由于社会、经济和环境方面在可持续发展目标之间存在着巨大的相互作用，2030 年可持续发展议程被认为是"不可分割的整体"。虽然其中一些目标之间是相互支持的，但也有一些限制[1]。因此，在国家或地方政府层面实施可持续发展战略，意味着要了解和处理政策权衡，并通过尽可能多的捆绑目标来寻求乘数效应。想要同时实现所有 17 个目标是不可能的，所以我们需要了解一个城市或市政当局的发展需求的优先次序，而这又需要一个可持续发展战略，该战略目标要到 2030 年才能实现，它可以由足够数量的有能力的公务员实施，并与城市的主要利益相关者（公民、企业、学者、非政府组织）进行谈判[2]。如何保持及时的信息流动，以及如何跟踪公民和商业社会的状况，本身就成为一项挑战。信息管理和知识管理的有效运作需要一种系统化的方法，即以透明的方式将关键信息集中起来，同时确保各利益相关者的包容和参与。这样的信息管理基础设施可以支持一种更综合的方法来实现可持续性和保障（希望）各部分的一致性。

SDGs 的政策一致性要求地方政府官员积极参与部际（跨部门）政策协调，同时完成政府与利益攸关方的政策磋商。政策协调和协商（含方案协调和协商）需要专门技能和能力来设计和管理政府政策机制。如果没有这样的机制和做法，政府官员将继续以垂直的方式工作，从而牺牲掉能够取得

---

[1] Mans Nilsson. (2016). A Draft Framework for Understanding SDG Interactions. Chemistry International— Newsmagazine for IUPAC, 38 (6), 29 – 29.
[2] Boas I., Biermann F., Kanie N. (2016). Cross-sectoral Strategies in Global Sustainability Governance: towards a Nexus Approach. International Environmental Agreements Politics Law & Economics, 16 (3), 449 – 464.

更大的政策影响和增强可持续性的预期结果所必需的横向接口[①]。

根据2030年的协议,SDGs应该在透明度、包容性和参与的基础上实现可持续发展目标。这些重要原则是对国家和地方政府的重大挑战,例如:①公民参与。根据联合国公共行政词汇,公民参与意味着公民参与范围广泛的决策活动,包括确定服务水平、预算优先事项和有形建筑项目的可接受性,以便使政府的方案面向社区需要,建立公众支持,并鼓励邻里之间的团结感。②责任。联合国大会第63/276号决议对问责制的定义如下:问责制是本组织及其工作人员在资源许可和外部因素的限制下,对交付明确和透明的责任分配所确定的具体成果承担责任的义务。问责制包括根据任务规定实现各项目标和成果,按照条例、细则和标准,包括明确界定的奖励和制裁制度,就业绩结果、资金管理以及所有方面提出公正和准确的报告,并对业绩进行管理。③透明度。表示"公众不受限制地获得关于公共部门决策和业绩的及时和可靠信息"[②]。④包容性。根据联合国经社部促进社会融合的战略:包容性社会是这样一个社会,它超越种族、性别、阶级、世代和地域的差异,并确保包容、机会平等以及社会所有成员商定一个社会体制以管理社会互动。

为了"不让任何人掉队"而执行2030年议程所产生的这些新的工作领域,对于那些习惯于闭门运作、在没有征求任何公民意见的情况下单方面做出决定的公共行政部门来说,可能是令人生畏的。但对于其他需要获得新的能力的行政机关,显然是更好的。

3. 城市治理质量与政府治理能力

可持续发展目标与城市环境。城市化是在21世纪未来几十年决定全球经济的最重要驱动力之一。在人类历史上第一次,世界一半以上的人口生活

[①] Saner R., Toseva G., Atamanov A., et al. (2008). Government Governance (GG) and Inter-Ministerial Policy Coordination (IMPC) in Eastern and Central Europe and Central Asia [J]. *Public Organization Review*, 8 (3), 215–231.

[②] Armstrong E. (2005). Integrity, Transparency and Accountability in Public Administration: Recent Trends, Regional and International Developments and Emerging Issues. Economics & Social Affairs.

在城市地区[1]。作为全球人口的一部分，城市人口预计到2030年将达到60%，城市地区人口以每周130万人的速度增长。从历史上看，高收入国家通常都是农村社会向城市社会转型过渡，这些城市充满活力，它们扮演着地区经济中心和增长引擎的角色。根据世界银行的数据，"72%的表现超过了它们所在的国家经济增长条件"[2]。因此，城市增长的潜在好处是巨大的。城市的迅速增长改变新兴市场的经济前景，同时高收入国家城市的经济重要性将继续增长。尽管城市发展的潜在好处是巨大的，但管理不善的城市增长也可能产生经济代价。

城市环境对实现可持续发展目标十分重要，特别是在城市人口快速增长的发展中国家，尤其是亚洲和非洲，这是目前为止城市化程度最低的地区[3]。一些西非国家发现，从1950年至2010年，它们的城市化水平几乎提高到了50%。例如，科特迪瓦的城市化率达到48%，冈比亚为48%，佛得角为47%，尼日利亚为46%，多哥为46%，加纳为45%[4]。在印度，"城市人口将从2001年的28%增加到2020年接近50%"[5]。这一新趋势伴随着可持续发展问题，如"人口密度高，环境污染和掠夺"[6]，更不用说住房短缺、交通堵塞、空气和水污染、犯罪。

一个城市发展的经济潜力在于生产力提高，而生产力提高又是人口集中、人才密集、经济活动集中的结果。集中的经济和社会互动为创意、技术、产品、服务和工艺创造了一个充满活力的市场和良好的环境。但是，如果没有很好地管理城市发展，那么就会降低城市的经济集聚效应

---

[1] UNDESA. (2009). Creating an Inclusive Society: Practical Strategies to Promote Social Integration (Draft).
[2] World Bank Group. Competitive Cities for Jobs and Growth, Washington, D. C. 2015.
[3] Overseas Development Institute, Projecting Progress: Are Cities on Track to Achieve the SDGs by 2030? 2015.
[4] OECD. "Demographic Growth and the Spread of Agglomerations in West Africa", in Urbanization Dynamics in West Africa 1950–2010: Africapolis I, 2015 Update, OECD Publishing Paris, p. 34.
[5] Sridhar K. S., Kashyap N. (2014). Benchmarking Cities: Evidence from India// Urbanization in Asia. Springer India, 61–89.
[6] Prono, L. Urbanization. Salem Press Encyclopedia 2017.

以及增加物质和非物质的成本。在这里，我们认为没有管理好的城市发展是指那些导致了重大经济的、社会的以及环境的外部效应的城市发展。这些外部效应可能来自城市扩张、低效的公共交通基础设施、能源效率低下的建筑、空气污染、社会排斥、缺乏能源和水等基本服务。这些特征在世界各地的许多城市都可以看到，因为这是通常情况下的商业活动的一部分。管理不善的城市发展也会导致能源的低效利用甚至浪费，以及温室气体的过度排放。城市的无序扩张和高水平的机动化可以显著地增加城市的碳排放，无论是在基础设施的建设中，还是在运输操作中，都造成了人口密集、效率低下、生产和日常活动的负面溢出效应的恶性循环。

今天，国家和城市在管理城市增长方面所做的选择，会在未来的几十年里锁定经济和气候的利益或成本。资本密集的、基本上不可逆转的城市基础设施（如废水和水处理、道路和建筑物）投资的寿命通常从30年到100年不等，而城市形态所产生的方式却持续了几个世纪。由于过去的政策，不同的城市有不同的城市中心、交通运输系统和能源效率，所以现在，即使是人均收入和气候相似的两个城市，它们的能源消耗和温室气体排放的数据在很大程度上也是不同的。在接下来的几十年里，这对新兴经济体的城市来说会是特别重要的。例如，2050年印度将有70%~80%的城市基础设施尚未建成[1]。

在设计国家和全球的发展议程时，当地政府可以发挥作用、有所作为。例如，当地原来的风俗习惯可以避免一些在现有的知识条件下还不能证明的关于人为导致气候变暖的错误。为了说明这一点，哥伦比亚可以成为在地方一级按照良好的治理原则进行包容性投资的好例子。哥伦比亚是首批在其国家发展计划中纳入可持续发展目标的169个国家之一。圣菲波哥大（哥伦比亚首都）的市长正在努力提高交通系统的可持续性和社会公平性。

---

[1] Floater G., Rode P., Robert A., et al. (2014) Cities and the New Climate Economy: the Transformative Role of Global Urban Growth. LSE Research Online Documents on Economics, 5 (3), 130-138.

4. 城市治理能力建设与政府行政运作

公民期望他们的所有需要都得到满足，在考虑到道德原则和基本人权的情况下，服务希望能够表达真正的公共政策和价值观。如果不满足这些期望，可能会产生意想不到的后果，例如冷漠、缺乏发展动力、贫困陷阱和人口外流。

在管理公共产品的质量和提高公民对地方、区域和国家各级政府的信心的基础上，从地方一级建立更强有力的区域、国家甚至全球政府。公民期望地方政府在发生洪水、飓风和海啸等自然灾害时，能够及时、有效地应对灾害。由于气候变化和经济发展方面所付出的不成比例的代价，这些灾害正在增加。这些期望必须通过地方一级运作良好的"机器"来实现，而如果没有强有力的组织和管理工具、明确的工作程序来界定跨部门的作用和责任，如果没有熟练的公务员，就不可能实现这一目标。不幸的是，发展中国家的地方行政一级往往缺乏这些条件。

世界各地的公共行政机构也面临着创新和提高效力和效率的多重压力。改革的范围从新公共管理到其他形式的重组，例如"公共管理的对立面"，导致了新公共管理的各种差异。虽然其中许多改革可能被证明是成功的，但对所有形式的公共行政改革的批评却有所增加。国家预防机制和国家行动计划都没有成功的记录，关于国家预防机制的民主合法性或国家预防机构的经济效率的辩论也比比皆是。有关公民和政府官员都在寻找有共同立场的方法，以评估公共行政部门的质量，无论这些机构是以国家预防机制还是以国家预防行动计划为基础的。质量评估方法提供了一种评估公共行政业绩的透明方法，并为持续改进提供了反馈[1]。

尽管各国的权力下放程度不尽相同，但地方政府通常负责提供和维持基本服务，如道路、水和土地使用决定，以及提供住房等。从根本上说，地方政府面临的挑战是改善服务的获取、质量和扩大覆盖面，而这些是成功实现

---

[1] Saner, R. (2002). Quality Assurance for Public Administration: A Consensus Building Vehicle, Public Organization Review, Kluwer Academic Publ, The Hague. 407-414 (2).

千年发展目标所必需的,且不一定要增加预算。要使地方政府有效运作,除其他外,还需要有合格的人员和良好的组织结构。以斯洛文尼亚建国时的情况为例[1],地方政府必须不断地进行组织学习。可以通过提高质量管理系统的能力促进政府和行政学习。

5. 城市治理与老年人社会参与

老年人的社会参与是老年人适应社会、适应老年生活的选择,也是国家和社会解决人口老龄化问题的重要战略。老年人在退休后积极参与社会经济的生产与发展,不仅是开发老年人力资源的途径,也是缓解人才资源结构性短缺、减轻社会负担的有效途径。另外,社会参与对于提升老年心理健康水平具有积极作用。因此,在城市治理中将老年人的社会参与纳入规划是十分必要的。

李宗华和高功敬经过研究发现,老年人社会参与的组织性不强,且多数停留在被动参与层面,在参与意愿方面的被动倾向也明显表现出来,而忽略了对所参与活动与自己是否密切相关的考量。另外,经济因素是影响老年人社会参与的重要变量,经济收入一般的老年人是社会参与的中坚力量,其参与力量要大于生活优越的老年人。具有生活自理能力的老年人的社会参与意愿要普遍高于其他老年人群体。值得注意的是,在参与社会活动的类型、方式及参与程度等方面有明显的性别差异,男性普遍倾向于部分参与,而女性则大多热衷于全部参与[2]。

6. 城市治理与老年组织

Krout 通过对美国老年机构的研究指出老年中心的一些服务可以最大限度地提高老年人在社区中生活的能力(收入的补充,日常生活帮助和其他)。但是这些服务必须由社区的其他机构提供,否则更多的资源会被浪费,而资源在机构之间的转换和传递对于老年服务机构有相当大的

---

[1] Saner R., Yiu L. (1996). The Need to Mobilize Government Learning in the Republic of Slovenia [J]. *International Journal of Public Sector Management*, Volume 9 (5/6), 51-61 (11).

[2] 李宗华、高功敬:《积极老龄化背景下城市老年人社会参与的实证研究》,《学习与实践》2009年第12期。

影响[1]。

张强提出自20世纪90年代以来,老年协会在全国范围内兴起,并迅速发展壮大。随后,新修订的《中华人民共和国老年人权益保障法》、《中国老龄事业发展"十二五"规划》和《国务院关于加快发展养老服务业的若干意见》等多项文件都对老年协会建设提出了一系列要求。截至2014年年底,我国城乡社区老年协会已达49万个,覆盖率达74%。老年协会作为老年人的利益代表组织,是解决老龄问题的中坚力量。老年协会作为老年人自我管理、自我教育、自我服务的群众组织,是基层老龄行政工作的重要载体。在农村,老年协会能够通过与村委、村庄精英及村民的互动产生内生的社区福利,对于基层的行政力量具备"连带性吸纳"的能力,具有整合国家基层力量的能力,同时通过多种形式将资源转化为老人及村庄整体的福利,在维护农村"邻里相依,守望相助"的礼俗文化、重新定位农民价值、解决农村纠纷、参与农村政治等方面也发挥着重要作用[2]。

(四)健康城市及其治理

1. 健康城市的内涵与外延

健康城市的概念最早出现于英国 Edwin Chadwick 教授在1842年发表的劳工人群卫生状况的报告中,这一概念的提出在当时也促成了英国健康城市协会的诞生[3],在此之前,更早期的健康城市更多的是从医学层面来说明人们的身体状况。1948年,世界卫生组织提出了三维健康概念,即健康不仅是没有疾病或不虚弱,而是"身体的、心理的和社会的完美状态"[4]。1984年,"2000年健康多伦多"会议首次提出了健康城市这一概念,并且明确指

---

[1] Krout, J. A. (1985). Senior Center Activities and Services: Findings from a National Study. *Research on Aging*, 7 (3), 455-471.

[2] 张强:《依老助老:老年协会参与城市社区居家养老实践研究——以武汉市W老年协会为例》,《西北人口》2018年第39期。

[3] Lee W. R. (1965). Report on the Sanitary Condition of the Labouring Population of Great Britain. *British Journal of Industrial Medicine*, 22 (4), 324.

[4] 郭根:《中国健康城市建设报告》,中国时代经济出版社,2009。

出健康城市的目标是要解决城市健康及其相关问题，这一会议还指出实现健康城市的目标需要多部门和多学科的共同努力，绝不能局限于医疗卫生领域[1]。1988年WHO总结"健康城市"是一个不断创建和改进自然和社会环境、扩大社区资源，使人们在发挥生命功能和发展最大潜力方面能够互相支持的城市。2010年WHO进一步拓展了健康城市的概念，提出要提升全社会各阶层参与的积极性，健康政策和策略要覆盖所有国家、区域和阶层，强调以人为本的公共卫生服务体系建设，强调对紧急事件的应急能力和社会监督，同时也更加强调了政策对健康促进的重要性。

在此基础上，国内外学者对健康城市的外延进行了进一步扩展，国内学者王一认为健康城市是将人作为城市的主体，以健康城市为导向的各方面建设应该以"人"的健康为中心，他也指出健康城市发展建设的目标应该是使城市成为健康人群、健康环境和健康社会三者的有机结合体[2]。从我国健康城市发展建设的过程来说，最早是开始卫生城市建设，但是随着时代的发展，健康的概念早已超越环境卫生，扩展到了个人身心健康、社区发展和谐、健康绿色的环境以及完善的社会体系等方面。因此健康城市不再是单一的城市概念，而是个体、社会、环境三者和谐发展的状态，其实质是通过这三者的协调发展，为城市中的个体提供高效便捷、全面智能的设施和服务，由此健康城市建设目标和价值取向应该是个体全生命周期的全面发展。

2. 健康城市的构建与衡量

健康城市的发展规划决定了健康城市发展的方向和高度，健康城市的理念和实施源于对未来城市运行状态的设想和展望，并由一个发展目标和一系列可持续发展的政策组成。因此在构建健康城市时不仅需要结合城市自身的条件和情况，因地制宜地设计建设模块和方向，更要长期遵循科学性、全面性和可操作性的原则。自健康城市提出以来，国内外已经进行很多有益的探

---

[1] Hancock T. (1993). The Evolution, Impact and Significance of the Healthy Cities/Healthy Communities Movement. *Journal of Public Health Policy*, 14 (1), 5–18.
[2] 王一：《健康城市导向下的社区规划》，《规划师》2015年第10期。周向红：《加拿大健康城市经验与教训研究》，《城市规划》2007年第31期。

索。1986年,第一届国际健康促进大会在加拿大渥太华召开,会议制定了健康促进的战略框架,随后世界卫生组织启动了健康城市项目,重点关注城市贫困造成的健康差异、弱势群体的需要、公众参与以及其他影响健康的社会经济因素[1]。自此之后WHO的"健康工程"一直对各个国家和地区的健康城市体系构建起着非常关键的指导作用,以国外实践为例,多伦多作为加拿大最大的城市,连续多年被评为全球最宜居的城市之一,我国学者武占云等人在探究其建设发展经验时认为多伦多健康城市建设的主要经验在于城市规划中适度的功能分区,在控制开发建设强度的同时保障居民身心健康,最大限度地降低工业和交通对人类健康的影响[2]。在我国,推进健康中国建设已经被纳入了"十三五"规划,同时"健康中国2030战略"和健康城市建设也已全面启动。

对健康城市治理的衡量的研究也是学者在研究健康城市建设时重点关注的内容,在这一研究中,指标评估的理论方法和指标体系的建立是主要研究内容。较早的衡量健康城市的理念是WHO在1992~1994年提出的四个方面共32项指标体系,具体包括健康指标(3项)、健康服务指标(7项)、环境指标(14项)、社会经济指标(8项),不难看出这一指标体系重点强调的是健康服务、环境和社会的统一性[3]。随后WHO在1996年设定了健康城市评估的试点标准,分别从清洁和安全的环境、可靠持久的食物、水源、能源供应、富有活力的经济手段等方面确定了指标层次的内容[4]。全国爱卫办在2015年也发布了国家健康城市标准,从6个方面提出了25项指标,分别是健康环境(4项)、健康社会(8项)、健康服务(5项)、健康人群(3项)、健康文化(3项)、组织保障(2项),这一标准更多地强调城乡建设

---

[1] World Health Organization: Healthy Cities [EB/OL].
[2] 武占云、单菁菁:《健康城市的国际实践及发展趋势》,《城市观察》2017年第6期。
[3] Webster P., Sanderson D. Healthy Cities Indicators—A Suitable Instrument to Measure Health? [J]. *Journal of Urban Health Bulletin of the New York Academy of Medicine*, 2013, 90 (1): 52 - 61.
[4] 梁鸿、曲大维、许非:《健康城市及其发展:社会宏观解析》,《社会科学》2003年第11期。

与人的健康协调发展。2018年4月，全国爱国卫生运动委员会印发了《全国健康城市评价指标体系（2018版）》，这一新的体系共包括5个一级指标、20个二级指标、42个三级指标，分别从健康环境、健康社会、健康服务、健康人群、健康文化几个方面来分析评价我国各地健康城市建设工作进展，实现城市间比较和互学互鉴。

在具体的指标选取方面，综合比较国内外学者对健康城市指标体系的研究结果发现，由于每个城市和地区的特征差异太大，不同的政治体系结构、人口学特征、地区传统等都会对具体的指标体系的内容产生不同的影响，但不同的指标体系设置的基本原则基本相同。玄泽亮等在对上海市徐汇区的研究中指出，在建立健康城市的评估指标时要符合科学性、全面性、可操作性这三个原则[1]。于海宁等在对北京、上海、广州、杭州四地的指标体系的研究中更加全面综合地指出建立指标体系要参照可量化、能体现国际公信力和反映实际建设效果的原则[2]。除此之外，国内学者陈柳钦在比较多个国家健康城市评估指标后提出指标建立的原则为可行性、公平性和实效性[3]。

（五）健康老龄化与中国构建老年友好型城市的探索

1. 关于老年友好型城市的探索

借鉴健康老龄化政策框架，2009年，全国老龄工作委员会部署了关于"老年宜居社区"和"老年友好型城市"的试点工作，决定在东部沿海地区和东北地区的7个省份14个城市进行试点[4]。2015年，全国老龄办围绕老年宜居环境建设开展了专题研究和调研。2016年，在研究和调查的基础上，包括全国老龄办和国家发改委在内的15个部门出台了《关于推进老年宜居环境建设的指导意见》，从居住环境、出行环境、健康支持环境、生活服务环境、社会文化

---

[1] 玄泽亮、魏澄敏、王克利：《上海市徐汇区健康城市指标体系的研究》，《中国健康教育》2003年第19期。

[2] 于海宁、成刚、徐进：《我国健康城市建设指标体系比较分析》，《中国卫生政策研究》2012年第5期。

[3] 陈柳钦：《健康城市：城市发展的新追求》，《广东经济》2008年第7期。

[4] 胡庭浩、沈山：《老年友好型城市研究进展与建设实践》，《现代城市研究》2014年第9期。

环境等多个层面对老年宜居环境建设提出了指导意见。意见出台后，黑龙江省齐齐哈尔市、云南省玉溪市等13个城市参与了老年友好型城市建设试点（见表1）。

表1 中国老年友好型城市建设试点城市分布

城市	建设时间	户外空间和建筑	交通和出行	住房建设和安全	社会参与	尊重和社会包容	社区参与和就业	信息交流	社区支持和健康服务
齐齐哈尔	2009.09	√			√	√	√	√	
青岛	2009.09	√	√	√	√	√	√		√
上海	2009.09	√	√	√	√	√	√	√	√
湖州	2009.09	√		√					√
苏州	2009.09								
营口	2009.09								
南京	2009.09								
泰安	2011	√				√			√
玉溪	2012.06								
梧州	2013.12								
深圳	2014.06	√	√						√
北京	2016.09	√	√	√		√			
杭州	2016.10	√	√	√		√		√	√

虽然我国的建设进程与国际同步，但是截至目前仅少数城市有较为明确的建设方向和建设成果，深圳市和北京市于2016年才出台本地区的老年友好型城市建设方案，玉溪市、梧州市和营口市则无公开资料显示其关于老年友好型城市建设的进展。从建设方案看，各个城市都十分重视物理环境对城市居民生活质量改善的影响。出台方案的城市均提出要对户外空间和建筑进行适老性改造和规划，5个城市提出对交通和出行、住房建设和安全进行改造。其中，齐齐哈尔市于2011年成为继新加坡之后第15个获得世界卫生组织授予老年友好型城市称号的城市，上海市则是世界卫生组织《全球老年友好型城市建设指南》的调查来源城市之一，其老年宜居环境建设也走在

中国前列。

在我国老年友好型城市建设方案中，户外环境和绿地、公共交通和出行、住房建设和安全是各个城市物理环境建设的重点内容。通过对旧有的公共绿地、公共休息区、步行通道、公共设施进行适老化改造，通过设置防滑设施、扶手、踏步和座椅等，减少了老年人跌倒的风险。在公共交通和出行方面，上海市在人行道、运营线路、交通设施几个方面进行了改造，以帮助老年人在共享社会服务中提高社会参与度。如：在人行横道信号灯上设置倒计时显示器，方便老年人有效把握过街时间，提高过街安全性；合理设置交通运营线路、车次和站点，对超市、公园、医院、活动中心等老年人常去地方的交通线路进行设计，充分考虑老年人交通出行的方便；在老年人生活居住的住宅小区或养老机构也合理设立公交站点。

在社会环境的建设上，齐齐哈尔市十分重视对老年人的尊重和社会包容。开展了一系列尊老敬老活动，如连续十多年举办老年人音乐会，鼓励老年人融入社会生活当中。上海市则通过培育老年协会等老年社会组织，发挥老年人的积极作用；鼓励、支持、组织老年人参加社区公益活动，为老年人之间的相互帮助和照顾提供良好的平台，为老年人的互助建立有效管理和保障制度；上海还鼓励创设以老年人为主，多种年龄层次融合的社交活动，定期组织老年社交联谊，为老年人创造了友好的社会环境，为老年人融入社会提供动力。青岛市通过对尊老敬老的优秀家庭进行奖励，在全市形成了尊敬老人的良好风尚。另外，所有的城市都允许老年人免费乘坐公共交通。

在市政服务方面，上海市从社会保障和援助、社会服务和健康、文化教育和体育三个层面入手，重视和保障老年人的生存权和发展权。促进和鼓励老年人福祉科技研发和成果推广，推动新科技、新材料等在老年生活中的运用，借助互联网、物联网等科技手段，加强对老年群体的关爱。同时，上海市旨在建设以家庭健康保健为基础、社区提供服务为支持的老年卫生保健体系，为老年人家庭提供健康咨询等支持性服务。齐齐哈尔市为了更加方便、快捷地为居家养老的老年人提供保姆、病人护理、小时工等十几个方面的信息服务,建立了城市居家养老网络呼叫援助中心,并将网络的覆盖面扩大到农村[①]。

2.老年友好型城市的发展困境

从我国老年友好型城市的建设现状来看,与我国快速城镇化进程不相匹配的是我国的人居环境、公共交通、医疗卫生等方面的建设缺乏长远和全生命周期的规划,没有考虑到人口年龄结构变动的要求。在老年龄化急速发展的今天,除珠海、深圳等少数城市外,绝大多数的城市规划和建设没有考虑到老年人的出行、居住,也没有提供适合老年人的管理和服务,城市户外空间和建筑、交通、住房、社会服务等适老化程度较低,无论是物理环境、社会环境还是市政服务均存在较大的提升空间。

(1)老龄工作格局统筹乏力

虽然,我国的老年友好型城市建设同步于其他国家,但是关于全龄城市的建设与探索却长期停留在政策层面,未能够全面实施。其原因在于负责老年友好型城市建设的政府部门是全国老龄工作委员会办公室,这是一个由全国老龄委员会下设的办公室,设在民政部,其职责广泛,虽然涉及老龄政策的方方面面,但是环节甚多,职能划分模糊,使得很多政策执行和实施进程缓慢。而全国老龄委则是国务院主管全国老龄工作的议事协调机构,成立于1999年10月,由中央组织部、中央宣传部、中直机关工委、中央国家机关工委等32个单位参与组成[②]。作为一个议事协调机构,其设立之初衷就是处理协调复杂的老龄事务、提高行政办事效率,但是由于老龄工作的开展伴随着长期性和复杂性的特点,全国老龄委在实际的事务处理中并没有充分发挥议事职能,也没有掌握实质性的权力。

(2)老年友好型城市建设失衡与同质化并存

从中国各个城市老年友好型城市建设现状可以看到,中国的老年友好型城市建设相对同质化,各个城市的老年友好型城市建设大同小异,这与中国

---

① 《着力提升国际老年友好型城市建设水平》,东北网,2014年2月19日。
② 全国老龄办:《全国老龄工作委员会机构设置》[EB/OL].http://www.cn.caprc.gov.cn/contents/757/155951.html,2015-5-13。

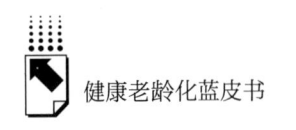

老龄人口多样化的特点相矛盾，缺乏多样性和灵活性的城市建设难以满足老年人口需求。

当前城镇中老年人口的构成十分多样，例如随着快速城镇化大量进入城市的，除了城乡流动第一代城市移民外，还有其父母等老一辈人口。相对而言，其活动半径较已经在城市居住多年的本土城镇老人要小得多，其文化教育活动等与城市原居住老年人也有很大差异，其对同乡地缘关系的交往圈子的需求会更强。在城市公共服务方面要满足在城镇居住的城乡老年居民的需求，目前还有很大提升空间。跨城乡的老年人口流动，在目前城乡二元结构下，还面临着医疗服务保障、敬老服务保障和社会参与保障等诸多瓶颈。

另外，我国的老年友好型城市建设仍停留在满足老年人生活需求的最基本层面，没能更多地关注老龄人口的多维化、人性化及精神化的需求。虽然当前国内出现了一些新型的养老社区，但是这些产品本身正处于探索发展阶段，而且这些产品更多意义上是开发商谋求商业利益的一种手段，这些点式开发不能带动整个老年友好型城市建设的规模化、系统化发展。

中国的老年友好型城市建设状况十分不平衡。大城市，尤其是北京、上海等东部地区的大城市及经济发展较快的区域，其全龄城市建设走在国内前列，中西部地区的老年友好型城市的建设状况则较差。在老年友好型城市建设走在前列的东部城市中也存在较为典型的城区与郊县老年公共服务设施配备严重不平衡的问题。随着城市化速度的加快，新城区的老年配套设施和服务也很难及时跟上老年人口结构的变化，老年人口的快速增长在新城区规划中很容易被忽视。中小城市，特别是中西部地区的中小城市，一般来说，除了少数试点城市具有老年友好型城市建设的理念外，其他地方的老年友好型城市建设理念均落后于东部地区及大都市，全龄城市建设的意识和技术均不发达，在建设资金、土地、管理等要素的投入上也十分有限。而在广大中小城镇和农村地区，特别是在留守老人集中居住的"空心村"，环境与居住人群不匹配的问题也尤为严重。小城镇和农村为老年人提供的适老性基础设施和公共服务，往往还局限在农村合作医疗等基础性的社会保障层面，整体性、全龄性建设严重滞后。

总而言之，政策、经济状况、社区态度或规范、自然环境和人造环境的物理特性、社交网络甚至是可用的辅助设备均可以通过各种形式对老年人的健康产生影响。因此，了解众多的环境因素的作用对制定促进健康老龄化的政策非常重要。而在人口老龄化的大背景下，城市未来的发展方向必将贯穿"全龄"的概念，对老年群体甚至是年轻一代而言，必须是友好的。而建设全龄社会，实际上是回应各年龄段人口的需求，特别是老年群体的特殊需求：老年人希望看到一个具有包容性、参与性、开放性和公平性的社会，他们可以自主地发挥余热，挖掘自身资源以奉献社会。

（六）小结

综上所述，学界既有研究成果丰硕，但依然存在以下不足：国外关于年龄友好城市治理的研究缺乏"中国场域"思考；国内关于老龄问题的研究缺乏"治理视角"思考；既有关于治理角度的研究没有针对"年龄友好城市治理绩效"开展。另外，既有研究在研究方法上个案研究偏多，对社会治理某一具体问题的研究偏多，描述性研究偏多，不利于横向和纵向比较，也很难推出具有普遍规律性的结论。因此，从系统性、整体性、实证性角度探索构建包容性的、可持续发展的、具有韧性的年龄友好城市治理模式，不但具有重要的现实意义，也具有一定的理论价值。

三 中国大中城市健康老龄化评估体系与构建原则

（一）健康老龄化的多维度评价

1. 健康维度

"健康"是使环境和行为两方面危机因素对慢性病和功能衰退的影响保持在较低水平，而在保护因素的影响较大时，人们将会享有数量和质量都高的长寿；他们在步入老年时既能保持健康，又能生活自理，极少有人需要高开支的医疗和照料服务；那些现在需要照料的人，他们在步入老年时必然能够得到全方位的医疗和照料服务。在生理健康方面,有学者在经历一系列的实验研究之后总结出一个结论,有规律的健康运动不仅可以延缓老年人的衰老速度、提高他们的生活自理能力,同时也有利于老年人生活水平的提高[1]。有学者通过大量的调研发现,参加过有效培训的社区工作者等服务人员可以帮助老年人达到适度锻炼的目的,而且这种方法对老年人是行之有效的[2]。在心理健康方面,Walker也在研究中明确指出,健康和老年人的积极性是相辅相成的,身体的健康是积极生活的关键,更和就业是息息相关的,只有积极生活才会有健康的身体[3]。这些研究都指出健康除了包含生理健康外,还包含心理健康。而保障和促进生理和心理健康的研究都指向了构建更加和谐、包容的居住生活环境。

2. 社会参与维度

"参与"是指在健康、劳动力市场、就业、教育和社会政策,以及计划都支持人们能充分参与社会经济、文化和精神生活的条件下,人们年老时能按照自己的基本人权、能力、爱好和需要,继续通过公益和非公益性等方式发挥余热,实现自身价值。在老年教育方面,Gillian等人的研究表明老年人有着强烈的求知欲望,老年人愿意通过学习不断活跃思维进而丰富他们的生活,当然通过学习更能使老年人生活独立从而减轻社会负担[4]。有学者认为随着时代的进步,任何事物的发展都处在迅速变化中。要想老年人能够与时俱进、跟上社会发展的趋势,就必须通过学习来充实老年人的文化生活。那么学习理所当然应该

---

[1] Slimmer M. L., Park E. Y., Rogers N. L. (2009). Impact of the First Step to Active Aging on Older Adult's Functional Fitness, Balance and Daily Activity. Wichita State University Graduate School.

[2] Hooker S. P., Wilson D. K., Griffin S. F., et al. (2005). Peer Reviewed: Perceptions of Environmental Supports for Physical Activity in African American and White Adults in a Rural County in South Carolina [J]. *Preventing Chronic Disease*, 2 (4), A11.

[3] Walker A. (2002). A Strategy for Active Ageing. *International Social Security Review*, 55 (1), 121–139.

[4] Gillian M. Boulton-Lewis, Laurie Buys, Jan Lovie-Kitchin. (2006). Learning and Active Aging. *Educational Gerontology*, 32 (4), 271–282.

是重要环节①。美国心理学家 Edward Thorndike 主要的观点是个人的学习能力不会随着年龄的增长而消失，老年人其实还具备继续接受教育的能力，他十分重视老年教育，肯定了教育的作用，为该教育继续发展提供了理论依据。AIUTA 主席 Louis Bourgeois 认为老年教育发展前途无限，因为老年人的教学内容是无限制的，各方面的内容都可以，要以新的知识、技术来充实老年人的生活。另外在老年人再就业方面，研究主要集中在 Miriam 等人倡导老年人继续工作，认为老年人保持继续工作的状态对其生活质量的提高有着决定性的作用，并且提出促进老年人继续工作的关键是让老年人在较好的工作环境中做他们感兴趣的事情②。

3. 交通规划维度

对城市的规划和设计能否对城市居民的健康产生影响向来缺乏研究，因为这些影响是长期的、复杂的、相互作用的，并且与动态的环境、技术和人口有关。但仍有一些学者得出了一些有益的研究成果。Billie 探讨了一些中低收入国家建成的环境特征以及一些城市规划策略对居民健康的影响效应，通过多项研究证明了一些城市规划设计干预影响下的各种健康风险，最后指出交通方式是造成城市内部和城市之间健康不平等现象存在、持续甚至扩大化的决定性因素。Mark Stevenson 通过健康影响评价，定量评估了城市的土地利用模式和交通政策对居民健康产生的影响，使用"紧凑城市模型"对当前的土地利用模式及交通政策的优化情境加以模拟，最终得出了城市紧凑化发展及鼓励步行与公共交通会提升居民健康水平与延长寿命的科学结论③。张旭依托"增长阻力"模型对中国的数据进行了实证分析，指出通过更加快速的城镇化无法实现老龄化背景下经济稳增长目标。城镇化必须进入以提升质量为主的转型发展新阶段，即为化解人口红利衰减对经济增长的负面影响，采取加快推

---

① Alamutka K., Malanowski N., Punie Y. Active Ageing and the Potential of ICT for Learning.
② Hartlapp M., Schmid G. (2008). Labour Market Policy for "Active Ageing" in Europe: Expanding the Options for Retirement Transitions. *Journal of Social Policy*, 37 (3), 409–431.
③ Giles-Corti B., Vernez-Moudon A., Reis R., et al. (2016). City Planning and Population Health: A Global Challenge [J]. *Lancet*, 388 (10062), 2912.

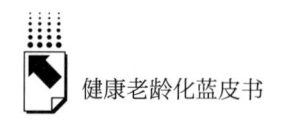

进新型城镇化的重要举措①。James F. Sallis 在介绍一些概念模型和应用于城市规划和设计的研究成果转化的基础上,着重指出了公共政策制定对于促进城市健康可持续发展的意义②。张妍分析了欧美等不同城市在应对城市化和人口老龄化方面采取的计划,指出采取积极的老龄化政策、建设老年友好型的城市环境是实现城市经济和人口结构变化的有效途径③。Kresl 和 Ietri 在《人口老龄化与城市竞争力》一书中阐述了终身净贡献周期理论(the lifelong net contribution cycle),展示了采取积极老龄化政策前后一个人从出生到死亡对社会的贡献情况。

4. 养老保障维度

在健康老龄化背景下,也有许多研究开始思考在健康老龄化视角下,老年保障系统的未来走向问题。特别是基于我国经济发展不平衡、健康养老服务水平参差不齐的现实考量,如何实现健康老龄化,确保老年保障体系的建设与社会经济的可持续发展相结合,以便有效解决长期养老问题④。研究者在分析了老年健康保障筹资体系、老年健康保障组织体系的现状后,认为中国未来30年老年健康保障体系建设的目标应该是为全体老年人提供基本的健康服务和经济保障,尽最大可能延缓老年疾病的发生,并使得每一位老年人能够病有所医、病有所护⑤。因此应该借鉴发达国家经验,构建广覆盖、多层次的老年健康筹资体系和多方参与、可负担的老年健康服务组织体系⑥。此外,应当把"预防为主"提到制定健康老龄策略的战略高度中来,明确健康老龄化的意义,并应将国家卫生管理体制、行政职能和卫生资源的使用由单纯重视急性传染病的防治向传染病和非传染慢性疾病"两者并重"

---

① 张旭:《人口老龄化背景下城镇化问题研究》,东北财经大学硕士学位论文,2014。
② 张旭:《人口老龄化背景下城镇化问题研究》,东北财经大学硕士学位论文,2014。
③ 张妍:《城市化视角下的人口老龄化》,《老龄科学研究》2013年第4期。
④ 王建民:《健康老龄化与老年健康保障体系化》,《南方人口》1999年第1期。
⑤ 耿爱生、杨文娴:《我国老年保障研究中的"健康老龄化"研究趋向及其价值》,《社会保障研究》2014年第2期。
⑥ 胡琳琳、胡鞍钢:《中国如何构建老年健康保障体系》,《中国经济转型与发展研究》2008年第6期。

的综合防治转移；老年医学研究由主要依靠医疗卫生科技部门向多学科、全社会转移；老年保健服务由以单个患者或少数城市为中心向社会、农村广大群体转移；老年病防治由以被动地治疗疾病为主转向主动地改善生存环境、预防疾病和促进健康[1]。除此之外，养老保障相关的研究还广泛出现在与健康老龄化一脉相承的积极老龄化研究中。尹豪在研究中明确指出实现积极老龄化的核心就是要建立符合我国国情、促进老年人身心健康的完善的老年社会保障制度[2]。林义和张海川认为改革和完善我国的养老保险制度和长效老年保险机制是一项极其复杂的涉及法律制度和技术改革的社会系统工程，只有通过精心策划、长远规划符合我国老年人长远利益的改革思路才是建立健全我国养老保险制度和长效老年保险机制的关键[3]。

5. 环境维度

人与环境的关系探讨一直是城市研究、社会学研究关注的问题，1997年世界卫生报告明确提出人类的居住地是人和环境之间相互作用的关键所在，恶劣的居住环境易导致不健康状态。近年来，有越来越多的证据显示，现代城市生活节奏加快、社会竞争压力加大，特别是城市生态环境逐年恶化是引发人们健康问题的重要原因。所以，人类集聚或居住的环境（人居环境）作为外部因素对人类健康长寿的影响越来越大[4]。值得注意的是，伴随着城市化的快速推进，环境污染、生态破坏、能源耗竭、极端气候及自然灾害频繁等各种环境问题和公害事件屡屡出现，人居环境质量逐渐下降，人类的健康受到严重威胁。谭少华等在研究城市规划时，认为人居环境对城市居民的健康存在主动式的干预，而这种干预为人们参与体能锻炼和社会交往创

---

[1] 何耀：《我国的人口老龄化与健康老龄化策略》，《中国慢性病预防与控制》2012年第5期。
[2] 尹豪：《东北亚区域人口老龄化与老年人社会保障》，《东北亚论坛》2000年第1期。
[3] 林义、张海川：《构建养老保险长效机制的8点政策建议》，《中国社会保障》2004年第8期。
[4] Lv J., Wang W., Li Y. (2010). Effects of Environmental Factors on the Longevous People in China. *Arch Gerontol Geriatr*, 53 (2), 200–205.

造便利与条件①。Billie Giles-Corti 等人探讨了一些中低收入国家建成的环境特征以及一些城市规划策略对居民健康的影响效应②。

（二）健康老龄化的城市治理分析框架：年龄友好城市

明确健康老龄化的城市治理分析框架以及城市健康老龄化指数的结构，是构建城市健康老龄化指数评估体系的基础，因此，本报告首先明确健康老龄化的城市治理分析框架。借鉴新治理理论关于参与成员、资源、规则和认知的功能探讨，从网络结构中成员互动关系、公共政策资源配置形态、治理规则的渐进调适以及价值规范整合等方面入手，搭建年龄友好城市的地方治理结构。

这一分析框架的核心含义是，人口老龄化背景之下的中国城市治理建立在一系列基础性的制度安排之上，它构成了政府与市场主体、社会主体的基本关系，是城市治理创新的基本行动情境，决定了城市治理创新的基本价值导向与改革取向。而积极老龄化观念的导入和年龄友好意识的建立，又要求从制度安排上对这个基本框架做出调整，为政府主体、市场主体、社会主体提供异质性的行动激励。分析比较两种不同制度安排下的城市治理结果的不同，以及互动模式的改变，有助于刻画制度演进的趋势，即构建包容性、可持续发展、具有韧性的年龄友好城市治理模式（见图1）。

其次，来看针对地方的老龄事业发展评估指标体系，2009年，北京老龄事业发展评估指标体系指出北京市的老龄事业发展评估指标主要应该包括五个维度，分别是老年经济保障、老年事业、老年福利服务、老年医疗保障和社会参与权益，该体系还指出，这种维度划分涵盖了北京市老龄事业发展的各方面，能够很好地对北京老龄事业发展做出具有针对性和系统性的评估。

---

① 谭少华、郭剑锋、江毅：《人居环境对健康的主动式干预：城市规划学科新趋势》，《城市规划学刊》2010年第4期。
② Giles-Corti B., Vernez-Moudon A., Reis R., et al. (2016). City Planning and Population Health: A Global Challenge. *Lancet*, 388 (10062), 2912.

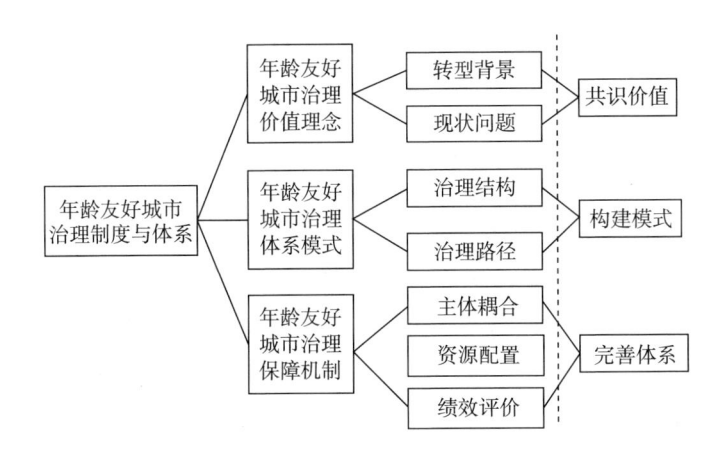

图1 年龄友好城市治理的制度与体系

再来看针对全国的老龄事业发展评估指标体系，2010年的中国老龄事业发展指标体系将中国老龄事业发展分为四个方面进行评估，即健康、参与、保障和生活质量，并认为在对中国这个人口规模庞大、人口老龄化进程加快的国家进行评估时，这四个方面能够很好地对中国老龄事业发展进行合理的评估。最后，我们可以看到要进行老龄研究国际比较时，即在全球范围对城市居民退休生活质量进行评估时，2015年全球退休指数报告认为要从四个维度来进行评估，即健康、物质幸福、生活质量和退休后财政状况，报告指出，在进行国际性比较时，这四个维度能够反映城市居民退休生活质量。

本书为响应十九大关于老龄工作体制的变化和调整，突出国家积极应对人口老龄化行动和"健康中国2030"战略的宏观导向，着眼于国际视野，跟踪全球治理前沿动态，在国内首次将"健康老龄化"概念植入大中城市治理与发展之中，力求深刻阐述人口老龄化与城市地方治理的关系。以我国38个大中城市作为研究考察对象，基于层次分析法构建了城市健康老龄化指数评估体系，从健康医疗、交通出行、经济金融、人居环境以及社会公平五个维度，利用公开数据，客观公正地评估我国大中城市健康老龄化发展水平，反映了以老年人为重点、包含各年龄段人群生存发展的总体社会环境，对其中的重点难点问题进行了诊断和剖析，并提出了有针

对性的政策建议。这五个维度正是城市健康老龄化指数的基础结构,通过对这五个维度的审视,可以看出一个城市实现健康老龄化的能力及现有水平如何。

其中,健康医疗反映城市的总体医疗卫生建设水平,包括城市退休居民医疗保障建设程度,还有对城市居民退休后医疗需求的满足程度。而人居环境是对城市居民退休生活环境的总称,人居环境的好坏,与城市对城市退休居民生活重视程度呈正比,反映了城市总体建设和退休居民生活环境的高低好坏。交通出行不仅描述城市公共交通便捷安全与否,还涵盖了城市对于老龄友好交通出行设施建设的重视程度,同时,良好的交通出行条件对城市老龄经济发展也有促进作用。社会公平反映了老年人的社会参与程度,城市对于老龄人社会参与的重视程度与老龄生活建设推进工作速度是呈正比的,较高的社会公平水平能够帮助老年人在城市中生活得更舒适和安全。经济金融反映了城市总体经济发展情况以及对城市退休居民经济的支持程度,城市良好的经济金融状况有助于推动老龄事业发展,快速提高城市退休居民的生活质量。

(三)健康老龄化的城市治理评估

1. 评估过程

从分配老龄社会资源、规范老龄社会行为、解决老龄社会问题、促进老龄社会发展等维度,对样本城市开展综合研究。

从系统观点出发,研究样本城市治理系统构成,主要是城市治理的主体、客体、环境、各子系统及其相互关系,以及系统运行各环节的作用发挥问题(见图2)。

2. 评估方法

考虑到在对城市健康老龄化指数进行系统性评估时,需要对城市物质建设、经济建设、精神建设等多方面的数据进行评估和分析,而对这种多重领域的系统分析恰好符合层次分析法的基本思想,因此综合考虑后,本报告决定采用层次分析法作为城市健康老龄化指数评估的基础方法。

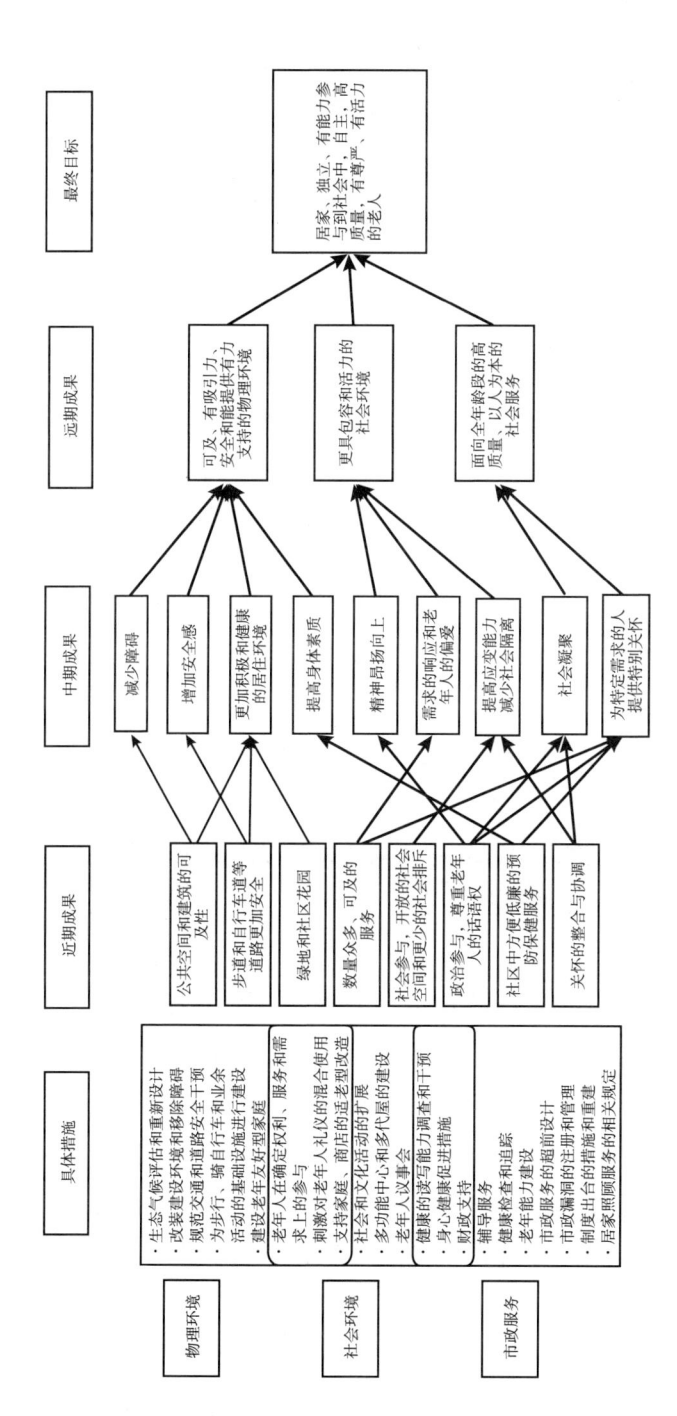

图 2　年龄友好城市建设方案具体措施和中远期目标

资料来源：Jackisch J., Zamaro G., Green G., et al. Is a Healthy City also an Age-friendly City? [J] . *Health Promot Int.* 2015, 30 Suppl 1: i108 – i117.

需要指出的是，层次分析法（AHP）的使用要求是，首先明确需要分析的问题和期望达到的目标；然后根据理论基础将问题包含的因素分解出来，寻找各因素之间的关系，根据关系对因素进行分组、隶属的排列；而后将因素分类放入总目标、评价准则、指标三个层次中。其中，总目标代表这次评估对象和想要达到的目的；评价准则是分析出来的评估对象包含的框架因素；指标是分解出来的基础因素，具体描述了各评价准则，可以通过指标量化评估标准评估总目标；最后，代入数据进行分析，从而得到结论，这些结论就是之后政策建议的基础。

3. 指标选取原则

城市健康老龄化涵盖了社会发展的许多方面，在对城市健康老龄化进行评估时，本报告沿用2016年城市居民退休生活质量评估体系，在构建评估体系时，保证选取的指标可以全面、系统地评估城市健康老龄化指数，因此所选指标遵循如下几个原则。

（1）指标系统性

建立城市健康老龄化指数框架之后，选取指标时应对应各维度的情况，确保评估指标可以形成全面和系统的评估体系。只有当指标能够组成一个评估系统，才能全面合理地反映城市健康老龄化状况。因此，遵循指标系统性原则是构建这一评估体系的基础。

（2）指标可行性

城市健康老龄化指数评估的目的在于反映城市健康老龄化水平五个维度中某一维度的某方面情况，这种反映要求是能够用数字或者具体的语言表述的，因此在选取指标时，要求指标是可以量化的，对于不能量化但又很重要的指标，要求这类指标能够用定性的语言进行表述。总的来说，定性、定量指标相结合，指标可测可行。遵从指标可行性原则，有助于后期数据分析和最后城市健康老龄化指数量化呈现。

（3）指标科学性

选取评估指标时要注意指标之间的独立性，因为各维度之下的评估指标很可能会有因果关系或者相互联系，在选取评估指标时，要尽量避免这种指标的出现。同时，在构建城市健康老龄化指数评估框架的基础之上进行指标选取时，要注意指标对应的评估维度，人居环境之下的指标不能放到交通出行维度之下，遵循指标科学分类和科学选取原则，可保证指标体系的科学性。

（4）指标一致性

指标一致性有两个方面，一个是指标目标一致性，所有指标的选取都只有一个目的，就是评价城市健康老龄化指数，因此在选取指标时，要保证选取的指标都符合这一目标；另一个是指标数据来源的一致性，在选取指标时要确保指标的数据来源一致，不能一个指标的数据来自多个不同的数据库，保证指标数据一致性，有利于确保结果的权威和一致。

（5）客观性

在选取指标时，要注意指标的客观性，即指标是否能够真实客观地衡量评价对象的情况和本质。在对城市健康老龄化指数进行评估时，我们沿用衡量城市居民退休生活质量的五个维度，所选指标也应该在这五个维度中，从现实情况出发来衡量城市健康老龄化水平。因此，在选取指标时，明确指标的属性、含义，保证指标的客观性，可以保证城市健康老龄化指数评估的有效性和公正性。

4. 评估指标体系

根据上述理念和原则，在已有的城市居民退休生活质量指数框架基础之上，本报告结合层次分析法构建了城市健康老龄化指数评估体系，按照层次分析法的三级结构，城市健康老龄化指数是整个评估体系的总目标层，健康医疗、人居环境、交通出行、社会公平与社会参与、经济金融是整个评估体系的评价准则层，根据指标选取原则选取的指标是健康老龄化评估体系的指标层。这三层结构构成了城市健康老龄化评估体系，将搜集的数据代入体系进行评估，就可以较为全面系统和科学地反映城市健康老龄化水平。

需要指出的是，为了全面系统准确地衡量城市健康老龄化指数五个维度情况，在指标层的建立中，本报告选取了共计44个指标，其中健康医疗维度下包含7个评价指标，人居环境维度下包含8个评价指标，交

通出行维度下包含7个评价指标，社会公平与社会参与维度下包含11个评价指标，经济金融维度下包含11个评价指标。所有的指标选取都符合指标选取原则，同时参考了国际和国内老龄事业发展报告的相关指标，指标层能够较为全面和系统地反映城市居民的生活情况和城市健康老龄化的发展态势。

5. 指标确定及权重分布解释

指标选取严格遵循了上述的指标选取原则，但由于部分指标数据难以获得，部分指标数据在数据一致性上表现较差，因此，在确定最后的城市健康老龄化评估体系指标时，我们做了一些妥协，在不破坏整体、系统、科学性和全面性的前提下，对部分维度难以获得完整数据的指标进行了删减，最终确定了用这44个指标作为指标层。

本报告认为城市健康老龄化中每个维度的重要性是相同的，因此将每个维度的权重都设为20%，而对每个维度下的指标层，本报告也认为同一维度下的每个指标都具有相同权重，因此在计算时，每个维度根据评估指标数量不同，下属的指标权重有相应的变化，但同一维度的下属指标权重是相同的。

6. 指标解释

（1）健康医疗维度

A）人均医疗卫生支出：地方财政支出中的医疗卫生支出除以当地常住居民人口数。

B）医疗卫生支出占GDP的比重：医疗卫生支出占当年GDP的比值乘以100%。

C）城镇家庭人均医疗保健支出占家庭消费支出的比重。

D）每万人拥有医院数：医院数乘以一万除以人口，得到每一万人口拥有的医院数，其中医院、卫生院数指卫生部门、工业及其他部门（如农业、铁道、邮电、公安、文教、民政、社团等）、集体所有制单位、私人、以其他各种合作方式（全民与集体或个体合办、集体与个体合办、中外合资）举办的医院和卫生院数（包括县及县以上医院、城市街道卫生院、农村卫生院及其他医院数）。

E) 每千人拥有医生数：医生（执业医师+执业助理医师）数除以城市常住人口千人数。

F) 每千人拥有医院床位数：医院、卫生院床位数除以常住人口千人数。

G) 人口平均预期寿命：不同的社会因为处于不同的发展阶段，有不同的社会条件、不同的医疗健康保障环境，因此人们的人均预期寿命也不一样。人口平均预期寿命是在一定死亡水平之下，通过计算社会出生人口平均可存活的年数，从而预期在这个社会出生的人如果没有意外一生可以活多长。

（2）人居环境维度

A) 城市新标准空气质量指数：指标评价时段内，六项污染物浓度与对应的二级标准之间的总和即该城市该时段的空气质量综合指数，用于城市环境空气质量排名，数据来自中国环境状况公报。

B) 每万人拥有绿地面积：指城市非农业人口每一万人拥有的城镇公共绿地面积，计算公式：每万人拥有绿地面积（公顷）=城市公共绿地面积（公顷）/城市非农业人口（万人）。

C) 人均公园绿地面积：指建成区内公园绿地面积的人均占有量，以平方米/人表示，其计算公式为：人均公园绿地面积=建成区公园绿地总面积/当年建成区常住人口数量。该指标通常被作为展示城市整体环境水平和居民生活质量的一项重要指标。

D) 人均公园数：一般是指人均拥有的政府修建并经营的自然观赏区和供公众休息游玩的公共区域。由城市公园数量除以常住人口数得出。

E) 建成区绿化覆盖率：通过城市建成区绿化覆盖面积除以建成区面积得出。需要指出的是，绿化覆盖面积即树木、草坪等绿化植被的垂直投影面积。

F) 城市区域环境噪声监测等效声级：指城区环境噪声等级。

G) 道路交通等效声级：反映城市道路噪声监测情况，数据来自中国城市统计年鉴。

H) 生活垃圾无害化处理率：生活垃圾无害化处理率是指统计周期内生活垃圾无害化处理量占生活垃圾产生总量的比重。一般要求生活垃圾无害化处理率≥85%，数据来源于住房城乡建设（环境卫生）部门。

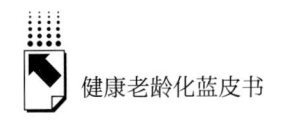

(3) 交通出行维度

A) 单程通勤距离：城市平均单程通勤距离。

B) 年人均拥堵成本：因交通拥堵所产生的年人均成本（选择通勤距离和通勤成本的目的在于反映城市交通便利、顺畅的基本状况）。

C) 人均城市道路面积：指的是城市中每一居民占有的道路面积。

D) 人均公交车拥有量：指的是城市中每一居民拥有的公交车数量。

E) 道路事故发生数量：数据来自统计年鉴，描述城市范围内每年发生的道路事故总数。

F) 每平方米城市道路事故发生数：道路事故发生数量除以城市道路面积，反映道路事故发生密度。

G) 道路事故直接经济损失占GDP的比重：计算方法是道路事故造成的直接经济损失除以城市当年的GDP。

健康而有活力的老龄城市离不开安全、顺畅、无障碍的交通环境。然而，当我们基于这一视角对城市进行考察时发现，城市设计往往注重功能设计而忽略了从"人"这一主体进行考量，"适老交通"，无论是从设计本身还是从城市管理的资料获取方面都显得极为匮乏，考虑到老龄人口出行与劳动人口出行在时间、目的等方面并不能够严格区分，因此这部分指标采用了衡量城市公共交通状况的一般数据。

(4) 社会公平与社会参与维度

A) 第三产业人口占比：城市中从事第三产业（服务业）的人数占总从业人数的比重。

B) 每万人拥有律师数：城市拥有律师数量除以常住人口万人数。

C) 每万人拥有群众文艺馆数：城市拥有的群众文艺馆数量除以常住人口万人数。

D) 公共安全支出占公共预算财政支出的比重：等于公共安全支出总额除以公共预算财政支出总额，数据来自统计年鉴。

E) 人均居住支出构成：城市人均居住支出额除以城市居民家庭消费支出额。

F）人均住房建筑面积：城市住房建筑面积除以人口数（各城市统计年鉴有统计）。

G）CPI5 年算术平均：居民消费价格指数 5 年算术平均。

H）每万人在校大学生数：城市在校大学生数量除以城市常住人口万人数，反映城市整体高层次的教育文化氛围。

I）互联网宽带接入数占常住人口的比重：互联网宽带接入用户数占常住人口的比重，反映城市积极参与现代社会生活的人口比重以及未来发展智慧养老的社会条件。

J）娱乐教育文化服务支出占消费支出比：等于娱乐教育文化服务支出总额除以居民消费支出总额。

K）人均教育支出：等于城市教育支出除以居民常住人口数。

（5）经济金融维度

A）城镇基础养老金占可支配收入比重：等于城镇基础养老金总额除以城镇居民可支配收入总额。

B）城市居民家庭消费支出：数据来自统计年鉴，包括个人和家庭用于生活消费和个人消费的全部支出。

C）外贸依存度：进出口总额占城市 GDP 的比重，主要用于反映城市的开放程度。

D）人均民生预算投入：由民生预算投入除以常住人口数得出。

E）城市居民最低生活保障金占人均可支配收入比重：等于城镇居民最低生活保障金除以人均可支配收入。

F）月人均城镇职工基本养老保险。

G）城镇单位在岗职工平均工资。

H）城镇居民人均可支配收入：当年城镇居民可支配收入除以常住人口数得出。

I）人均城乡居民储蓄存款：由年末城乡居民存款余额除以常住人口得出。

J）商业保险深度：城市中保险费用收入总额占城市 GDP 之比重。

K）商业保险密度：城市中保险费用收入总额占城市常住人口之比重。

四 中国大中城市健康老龄化评估总排名及综合分析

（一）2017~2018年城市健康老龄化评估总排名

1. 城市选取和数据来源

在建立了健康老龄化的城市治理分析框架及指数评估体系之后，本报告搜集了中国38个城市的数据并代入评估体系，对中国城市健康老龄化的水平进行考察。这38个城市分布均匀，能够很好地反映中国城市健康老龄化的水平，同时选取时考虑了城市地域分布，有利于分析不同地区之间城市健康老龄化的水平差异，以及探究这种差异产生的原因，从而有针对性地提出提高城市健康老龄化水平的对策建议。

需要指出的是，本报告的数据来源具有权威性和可考证性，主要数据来自2016~2017年38个城市各自的统计年鉴和统计公报，还使用了部分国家统计局公开数据和《中国城市统计年鉴》的统计数据，数据的一致性和权威性得到了保证。

2. 数据处理

城市健康老龄化指数评估体系中44个指标计量单位并不统一，在数据收集完成之后，为了更好地对数据进行统一分析和计算，本报告对所有数据做了无量纲化处理。

无量纲化处理步骤为，首先观察指标属于正指标还是负指标，正指标表示数据数值越大表现越好，得分越高；负指标则表示数据数值越大表现越差，得分越低。然后将某一指标下的所有数据收集整齐，将表现最差和表现最好的城市数据选出来，将数据表现最差的城市赋值为0，数据表现最佳的城市赋值为100%，其他城市的得分在0~100%按表现赋值，最后按这些步骤完成对所有数据的无量纲化处理。

收集数据之后可得到38个城市的健康老龄化水平数据矩阵：

$$[x_{ij}](i=1,2,\cdots,38;j=1,2,\cdots,44)$$

需要指出的是，i 表示城市数量，j 表示指标数量。这是最初的数据，然后我们对数据进行无量纲化处理，对于任意第 j（$j = 1, 2, \cdots, 44$）项指标的数据，记为：

$$m = \min\{x_{ij}\}, M = \max\{x_{ij}\}, R = M - m, i = 1, 2, \cdots, 38$$

而后所有原始数据可根据无量纲化处理步骤进行变化，其公式变化为：

（1）当数据为正指标，即数据越大表现越好时，对其做如下处理：

$$y_{ij} = (x_{ij} - m)/R$$

（2）当数据为负指标，即数据越大表现越差时，对其做如下处理：

$$y_{ij} = (M - x_{ij})/R$$

通过无量纲化处理我们可以得到新的数据矩阵：

$$[y_{ij}](i = 1, 2, \cdots, 38; j = 1, 2, \cdots, 44)$$

通过如上计算得出所有城市指标数据加权评价得分，通过指标数据得分计算出城市各维度得分，然后根据各维度权重加总得到城市健康老龄化水平，即：

$$D_i = \sum_{i=1}^{44} y_{ij} w_j$$

D 代表城市健康老龄化水平。

3. 总体情况

（1）2017~2018 年总体情况

本报告将收集到的 38 个城市各维度的数据按照上述研究方法进行分析处理后，得到了各城市关于健康老龄化水平的综合排名。如表 2 所示，从数据来看，排名前五位的城市分别为深圳、珠海、广州、北京以及南京；而长春、福州、西宁、重庆和石家庄以总分低于 33%（满分为 100%）的成绩排名末五位。这也进一步凸显了我国城市在推进健康老龄化建设过程中存在的问题。

一是总体建设水平偏低。在 38 个城市中，只有深圳、珠海和广州三个城市总得分超过了50%，其中得分最高的深圳也仅有53.18%。其余城市得分均在50%以下，排名末尾的石家庄得分仅为27.70%。这说明，我国城市健康老龄化建设水平普遍偏低，健康老龄化工作严重滞后于城市发展，没有充分尊重老年人的生理特点与心理需求，创造出一个老年宜居的空间和环境。这也进一步说明，我国过去的城市规划与建设对快速到来的老龄化社会缺乏预见，对老年人的需求缺乏考虑，由此导致了结构性和均衡性矛盾凸显的问题。

二是区域间发展不均衡。从排名情况来看，较沿海城市而言，内陆城市总得分更低，排名更落后。党的十九大报告中提到"我国社会主要矛盾已经转化为人民日益增长的美好生活需要和不平衡不充分的发展之间的矛盾"。不平衡的表现是多维度的，区域间发展不平衡是我国目前经济建设面临的重要议题。如今，东部、大城市优势越来越强，"不平衡、不充分"的区域发展，不仅体现在东西部的经济差距上，也反映在资源分配和城市建设等工作中。

表2　城市健康老龄化水平总得分排名情况

单位：%

城市	总得分	排名	城市	总得分	排名
深圳	53.18	1	海口	39.75	15
珠海	52.37	2	济南	39.39	16
广州	50.93	3	银川	38.98	17
北京	49.00	4	无锡	38.95	18
南京	46.47	5	武汉	38.89	19
昆明	45.09	6	长沙	37.78	20
杭州	43.53	7	西安	37.67	21
天津	42.72	8	郑州	37.66	22
上海	41.77	9	哈尔滨	37.58	23
苏州	41.75	10	贵阳	37.07	24
厦门	41.22	11	乌鲁木齐	36.36	25
太原	40.91	12	青岛	36.20	26
成都	40.65	13	南宁	35.86	27
宁波	40.03	14	呼和浩特	35.07	28

续表

城市	总得分	排名	城市	总得分	排名
沈阳	34.41	29	长春	32.52	34
大连	34.05	30	福州	32.42	35
兰州	33.92	31	西宁	31.17	36
合肥	33.30	32	重庆	29.39	37
南昌	32.77	33	石家庄	27.70	38

(2) 前三年变动情况

中国城市的发展历史极其悠久，而且中国地域广阔、气候多样，因此中国城市展现出了明显的"一方水土养一方人"状态。这也就意味着中国城市在中国文化这一共性因素的滋养下展现出了各自发展的特殊性。尽管38个城市发展的规律、资源、愿景等方面不尽相同，但是各个城市间可以互学互鉴、互通有无。这有助于各城市的健康老龄化的建设。基于此，本报告也做了典型城市的分析。图3所示为2015~2017年38个城市健康老龄化指标得分的年际变化。图3中数据表明，2015~2017年得分总体呈现波动趋势，因此采用得分的简单增加或减少不能够全面、科学地反映城市的发展状况。本报告中典型城市的选取采取名次选取法，原因有二：一则，名次本身就被赋予了相对的位置概念，在年际的数据变化中能够较为准确地反映城市的相对位置改变；二则，名次的变化相比数据的变化更为直观，城市得分排名的此消彼长恰恰反映了城市每年的健康老龄化总体进展情况和城市发展的总体状态。所以本报告选取2017年健康老龄化发展前五名和末五名城市作为说明对象，而这些城市在国家经济发展战略、区域发展和地缘联系上有着举足轻重的位置。

4. 典型城市分析——排名前五的城市

(1) 深圳

在健康老龄化建设水平综合得分方面，深圳以53.18%的成绩排名第一，较38个大中城市的得分均值38.91%高出了14.27个百分点。但是53.18%的总分并不算高（满分为100%），说明我国大中城市在健康老龄化

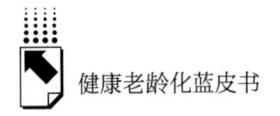

城市	排名 2017年	排名 2016年	排名 2015年	趋势（2015~2017年）
深圳	1	3	2	
珠海	2	1	1	
广州	3	5	4	
北京	4	2	3	
南京	5	4	7	
昆明	6	16	11	
杭州	7	14	12	
天津	8	33	28	
上海	9	8	5	
苏州	10	6	9	
厦门	11	9	6	
太原	12	15	10	
成都	13	18	17	
宁波	14	17	20	
海口	15	7	16	
济南	16	23	18	
银川	17	10	15	
无锡	18	12	13	
武汉	19	30	29	
长沙	20	27	30	
西安	21	25	31	
郑州	22	31	32	
哈尔滨	23	37	38	
贵阳	24	19	23	
乌鲁木齐	25	11	8	
青岛	26	28	22	
南宁	27	26	26	
呼和浩特	28	13	14	
沈阳	29	29	19	
大连	30	22	21	
兰州	31	38	36	
合肥	32	24	24	
南昌	33	21	27	
长春	34	34	33	
福州	35	20	25	
西宁	36	36	37	
重庆	37	32	35	
石家庄	38	35	34	

图 3　2015~2017 年全国 38 个城市健康老龄化指数年际排名变化

建设层面还有极大的发展空间。具体来看，环境、交通和经济指标的得分分别为14.65%、9.80%和14.33%，分别高出城市均值5.882个、2.936个和6.786个百分点，并且环境和经济得分在前五名城市中排名前列，说明深圳在城市环境和经济发展方面取得的成果较为突出。而健康和社会公平方面得分分别为7.97%和6.42%，低于城市均值，较其他三个指标而言，深圳在健康老龄化城市建设方面呈现发展不均衡的特点。

表3 深圳健康老龄化建设各指标得分情况

单位：%

排名	城市	健康	环境	交通	社会公平	经济	总分
1	深圳	7.97	14.65	9.80	6.42	14.33	53.18
	均值	8.58	8.768	6.864	7.152	7.544	38.91

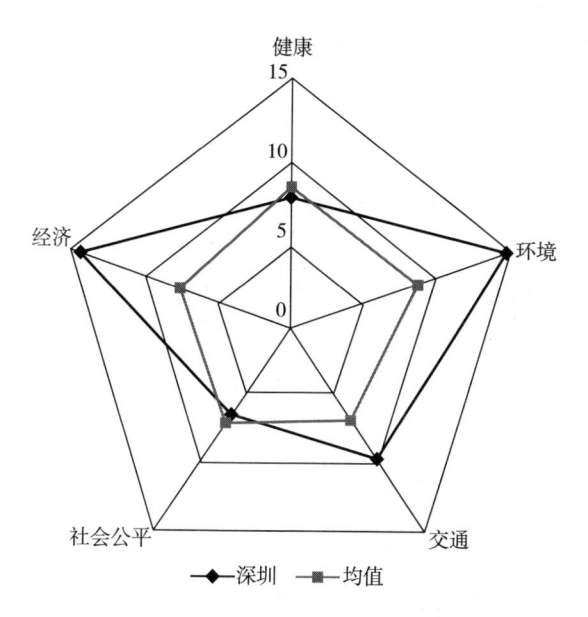

图4 深圳市健康老龄化指数雷达图

2018年4月28日，中国人民大学国家发展与战略研究院、首都发展与战略研究院在京发布《中国经济绿色发展报告2018》，深圳绿色发展指数居全国城市之首。作为我国四大一线城市之一，2017年深圳经济实现有速度有质量的稳定增长，延续了稳进向好的发展态势。同时，深圳政府一直坚持绿色发展，从根本上减轻对资源环境的依赖，人居环境和空气质量排名一直领先于全国大多数城市。但是要想实现更高质量的发展，仍然存在不少困难和挑战。特别是人口老龄化背景之下，深圳应该着眼于长期可持续的均衡发展，关注老年人口的社会需求，加大民生预算投入，进一步加强健康、交通和社会公平层面的建设推进工作，补齐短板，稳固优势。

深圳市健康老龄化指数总得分情况

深圳市健康老龄化指数得分构成

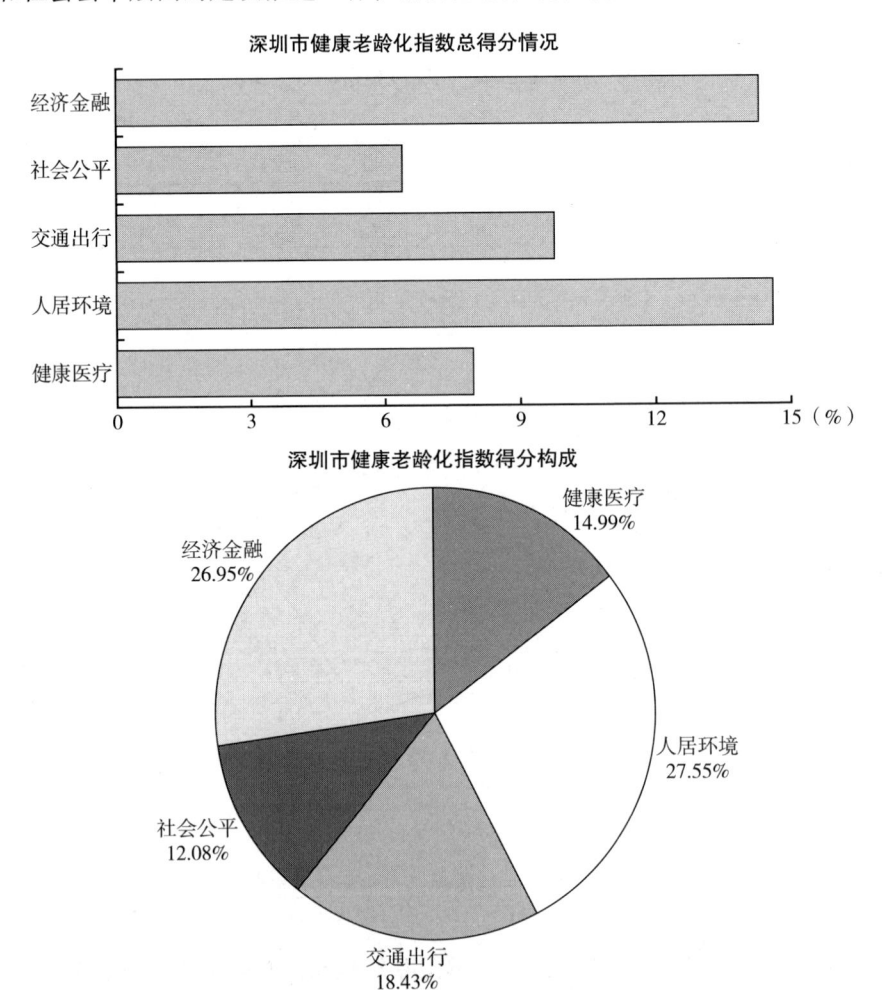

- 健康医疗 14.99%
- 人居环境 27.55%
- 交通出行 18.43%
- 社会公平 12.08%
- 经济金融 26.95%

图5 深圳市健康老龄化指数得分组图

(2) 珠海

珠海在健康老龄化建设水平综合得分方面以0.81个百分点的微弱差距排名第二，仅次于深圳，较38个大中城市的得分均值38.91%高出了13.46个百分点。从五个一级指标的得分来看，健康、环境、交通、社会公平以及经济得分均高于城市均值，且在交通维度以高出城市均值3.646个百分点而在前五城市中排名第一。总体来看，珠海各指标得分都在10%左右浮动，说明其健康老龄化建设总体情况较为稳定、均衡。

表4 珠海健康老龄化建设各指标得分情况

单位：%

排名	城市	健康	环境	交通	社会公平	经济	总分
2	珠海	9.51	11.14	10.51	10.18	11.02	52.37
	均值	8.58	8.768	6.864	7.152	7.544	38.91

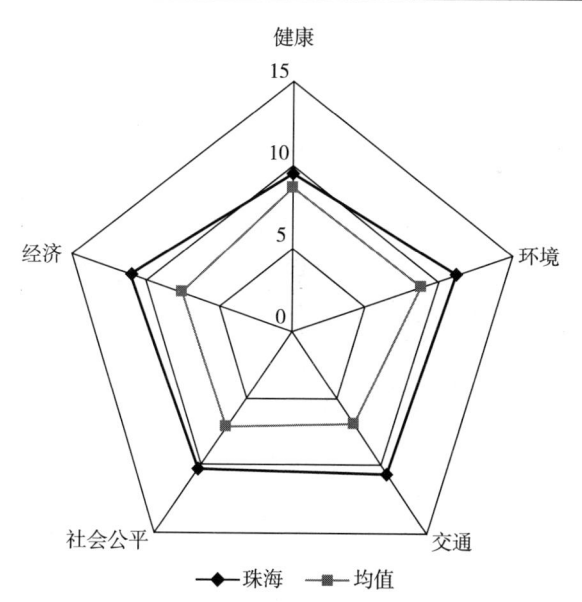

图6 珠海市健康老龄化指数雷达图

珠海作为南方海滨城市和经济特区，具有生态环境优美和自然人文资源丰富的优势，宜居逐渐成为珠海的城市名片，在中国社会科学院发布的《宜居城市竞争力报告》中，珠海连续3年位居第一。同时，2017年是珠海交通建设有史以来投入最多、建设规模最大的一年。全市共有重点交通项目19个，完成年度投资计划的123.81%，成绩斐然。据悉，2018年，珠海将进一步加快建设、加大投资，紧紧围绕建设珠江西岸交通枢纽城市的总目标，全面构建现代化综合交通运输体系。但是珠海要想打破现有格局，进一步提升城市发展水平及居民生活水平，需要在交通层面的有力支撑下，加大健康、环境、社会公平以及经济发展力度，注重城市建设的包容性以及经济成果和健康资源的共享性。

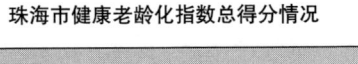

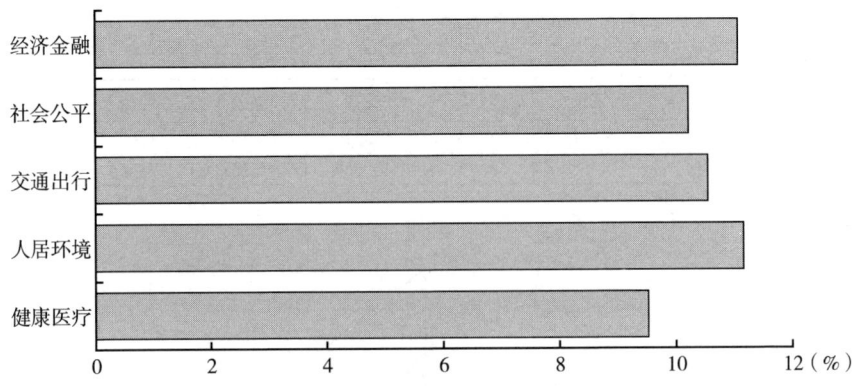

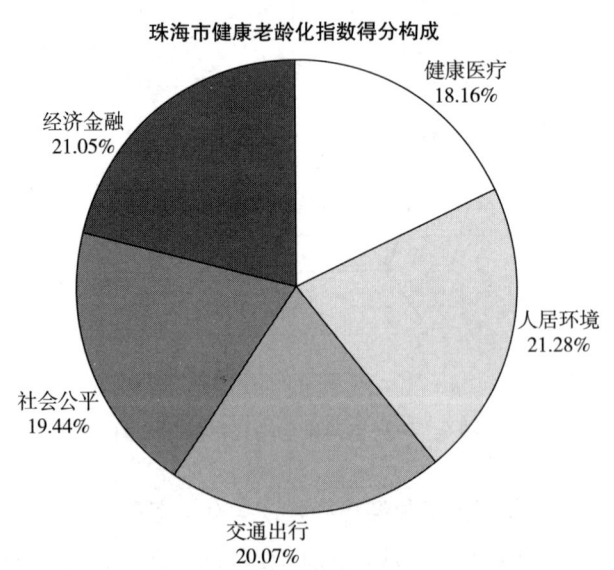

图7　珠海市健康老龄化指数得分组图

(3) 广州

广州在健康老龄化建设水平综合得分方面排名第三,总得分为50.93%,较38个大中城市的得分均值38.91%高出了12.02个百分点,且五个一级指标得分均高于城市均值。健康和环境层面的得分最高,分别为11.33%和12.94%,分别高出了城市均值2.75个和4.172个百分点,在前五城市中均排名第二,表明广州的健康医疗和城市环境建设水平已经跻身于我国38个大中城市前列,表现突出。

表5 广州健康老龄化建设各指标得分情况

单位:%

排名	城市	健康	环境	交通	社会公平	经济	总分
3	广州	11.33	12.94	7.06	8.96	10.64	50.93
	均值	8.58	8.768	6.864	7.152	7.544	38.91

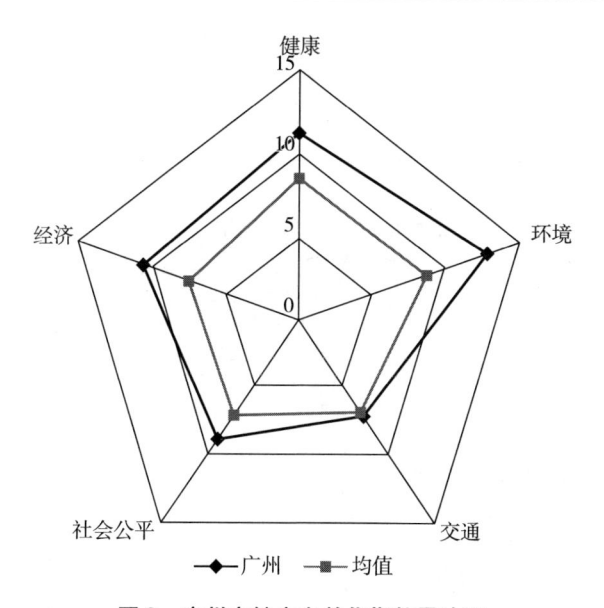

图8 广州市健康老龄化指数雷达图

作为我国改革开放最早、经济发展速度最快的城市之一,广州是健康产业的发源地,也是全中国健康产业的龙头。能够取得如此优异的成绩得益于广州医疗资源丰富、医药文化浓厚,同时,居民崇尚养生保健,注重食疗、药膳,"治未病"的理念深入人心,具有发展健康医疗产业的良好文化氛围。广东省营养健康产业协会秘书长张咏曾表示:在发展大健康产业上广州还有20~30年的优势。因此,广州需要最大化利用健康医疗和城市环境方面的优势,切实保障老年人口对健康资源和生活质量的需求以及倡导城市年轻一代充分利用现有资源,做好养老预防的准备。同时,广州在未来的城市发展规划和战略制定中需要进一步加大交通、社会公平以及经济层面的建设力度,优化健康老龄化城市建设条件。

广州市健康老龄化指数总得分情况

广州市健康老龄化指数得分构成

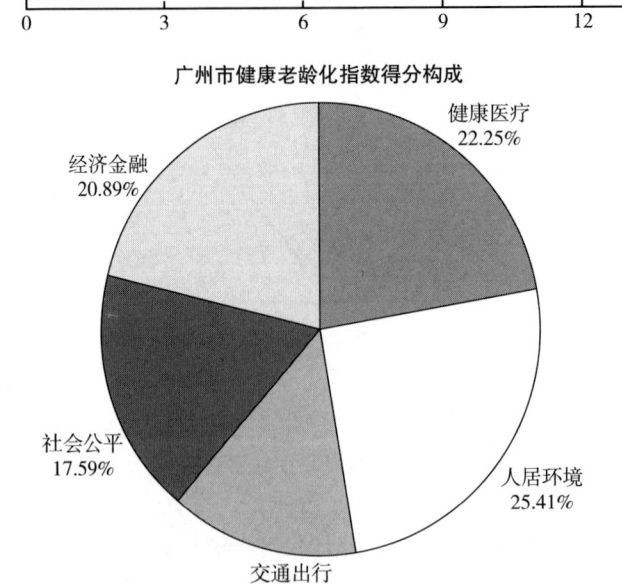

健康医疗 22.25%
人居环境 25.41%
交通出行 13.86%
社会公平 17.59%
经济金融 20.89%

图9 广州市健康老龄化指数得分组图

（4）北京

北京在健康老龄化建设水平综合得分方面排名第四，总得分为49.00%，较38个大中城市的得分均值38.91%高出了10.09个百分点。在五项一级指标中，除了交通外，其余指标得分均高于城市均值。健康和经济得分分别为11.53%和16.55%，分别高出城市均值2.95个和9.006个百分点，在前五位城市中均排名第一。

表6 北京健康老龄化建设各指标得分情况

单位：%

排名	城市	健康	环境	交通	社会公平	经济	总分
4	北京	11.53	9.25	2.21	9.46	16.55	49.00
	均值	8.58	8.768	6.864	7.152	7.544	38.91

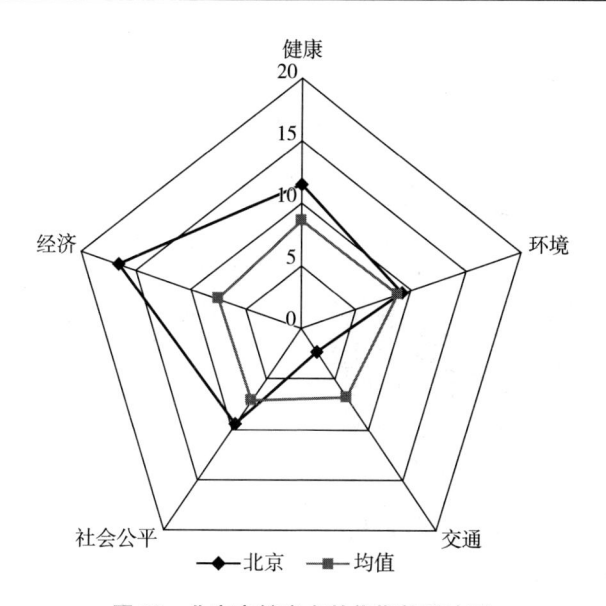

图10 北京市健康老龄化指数雷达图

作为我国首都，北京聚集了全国优质的医疗健康资源和科学的经济发展政策等优势，为城市建设做出了巨大的贡献。相比于其他城市，其居民的健康医疗资源的可获得性和经济成果共享性更高，保障条件更好。近年来，北京高度重视医疗健康事业的改革和发展，落实保障民生、惠及人民的根本性目标，有效推进了"健康北京"总体规划的建设进程。在经济层面，2017年，北京坚持以"稳中求进"工作总基调为指引，深入推进供给侧结构性改革，紧紧围绕首都城市战略定位，加快疏功能、稳增长、促改革、调结构、惠民生、防风险，全市经济延续了稳中向好的发展态势，继续向高质量发展迈进。但是，北京在交通维度排名末尾，得分只有2.21%。北京要把解决交通拥堵问题放在城市发展的重要位置，做到统筹兼顾，完善适老型环境建设和设施，加快形成安全、便捷、高效、绿色、经济的综合交通体系，进一步提升公共交通服务水平。

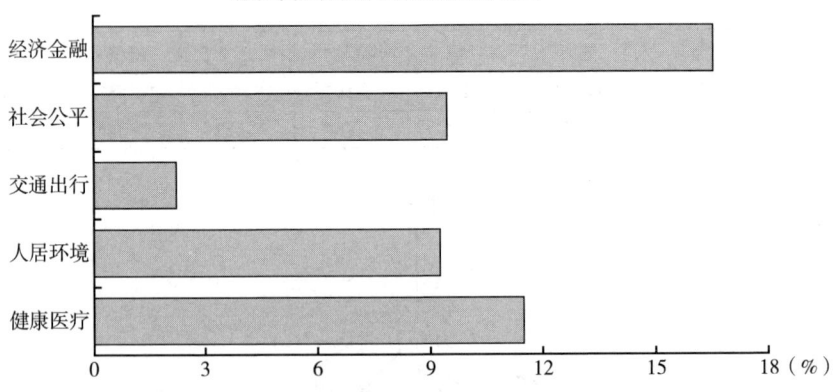

北京市健康老龄化指数总得分情况

北京市健康老龄化指数得分构成

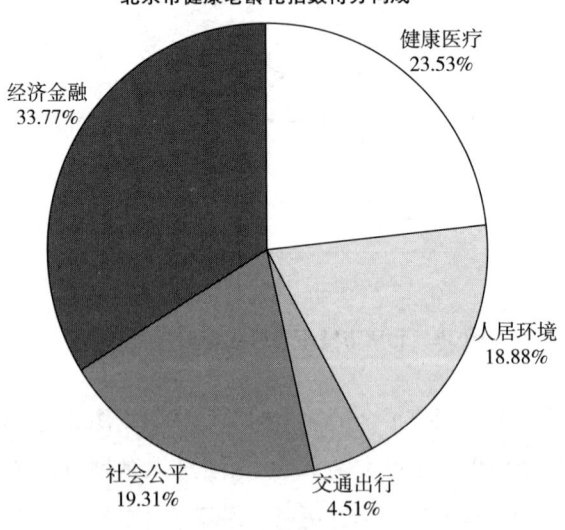

健康医疗 23.53%
经济金融 33.77%
人居环境 18.88%
社会公平 19.31%
交通出行 4.51%

图11 北京市健康老龄化指数得分组图

(5) 南京

南京在健康老龄化建设水平综合得分方面排名第五，总得分为46.47%，较38个大中城市的得分均值38.91%高出了7.56个百分点。在五个一级指标中，除了交通以外，其余指标得分均大于城市平均值。其中，社会公平指标得分为10.46%，高出城市均值3.308个百分点，位于前五城市中的第一名。

表7 南京健康老龄化建设各指标得分情况

单位：%

排名	城市	健康	环境	交通	社会公平	经济	总分
5	南京	9.12	10.90	6.45	10.46	9.55	46.47
	均值	8.58	8.768	6.864	7.152	7.544	38.91

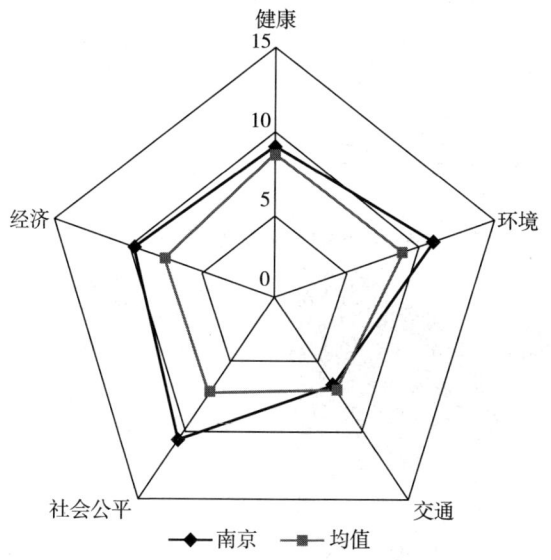

图12 南京市健康老龄化指数雷达图

在老龄化背景下，社会公平可以在一定程度上决定老年人的社会参与和社会贡献，是衡量老年人的生活质量优劣的重要指标。近年来，南京在政治、经济、社会、文化以及生态文明建设方面做出了巨大的努力，城市社会公平建设情况较好，人与人之间和人与社会之间基本建立了一种平等的社会关系，每个成员能够获得平等的权利和机会，能够充分保障自身权益。此外，南京在健康、环境和经济层面的得分较为均衡，但是提升进步空间非常大。而在交通层面，虽然南京的城市道路在过去30多年间迅猛发展，但始终追不上交通需求的增长速度，供需矛盾问题日益突出。因此，南京应该在进一步加强健康、环境和经济建设的同时，着重打造一个更加完善成熟的城市交通体系，以提升城市整体建设水平，为建设老年宜居城市做好充分的准备。

南京市健康老龄化指数总得分情况

南京市健康老龄化指数得分构成

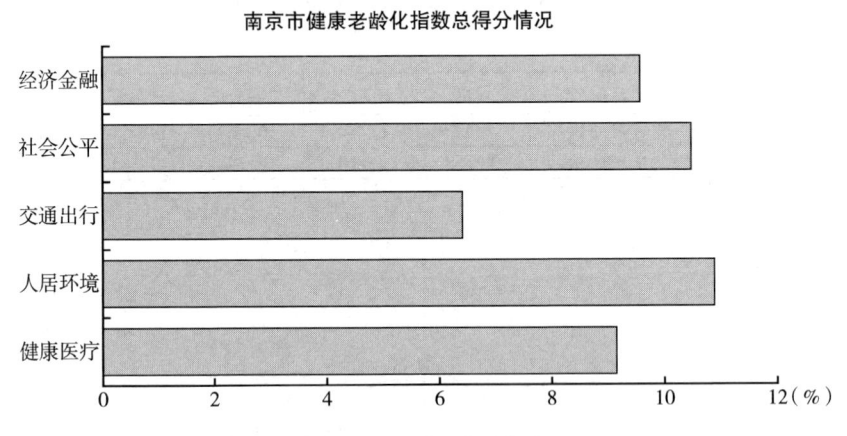

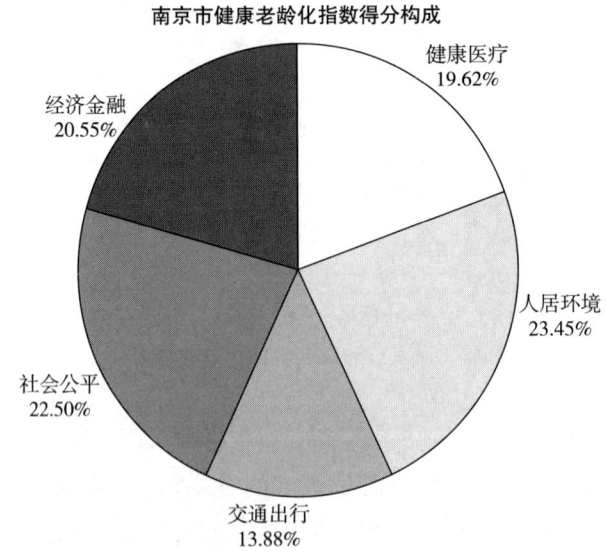

- 健康医疗 19.62%
- 人居环境 23.45%
- 交通出行 13.88%
- 社会公平 22.50%
- 经济金融 20.55%

图13 南京市健康老龄化指数得分组图

5. 典型城市分析——排名末五的城市

（1）长春

长春在健康老龄化建设水平综合得分方面排名倒数第五，总得分为32.52%，低于38个大中城市均值（38.91%）6.39个百分点。在五项一级指标中，只有交通得分超过了城市均值，健康、环境、社会公平和经济得分均低于城市均值。

表8 长春健康老龄化建设各指标得分情况

单位：%

排名	城市	健康	环境	交通	社会公平	经济	总分
34	长春	6.92	8.56	7.11	4.83	5.10	32.52
	均值	8.58	8.768	6.864	7.152	7.544	38.91

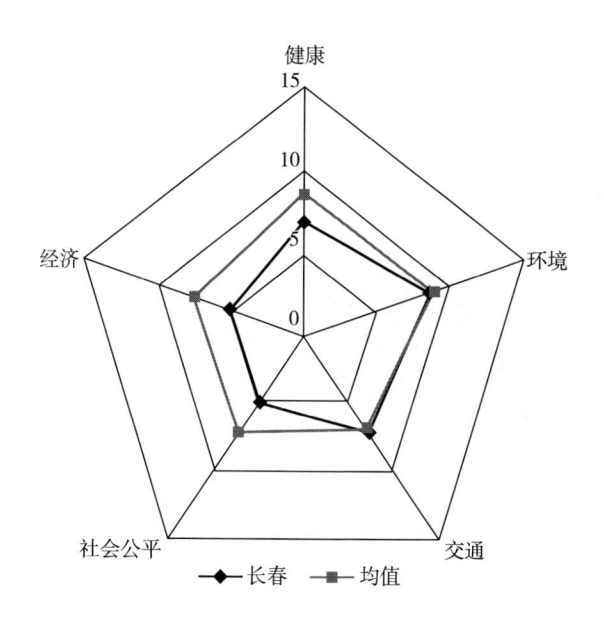

图14 长春市健康老龄化指数雷达图

长春作为吉林省省会，是全省的政治、经济、文化和交通的中心，直接引导并影响吉林省内其他市级和市级以下地区的经济发展和城市建设。

而目前，长春的经济结构单一，完全依赖重工业和农业。政府应该从宏观层面对本市的产业发展和城市建设进行调控和指导，扩大经济总量、转变经济发展方式，重视健康医疗、城市环境、经济以及社会公平维度的建设和发展。同时，作为典型的东北城市，还应该重点对人才、科技进行培养创新，提升城市综合实力，努力建设具有北方特色的老龄健康宜居城市。

长春市健康老龄化指数总得分情况

长春市健康老龄化指数得分构成

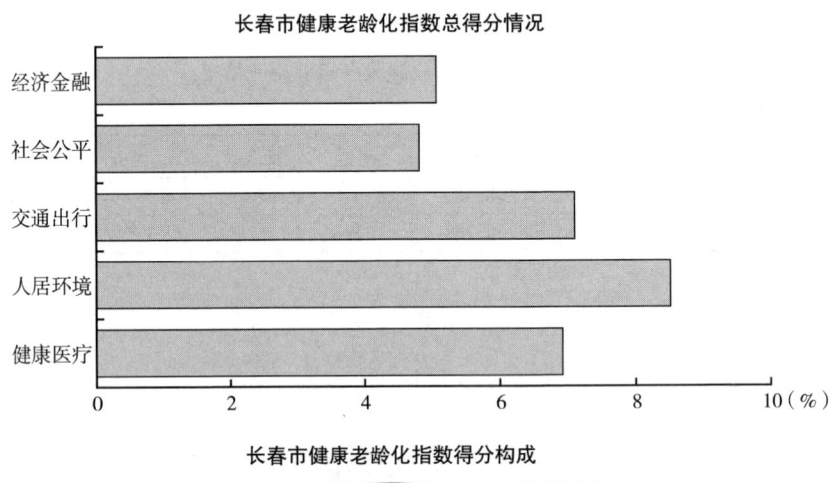

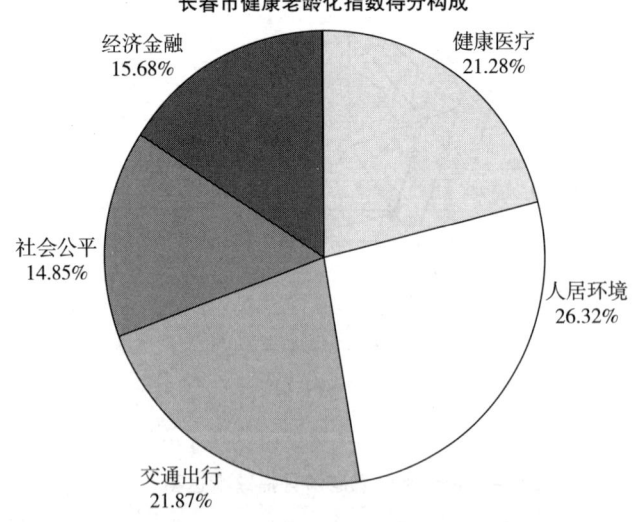

图15　长春市健康老龄化指数得分组图

（2）福州

福州在健康老龄化建设水平综合得分方面排名倒数第四，总得分为32.42%，低于38个大中城市均值（38.91%）6.49个百分点。五项一级指标均低于城市均值，其中健康指标得分为5.47%，低于城市均值3.11个百分点。

表9 福州健康老龄化建设各指标得分情况

单位：%

排名	城市	健康	环境	交通	社会公平	经济	总分
35	福州	5.47	8.50	6.05	6.03	6.37	32.42
	均值	8.58	8.768	6.864	7.152	7.544	38.91

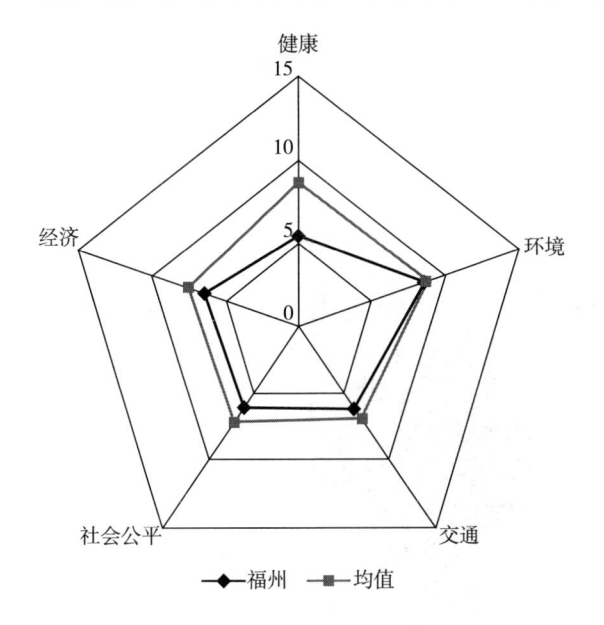

图16 福州市健康老龄化指数雷达图

福州地处我国东海沿海、闽江入海口，与台湾隔海相望，是我国重要的经贸中心和港口城市。福州在环境、交通、社会公平以及经济层面的表现虽然相对较差，但也较为均衡。健康指标得分与均值相差较大，说明福州的健康医疗发展情况不容乐观，公共医疗卫生设施不完善，居民健康医疗保障供需矛盾凸显。未来福州需要进一步加大医疗卫生经费的投入，优化资源配置，健全健康医疗制度，切实提升居民健康生活水平。同时，应该结合本地的资源和地理位置优势，明确经济发展路径，制定产业调整升级战略，引入智慧交通、美丽福州的社会理念，创建一个积极、健康、绿色、多元的健康老龄化宜居城市。

福州市健康老龄化指数总得分情况

福州市健康老龄化指数得分构成

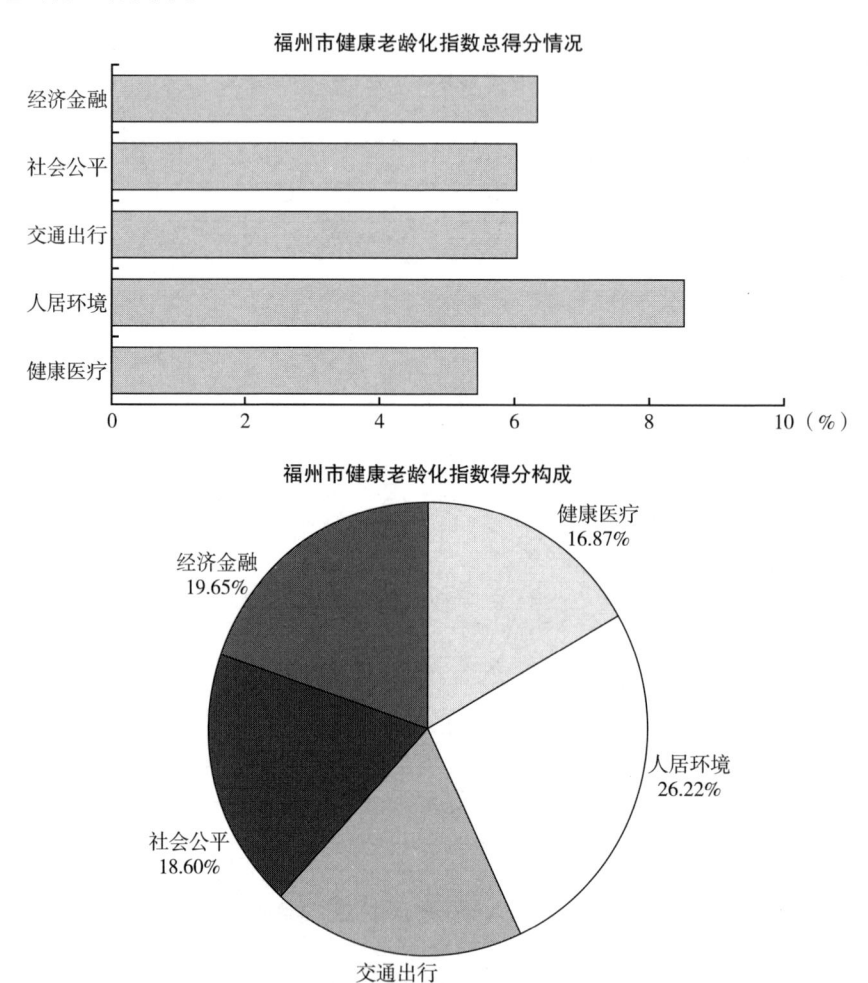

- 健康医疗 16.87%
- 人居环境 26.22%
- 交通出行 18.66%
- 社会公平 18.60%
- 经济金融 19.65%

图17　福州市健康老龄化指数得分组图

（3）西宁

西宁在健康老龄化建设水平综合得分方面排名倒数第三，总得分为

31.17%，低于38个大中城市均值（38.91%）7.74个百分点。五项一级指标均低于城市均值，但是相对而言，西宁在健康和环境方面的建设得到了一定的提升和改善。

表10 西宁健康老龄化建设各指标得分情况

单位：%

排名	城市	健康	环境	交通	社会公平	经济	总分
36	西宁	7.69	7.62	5.96	4.86	5.04	31.17
	均值	8.58	8.768	6.864	7.152	7.544	38.91

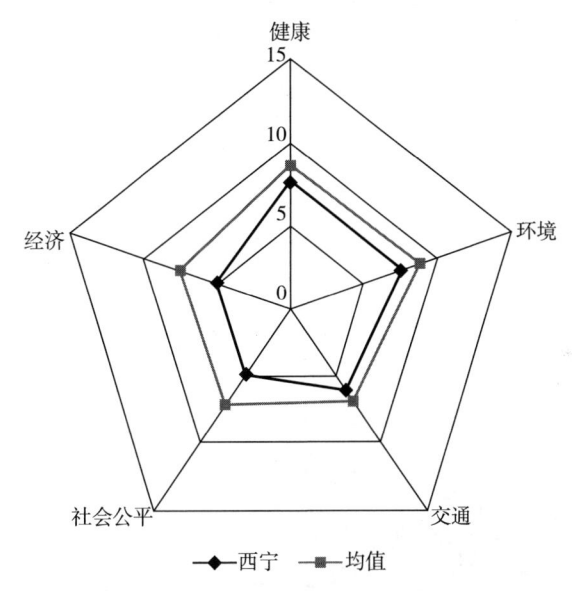

图18 西宁市健康老龄化指数雷达图

西宁是青海省的政治、经济、文化、教育、科教、交通中心，是我国西北地区重要的中心城市之一，拥有丰富的矿产资源、旅游资源，同时还拥有一定的经济基础，其城市发展应该具有相当大的潜力和空间。2016年11月，西宁政府工作报告指出：未来五年，西宁市将坚持以生态保护优先理念协调推进经济社会发展，坚持履职为民的坚定立场和价值取向，坚持以发展为第一要务，打造绿色发展样板城市，建设"幸福西宁"。之前，西宁市政府出台了一系列产业升级、城市转型、生态保护、改善民生以及对外开放等措施,但是成效并不显著。其城市发展问题主要集中在以下几个方面:一是经济发展相对滞后,人均收入偏低;二是社会公平和社会参与建设力度不大,居民文化娱乐生活匮乏;三是交通体系不完善,城市发展进程缓慢等。因此,西宁后期的城市规划应该重点提升区域地位,强化服务功能,突出高原特色,建设宜居宜业、有完善保障的健康幸福之城。

西宁市健康老龄化指数总得分情况

西宁市健康老龄化指数得分构成

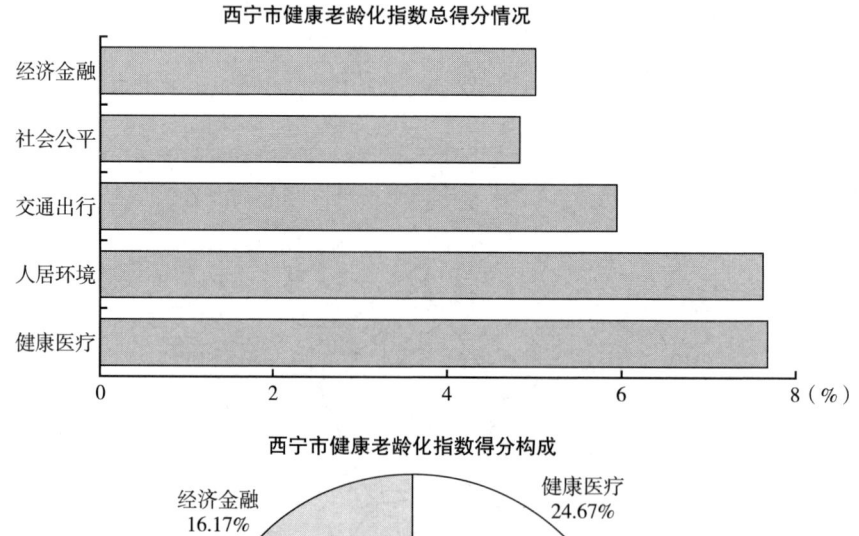

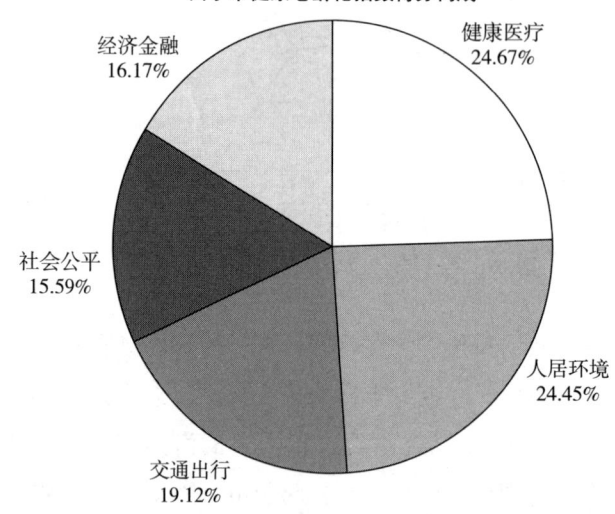

经济金融 16.17%
健康医疗 24.67%
社会公平 15.59%
人居环境 24.45%
交通出行 19.12%

图19 西宁市健康老龄化指数得分组图

(4) 重庆

重庆在健康老龄化建设水平综合得分方面排名倒数第二，总得分为29.39%，低于38个大中城市均值（38.91%）9.52个百分点。五项一级指标均低于城市均值，其中交通得分仅有2.54%，低于城市均值4.324个百分点。

表11 重庆健康老龄化建设各指标得分情况

单位：%

排名	城市	健康	环境	交通	社会公平	经济	总分
37	重庆	6.48	7.94	2.54	6.73	5.70	29.39
	均值	8.58	8.768	6.864	7.152	7.544	38.91

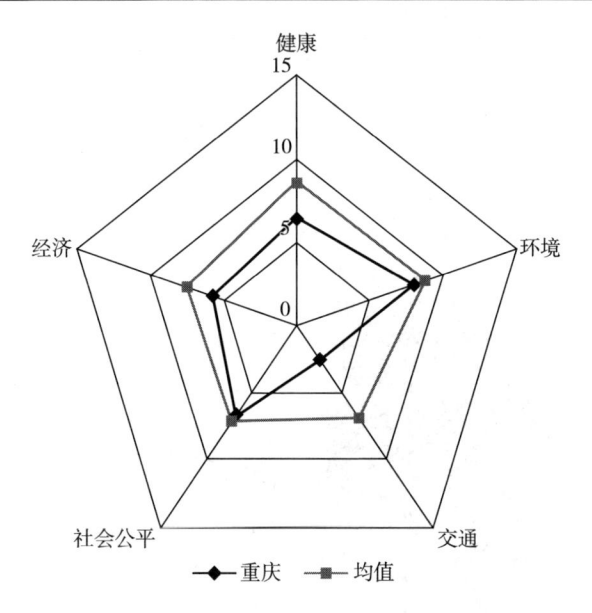

图20 重庆市健康老龄化指数雷达图

2018年4月，仲量联行发布《中国12强：全球格局下的中国城市》研究报告，重庆跻身中国大陆12强城市。报告指出，重庆是中国12强城市中增长最快的城市汽车重镇。作为四个直辖市之一，重庆城市发展成熟度不断提高，其投资水平也有望提高，因此，被称为"驱动型城市"。但是重庆城市发展仍然面临诸多问题，例如健康医疗资源有限、基础设施不完善、城市环境和空气质量较差、产业结构不合理、城乡差距大等；同时重庆城市交通问题尤为突出，不仅影响城市功能的正常运转，而且增加了交通运输成本，对社会发展造成了阻碍、降低了居民的生活水平。因此，重庆在不断前进和发展的道路上应该更加注重居民生活环境、经济条件以及健康保障等方面的改善和提高，全方位打造一个适应健康老龄化发展的宜居城市。

重庆市健康老龄化指数总得分情况

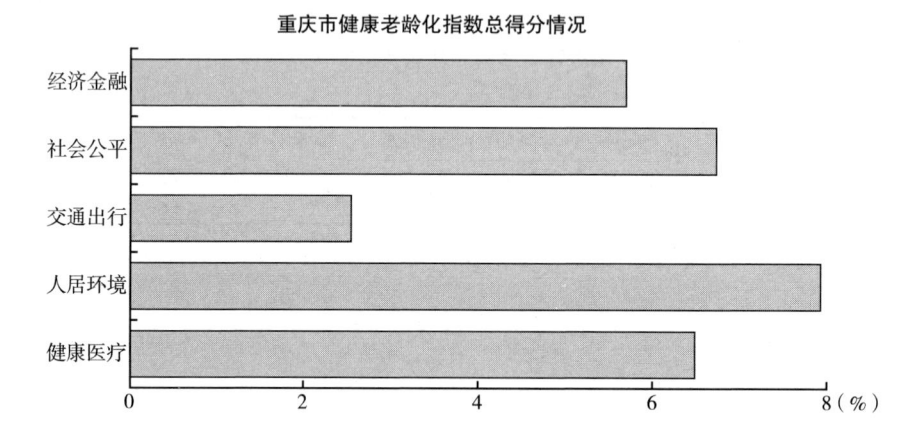

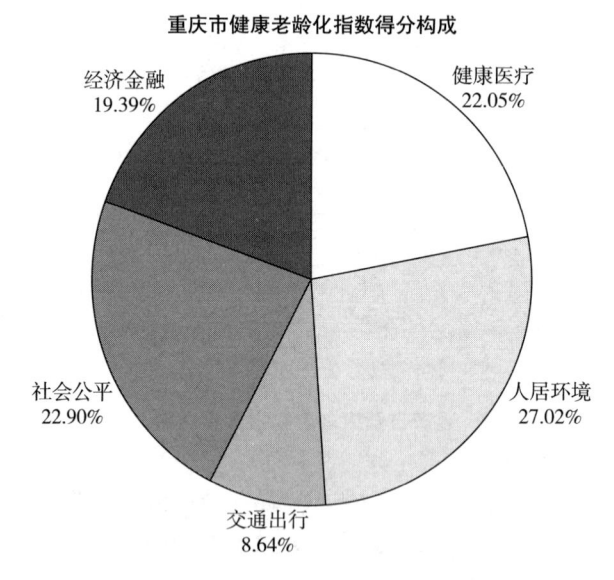

重庆市健康老龄化指数得分构成
- 健康医疗 22.05%
- 人居环境 27.02%
- 交通出行 8.64%
- 社会公平 22.90%
- 经济金融 19.39%

图21 重庆市健康老龄化指数得分组图

(5) 石家庄

石家庄在健康老龄化建设水平综合得分方面排名倒数第一，总得分为

27.70%，低于38个大中城市均值（38.91%）11.21个百分点。在五项一级指标中，只有交通得分高于38个城市均值，其余四个指标得分均低于城市均值。

表12 石家庄健康老龄化建设各指标得分情况

单位：%

排名	城市	健康	环境	交通	社会公平	经济	总分
38	石家庄	5.11	5.58	7.30	5.52	4.19	27.70
	均值	8.58	8.768	6.864	7.152	7.544	38.91

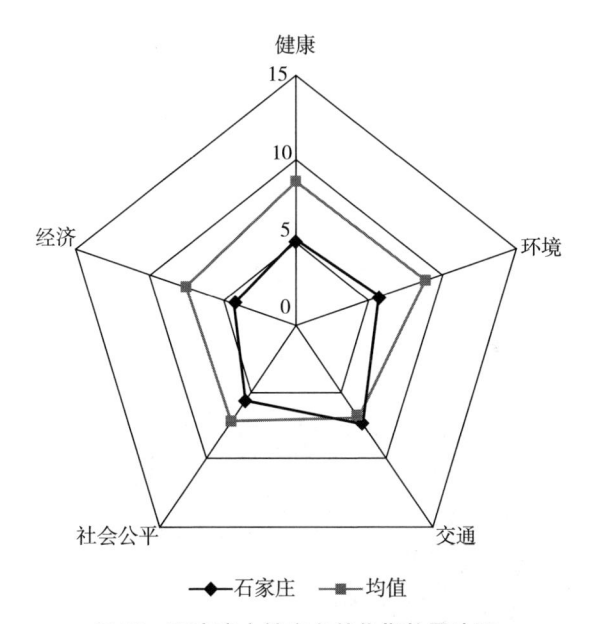

图22 石家庄市健康老龄化指数雷达图

作为京津冀地区的重要城市，尽管石家庄相比省内其他城市具有铁路交通优势，但是在过去的四十年的改革开放中，经济一直被具有丰富矿产资源的唐山压制，且又受产业和思维限制，没能得到充分的发展，导致了其经济实力相比周围其他省会城市弱了许多。再加上北京、天津横在北部与石家庄之间，对于北部的唐山、秦皇岛、张家口、廊坊而言，石家庄的辐射能力相当弱。因此，要想打造健康老龄化宜居城市，石家庄还将面临诸多困难与挑战。面对石家庄尴尬的处境，2017年，政府提出了建设并申报国家级新区，欲将其打造成北京非首都功能疏解和京津产业专业的承接平台。据悉，石家庄未来的核心建设将集中在两个方面：一是打造新产业高度聚集区，主要发展智慧型产业；二是打造低碳生态示范区，建设滨水生态宜居新城。这无疑是打破现有城市发展僵局、扭转城市发展局面的重要举措，期待石家庄的蜕变。

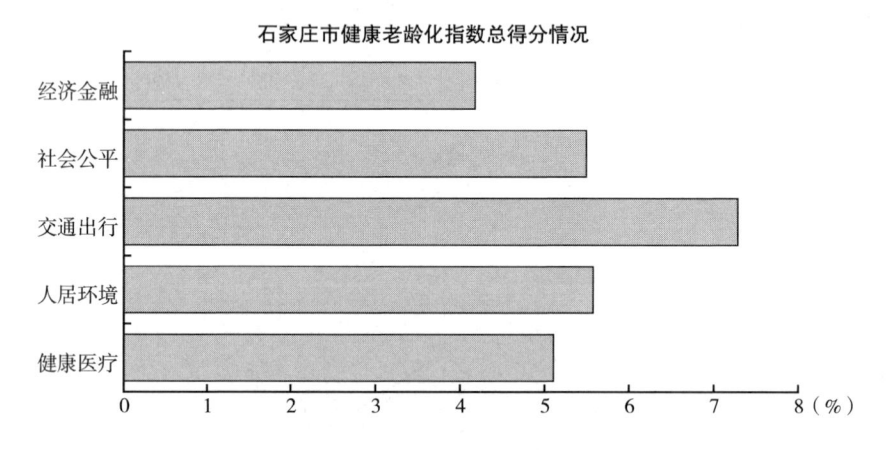

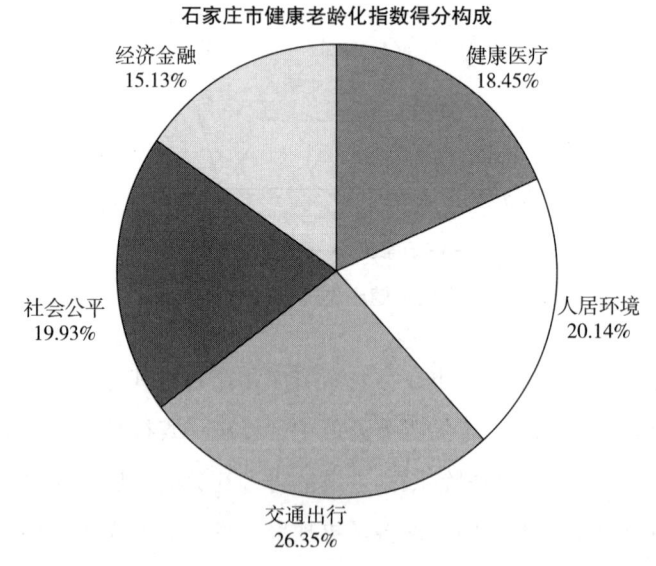

图23 石家庄市健康老龄化指数得分组图

五 提高老龄社会地方治理能力，构建年龄友好型健康城市

如何让城市对包括老年人在内的所有成员都具有包容性，是国家治理面临的新问题。本报告的研究结果发现，尽管近年来党和国家高层越来越重视老龄问题，提出开展积极应对人口老龄化战略行动，出台了老年宜居环境建设行动方案，但地方政府对老龄问题的认识程度和层次参差不齐，存在许多认识偏差，甚至一些政策和行动流于表面，适老性较差。这使得占总人口达到1/4甚至1/3的老年人口关于照料、参与等的多元利益诉求，难以通过现有治理框架和手段得到充分的、平衡的回应，城市治理面对老龄化挑战时显得韧性不足、创新乏力。各大中城市在积极老龄化、健康老龄化与地方治理、可持续发展的交叉领域，还有大量的工作要做。本报告初步构建了一个具有中国特色的、体现可持续发展和韧性治理理念的、共建共治共享的年龄友好城市治理及绩效分析评估框架——城市健康老龄化指数，并就价值取向、功能维度、结构体系、协同机制和绩效评估机制等方面提出以下政策建议。

（一）从全球化和国家治理的高度，建构我国积极应对人口老龄化战略行动的地方治理框架

习近平总书记指出，要坚持应对人口老龄化和促进经济社会发展相结合，坚持满足老年人需求和解决人口老龄化问题相结合，努力挖掘人口老龄化给国家发展带来的活力和机遇。要着力增强全社会积极应对人口老龄化的思想观念。要积极看待老龄社会，积极看待老年人和老年生活，老年是人生中的重要阶段，是仍然可以有作为、有进步、有快乐的重要人生阶段。要着力发挥老年人的积极作用。要发挥老年人优良品行在家庭教育中的潜移默化作用和对社会成员的言传身教作用，发挥老年人在化解社会矛盾、维护社会稳定中的经验优势和威望优势，发挥老年人对年轻人的传帮带作用。要为老

年人发挥作用创造条件，引导老年人保持老骥伏枥、老当益壮的健康心态和进取精神，发挥正能量，做出新贡献。这些表述是我国健康老龄化城市治理的指导思想、基本原则、总体目标、主要任务、内在动力、体制机制和政治保障，也是顶层设计和行动指南。

因此，要把积极应对人口老龄化行动同新时期中国特色社会主义的伟大实践相结合，凸显"人口"问题的"本土化"治理创新，提出"健康老龄化"的中国化本土化理论创新；把城市治理同"五位一体"建设和增强国家竞争力结合，同全体国民生命周期的经济准备、参与社会发展、自我价值实现等多方面的需求结合，同挖掘人口老龄化对经济发展的潜力和动力、实现老年人人生价值相结合，同地方治理创新举措相结合。

（二）坚持以人民为中心的发展理念，尊重和发挥老年人的积极价值，不让一个人掉队

年龄友好城市治理，应基于"以人民为中心"的发展理念，以"健康、保障、支持、发展、共享"为价值导向，将党的十八大以来积极应对人口老龄化战略行动实践，同联合国2030年可持续发展议程与可持续的包容性发展联系起来，形成年龄友好城市治理的核心价值导向——积极老龄化，以及治理绩效评价标准——健康老龄化。这其中很重要的一条原则是，尊重和发挥老年人的积极价值。在行动方案的设计上，东西方城市有着巨大的差异。国外健康老龄化城市的建设方案将参与社会的权利赋予老年人个人，给老年人参与社会创造条件。但长期以来的教育和文化观念不仅使中国的老年人很少走出家门参与到社会当中，更使相当数量的老年人为了不给家庭和子女造成负担而选择独自居住。当前社会上有很多年轻人认为老年人是社会的负担，使得老年人被排除在文化制度和产品设计之外，造成老年人生理机能和认知水平进一步下降，导致依赖成本增加，给社会造成的负担就更多。

因此，要充分认识到，老龄化的问题不在于老龄本身，而在于社会将老龄化视作问题。即使老年人仍然有生产力，我们仍强迫老年人从岗位上

退休。要重新认识老年人在现代化建设中的作用，扭转社会对老年人的"年龄歧视"现状，促进全民参与建设可持续的有韧性的年龄友好城市，转变老年群体自身的悲观心态对城市整体建设尤为重要。近年来政府出台的一些政策也表明，中国政府已经开始认识到观念的转变在推动可持续发展的包容城市建设中的关键作用，将转变观念作为促进老年人社会参与的重中之重。

（三）把年龄友好城市的地方治理纳入现代社会治理总框架

十九大报告提出了基本实现社会主义现代化时的社会治理愿景，即"现代社会治理格局基本形成，社会充满活力又和谐有序"，"保障和改善民生要抓住人民最关心最直接最现实的利益问题，既尽力而为，又量力而行，一件事情接着一件事情办，一年接着一年干"。要不断改变治理同日益增长和多样化的社会需求之间的不适应性，依循公平正义、共建共享的包容性发展理念促进资源在不同代之间的均衡配置，实现可持续的治理。近年来国际学界特别重视"韧性"（Resilience）一词。国际标准化组织 ISO 新组建了国际安全标准化技术委员会（ISO – TC292），将 Security 拓展为 Security and Resilience。2018 年 6 月举行的国际行政科学学会（IIAS）年会，其主题就是治理韧性。

因此，要强调"健康老龄化"是关乎所有年龄段人群的重要举措：老龄社会的治理，除了需要解决当前所面临的问题和挑战之外，更重要的是促进将健康老龄化的"年龄友好"理念纳入决策主流，帮助有关城市在地方治理中理解、采纳"年龄意识"，并引导年轻一代适应社会的老龄化趋势，主动为老年期做准备，创新地挖掘人口老龄化给经济社会发展带来的潜力和机遇，从而促进国家和地方治理水平与能力的不断提高，实现可持续发展目标。其根本遵循是坚持以人民为中心的发展思想，总体思路是坚守底线、突出重点、完善制度、引导预期，基本原则是公平正义、共建共享、尽力而为、量力而行，根本目的和一切归宿是让老年群众共享改革发展成果，不断增强获得感、幸福感。

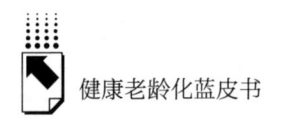

（四）提高老龄社会地方治理的系统性

整体治理、协同治理、网络治理是世界范围内新兴的公共治理范式，具有理论内核的优质性和实践验证的有效性，成为公共治理结构的转型目标；构建新型治理结构要重塑政府、市场、社会等多元治理主体的互动关系，重构规范多元治理主体行为的制度设计，重建多元治理主体的公共治理能力。

对于老龄社会的地方治理和新时期的老龄工作，习近平总书记指出，要实现党委统一领导、政府依法行政、部门密切配合、群团组织积极参与、上下左右协同联动的老龄工作机制，形成老龄工作大格局。在城市健康老龄化建设过程中，当前城市大量基础设施的适老化改造和新区城市化基础设施的适老化设计，任务十分艰巨，要把积极老龄化问题看作国家发展、地方治理的全局性问题和治理体系的系统性问题。应当在充分协调多方主体的前提下，协同共进，多主体共同助力城市发展，最终将城市建设成"爱老医护、适老居住、悦老休闲、便老配套、亲老服务"的综合标准的老年宜居城市。各个城市在制定城市发展规划时可参考世卫组织《老年友好型城市建设指南》和《关于老龄化和健康的全球报告》，通过多种途径，倾听社会各主体关于健康保健、学习教育、志愿服务、劳动就业、住房、交通、公共场所、社会包容、老年津贴、护理照料、对特殊困难老年人的保护等方面政策及措施的意见建议。老龄社会的城市规划与城市治理应该深刻了解我国人口老龄化的具体过程，充分考虑老年群体的需求，借鉴欧美和亚洲一些先发老龄化国家应对人口老龄化的经验和教训，构建立足于中国国情的、富有中国特色的、充分体现可持续发展理念和包容性发展原则的年龄友好城市。

（五）探索多元化的治理保障机制

这方面主要是探索三个机制。一是治理主体耦合机制。研究通过关键节点的"耦合作用场"的构建，建立年龄友好城市各治理主体间的方向耦合、目标耦合、动力耦合、信息耦合、心理耦合，实现不同单元政策之间的相互契合和立体互动,在政策具体实施过程中实现各单元政策的最大正效应。二是治理资源配置机制。研究通过清理重组、深层开发利用,以及多领域平衡等手段,为年龄友好城市实现高效治理,不断挖掘、创造资源,推进存量资源和增量资源的一体化开发,确保治理的可持续性。三是治理绩效评价机制。研究建立包含经济、政治、文化、社会、历史、心理等多维度的理性的地方政府老龄化治理绩效评价体系,从公平性、发展性、参与度、透明度、精准度、法治、责任、效能等多个方面反映年龄友好城市治理绩效。

总之,未来应着眼于:建设高效的政府,建立政府部门(含事业单位)积极老龄化的"元治理"网络结构;培育充满活力的市场,建立市场积极老龄化的"保障式治理"网络结构;组织有序的社会,建立社会积极老龄化的"共享式治理"网络结构,从而搭建起具有年龄意识的"人人共建、共治共享"的老龄社会地方治理框架,构建包容性的、可持续发展的、具有韧性的年龄友好城市。

参考文献

蔡昉:《对老龄化挑战的五大方略》,《人民论坛》2006年第2期。

蔡昉:《中国经济发展的人口视角》,中国社会科学出版社,2013。

党俊武等:《中国老年宜居环境发展报告(2015)》,社会科学文献出版社,2016。

窦晓璐等《城市与积极老龄化:老年友好城市建设的国际经验》《国际城市规划》2015年第3期。

杜鹏、董亨月:《促进健康老龄化:理念变革与政策创新——对世界卫生组织〈关于老龄化与健康的全球报告〉的解读》,《老龄科学研究》2015年12期。

樊士帅、杨一帆、刘一存:《国际城市应对人口老龄化的行动经验及启示》,《西南交通大学学报》(社会科学版)2017年第2期。

范逢春:《县级政府社会治理质量测度标准研究》,中国人民大学出版社,2015。

胡庭浩、沈山:《老年友好型城市研究进展与建设实践》,《现代城市研究》2014年第9期。

李胜:《当代纽约:从人口老龄化到老年友好型城市的转变》,《西北人口》2015年

第 36 期。

李宗华、高功敬：《积极老龄化背景下城市老年人社会参与的实证研究》，《学习与实践》2009 年第 12 期。

刘文、焦佩：《国际视野中的积极老龄化研究》，《中山大学学报》（社科版）2015 年第 1 期。

全国老龄办：《解读〈关于推进老年宜居环境建设的指导意见〉》，2016。

申立、吴芳芳：《应对老龄化的全球城市规划经验及启示——以纽约、伦敦、东京、首尔等为例》，《北京规划建设》2017 年第 5 期。

世界卫生组织：《关于老龄化与健康的全球报告》，2015。

世界卫生组织：《积极老龄化：政策框架》，华龄出版社，2003。

孙柏瑛、杜英歌：《地方治理中的有序公民参与》，中国人民大学出版社，2012。

田雪原：《21 世纪中国发展：关注来自人口老龄化的影响》，《学习论坛》2006 年第 11 期。

童星：《创新社会管理》，社会科学文献出版社，2012。

汪大海：《社会管理》，中国人民大学出版社，2013。

王莉莉：《中国老年人社会参与的理论、实证与政策研究综述》，《人口与发展》2011 年第 3 期。

王诗宗：《治理理论及其中国适用性》，浙江大学出版社，2009。

邬沧萍：《全面建成小康社会积极应对人口老龄化》，中国人口出版社，2016。

邬沧萍、穆光宗：《健康的老龄社会》，《人口与经济》1997 年第 1 期。

吴江：《基于价值管理的政府绩效评估体系研究》，吉林大学博士学位论文，2007。

杨宏山：《转型中的城市治理》，中国人民大学出版社，2017。

俞可平：《治理与善治》，社会科学文献出版社，2000。

原华荣、赵伟伟：《人口老龄化的认知和应对：积极的与消极的》，《西北人口》2014 年第 5 期。

原新：《国际社会应对老龄化的经验和启示》，《老龄科学研究》2015 年第 3 期。

张强：《依老助老：老年协会参与城市社区居家养老实践研究——以武汉市 W 老年协会为例》，《西北人口》2018 年第 39 期。

郑功成：《社会保障学：理念·制度·实践与思辨》，商务印书馆，2000。

Amado, C. A. F., José, J. M. S. S., Santos, S. P. (2016). ; "Measuring Active Ageing: A Data Envelopment Analysis Approach". *European Journal of Operational Research* 255 (1): 207 – 223.

Beard, J. R., Officer, A., de Carvalho, I. A., Sadana, R., Pot, A. M., and Michel, J. P., et al. (2015). "The World Report on Ageing and Health: A Policy Framework for Healthy Ageing". *Lancet* 387 (10033): 2145 – 2154.

Ellen, M. E., Panisset, U., Araujo, D. C. I., Goodwin, J., and Beard, J. (2017).

"A Knowledge Translation Framework on Ageing and Health". *Health Policy* 121 (3).

Hartlapp, M., and Schmid, G. (2008). "Labor Market Policy for 'Active Ageing' in Europe: Expanding the Options for Retirement Transitions". *Journal of Social Policy* 37 (3): 409–431.

Jackisch, J., Zamaro, G., Green, G., Huber, M. (2015). "Is a Healthy City also an Age-Friendly City?". *Health Promotion International*, 30 Suppl 1 (suppl_1): i108.

Ney, S. (2005). "Active Aging Policy in Europe: between Path Dependency and Path Departure". *Ageing International* 30 (4): 325–342.

Nilsson, M. (2016). "A Draft Framework for Understanding SDG Interactions". *Chemistry International — Newsmagazine for IUPAC*. 38 (6): 29–29.

Paúl, C., Ribeiro, O., Teixeira, L. (2015). "Active Ageing: an Empirical Approach to the Who Model". *Current Gerontology & Geriatrics Research*. 2012 (1): 382972.

Walker, A., Maltby, T. (2012). "Active Ageing: A Strategic Policy Solution to Demographic Ageing in the European Union". *International Journal of Social Welfare*. 21 (s1): S117–S130.

分 报 告

Sub Reports

B.2 中国大中城市老年人健康医疗发展报告

雷斌 李楠[*]

摘 要： 本报告梳理和综合分析了人口老龄化背景下的健康医疗相关研究文献；沿用历年指标观测点，选取国内38个城市的健康医疗状况为研究对象，对综合排名指标和7个一级指标（人均医疗卫生支出、医疗卫生支出占GDP的比重、城镇家庭人均医疗保健支出占家庭消费支出比重、每万人拥有医院数、每千人拥有医生数、每千人拥有医院床位数、人口平均预期寿命）的排名情况进行对比分析，并分析2015~2017年的城市健康医疗维度指标变化情况；探究重要的影响因素或原因，最后就进一步提升城市健康医疗水平提供建议和样本参考。

关键词： 健康医疗 医疗卫生支出 预期寿命

---

[*] 雷斌，副教授，博士研究生在读，西南交通大学文科建设处副处长，研究领域：老龄科学和公共政策；李楠，西南交通大学公共管理与政法学院，本科生。

健康与医疗是人类生活与生存中最基本的需求，对老年人来说尤为重要。新中国成立初期的1950年，我国人口平均寿命仅为43.6岁。改革开放以来，随着经济的快速发展，人民的生活水平不断提升，健康领域改革发展取得显著成就，城乡环境面貌明显改善，全民健身运动蓬勃发展，医疗卫生服务体系日益健全，人民健康水平和身体素质持续提高，人均寿命显著增长，到2000年已经达到71.4岁，2015年我国人均预期寿命已达76.34岁。但预期寿命的延长并不等于健康寿命的延长。据统计，只有1/3的城市老人健康状况良好，大部分老人面临慢性病的困扰，有超过一半的城市老人在不同程度上患有两种以上慢性病，并伴有不同的并发症。我国城市老人不仅在生理上，而且在心理上的健康状况也不乐观。加之城市老人出于退休、辞职等原因，活动空间由以社会为主转向以家庭为主。老年人经常面临寂寞、孤独、无聊的状态。从生理学的角度来看，人体机能的衰老导致生理功能逐渐低下，继而身体免疫功能下降。老年人在健康水平下降的过程中，更容易遭遇各种疾病的侵袭，甚至失去自理能力。因此，老年群体成为最大的"健康脆弱"群体，老年人的健康和医疗问题成为人口老龄化进程中最为突出的问题。在此背景下，能否有效并有针对性地满足退休老年人的健康医疗需求成为衡量一个城市居民健康老龄化的重要指标之一。

本报告旨在通过数据收集与处理，得出中国38个城市的居民健康老龄化之健康医疗维度的排名，并集中探讨中国城市居民健康老龄化中健康医疗维度的整体发展情况和趋势，对中国老年人健康医疗维度建设发展提出相应的对策建议，通过相关政策调整、改善医疗服务设施、完善老年人健康服务供给方式，以及提高健康医疗服务的可及性与有效性。

一 城市健康医疗发展现状及研究综述

《"健康中国2030"规划纲要》（以下简称《纲要》）指出：健康是促进人的全面发展的必然要求，是经济社会发展的基础条件。实现国民健康长寿，是国家富强、民族振兴的重要标志，也是全国各族人民的共同愿望。《纲要》明确提出"健康优先"，把健康摆在优先发展的战略地位，立足国情，将促进健康的理念融入公共政策制定实施的全过程，加快形成有利于健康的生活方式、生态环境和经济社会发展模式，实现健康与经济社会良性协调发展。为此，要求全面建成体系完整、分工明确、功能互补、密切协作、运行高效的整合型医疗卫生服务体系。《纲要》明确提出了促进健康老龄化的具体举措：推进老年医疗卫生服务体系建设，推动医疗卫生服务延伸至社区、家庭。健全医疗卫生机构与养老机构的合作机制，支持养老机构开展医疗服务。推进中医药与养老融合发展，推动医养结合，为老年人提供治疗期住院、康复期护理、稳定期生活照料、安宁疗护一体化的健康和养老服务，促进慢性病全程防治管理服务同居家、社区、机构养老紧密结合。鼓励社会力量兴办医养结合机构。加强对老年常见病、慢性病的健康指导和综合干预，强化老年人健康管理。推动开展老年心理健康与关怀服务，加强对老年痴呆症等的有效干预。推动居家老人长期照护服务发展，全面建立经济困难的高龄、失能老人补贴制度，建立多层次长期护理保障制度。进一步完善政策，使老年人更便捷地获得基本药物。

国内学者就我国人口老龄化程度逐步加深的趋势下，如何从健康医疗的角度积极应对进行了有益的研究。

（一）人口老龄化与医疗卫生支出之间的关系

一方面，老龄化程度的加深以及人口结构的改变导致对卫生医疗服务需求的增长，继而要求增加医疗卫生支出，给整个医疗卫生体制造成巨大挑战；另一方面，收入水平、卫生保障系统、医疗卫生资源的供给及其他相关因素都会影响医疗卫生资源的配置，从而影响老年人口对医疗卫生服务的需求，故可能随着老龄化程度的加深，医疗卫生支出并不会出现相应的增长。因此，人口老龄化与医疗卫生支出之间的关系需要综合考虑各方面的因素。徐晓飞、杨卫华（2014）基于中国31个地区1997~2011年的面板数据，使用GMM的面板数据估计方法，刻画了人口老龄化与政府卫生支出之间的关系。研究发现，政府的医疗卫生支出相对不足，难以完全满足老年人口的需求[1]。余央央

---

[1] 徐晓飞、杨卫华：《我国政府医疗卫生支出相对不足的计量检验》，《商业研究》2014年第5期。

（2012）首先梳理分析了不同国家人口老龄化与医疗卫生支出的关系，阐明了医疗卫生支出与人口老龄化之间的影响机制；并第一次使用我国的数据，从城乡差异的角度，实证分析我国现阶段城乡老龄化（年龄）是不是决定卫生保健支出变化的因素[1]。程杰、赵文（2010）通过比较世卫组织成员国的经验，发现随着人口老龄化程度的加深，政府在医疗卫生支出中所占比重上升，而私人医疗支出的比重会下降[2]。医疗卫生支出占 GDP 的比重逐渐增加，同时政府的卫生支出占政府总支出的比重也会逐渐提高，在人口老龄化的进程中，政府将承担更多的医疗卫生支出的责任。此外，医疗保障支出在政府卫生支出中的比重趋于上升，并日益成为政府卫生支出中越来越重要的一部分。当一国进入老龄社会后，其医疗卫生支出的速度将会递增，政府财政和经济发展将承受日益增长的医疗费用支出负担。

（二）关于健康医疗指标的选取及研究方面

学者们从不同的指标入手，采用不同的方法进行了分析和总结。世界卫生组织用每 10 万孕产妇死亡率、每千人婴儿死亡率、每千人拥有医生及医院床位数、人口平均预期寿命等五项指标来评价和衡量一个国家、一个地区、一个城市卫生预防及医疗保健水平。刘国柱[3]利用比较研究方法，从以上五个方面回顾了北京市医疗卫生事业 60 年里所取得的巨大成就。周诗国、鲍卫华等[4]认为，每千人拥有医院床位数是衡量人群健康状况的一个重要因素，是考量卫生状况和社会经济发展水平的客观指标；同时应用 GM（1，1）灰色模型，分析预测了北京市每千人拥有医院床位数，旨在了解北京市人民

---

[1] 余央央：《中国人口老龄化对医疗卫生支出的影响》，复旦大学博士学位论文，2012。
[2] 程杰、赵文：《人口老龄化进程中的医疗卫生支出：WHO 成员国的经验分析》，《中国卫生政策研究》2010 年第 3 期。
[3] 刘国柱：《健康清洁惠民生 古城新都尽欢颜——北京医疗卫生事业 60 年回望》，《前线》2009 年第 8 期。
[4] 周诗国、鲍卫华、罗艳侠、冯丹、郭秀花：《北京市卫生状况的灰色预测》，《数理医药学杂志》2003 年第 5 期。

群众的医疗卫生健康状况，研究其变化规律和趋势。胡敏[①]从卫生机构、卫生人员、卫生设施、卫生经费、卫生资源等五方面的利用情况对湖南省2007~2008年卫生事业发展状况进行了比较，在此基础上，做了云南省、浙江省、全国平均水平的横向比较，以充分分析湖南省卫生事业发展的优势与劣势。有学者以宁波市的卫生资源配置为研究对象，运用文献研究及数理统计的方法，从健康状况及需求、人口特征、卫生服务利用情况及其公平性、卫生资源配置现状等方面进行了分析，指出了宁波市存在的问题及解决的对策。王茜茜、周敬宣等（2011）基于投影寻踪法，提出了武汉市"两型社会"评价方法，从社会、资源、经济、环境四个子系统的视角，构建了武汉市"两型社会"评价指标体系，其中每千人口医院床位数这一指标就包括在社会子系统里。[②] 郭塨[③]运用描述性分析方法，描述了长沙市卫生人力、卫生机构的地区分布，及卫生床位数和卫生设备的数量等情况。

（三）社会与科学技术的进步给健康医疗带来了新的发展趋势

2016年，国务院办公厅发布了关于推进和规范健康医疗大数据应用开发的指导意见。意见指出，将健康医疗大数据应用开发纳入国家大数据战略布局。该指导意见提出了两个时间节点，要求办成两件事：到2017年底，实现国家和省级人口健康信息平台以及国家药品招标采购业务应用平台互联互通，基本实现跨部门健康医疗数据资源的共享共用格局。到2020年，建成国家医疗卫生信息分级开放应用平台，基本实现城乡居民拥有标准化的电子健康档案和功能完善的健康卡；统筹区域布局，依托现有资源建成100个区域临床医学数据示范中心。该指导意见还提出了四个重点任务：①夯实健康医疗大数据应用基础。健康医疗基础数据库的核心是电子处方、电子病历、电子健康档案等。该指导意见还未明确指出由谁来建、

[①] 胡敏：《湖南省卫生事业发展现状及趋势研究》，中南大学博士学位论文，2011。
[②] 王茜茜、周敬宣、李湘梅、肖人彬：《基于投影寻踪法的武汉市"两型社会"评价模型与实证研究》，《生态学报》2011年第20期。
[③] 郭塨：《长沙市卫生资源配置与卫生服务利用研究》，中南大学博士学位论文，2013。

怎么建健康医疗的基础数据库。②深化健康大数据应用。国家将投入资金、人力以支持研发健康医疗相关的医用机器人、大型医疗设备、人工智能技术、健康和康复辅助器械、生物三维（3D）打印技术、可穿戴设备以及其他相关微型传感器件。③规范和推动"互联网+健康医疗"服务。包括全面建立远程医疗应用体系、推广智慧健康医疗便民惠民服务、推动健康医疗教育培训应用。其中，重点要求的是"健康中国云服务计划"，这包括提供远程影像、远程病理、远程会诊、远程心电诊断服务，健全检查检验结果互认共享机制。④加强健康医疗大数据保障体系的建设，尤其强调了法规与标准体系的建设、人才培养体系、数据安全、网络信用度四个方面。

综上所述，一方面，随着人口结构日益老龄化、人口规模持续增大，物质生活水平显著提高，人们对卫生保健的需求层次、广度发生了巨大的变化，形成了对多元化及多层次的健康医疗服务的巨大需求。另一方面，医疗卫生资源的有限性，难以满足目前的巨大需求，因此需要对健康医疗所涉及的方面进行对比分析，找出其发展的不足，借鉴先进城市或地区的经验，完善自身健康医疗的发展，以更好地应对人口老龄化。更重要的是，健康医疗领域一些新的发展趋势将给健康医疗带来更进一步的发展和完善，这对保障老年人的健康安全、满足老年人的医疗护理服务需求具有重要的意义，能在很大程度上提高老年居民的健康老龄化水平。

二 健康医疗指标说明及数据计算

（一）指标选取及说明

本报告属于城市健康老龄化总报告的一个分支，旨在对城市健康医疗发展情况进行梳理和分析。城市健康老龄化属于总报告的目标层，而健康医疗则是衡量和评价城市健康老龄化的五个评价维度之一。在本分报告中，衡量健康医疗的一级指标有七个：人均医疗卫生支出、医疗卫生支出占GDP的

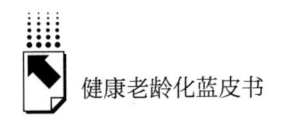

比重、人均医疗保健支出占家庭消费支出比重、每万人拥有医院数、每千人拥有医生数、每千人拥有医院床位数、平均预期寿命。一级指标的具体说明如下：

（1）人均医疗卫生支出：地方财政支出中的医疗卫生支出除以当地常住居民人口。

（2）医疗卫生支出占GDP的比重：医疗卫生支出占当年GDP的比值乘以100%。

（3）城镇家庭人均医疗保健支出占家庭消费支出的比重：城镇家庭人均医疗保健支出除以家庭消费支出，反映出城市居民对医疗保健的重视度。

（4）每万人拥有医院数：当地医院数乘以一万除以人口，得到每一万人口拥有的当地医院数，其中医院、卫生院数指卫生部门、工业及其他部门（如农业、铁道、公安、邮电、民政、文教、社团等）、私人、集体所有制单位、以其他各种合作方式（集体与个体合办、全民与集体或个体合办、中外合资）举办的医院和卫生院数（包括农村卫生院、城市街道卫生院、县及县以上医院及其他医院数）。

（5）每千人拥有医生数：医生（执业医师+执业助理医师）数除以城市常住人口千人数。

（6）每千人拥有医院床位数：医院、卫生院床位数除以常住人口千人数。

（7）人口平均预期寿命：人均预期寿命，可以反映出一个社会的生活质量。社会经济条件、医疗卫生水平影响着人们的寿命。所以不同的社会、不同的时期，人类寿命的长短存在很大差别；同时，由于遗传因素、体质、生活条件等个人差异，每个人的寿命长短相差很大。因此，虽然难以预测一个特定生命体的寿命有多长，但可以通过科学的方法计算，预测在一定的死亡水平下，每个人平均可存活的年数，这是根据婴儿和各年龄段人口死亡的情况计算后得出的，指的是现阶段每个人若无意外事故，能够活到的年龄。

（二）数据计算及权重设计

在城市居民健康老龄化的五个评价维度（健康、环境、交通、社会公平、经济）中，健康医疗与其他四个维度一样，被赋有20%的权重。根据健康医疗这一维度所包含的七个一级指标，赋予各一级指标相对于健康老龄化指数的权重。

数据无量纲化中，健康医疗这一维度下的七个一级指标中，数据表现最好的城市为100%，表现最差的城市得分为0，其余城市在0~100%之间赋予相应的得分。若得分100%则代表该指标在整个排名中居首位，是当前的最理想标准，而得分为0，则表示该指标在38个城市中排名最后，是当前最差的状态。

经过测量，本报告最终得到样本数据矩阵：

$$[x_{ij}](i = 1,2,\cdots 38; j = 1,2,\cdots 7)$$

上式中，i为样本数量，j为指标数量。鉴于各指标数值的量纲不同，并且有些指标的判断方向不一致，因此有必要采取无量纲正向处理，具体处理方法如下所示。

对于任意第$j(j = 1,2,\cdots,7)$项指标的数据，记：

$$m = \min\{x_{ij}\}, M = \max\{x_{ij}\}, R = M - m, i = 1,2,\cdots 38$$

则样本数据可根据如下公式进行变化：

当第j项指标越大反映越好的表现时，变换为公式：

$$y_{ij} = (x_{ij} - m)/R$$

当第j项指标越小反映越差的表现时，变换为公式：

$$y_{ij} = (M - x_{ij})/R$$

经过上述处理，最终的数据矩阵记为：

$$[y_{ij}](i = 1,2,\cdots 38; j = 1,2,\cdots 7)$$

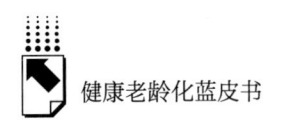

三 健康医疗各指标排名情况分析

（一）人均医疗卫生支出

人均医疗卫生支出是一个国家的公共和私营卫生支出之和与总人口的比率，这些支出包括了医疗卫生服务（预防和治疗）、计划生育、营养项目、紧急医疗救助等，但不包括提供饮用水和卫生设施。

经过对数据的归一化处理后，本报告对中国 38 个城市人均医疗卫生支出得分进行分析。北京市人均医疗卫生支出得分最高，为 14.29%，乌鲁木齐人均医疗卫生支出得分最低，指标得分为 0。人均医疗卫生支出得分排名前五的城市分别为北京、南昌、深圳、天津和上海，得分分别为 14.29%、11.89%、9.69%、8.94%、8.89%。人均医疗卫生支出得分后五位的城市分别为成都、太原、石家庄、沈阳、乌鲁木齐，得分分别为 1.79%、1.35%、1.32%、0.98%、0。

从表 1 可以看出，人均医疗卫生支出得分较高的城市大多在东部经济较为发达的地区，而得分较低的城市则多在中西部经济待发展地区。这说明人均医疗卫生支出可以在一定程度上反映各城市的经济发展程度，经济发达的城市其人均医疗卫生支出普遍高于经济欠发达的城市。

表 1 人均医疗卫生支出得分排名情况

单位：%

城市	人均医疗卫生支出得分情况	排名	城市	人均医疗卫生支出得分情况	排名
北京	14.29	1	珠海	7.12	7
南昌	11.89	2	厦门	6.77	8
深圳	9.69	3	宁波	6.75	9
天津	8.94	4	武汉	6.55	10
上海	8.89	5	重庆	6.31	11
昆明	8.2	6	郑州	5.87	12

续表

城市	人均医疗卫生支出得分情况	排名	城市	人均医疗卫生支出得分情况	排名
广州	5.81	13	南宁	2.92	26
南京	4.39	14	苏州	2.86	27
兰州	4.14	15	银川	2.44	28
贵阳	4.07	16	长沙	2.43	29
杭州	4.02	17	无锡	2.25	30
海口	4.01	18	呼和浩特	1.98	31
济南	3.93	19	哈尔滨	1.91	32
长春	3.77	20	合肥	1.82	33
西宁	3.54	21	成都	1.79	34
西安	3.46	22	太原	1.35	35
福州	3.11	23	石家庄	1.32	36
青岛	3.06	24	沈阳	0.98	37
大连	3.03	25	乌鲁木齐	0	38

（二）医疗卫生支出占GDP的比重

医疗卫生支出占GDP的比重反映了一个城市在一定时期内用于医疗卫生服务的公共资源与该城市经济产出之间的关系，在一定程度上反映了一个城市政府对医疗卫生服务的重视程度，医疗卫生支出占GDP的比重越高，则可以说明该城市对医疗卫生越重视。

在38个样本城市中，医疗卫生支出占GDP的比重得分最高的城市是昆明，得分为14.29%；得分最低的是无锡，为0。医疗卫生支出占GDP的比重得分前五位城市分别为昆明、南昌、重庆、西宁和海口，得分分别为14.29%、14.13%、14.13%、11.47%和10.51%。医疗卫生支出占GDP的比重得分末五位城市分别是沈阳、呼和浩特、长沙、苏州、无锡，得分分别为1.38%、1.32%、0.87%、0.14%、0。

根据表2的数据，难以得出医疗卫生支出占GDP的比重与城市地理位置及经济发展程度的正相关关系。得分高的城市中，既有西部经济欠发达地区，又有经济较为发达的直辖市；得分低的城市中，既有长江下游经济发达

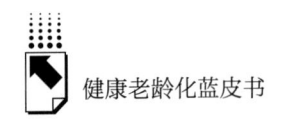

城市，又有中部待发展城市。由此可见，一个城市对医疗卫生服务的重视程度与其经济发展程度并无太大关系，因此对此进行分析时应当结合城市情况进行具体分析。

表2　医疗卫生支出占GDP的比重得分排名情况

单位：%

城市	医疗卫生支出占GDP比重得分情况	排名	城市	医疗卫生支出占GDP比重得分情况	排名
昆明	14.29	1	福州	4.8	20
南昌	14.13	2	武汉	4.79	21
重庆	14.13	3	太原	4.37	22
西宁	11.47	4	济南	4.34	23
海口	10.51	5	合肥	3.68	24
北京	10.38	6	成都	3.51	25
南宁	9.83	7	珠海	3.46	26
兰州	9.45	8	深圳	3.14	27
贵阳	8.01	9	杭州	2.19	28
石家庄	6.68	10	青岛	2.09	29
上海	6.49	11	南京	2.03	30
西安	6.46	12	广州	2.02	31
厦门	6.43	13	大连	1.52	32
天津	6.22	14	乌鲁木齐	1.52	33
长春	5.74	15	沈阳	1.38	34
哈尔滨	5.69	16	呼和浩特	1.32	35
郑州	5.58	17	长沙	0.87	36
宁波	5	18	苏州	0.14	37
银川	4.87	19	无锡	0	38

（三）城镇家庭人均医疗保健支出占家庭消费支出的比重

城镇家庭人均医疗保健支出占家庭消费支出的比重与居民的可支配收入、消费习惯、家庭成员健康状况等因素有关。随着中国经济的飞速发展，居民可支配收入不断增长，居民消费习惯与以前相比也有了较大改变，居民对医疗保健的重视程度也在不断提高。

从全国 38 个样本城市中人均医疗保健支出占家庭消费支出的比重得分排名可以看到，得分排名第一的城市是无锡，为 14.29%；得分居最后一位的城市是昆明，得分是 0。人均医疗保健支出占家庭消费支出的比重得分排名前五位的是无锡、苏州、长沙、呼和浩特、沈阳，得分分别是 14.29%、14.14%、13.42%、12.97%、12.9%；得分居末五位的城市分别是海口、西宁、南昌、重庆、昆明，得分分别为 3.78%、2.82%、0.16%、0.16%、0。

从表 3 可以看出，得分较高的城市多为东部经济发达城市，而得分较低的城市则多为中西部地区。在经济发达城市中，居民人均可支配收入较高，且受教育程度普遍高于中西部地区，居民的消费观念普遍先进，因此人均医疗保健支出占家庭消费支出的比重也较高，而欠发达地区城市居民则恰好相反。因此，政府出台医疗保健的扶持政策时应考虑区域化差异，具体情况具体处理。

表 3 人均医疗保健支出占家庭消费支出的比重得分排名情况

单位：%

城市	人均医疗保健支出占家庭消费支出的比重得分情况	排名	城市	人均医疗保健支出占家庭消费支出的比重得分情况	排名
无锡	14.29	1	合肥	10.61	15
苏州	14.14	2	济南	9.95	16
长沙	13.42	3	太原	9.91	17
呼和浩特	12.97	4	福州	9.49	18
沈阳	12.9	5	武汉	9.49	19
大连	12.77	6	银川	9.42	20
乌鲁木齐	12.77	7	宁波	9.29	21
广州	12.26	8	郑州	8.71	22
南京	12.25	9	哈尔滨	8.59	23
青岛	12.19	10	长春	8.54	24
杭州	12.1	11	天津	8.07	25
深圳	11.15	12	厦门	7.85	26
珠海	10.82	13	西安	7.83	27
成都	10.77	14	上海	7.79	28

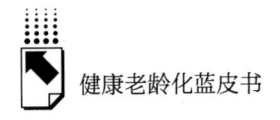

续表

城市	人均医疗保健支出占家庭消费支出的比重得分情况	排名	城市	人均医疗保健支出占家庭消费支出的比重得分情况	排名
石家庄	7.6	29	海口	3.78	34
贵阳	6.27	30	西宁	2.82	35
兰州	4.83	31	南昌	0.16	36
南宁	4.46	32	重庆	0.16	37
北京	3.9	33	昆明	0	38

（四）每万人拥有医院数

每万人拥有医院数是对一个城市经济发展状况、人口增长情况、医疗制度完善情况和居民健康情况的侧面反映。从全国38个样本城市2017年每万人拥有医院数这一指标的得分来看，得分最高的城市是成都，为14.29%；得分最低的是深圳，为0。2017年每万人拥有医院数得分居前五位城市分别为成都、海口、太原、昆明、乌鲁木齐，得分分别为14.29%、11.28%、11%、10.82%、10.61%；得分居末五位的城市分别为福州、上海、无锡、厦门、深圳，得分分别为1.28%、1.09%、0.72%、0.29%、0。

如表4所示，每万人拥有医院数指标得分较高的城市多分布在中西部，而得分较低的城市多为东南沿海城市。这可能是因为人口的省际迁移，具体表现为中西部人口大量向东部经济发达地区迁移，导致东部地区医疗资源压力增大，得分较低，而中西部由于常住人口的减少，每万人拥有医院数指标得分相对较高。

表4 每万人拥有医院数得分排名情况

单位：%

城市	每万人拥有医院数得分	排名	城市	每万人拥有医院数得分	排名
成都	14.29	1	太原	11	3
海口	11.28	2	昆明	10.82	4

续表

城市	每万人拥有医院数得分	排名	城市	每万人拥有医院数得分	排名
乌鲁木齐	10.61	5	沈阳	4.86	22
郑州	10.27	6	银川	4.7	23
贵阳	9.96	7	南京	4.5	24
长沙	9.41	8	青岛	3.88	25
西安	7.93	9	重庆	3.47	26
合肥	7.53	10	长春	3.03	27
北京	7.38	11	大连	2.73	28
呼和浩特	6.84	12	南昌	2.7	29
济南	6.55	13	广州	2.11	30
武汉	6.1	14	宁波	2.08	31
哈尔滨	6.04	15	石家庄	1.84	32
西宁	5.95	16	南宁	1.3	33
杭州	5.58	17	福州	1.28	34
天津	5.19	18	上海	1.09	35
兰州	5.12	19	无锡	0.72	36
珠海	5.12	20	厦门	0.29	37
苏州	5.09	21	深圳	0	38

（五）每千人拥有医生数

每千人拥有医生数作为健康医疗指标具有重要的指导意义。世界卫生组织在2000年提出实现世界每千人拥有1名医生的目标。美国社会学家英克斯尔（Yikesier）提出了每千人拥有医生数量为1.25人的社会现代化标准。

在研究选取的中国38个大中城市中，每千人拥有医生数指标得分最高的城市是广州，得分为14.29%，每千人拥有医生数指标得分最低的城市为重庆，为0。每千人拥有医生数指标得分排名前五的城市为广州、太原、北京、杭州、海口，得分分别为14.29%、9.32%、7.55%、6.65%、6.27%；每千人拥有医生数指标得分排名后五的城市为厦门、天津、合肥、上海、重庆，得分分别为1.56%、1.36%、0.96%、0.36%、0。

表5显示，指标得分排名与城市所处地理位置并无特别显著的关系。得

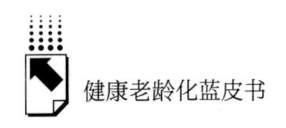

分排名较高的城市中，广州、北京等特大城市，尽管常住人口数量大，但其高度发达的经济状况和相对优厚的待遇也吸引了大量医生，因此排名较高，而乌鲁木齐、昆明、银川等中西部城市则是由于常住人口数量相对较少以致每千人拥有医生数指标得分较高。因此可以推出，每千人拥有医生数不仅与城市常住人口数量有关，更与该城市的医疗水平和该城市长期留任的医生数有关。

表5 每千人拥有医生得分排名情况

单位：%

城市	每千人拥有医生数得分情况	排名	城市	每千人拥有医生数得分情况	排名
广州	14.29	1	呼和浩特	3.36	20
太原	9.32	2	青岛	3.31	21
北京	7.55	3	沈阳	3.25	22
杭州	6.65	4	宁波	3.02	23
海口	6.27	5	石家庄	2.88	24
乌鲁木齐	5.94	6	南京	2.69	25
昆明	5.8	7	大连	2.59	26
郑州	5.63	8	深圳	2.15	27
银川	5.41	9	长春	1.96	28
济南	5.32	10	哈尔滨	1.85	29
长沙	5.21	11	南昌	1.73	30
成都	5.15	12	无锡	1.6	31
兰州	4.78	13	苏州	1.59	32
珠海	4.22	14	福州	1.56	33
西宁	4.15	15	厦门	1.56	34
贵阳	4.14	16	天津	1.36	35
武汉	4.03	17	合肥	0.96	36
西安	3.89	18	上海	0.36	37
南宁	3.8	19	重庆	0	38

（六）每千人拥有医院床位数

每千人拥有医院床位数是衡量一个城市医疗服务发展水平的重要指

标，每千人拥有医院床位数指标得分较高的城市普遍拥有较为完善的医疗卫生服务体系。《关于加快推进健康与养老服务工程建设的通知》提出，到2020年，医疗卫生机构每千人口病床数（含住院护理）达到6张，非公立医疗机构床位数占比达到25%，形成以非营利性医疗机构为主体、营利性医疗机构为补充，公立医疗机构为主导、非公立医疗机构共同发展的多元办医格局。

在研究选定的中国38个大中城市中，每千人拥有医院床位数指标得分最高的城市是郑州，得分为14.29%；每千人拥有医院床位数指标得分最低的城市是深圳，得分为0。每千人拥有医院床位数指标得分排名前五的城市为郑州、太原、昆明、长沙、成都，得分分别为14.29%、14.06%、13.46%、12.92%、12.32%；每千人拥有医院床位数指标得分排名后五的城市为福州、天津、宁波、厦门、深圳，得分分别为2.47%、2.26%、2.08%、0.64%、0。

根据表6，从地域差异来看，每千人拥有医院床位数得分排名靠前的城市多为中西部城市，而排名靠后的城市则多为东部城市。究其原因，可能是人口的省际迁移导致大量中西部人口向东部流动，从而造成东部医疗资源压力的增大。另外，中西部地区医疗资源多集中在少数大型城市也是其排名靠前的主要原因之一。

表6 每千人拥有医院床位数得分排名情况

单位：%

城市	每千人拥有医院床位数得分情况	排名	城市	每千人拥有医院床位数得分情况	排名
郑州	14.29	1	杭州	10.36	8
太原	14.06	2	西宁	10.31	9
昆明	13.46	3	贵阳	9.81	10
长沙	12.92	4	武汉	9.63	11
成都	12.32	5	沈阳	9.53	12
乌鲁木齐	12.21	6	银川	8.97	13
哈尔滨	10.76	7	长春	8.43	14

续表

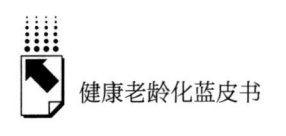

城市	每千人拥有医院床位数得分情况	排名	城市	每千人拥有医院床位数得分情况	排名
西安	8.41	15	苏州	5.11	27
济南	8.14	16	南宁	4.93	28
兰州	8.10	17	上海	4.58	29
广州	7.88	18	无锡	4.55	30
大连	7.56	19	北京	4.49	31
海口	7.37	20	石家庄	4.42	32
呼和浩特	7.18	21	珠海	4.05	33
南昌	6.90	22	福州	2.47	34
南京	6.38	23	天津	2.26	35
重庆	6.29	24	宁波	2.08	36
青岛	6.02	25	厦门	0.64	37
合肥	5.64	26	深圳	0	38

（七）人口平均预期寿命

人口平均预期寿命是对一个城市生活质量的反映，也是衡量一个城市的医疗卫生服务水平及经济发展水平的重要指标之一。在研究选取的中国38个大中城市中，苏州市人口平均预期寿命指标得分最高，为14.29%；兰州市人口平均预期寿命指标得分最低，为0。人口平均预期寿命指标得分排名前五的城市为苏州、深圳、南京、无锡、杭州，得分分别为14.29%、13.72%、13.33%、13.16%、12.89%；得分排名后五的城市为重庆、石家庄、贵阳、西宁、兰州，得分分别为2.04%、0.80%、0.61%、0.20%、0。

根据表7，人口平均预期寿命指标得分较高的城市多为经济较发达城市，而得分较低的城市则恰好相反。因此有把握推论出人口平均预期寿命与城市经济发展水平有关的结论，经济发展水平越高的城市人口平均预期寿命越高，经济发展水平越低的城市人口平均预期寿命则越低。由于我国东部城市普遍较中西部城市发达，人口平均预期寿命也呈现自东向西递减的趋势。

表7 人口平均预期寿命得分排名情况

单位：%

城市	人口平均预期寿命得分情况	排名	城市	人口平均预期寿命得分情况	排名
苏州	14.29	1	济南	6.72	20
深圳	13.72	2	郑州	6.63	21
南京	13.33	3	呼和浩特	6.45	22
无锡	13.16	4	海口	6.39	23
杭州	12.89	5	哈尔滨	6.31	24
珠海	12.76	6	南宁	5.10	25
广州	12.28	7	长沙	4.90	26
宁波	11.63	8	福州	4.63	27
青岛	10.92	9	长春	3.13	28
大连	10.65	10	南昌	3.13	29
武汉	10.29	11	西安	3.01	30
上海	9.80	12	合肥	2.55	31
北京	9.66	13	银川	2.55	32
厦门	9.64	14	乌鲁木齐	2.21	33
沈阳	9.37	15	重庆	2.04	34
成都	8.21	16	石家庄	0.80	35
天津	7.47	17	贵阳	0.61	36
昆明	6.90	18	西宁	0.20	37
太原	6.80	19	兰州	0	38

四 健康医疗维度典型城市分析

（一）健康医疗指标排名前五的城市

1. 昆明市

众所周知，昆明市是云南省的省会城市，经济发展水平和城市综合实力位居云南省第一，并且环境优美，适宜人居，享受"春城"的美誉，是中国排名前列的宜居城市。在健康医疗指标得分方面，昆明市总得分为

59.47%，较 38 个大中城市的均值得分 42.9% 高了 16.57 个百分点。在七个一级指标中，人均医疗卫生支出、医疗卫生支出占 GDP 比重、每万人拥有医院数、每千人拥有医生数、每千人拥有医院床位数等五个指标的得分均高于城市均值，其中医疗卫生支出占 GDP 的比重排名第一。这五个一级指标均高出平均值，共同说明了一个问题——昆明市的医疗健康保障的基础设施建设完善，硬件设施齐全，并且昆明市政府仍然在加大投入力度，促进昆明市人均医疗卫生支出的增长，向着提高健康医疗的可及性、扩大健康医疗的覆盖面两个理念去实现；向着提高健康医疗质量、增加健康医

表 8 昆明市健康医疗指标得分情况

单位：%

城市及健康指标	人均医疗卫生支出	医疗卫生支出占GDP的比重	人均医疗保健支出占家庭消费支出的比重	每万人拥有医院数	每千人拥有医生数	每千人拥有医院床位数	人口平均预期寿命	健康医疗总得分
昆明得分	8.2	14.29	0	10.82	5.8	13.46	6.9	59.47
城市均值	4.62	5.49	8.8	5.49	3.93	7.43	7.14	42.9

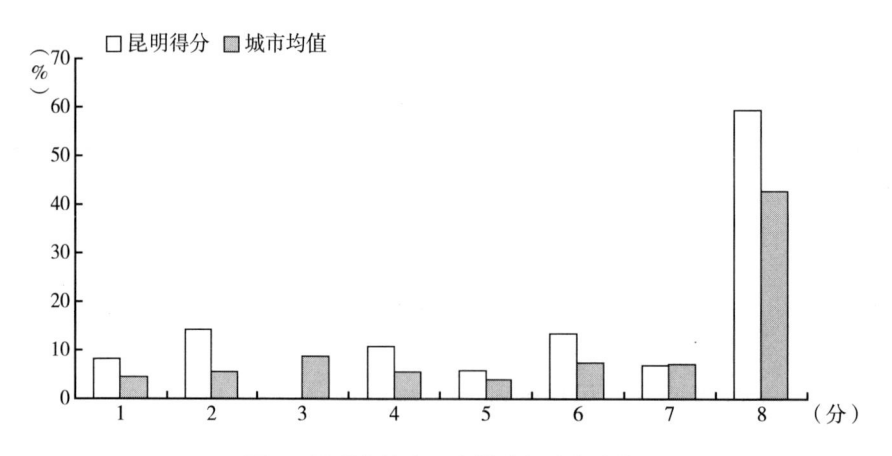

图 1 昆明市健康医疗得分与城市均值

注：其中横坐标 1 代表人均医疗卫生支出，2 代表医疗卫生支出占 GDP 的比重，3 代表人均医疗保健支出占家庭消费支出比重，4 代表每万人拥有医院数，5 代表每千人拥有医生数，6 代表每千人拥有医院床位数，7 代表人口平均预期寿命，8 代表健康医疗指标。

疗被服务者数量两个指标去努力；向着健康医疗全民覆盖、让人民共享改革发展成果的最终目标去践行。因此，昆明市在依托其优良区位和优美环境的基础上，加大基础设施和硬件的投入力度，促进本市的健康医疗建设的方法值得借鉴。

2. 北京市

北京市是中华人民共和国的首都，是中国几个直辖市之一，也是我国的政治、经济和文化中心。北京市作为首都，不仅城市发展的协同度高，而且城市工作效率高，由此促进了各种资源的集中和协作。因此北京市能够排名

表9 北京市健康医疗指标得分情况

单位：%

城市及健康指标	人均医疗卫生支出	医疗卫生支出占GDP的比重	人均医疗保健支出占家庭消费支出的比重	每万人拥有医院数	每千人拥有医生数	每千人拥有医院床位数	人口平均预期寿命	健康医疗总分
北京	14.29	10.38	3.9	7.38	7.55	4.49	9.66	57.66
城市均值	4.62	5.49	8.8	5.49	3.93	7.43	7.14	42.9

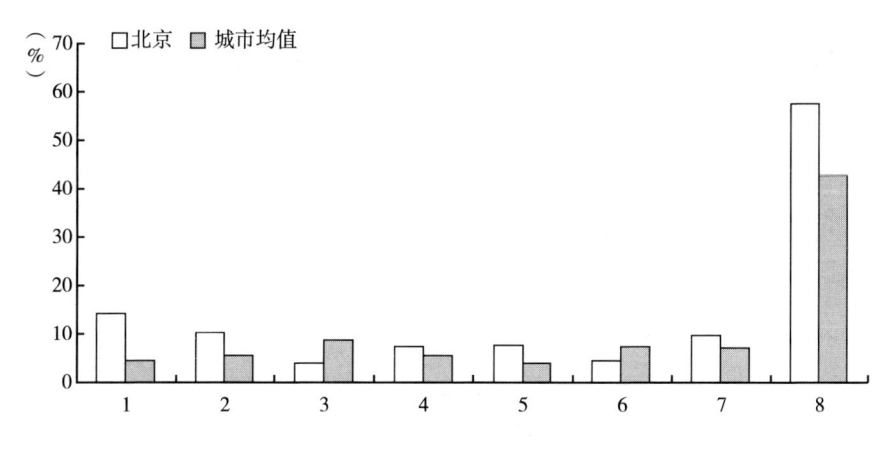

图2 北京市健康医疗得分与城市均值

注：其中横坐标1代表人均医疗卫生支出，2代表医疗卫生支出占GDP比重，3代表人均医疗保健支出占家庭消费支出比重，4代表每万人拥有医院数，5代表每千人拥有医生数，6代表每千人拥有医院床位数，7代表人口平均预期寿命，8代表健康医疗指标。

第二。北京市在健康医疗指标方面排名第二，仅次于昆明，总得分为57.66%，较38个大中城市的平均得分42.9%高了14.76个百分点。在七项一级指标当中，只有人均医疗保健支出占家庭消费支出的比重和每千人拥有医院床位数这两个指标的得分低于城市均值，这说明北京市的得分情况较均衡。近年来，北京市不断加大医疗卫生投入，医疗卫生综合服务能力不断提升，城乡居民医疗保障的抗风险能力不断增强。

3. 郑州市

郑州是河南省省会，是中国中西部重要的中心城市、国家重要的综合

表10 郑州市健康医疗指标得分情况

单位：%

城市及健康指标	人均医疗卫生支出	医疗卫生支出占GDP的比重	人均医疗保健支出占家庭消费支出的比重	每万人拥有医院数	每千人拥有医生数	每千人拥有医院床位数	人口平均预期寿命	健康医疗总分
郑州	5.87	5.58	8.71	10.27	5.63	14.29	6.63	56.98
城市均值	4.62	5.49	8.8	5.49	3.93	7.43	7.14	42.9

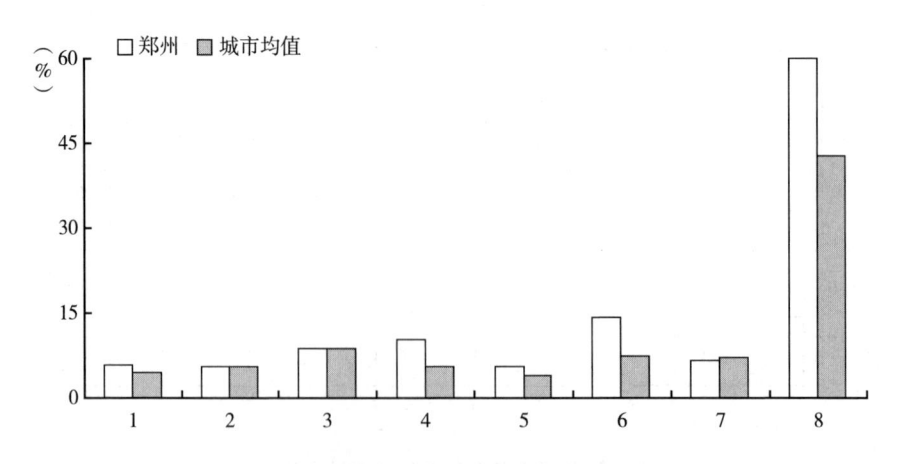

图3 郑州市健康医疗得分与城市均值

注：其中横坐标1代表人均医疗卫生支出，2代表医疗卫生支出占GDP比重，3代表人均医疗保健支出占家庭消费支出比重，4代表每万人拥有医院数，5代表每千人拥有医生数，6代表每千人拥有医院床位数，7代表人口平均预期寿命，8代表健康医疗指标。

交通枢纽。20世纪20～30年代，由于铁路的建设，郑州成为重要内陆商埠，是中国中部地区主要经济中心之一，具有城市发展的先天优势和较雄厚的经济实力。在健康医疗指标方面郑州市排名第三，其总得分为56.98%，较全国均值42.9%高14.08个百分点。从表10中可以看出，郑州市在七项一级指标的得分上是较为均衡。其中，仅有人均医疗保健支出占家庭消费支出的比重和人口平均预期寿命的得分稍低于城市均值，且每千人拥有医院床位数这一指标得分在全国排名第一，远远高于全国平均值。这说明，由于郑州市前期在医疗卫生方面的支出较高，储备了丰富的医疗资源，在进行床位调配以及使用医疗资源时也较为从容和合理。

4. 太原市

太原市是山西省省会，是中部地区重要的中心城市，是一座具有4700多年的国家历史文化名城，工业、农业是其国民经济的主要产业。太原市医疗卫生发展较为完备，并且建成了国家级慢性病综合防控示范区、全国艾滋病综合防治示范区。在健康医疗指标方面，太原市排名第四，其总得分为56.81%，较城市均值42.9%高13.91个百分点。在七项一级指标中，太原市在人均医疗保健支出占家庭消费支出的比重、每万人拥有医院数、每千人拥有医生数、每千人拥有医院床位数等四项指标的得分上均高于全国均值。同时，不可忽略的是，太原市在人均医疗卫生支出方面远远低于全国均值，在医疗卫生支出占GDP的比重和人口平均预期寿命两项指标上的得分低于全国均值。太原市可抓住建立国家级慢性病综合防控示范区和全国艾滋病综合防治示范区的契机，加大医疗卫生上的投入，将慢性病防控与卫生创建相结合，把推广全民健康生活方式和防控慢性病纳入卫生创建指标体系，关注群体健康，完善相关政策，落实部门职责，整合区域资源综合运用政策优势和城市自身优势，进一步升级健康医疗体系。

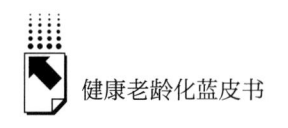

表11　太原市健康医疗指标得分情况

单位：%

城市及健康指标	人均医疗卫生支出	医疗卫生支出占GDP的比重	人均医疗保健支出占家庭消费支出的比重	每万人拥有医院数	每千人拥有医生数	每千人拥有医院床位数	人口平均预期寿命	健康医疗总分
太原	1.35	4.37	9.91	11	9.32	14.06	6.8	56.81
城市均值	4.62	5.49	8.8	5.49	3.93	7.43	7.14	42.9

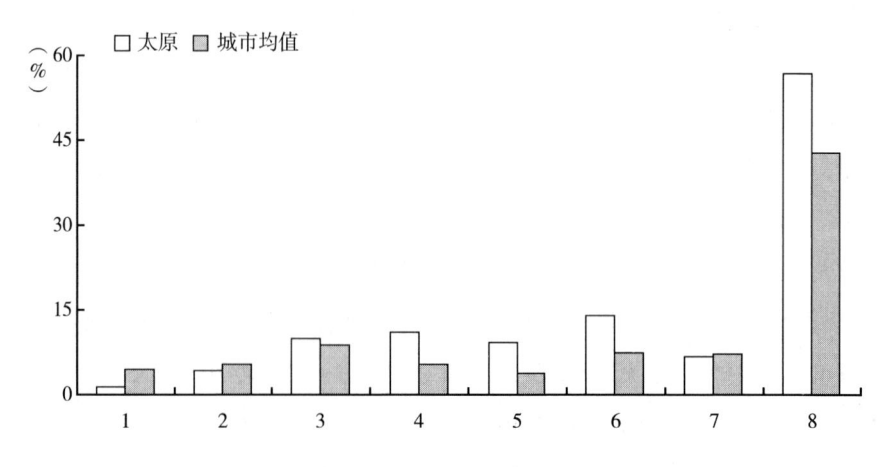

图4　太原市健康医疗得分与城市均值

注：其中横坐标1代表人均医疗卫生支出，2代表医疗卫生支出占GDP比重，3代表人均医疗保健支出占家庭消费支出比重，4代表每万人拥有医院数，5代表每千人拥有医生数，6代表每千人拥有医院床位数，7代表人口平均预期寿命，8代表健康医疗指标。

5. 广州市

广州是广东省省会，别称羊城、花城，是粤港澳大湾区、泛珠三角洲经济区的核心城市以及一带一路的枢纽城市，具有得天独厚的地理位置和极高的经济发展水平，吸引了大量客商、外资企业以及高端技术人才，技术、资金和人才储备丰厚。在健康医疗指标方面，广州市排名第五，其总得分为56.65%，较城市均值42.9%高13.75个百分点。在七项一级指标中，广州市在人均医疗卫生支出、人均医疗保健支出占家庭消费支出比重、每千人拥有医生数、每千人拥有医院床位数和人口平均预期寿命等五项指标的得分上高于城市均值。

其中每千人拥有医生数远远高于全国均值，使得其人口平均预期寿命也高出全国均值许多。这说明，广州人均收入居全省第一，人均住户存款居全国前三位的经济水平以及较高的生活健康质量要求深刻影响了人们的医疗健康行为。广州作为国际大都市，可以融合各类资本、开放医疗健康市场空间、鼓励民间资本参与公共卫生建设、激发市场活力，促进健康医疗体系升级，惠及更广范围的居民。

表12 广州市健康医疗指标得分情况

单位：%

城市及健康指标	人均医疗卫生支出	医疗卫生支出占GDP的比重	人均医疗保健支出占家庭消费支出的比重	每万人拥有医院数	每千人拥有医生数	每千人拥有医院床位数	人口平均预期寿命	健康医疗总分
广州	5.81	2.02	12.26	2.11	14.29	7.88	12.28	56.65
城市均值	4.62	5.49	8.8	5.49	3.93	7.43	7.14	42.9

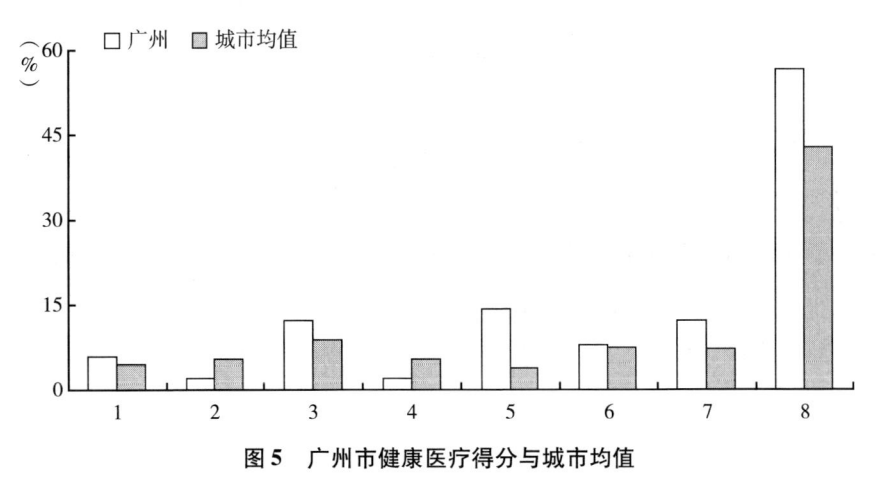

图5 广州市健康医疗得分与城市均值

注：其中横坐标1代表人均医疗卫生支出，2代表医疗卫生支出占GDP比重，3代表人均医疗保健支出占家庭消费支出比重，4代表每万人拥有医院数，5代表每千人拥有医生数，6代表每千人拥有医院床位数，7代表人口平均预期寿命，8代表健康医疗指标。

（二）健康医疗指标排名末五的城市

1. 合肥市

合肥市是安徽省的省会城市，也是我国著名的工业城市，但是合肥

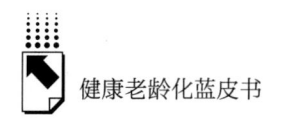

市曾经的区位优势并非极其优越，东南有长三角城市群，东北有济南青岛城市群，西北有以郑州为中心的运输枢纽城市，西南有武汉长沙城市群。因此合肥市在周边城市中的作用和地位并不非常凸显。合肥市在发展中没能够打造出城市发展特色，也就导致合肥市在各个方面的发展中不能发挥优势、提高效益。就健康医疗而言，合肥市在健康医疗指标方面排名倒数第五位，总得分为32.79%，较全国均值42.9%低10.11个百分点。在七项一级指标中，仅有人均医疗保健支出占家庭消费支出比重、每万人拥有医院数两项指标高于城市均值。这说明合肥市人民对于健康医疗的需求很高，而且目前合肥市的医院数量能够满足合肥市市民的基本需求，然而医疗卫生支出占GDP的比重和每千人拥有医院床位数略低于城市均值，而人均医疗卫生支出、每千人拥有医生数、人口平均预期寿命指标的得分上则较城市均值低很多。这说明合肥市的健康医疗水平仍然有待提升，尽管具有了高于均值的万人拥有的医院数，但是千人拥有的医生数、每千人拥有医院床位数等指标仍然低于均值，这说明合肥市的健康医疗设施和硬件还应继续加大投入力度，在基础和硬件上达到标准水平，而且目前合肥市是"一带一路"和"长江经济带"的战略双节点城市，利用国家发展的战略机遇期，不仅在基础设施上加以完善，而且要推进民间资本进入健康医疗领域，利用市场的手段满足人民群众的健康医疗需求、发展健康医疗产业才是合肥市健康医疗产业的发展之路。

表13 合肥市健康医疗指标得分情况

单位：%

城市及健康指标	人均医疗卫生支出	医疗卫生支出占GDP的比重	人均医疗保健支出占家庭消费支出的比重	每万人拥有医院数	每千人拥有医生数	每千人拥有医院床位数	人口平均预期寿命	健康医疗总分
合肥	1.82	3.68	10.61	7.53	0.96	5.64	2.55	32.79
城市均值	4.62	5.49	8.8	5.49	3.93	7.43	7.14	42.9

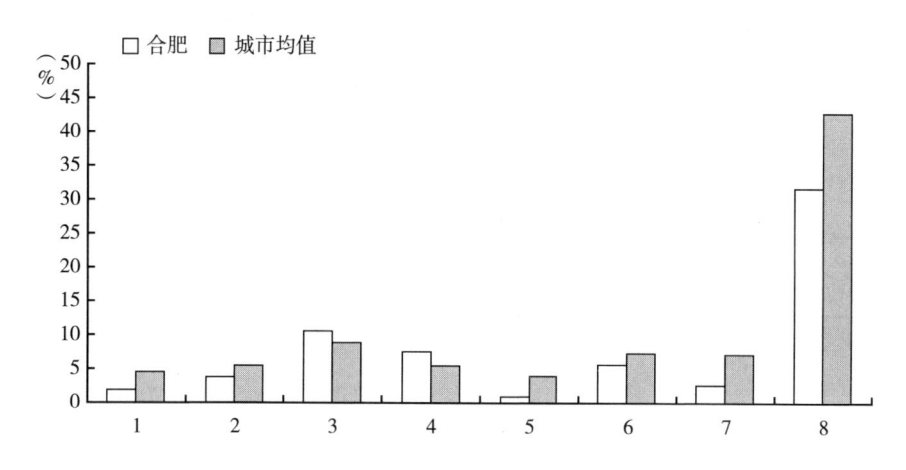

图6 合肥市健康医疗得分与城市均值

注：其中横坐标1代表人均医疗卫生支出，2代表医疗卫生支出占GDP比重，3代表人均医疗保健支出占家庭消费支出比重，4代表每万人拥有医院数，5代表每千人拥有医生数，6代表每千人拥有医院床位数，7代表人口平均预期寿命，8代表健康医疗指标。

2. 重庆

重庆市是我国几个直辖市中的一个，具有重要地位。重庆市是一个历史悠久的城市，素有"山城"、"雾都"之称，具有三面环山、城市临江的特点，优良的环境为重庆市发展健康医疗提供了条件，适合进行健康医疗事业和产业的发展。重庆市在健康医疗指标方面排名倒数第四位，指标总得分为32.4%，较城市均值42.9%低10.5个百分点。在七项一级指标中，仅人均医疗卫生支出、医疗卫生支出占GDP的比重高于城市均值，说明重庆市人民的健康医疗需求仍然很高。其他几项指标均低于均值，每千人拥有医生数排名倒数第一位说明重庆市的基本健康医疗保障设施不尽完善，可及性和覆盖率都达不到要求。因此作为"西部大开发"重要的战略支点、"一带一路"和"长江经济带"的重要战略高地，重庆市在未来发展中不仅要在完善医疗基础设施上下大功夫，还应该利用资本市场，利用市场的方法，拓展健康医疗产业的发展，满足人民的健康医疗需求。

表 14 重庆市健康医疗指标得分情况

单位：%

城市及健康指标	人均医疗卫生支出	医疗卫生支出占GDP的比重	人均医疗保健支出占家庭消费支出的比重	每万人拥有医院数	每千人拥有医生数	每千人拥有医院床位数	人口平均预期寿命	健康医疗总分
重庆	6.31	14.13	0.16	3.47	0	6.29	2.04	32.4
城市均值	4.62	5.49	8.8	5.49	3.93	7.43	7.14	42.9

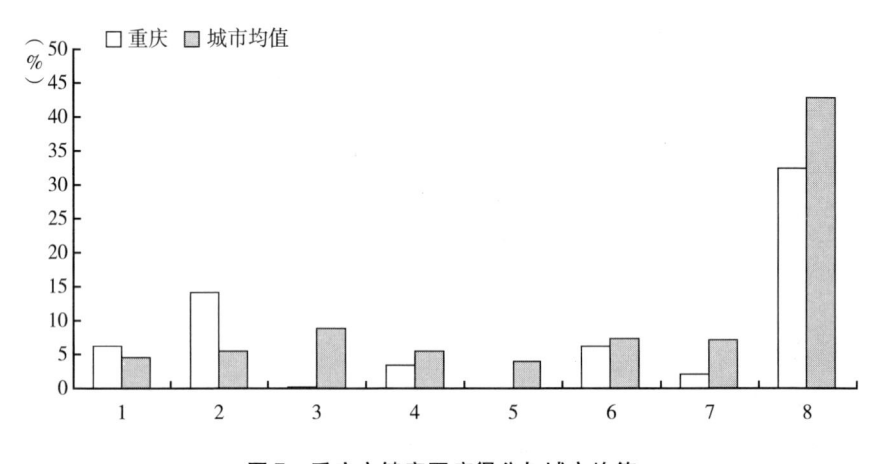

图 7 重庆市健康医疗得分与城市均值

注：其中横坐标 1 代表人均医疗卫生支出，2 代表医疗卫生支出占 GDP 比重，3 代表人均医疗保健支出占家庭消费支出比重，4 代表每万人拥有医院数，5 代表每千人拥有医生数，6 代表每千人拥有医院床位数，7 代表人口平均预期寿命，8 代表健康医疗指标。

3. 南宁

南宁市是广西的省会城市，位于中国西南地区，身处内陆，景色优美，是健康养老、医疗保健的理想城市。南宁市素有"绿城"的美誉，可见其风景秀丽。然而秀丽的景色并没有为南宁市的健康医疗带来机遇。南宁市健康医疗指标在 38 个城市中排名倒数第三位，指标总得分为 32.34%，较城市均值 42.9% 低 9.44 个百分点。七项一级指标中，仅医疗卫生支出占 GDP 的比重这一项指标的得分高于城市均值，其他六项指标的得分均较低，排名靠后。南宁市的健康医疗发展状况不容乐观。南宁市一方面要完善医疗保障的基础设施，另一方面应当充分发挥优良环境对人民身体健康的自然养护和保健作用，还要利用市场的资本力量，发展健康医疗前沿产业，开创南宁市健康医疗发展的新局面。

表15 南宁市健康医疗指标得分情况

单位：%

城市及健康指标	人均医疗卫生支出	医疗卫生支出占GDP的比重	人均医疗保健支出占家庭消费支出的比重	每万人拥有医院数	每千人拥有医生数	每千人拥有医院床位数	人口平均预期寿命	健康医疗总分
南宁	2.92	9.83	4.46	1.3	3.8	4.93	5.1	32.34
城市均值	4.62	5.49	8.8	5.49	3.93	7.43	7.14	42.9

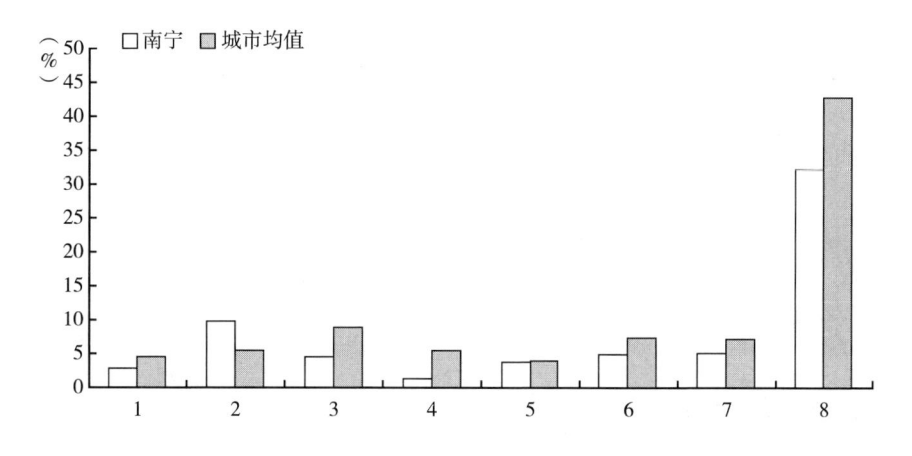

图8 南宁市健康医疗得分与城市均值

注：其中横坐标1代表人均医疗卫生支出，2代表医疗卫生支出占GDP比重，3代表人均医疗保健支出占家庭消费支出比重，4代表每万人拥有医院数，5代表每千人拥有医生数，6代表每千人拥有医院床位数，7代表人口平均预期寿命，8代表健康医疗指标。

4. 福州

福州市是福建省的省会城市，也是我国对外开放的主要门户之一，具有"榕城"的美称，是我国重要的沿海城市，也是我国新时期"海上丝绸之路"重要的海上起点城市，在我国海洋战略中具有重要地位。与此同时，福州市也是一座风景秀丽的海滨城市，为市民的健康医疗、康养提供了优越

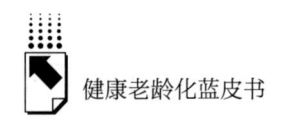

的天然条件。然而福州市在健康医疗指标方面排名倒数第二位，其指标得分为27.33%，较城市均值42.9%低14.43个百分点。七项一级指标中，仅人均医疗保健支出占家庭消费支出的比重指标高于城市均值。

表16 福州市健康医疗指标得分情况

单位：%

城市及健康指标	人均医疗卫生支出	医疗卫生支出占GDP的比重	人均医疗保健支出占家庭消费支出的比重	每万人拥有医院数	每千人拥有医生数	每千人拥有医院床位数	人口平均预期寿命	健康医疗总分
福州	3.11	4.8	9.49	1.28	1.56	2.47	4.63	27.33
城市均值	4.62	5.49	8.8	5.49	3.93	7.43	7.14	42.9

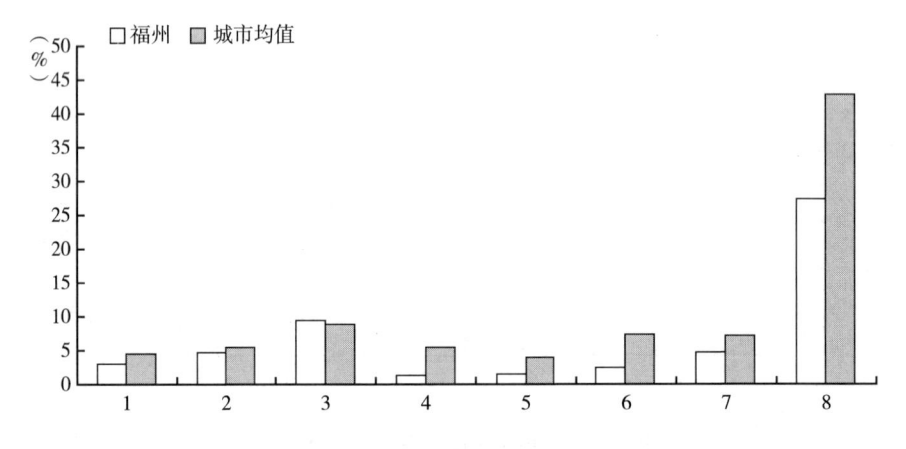

图9 福州市健康医疗得分与城市均值

注：其中横坐标1代表人均医疗卫生支出，2代表医疗卫生支出占GDP比重，3代表人均医疗保健支出占家庭消费支出比重，4代表每万人拥有医院数，5代表每千人拥有医生数，6代表每千人拥有医院床位数，7代表人口平均预期寿命，8代表健康医疗指标。

这说明福州市人民对于健康医疗的需求旺盛，然而每万人拥有医院数、每千人拥有医生数、每千人拥有医院床位数等方面却严重不足，需求和供给不匹配。前面提到，福州市是发展健康医疗的得天独厚的城市，并且在满足居民健康医疗需求方面可以采取传统的医院式医疗和健康医疗产业并举的方法，可在完善福州市医疗基础设施的基础上，发展一批依托当地环境、因地制宜的康养产业和健康产业，让市场的力量参与到居民健康管理和居民健康促进的事业中来。

5. 石家庄

石家庄市是河北省的省会城市，是我国历史上和现代著名的工业城市，是中国铁路运输的枢纽城市，也是我国优质小麦的生产基地，具有"北方粮仓"的美誉。不过近年以来，石家庄的产业结构偏重于工业，对市里环境造成了极大破坏。雾霾成了石家庄市环境治理的重中之重。与此同时，雾霾也给石家庄市人民的身体健康带来了极大不良影响，影响了石家庄市居民健康医疗行为的选择。石家庄市健康医疗指标排名第38位，属最末位，其总得分为25.55%，较城市均值的42.9%低了7.35个百分点。在七项一级指标中，除了医疗卫生支出占GDP的比重这一指标的得分略高于城市均值外，其他六项指标的得分均低于城市均值。这说明，石家庄在健康医疗领域的发展情况是极不乐观的。这表明了石家庄市目前健康医疗的基础设施条件不充足、不完善，而且随着雾霾的严重和环境告急，医疗设施的完善和补充成了解决健康医疗问题的前提。因此需要石家庄市加大医疗卫生方面的公共财政支出，加强医疗卫生的硬件条件建设。不过目前可喜的是，石家庄市已经开展产业结构的综合升级和整治，总体上雾霾天数减少，环境质量得到了初步提升，成果初步显现。

表17 石家庄市健康医疗指标得分情况

单位：%

城市及健康指标	人均医疗卫生支出	医疗卫生支出占GDP的比重	人均医疗保健支出占家庭消费支出的比重	每万人拥有医院数	每千人拥有医生数	每千人拥有医院床位数	人口平均预期寿命	健康医疗总分
石家庄	1.32	6.68	7.6	1.84	2.88	4.42	0.8	25.55
城市均值	4.62	5.49	8.8	5.49	3.93	7.43	7.14	42.9

图10 石家庄市健康医疗得分与城市均值

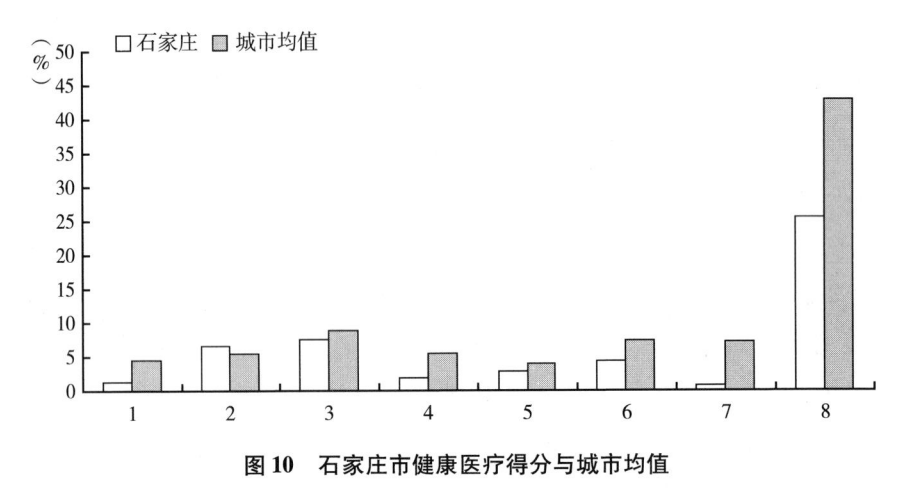

注：其中横坐标1代表人均医疗卫生支出，2代表医疗卫生支出占GDP比重，3代表人均医疗保健支出占家庭消费支出比重，4代表每万人拥有医院数，5代表每千人拥有医生数，6代表每千人拥有医院床位数，7代表人口平均预期寿命，8代表健康医疗指标。

五 2015~2017年城市健康医疗维度指标变化情况分析及典型城市分析

中国城市的发展既有其特殊性，也有相似性，不同城市因为不同的地理区位、社会传统，呈现不同的发展模式，但是38个城市可以通过城市对比来相互学习、借鉴，从而为城市发展找到新的增长点。基于此，本报告进行典型城市的分析。图11为2015~2017年38个城市健康医疗指标得分的年度变化图，2015~2017年得分总体呈现相对波动趋势，因此采用得分的简单增加或减少不能够全面、科学地反映城市发展状况。如前所述，本报告中典型城市的选取采取名次选取法，原因有二：一则名次本身就被赋予了相对的位置，年际数据变化能够较为准确地反映城市的相对位置改变；二则，名次的变化相比数据的变化更为直观，城市得分排名的此消彼长恰恰反映了城市一年的健康医疗情况变化和城市发展的总体状态。所以本报告选取在健康医疗指标上年际变化较大的城市作为研究对象。

如图11所示，本报告首先对38个城市2015~2017年的得分排名情况做

城市	排名 2017	排名 2016	排名 2015	趋势（2015~2017）
昆明	1	10	6	
北京	2	1	1	
郑州	3	38	22	
太原	4	4	3	
广州	5	27	29	
成都	6	6	5	
杭州	7	5	4	
武汉	8	27	19	
海口	9	2	8	
长沙	10	9	9	
珠海	11	3	2	
南京	12	23	26	
乌鲁木齐	13	8	13	
济南	14	14	16	
苏州	15	18	15	
贵阳	16	12	12	
沈阳	17	22	18	
青岛	18	33	38	
哈尔滨	19	32	34	
西安	20	30	25	
大连	21	28	36	
南昌	22	20	20	
呼和浩特	23	13	23	
深圳	24	31	30	
宁波	25	17	11	
天津	26	24	27	
上海	27	7	10	
西宁	28	16	14	
银川	29	19	21	
无锡	30	21	24	
兰州	31	25	28	
长春	32	36	32	
厦门	33	35	35	
合肥	34	11	7	
重庆	35	15	17	
南宁	36	29	31	
福州	37	34	33	
石家庄	38	37	37	

图11 2015~2017年38个城市健康医疗得分排名变动

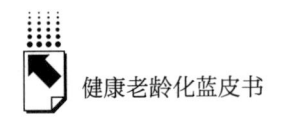

了汇总。图中增长、稳健、下降的判别标准是：将2017年的结果和2015年的结果相比较，名次前进即为增长、名次不变即为稳健、名次倒退则为下降。根据上述标准，我们选择的城市有：上海市、南京市、广州市、武汉市、昆明市。

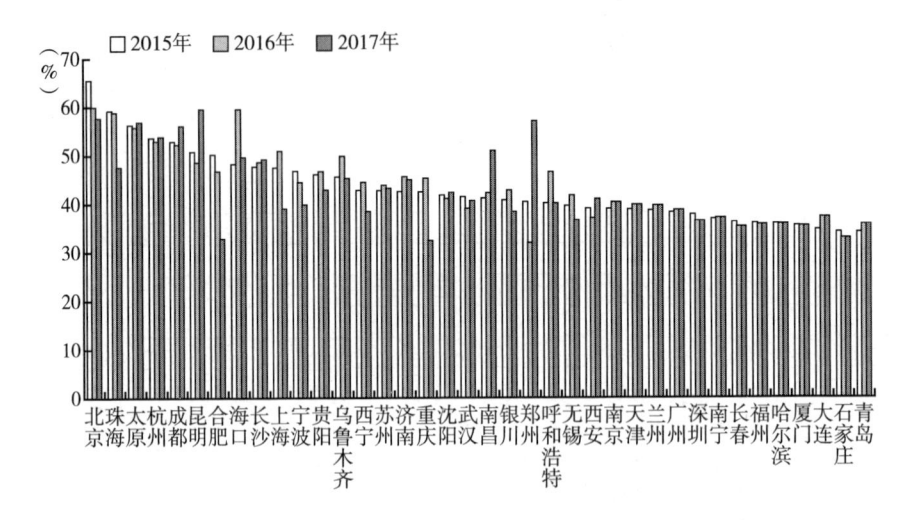

图12 2015~2017年38个城市健康医疗指标得分的年度变化

（一）上海

表18 2017年上海市健康医疗得分情况

单位：%

指标	人均医疗卫生支出	医疗卫生支出占GDP的比重	城镇家庭人均医疗保健支出占家庭消费支出的比重	每万人拥有医院数	每千人拥有医生数	每千人拥有医院床位数	人口平均预期寿命
2017年	8.89	6.49	7.79	1.09	0.36	4.58	9.80
2016年	9.83	2.89	11.85	4.08	2.92	5.04	14.25

上海2017年的健康医疗指标排名第27，与2016年的第7名相比，下降了20名。虽然排名下降，但这并不一定代表上海健康医疗出现了失衡

或退步状态。观察数据可看到，人均医疗卫生支出、医疗卫生支出占GDP的比重和城镇家庭人均医疗保健支出占家庭消费支出的比重分别为8.89%、6.49%、7.79%，说明各项支出居于较高水平且趋于稳定，康养产业发展完善。

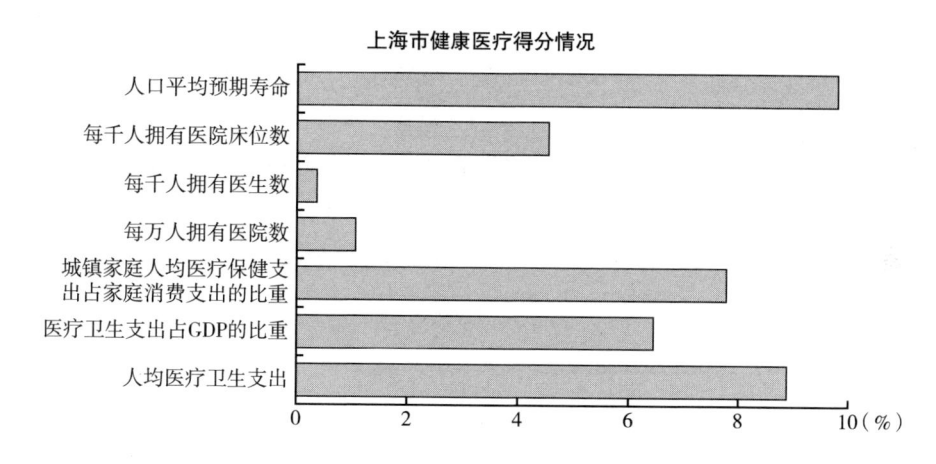

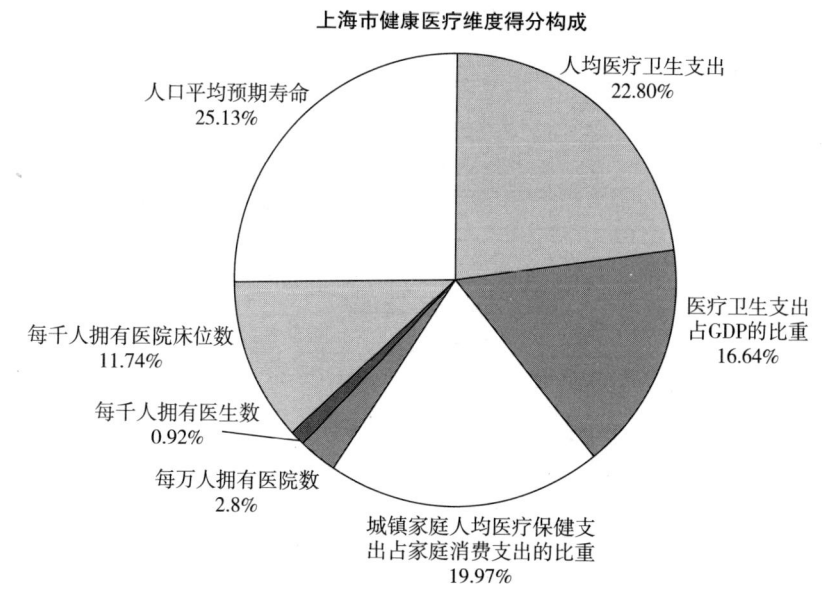

图13 2017年上海市健康医疗得分情况组图

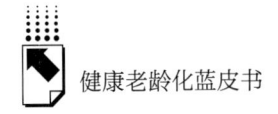

上海于2018年成立了上海市健康医疗科技创新联盟，联盟会聚各方面高端人才和优势资源，跨界融合、协同创新，打造了以政府为主导、协会为主角、专家为主力、企业为主体的发展新模式。虽然每万人拥有医院数、每千人拥有医生数和每千人拥有医院床位数分别为1.09%、0.36%、4.58%，偏低且较上年有下降，但是也从另一方面说明，对于以医院为主的较单一的医疗资源的需求有所下降，其他多元化的诊疗机构和健康医疗方案在涌现，满足了相当一部分民众的健康医疗需求，达到了供需平衡。这说明上海开创新模式、引进新技术和民间资本的政策措施有了初步的效果，也为其他有类似情况的城市建设健康医疗体系提供了另一种多元化解决方案。图13为上海市2017年健康医疗得分情况组图。

（二）南京

表19 2017年南京市健康医疗得分情况

单位：%

指标	人均医疗卫生支出	医疗卫生支出占GDP的比重	城镇家庭人均医疗保健支出占家庭消费支出的比重	每万人拥有医院数	每千人拥有医生数	每千人拥有医院床位数	人口平均预期寿命
2017年	4.39	2.03	12.25	4.50	2.69	6.38	13.33
2016年	5.91	1.02	7.25	3.90	3.45	4.83	13.91

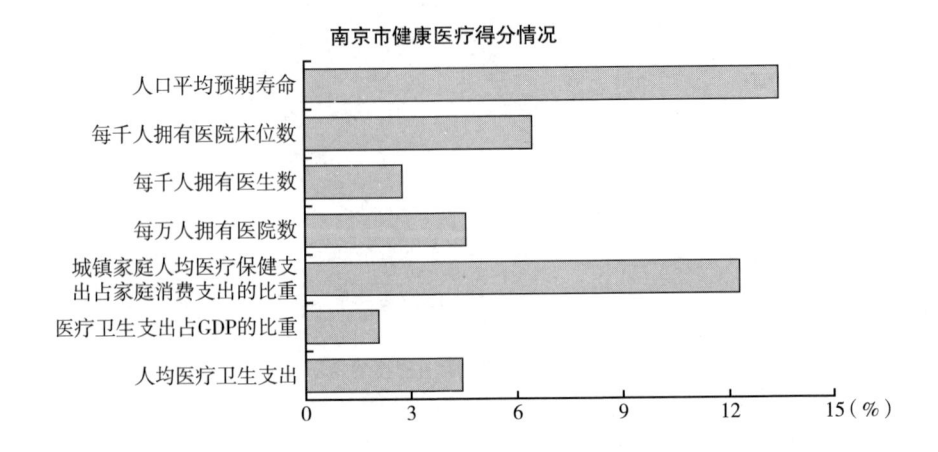

南京市健康医疗维度得分构成

- 人均医疗卫生支出 9.63%
- 医疗卫生支出占GDP的比重 4.46%
- 城镇家庭人均医疗保健支出占家庭消费支出的比重 26.88%
- 每万人拥有医院数 9.88%
- 每千人拥有医生数 5.90%
- 每千人拥有医院床位数 14.00%
- 人口平均预期寿命 29.25%

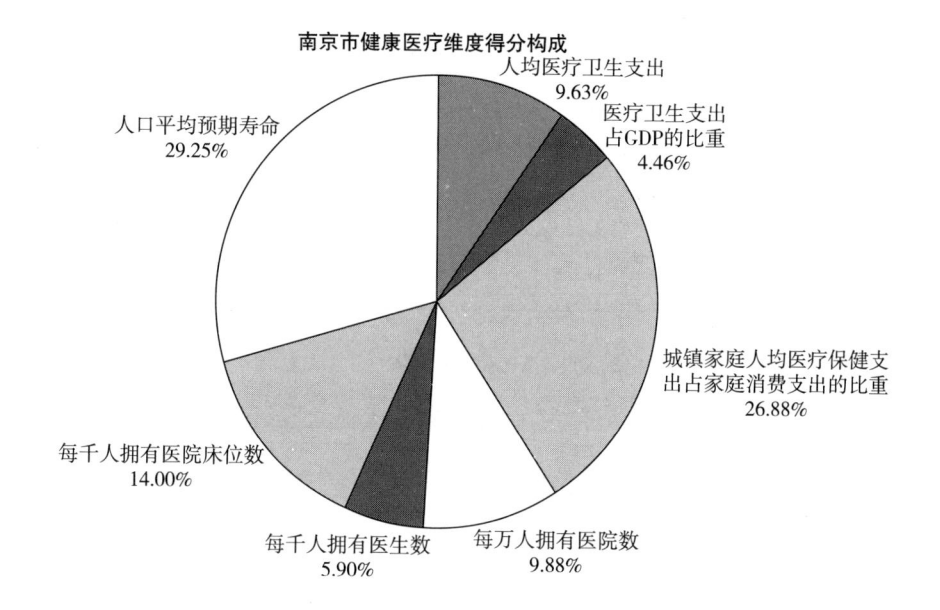

图14 2017年南京市健康医疗得分情况组图

南京2017年的健康医疗指标排名第12，与2016年的第23名相比，上升了11名。近三年，南京的健康医疗指标排名都呈现稳步上升的趋势，说明以往政策措施有一定成效，南京作为江苏省省会以及长三角和华东地区唯一特大城市，条件优越，极具发展潜力，排名也依然有较大上升空间。从数据上看，其中城镇家庭人均医疗保健支出占家庭消费支出的比重以及人口平均预期寿命分别为12.25%和13.33%，说明南京对康养产业的多元化发展所做的初步探索，如与基因科技公司签署战略合作框架协议，共同打造健康医疗大数据中心、组学公共服务平台以及基因科技研发与应用示范基地等，有了较明显的收获，推动了先进科学技术结合健康医疗普及惠民，提高了公众的健康意识，以及整体的健康素质水平。图14为南京市2017年健康医疗得分情况组图。

（三）武汉

武汉2017年的健康医疗指标排名第8，与2016年的第27名相比，上升

表20　2017年武汉市健康医疗得分情况

单位：%

指标	人均医疗卫生支出	医疗卫生支出占GDP的比重	城镇家庭人均医疗保健支出占家庭消费支出的比重	每万人拥有医院数	每千人拥有医生数	每千人拥有医院床位数	人口平均预期寿命
2017年	6.55	4.79	9.49	6.10	4.03	9.63	10.29
2016年	3.99	1.85	6.49	3.43	4.75	7.31	11.20

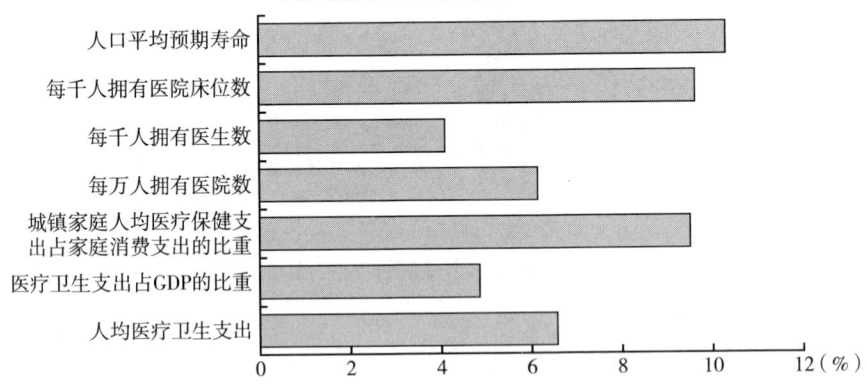

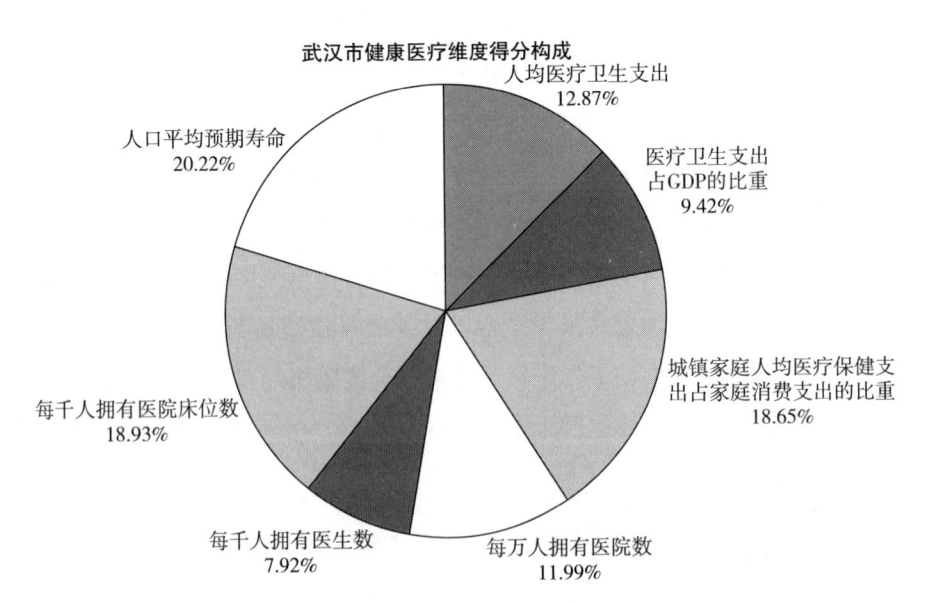

图15　2017年武汉市健康医疗得分情况组图

中国大中城市老年人健康医疗发展报告

了19名。近年来，武汉出台对应政策强化基层医疗卫生机构综合改革，促进卫生与健康事业协调发展，构建分级诊疗制度，加强部门配合，协同推进改革。由数据变化来看，人均医疗卫生支出、医疗卫生支出占GDP的比重、城镇家庭人均医疗保健支出占家庭消费支出的比重和每万人拥有医院数分别为6.55%、4.79%、9.49%、6.10%，且都实现了小幅增长，总体上各项指标向均衡的方向发展，说明武汉的健康医疗体系建设注重了多项指标的共同提高、协同发展，特别是加大医疗卫生支出、强化基层医疗等措施的成果在多项指标上都有了体现。明确缺陷、关注短板、通过协调发展带动整体水平提高，是可以由武汉推广至其他城市的成功经验。图15为武汉市2017年健康医疗得分情况组图。

（四）广州

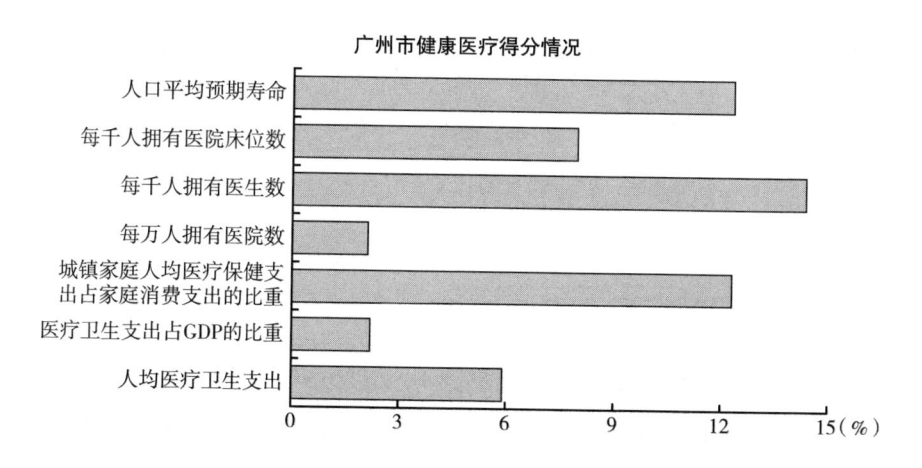

表21　2017年广州市健康医疗得分情况

单位：%

指标	人均医疗卫生支出	医疗卫生支出占GDP的比重	城镇家庭人均医疗保健支出占家庭消费支出的比重	每万人拥有医院数	每千人拥有医生数	每千人拥有医院床位数	人口平均预期寿命
2017年	5.81	2.02	12.26	2.11	14.29	7.88	12.28
2016年	4.15	0.45	12.67	2.30	5.88	7.75	5.49

广州市健康医疗得分情况

115

广州市健康医疗维度得分构成

- 人均医疗卫生支出 10.26%
- 医疗卫生支出占GDP的比重 3.57%
- 城镇家庭人均医疗保健支出占家庭消费支出的比重 21.64%
- 每万人拥有医院数 3.72%
- 每千人拥有医生数 25.22%
- 每千人拥有医院床位数 13.91%
- 人口平均预期寿命 21.68%

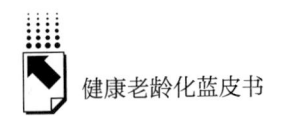

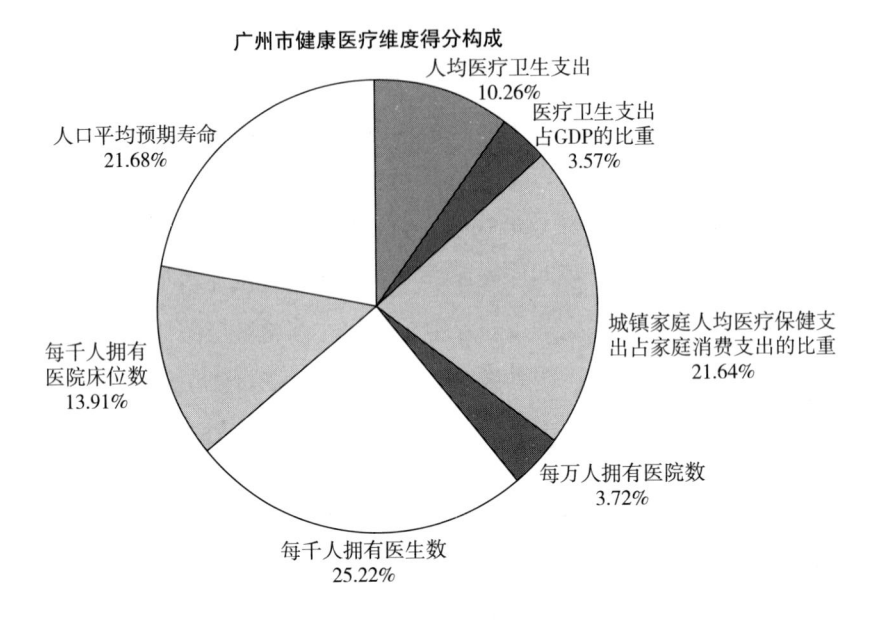

图16 2017年广州市健康医疗得分情况组图

广州2017年的健康医疗指标排名第5，与2016年的第27名相比，上升了22名，上升幅度较大。观察数据可知，除每千人拥有医生数增长幅度较大外，其余各项指标都变动不大，整体呈现稳步上升的趋势，说明广州有较强的经济实力，健康医疗供应端和需求方实现了适配，向结构合理化调整发展。但需要注意的是，每千人拥有医生数为14.29%，上升幅度较大，这可能是因为广州推广实施的"高端医疗"和"医生集团"等人才引进措施带来的初期成效，这个水平能否保持、是否会带来医生资源过剩的问题以及其他一系列影响，还需要进一步的观察研究，不能放松警惕，相较于专注某一项指标的提高，整体的均衡和结构优化更有价值。图16为广州市2017年健康医疗得分情况组图。

（五）昆明

昆明2017年的健康医疗指标排名第1，与2016年的第10名相比，上升了9名。昆明本来的健康医疗指标排名就已经是全国领先，一年内依然大幅

中国大中城市老年人健康医疗发展报告

表22 2017年昆明市健康医疗得分情况

单位：%

指标	人均医疗卫生支出	医疗卫生支出占GDP的比重	城镇家庭人均医疗保健支出占家庭消费支出的比重	每万人拥有医院数	每千人拥有医生数	每千人拥有医院床位数	人口平均预期寿命
2017年	8.20	14.29	0.00	10.82	5.80	13.46	6.90
2016年	2.50	1.97	7.70	12.17	7.50	8.19	8.49

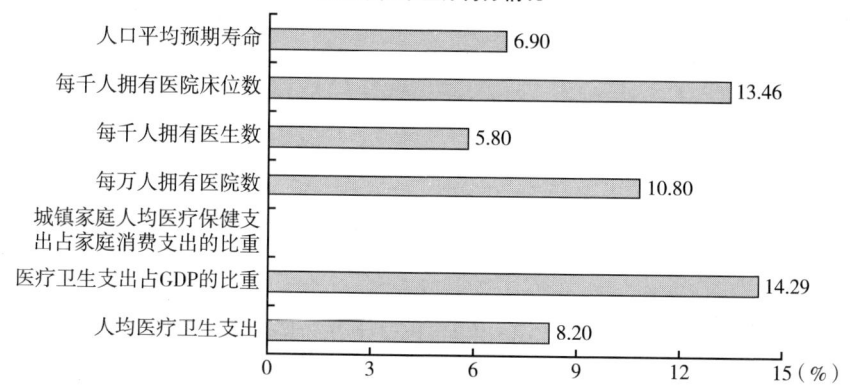

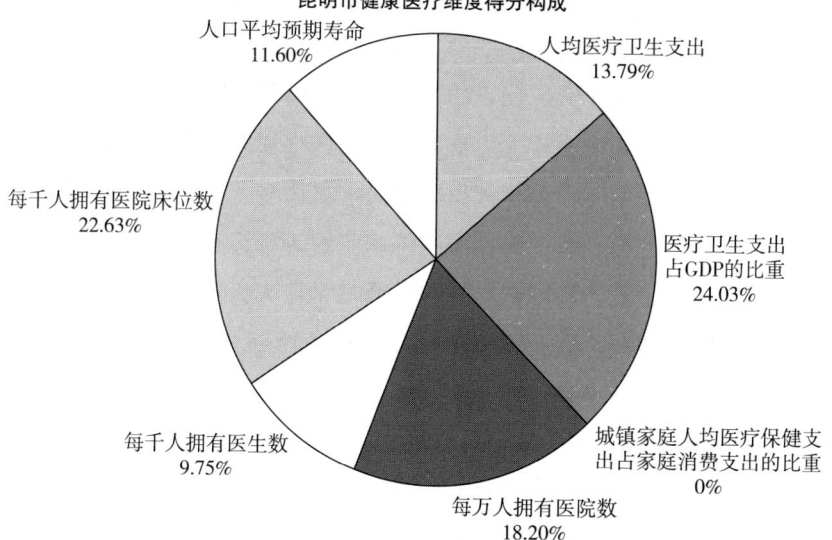

图17 2017年昆明市健康医疗得分情况组图

117

度上升，实属难得。从数据来看，人均医疗卫生支出、医疗卫生支出占GDP的比重和每千人拥有医院床位数分别为8.20%、14.29%、13.46%，这几项有较明显的提高，说明政府加大投入、医疗资源储备有了较大提升。昆明康养产业进入快速发展阶段，在建设全国大健康产业示范区的过程中，多方发力，通过抓住重点项目辐射带动其他产业协同发展，实现大健康产业规模扩大以及健康生活文化逐步推广，是全国各城市建设健康医疗体系的优秀范本。接下来，昆明可以积极引入民间资本、先进技术，加强健康医疗产业链建设，并通过产业链形成产业集群，助推生物医药产业发展，为建设有国际影响力的中国健康之城打下坚实基础。图17为昆明市2017年健康医疗得分情况组图。

六 完善健康医疗体系，提高城市健康老龄化质量

（一）调整相关政策，促进医疗卫生资源的区域性合理配置

以上数据及相关分析表明，当前我国医疗健康相关政策仍有待完善。尽管在政府政策的大力扶持之下，全国各地的医疗卫生资源配置都在不同程度上得到优化，但我国医疗资源配置的区域性差异仍是医疗卫生行业健康发展的一大阻碍。我国的人均医疗卫生支出、人均医疗保健支出占家庭消费支出的比重、人口平均预期寿命等指标得分较高的城市多分布在东部经济发达城市。每万人拥有医院数、每千人拥有医院床位数等指标得分较高城市多分布在中西部，其原因是人口省际迁移导致中西部常住人口向东部迁移。分析可知，我国医疗卫生资源多向东部城市倾斜，而中西部城市因为经济欠发达，难以吸引大量优秀人才及资源等导致了医疗资源的欠缺。为促进健康医疗资源的区域性合理配置，中央及各地政府有必要调整原有政策，以适应各地具体情况，缩小区域差异。为实现目标，第一，需要完善再分配制度，完善现有的医疗保险制度并继续推进医药管理体制的改革，在这个过程中，政府应发挥好监管职责，构建合理的医疗服务价格保障体系，纠正当前社会不健康

的医疗机构补偿模式。第二，各地政府应逐步增大对中西部经济落后地区的政府转移支付，为贫困地区居民提供医疗援助，转移支付是扩大内需、缩小贫富差距的有效手段，通过实现边际消费倾向的互补来达到财富转移。加大财政支持健康医疗转移支付的力度，对保障西部地区居民的健康医疗水平、扩大我国内需具有重要意义。第三，政府在调整政策时，必须注意到各地的人口数量变化及人口结构变化，对医疗资源的数量和类型配比进行合理规划，特别是我国已经步入人口老龄化社会，老年人口数量及比例的不断增加导致社会对医疗卫生资源、机构的需求发生了变化，政府在调整政策时不能忽略这方面的问题。

（二）改善医疗服务设施，提高健康医疗服务的可及性并扩大覆盖率

第一，进一步改善医院基础和配套服务设施。基础服务设施方面，为患者提供担架车、轮椅、饮水、应急电话等基础设施，并完善无障碍设施；配套服务设施方面，放射检查时为患者提供更加规范完备的更衣条件和放射防护，营造良好就诊环境。第二，进一步改善住院保障条件。双重发力，实现住院全程服务标准化、广覆盖供给和护理服务高水平高质量的升级；加强病区规范化建设与管理，为有困难的患者提供针对性特殊服务，为住院患者营造整洁、安全的住院环境。第三，进一步发挥信息优势，打造全方位信息化智慧医疗。通过新媒体等互联网媒介发布就诊信息，引导患者合理安排就诊时间，简化患者排队、缴费、取药的繁杂手续，让群众切实享受到智慧医疗的便民服务；运用区块链技术加强患者身份识别，为每位患者提供身份信息识别清晰、电子病历查阅便利、治疗结果了解快捷迅速的技术化服务；通过自动化、信息化管理，实现对临床合理用药、合理检查、合理治疗的实时监控和科学统计，逐步搭建起诊间结算、远程医疗、互联互通的信息平台；积极利用大数据集成的信息优势，推进信息化建设，让病人从入院起就感受到智慧医疗带来的便捷，改善百姓的就医体验。第四，加大财政投入，鼓励医院引进先进科学技术和高端

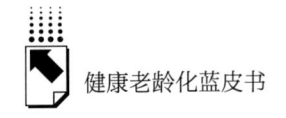

医疗设备，开展远程医疗等新型医疗服务，扩大优质资源的覆盖面，最大限度地造福患者。第五，合理规划医疗卫生服务设施的布局。在宏观上总体布局，在卫生服务体系构建结构清晰、权责分明的医院联网制度，中观层面的空间配置上综合考虑与交通、居住、商业等功能设施的合理匹配，在微观上注意医疗设施的更新升级。转变公共服务设施的配给思路，为与公共医疗卫生服务设施相区别的私人诊所留有余地，实现布局的多元化。此外，增加赤脚医生的密度，增加医疗站点的服务网点，使得健康医疗向着兜底性、保障性、广覆盖的方向发展。

（三）健全健康医疗服务供给，提高老年健康水平

在"健康中国"战略提出的背景下，从现阶段的国家战略来看，它要求我国医疗服务供给方式实现效率与公平的有机统一，但这与我国医疗服务供给现状之间存在矛盾。政府是传统医疗服务供给的主体，目前的供给方式主要为政府主导与市场相结合的公益性模式，存在医疗费用过快上涨、城乡间与区域间卫生事业发展不均衡等问题。

首先，要完善老年人健康供给方式，第一，以医疗保健服务供给的增加为基础，提升健康医疗服务供给的可及性和覆盖率。第二，划清市场和政府的界限，对于社会基础性的健康医疗服务给予兜底性的制度保障；对公民更高一层次的健康医疗偏好型的货币劳务购买行为，则应该由市场提供相应产品和服务，例如当今各个城市正在积极发展的健康产业。第三，政府应积极构建自由竞争的公平市场环境，优化保健产业、医疗产业、健康产业自由竞争的市场环境；积极与社会资本合作，引入更多的社会资本参与老年人健康市场投资；鼓励社会组织提供长期有效的志愿活动，为非营利组织提供良好的政策环境，减轻政府在提供医疗保健服务方面的压力。

其次，老年人作为健康风险较高的主体，注意体育与健康的融合也是十分必要的。所以对于老年人的健康供给不能仅集中于医疗服务，提供适合老年人体育锻炼的、体医结合的场所与机会也是老年人健康供给的重要部分。政府应结合城乡规划，完善与维修已有的体育健身器材，

考虑如何用灵活的财政政策给予相关补贴,关注运动医学与健康体育专业的研究与发展,进而探索更为有效地促使老年人进行体育锻炼方式。

最后,在万众创新的大数据时代,构建基于老年健康的大数据与互联网的沟通网络,让老年人的健康供给服务与时俱进。利用健康监测大数据以及个体的健康特征数据库来更好地分析老年健康供给相关措施的效用,完善健康医疗的服务供给模式。

参考文献

边毓尧:《未来中国医疗模式发展趋势探讨》,《医学与社会》2016年第1期。

高莹、丁毅黎、郑振佺:《对基层医疗卫生机构能力建设的思考——基于福州市的调研》,《卫生经济研究》2014年第3期。

苟晓霞:《我国平均预期寿命地区差异分析》,《发展》2011年第2期。

郭玉玲、刘钦普:《中国医疗卫生发展水平区域差异综合评价》,《中国卫生统计》2016年第2期。

胡丙杰、曾建新、李志武等:《"广州市基层医疗卫生服务体系创新管理模式"专家主题研讨》,《中国全科医学》2017年第4期。

黄钊、鲍瀛、殷伟东等《基于智慧医疗体系的南京市远程医学会诊平台架构设计》,《中国医疗设备》2016年第7期。

霍晶:《宁波市医疗资源配置公平性及效率研究》,《科技经济市场》2010年第8期。

李晓雪、郑静晨、李明等:《我国医疗卫生资源配置现状与政策建议》,《中国医院管理》2016年第11期。

刘毅俊、方鹏骞、方金鸣等:《武汉市公立医院综合改革试点医疗费用变化分析》,《中国医院管理》2017年第9期。

马志飞、尹上岗、乔文怡等:《中国医疗卫生资源供给水平的空间均衡状态及其时间演变》,《地理科学》2018年第6期。

亓寿伟、周少甫:《收入、健康与医疗保险对老年人幸福感的影响》,《公共管理学报》2010年第1期。

王金营、李竞博、石贝贝、曾序春:《医疗保障和人口健康状况对大城市劳动供给影响研究——以深圳市为例》,《人口与经济》2014年第4期。

周晓东:《浅析我国医疗卫生事业财政投入问题》,《当代经济》2010年第4期。

B.3 中国大中城市老年人人居环境发展报告

付飞 费凯 孙雅馨*

摘　要： 本报告梳理和综合分析了国内外大中城市的人居环境文献及人居环境评价的重要性；沿用历年观测点指标，选取国内38个城市的人居环境为研究对象，对综合排名指标和8个一级指标（城市新标准空气质量指数、每万人拥有绿地面积、人均公园绿地面积、人均公园数、建成区绿化覆盖率、城市区域环境噪声监测等效声级、道路交通等效声级、生活垃圾无害化处理率）的得分排名情况进行对比分析，以及对2015~2017年的城市人居环境维度指标变化情况进行分析；探究有利于推进健康老龄化的重要因素，提出在习近平生态文明思想指导下，进一步提升大中城市人居环境发展水平的建议。

关键词： 生态文明思想　城市人居环境　可持续发展

人居环境一词最早见于希腊城市规划专家道萨迪亚斯[①]（C. A. Doxiadis）的专著《人类聚居学》中，该书中认为城市规划拥有回应城市问题的解决

---

* 付飞，博士，硕士生导师，西南交通大学建筑与设计学院副教授，访学美国Oklahoma大学和加拿大Alberta大学，四川省生态文明促进会专家委员会专家，研究领域：生态城市及滨水人居环境研究；费凯，西南交通大学建筑设计及其理论硕士研究生，研究领域：城市人居环境适老性评价研究；孙雅馨，西南交通大学建筑学本科生。

① 吴良镛：《芒福德的学术思想及其对人居环境学建设的启示》，《城市规划》1996年第1期。

技术，即对人类生活环境质量起到真正改善的技术方法；人们需要真正地理解城市聚居和乡村聚居的规律，从而持续对人类聚居形式和聚居活动展开研究；这也成了人居环境科学概念发展的基础理论。吴良镛院士[1]系统地阐述了人居环境的组成，将人居环境划分为五个大类——自然系统、人类系统、社会系统、居住系统和支撑系统，这五大系统存在于所有的人居环境中；从一般概念来说，人居环境主要是人类聚居生活的空间，是人类在自然中生存的物质基础，是人类进行活动的地表区域，是人类利用自然、改造自然的主要场所；它承载了人类的所有活动过程，即居住、工作、游憩、教育、文化娱乐等，以及为支撑这些行为而构筑的城市。

一　人居环境发展现状研究

（一）国外人居环境研究

1898年，霍华德发表的著作《明日：一条通向真正改革的和平道路》（Tomorrow：A Peaceful Path to Real Reform）提出了以结合城市与乡村优点的形式来改善城市质量的"田园城市"理论。生物学家格迪斯[2]（Patrick Geddes）从生物学研究到人类生态学研究，关注人与环境的关系，系统地研究了城市发展的原动力以及人类与城市居住地的关系，其《演变中的城市》（Cities in Evolution：An Introduction to the Town Planning Movement and the Study of Civicism）提出城市的发展与周边区域环境的联系，并将城市形态与社会经济等因素联系起来。城市问题理论家芒福德丁[3]提出城市居住环境中城市密集区域整体论的理论，创造性地利用景观，使城市环境变得自然而适

---

[1] 吴良镛：《人居环境科学导论》，中国建筑工业出版社，2001。
[2] P. Geddes. *Cities in Evolution：An Introduction to the Town Planning Movement and the Study of Civicism*. New York：Howard Ferug, 1915.
[3] L. Mumford. "The City in History：Its Origin, Its Transformation, and Its Prospects". *Haccourt, Brace & World, Inc*, 1961.

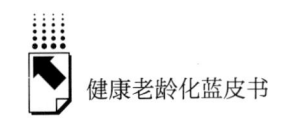

于居住。1969年美国以《国家环境政策法》为开端,制定了一系列人居环境保护的法规;其后的十年内,众多学术机构均不断尝试运用社会和经济评价指标,对人居环境评价指标进行界定和探索[1]。1980年,联合国世界环境与发展大会的《我们共同的未来》[2]报告中,将人居环境的范畴扩展到可持续发展方向,提出了改善人类社会、经济和生存环境,以及建设健康、安全、公正、可持续的城市与乡村的发展理念。

联合国人居署所公布的城市指标项目可为城市人居环境评价提供参考,其指标发展一共有四个阶段[3]:第一个阶段(1988～1993年),指标体系是联合国人居中心与世界银行合作的项目,侧重于住房指标的构建;第二个阶段(1993～1996年),扩大了指标体系,包括住房、健康、交通、能源、水资源供应、卫生、就业、城市可持续发展、公共参与、地方管制、妇女权益等更多方面;第三个阶段(2003～2006年),强调观察人居议程和新世纪的发展目标,其指标体系更加突出地反映社会公平性问题;第四个阶段(2009年以来),旨在从世界范围内收集城市层面的数据,以反映城市人居环境进步,并进一步发展出具有一定前瞻性和创新性的目标:数据搜集于不同的区域并被分类处理,以城市和国家的尺度进行数据的统计和分析,使得数据分析更有利于站在宏观的角度评价世界人居环境;同时,建立了人居环境评价指标体系的监督和评估程序,以及反映质量的可持续发展的间接数据指标,如供水的数量质量、空气质量等。

澳大利亚人居环境质量评价方面的《澳大利亚:环境状况》一文中,全面地评价了澳大利亚环境,构筑了人居环境质量评价指标体系,包含7个

---

[1] 干立超:《城市人居环境评价指标体系及其计算机技术应用研究》,合肥工业大学硕士学位论文,2015。
[2] 世界环境与发展委员会:《我们共同的未来》,吉林人民出版社,1997。
[3] G. G. C. Cities in Evolution: An Introduction to the Town Planning Movement and to the Study of Civics, by Patrick Geddes [J]. *Social Theories of the City*, 1915, 4 (3): 236 - 237.

大类和城市人居环境48个指标[1]。英国环境部也对英国可持续发展指标做了研究，Asami[2] 提出将可持续性（Sustainability）作为衡量居住环境的重要指标和要素；英国EIU（Economy Intelligence Unit 简称EIU）[3] 在对全球城市"宜居性"的评价调查上，将社会稳定程度、教育质量、文化与环境、健康水平、基础设施五大类和40余项因子，纳入了城市宜居性评价指标中；等等。

（二）国内人居环境研究

在中国历来人居建设发展思想中，蕴含着人们对居住和环境的目标和追求，顺应自然，适度和适应性改造，以创造良好的全年龄的居住生活环境。吴良镛院士的《广义建筑学》[4] 中，提出人类聚居研究须进行多个学科的综合系统研究。刘滨谊[5]提出应用现代工程技术来研究人居环境，以及运用多个实证研究来探索高新技术人居环境资源评价应用方法。安光义等的《人居环境学》[6]，提出了人居环境广义性概念，包括了人口、资源、环境、社会政策和经济发展等方面。李雪铭等[7]认为中国城市人居环境质量整体上逐步提高，城市之间人居环境质量评价得分差值在缩小，各城市排名基本保持在一个稳定范围内，城市人居环境质量级别差异明显，城市人居环境质量时空差异显著，呈现与经济发展水平相似的从东部到中部、西部依次递减的地带性空间分布特征以及南高北低的分布状况，且各地区城市级别分布不均

---

[1] Mumford L. The City in History: Its Origins, Its Transformations, and Its Prospects [J]. *American Journal of Sociology*, 1961, 3 (2): 5.

[2] Asami. Y. "Residential Enviroment: Methods and Theory for Evaluation". University of Tokyo Press, 2001.

[3] 何永：《理解"生态城市"和"宜居城市"》，《北京规划建设》2005年第2期。

[4] 吴良镛：《广义建筑学》，清华大学出版社，1989。

[5] 刘滨谊：《人聚环境资源评价普查理论与技术研究方法论》，《城市规划汇刊》1997年第2期。

[6] 安光义、王桂霞、韩建民：《人居环境学》，机械工业出版社，1997。

[7] 李雪铭、晋培育：《中国城市人居环境质量特征与时空差异分析》，《地理科学》2012年第5期。

衡，人居环境质量水平较高的城市呈"团"状分布。谢让志[1]在人居环境理论基础上选择与生态环境类、经济环境类和社会环境类相关的大类27项作为评估指标，得出四大城市区住区环境质量综合评估结论。李王鸣等[2]以地域层次划分了8个方面的评价基础（城市人居环境的住宅、邻里、社区绿化、社区空间、社区服务、风景名胜保护、生态环境、服务应急能力），组成了较为完整的城市人居环境评价指标体系。周志田等[3]以城市经济发展水平、生态环境水平、社会保障条件、发展潜力、市民生活质量和市民出行便捷度为中国适宜人居城市评价指标体系的六个方面，并提出中国公众城市宜居指数等，为我国城市人居环境的宜居性评价提供了科学评价依据。王兴中[4]以实证研究对城市人居环境质量进行评价：以空间生态和人的需求评价为基础，通过国外城市的生活工作空间质量评价模式研究，建立了城市人居生活空间质量的评价体系，并以西安为例探讨了中国城市人居环境质量的规律。陈浮等[5]将城市人居环境划分为软环境和硬环境，其中硬环境主要包括城市基础设施、城市交通、居住住宅质量、城市空气质量和绿化卫生条件；软环境包括了心里归属感、和谐感、舒适感、邻里环境、安全感、家人等。李丽萍等[6]认为建筑物、自然实体和社会实体这三部分组成了城市人居环境，并强调人居环境是居民生活的主要场所。国家相关标准方面，如建设部2006年颁布的中国人居环境奖参考指标体系[7]中，包含了13个定量指标和32个定性指标，包括：城市人均住宅建筑面积、城市燃气普及率、采暖地区集中供热普及率、城市供水普及率、市污水集中处理率、城市污水处理回

---

[1] 谢让志：《中国城市住区环境质量综合评估及其可持续发展研究》，《城市》1997年第3期。
[2] 李王鸣、叶信岳、孙于：《城市人居环境评价——以杭州城市为例》，《经济地理》1999年第2期。
[3] 周志田、王海燕、杨多贵：《中国适宜人居城市研究与评价》，《中国人口资源与环境》2004年第1期。
[4] 王兴中：《中国城市社会空间结构研究》，科学出版社，2004。
[5] 陈浮、陈海燕、朱振华等：《城市人居环境与满意度评价研究》，《人文地理》2000年第4期。
[6] 李丽萍、郭宝华：《关于宜居城市的探讨》，《中国城市经济》2006年第5期。
[7] 建设部：《关于修订人居环境奖申报和评选办法的通知》，2006年5月8日。

用率、城市人均拥有道路面积、城市万人拥有公共交通车辆、城市绿化覆盖率、城市绿地率、城市人均公共绿地面积、城市中心区人均公共绿地面积、城市垃圾粪便无害化处理率等。杨大东等[1]探讨老年人居环境问题，简要分析了各国老年化问题解决经验，从总体规划、城市建设、传统文化和社区建设几个方面提出了策略。刘伟[2]系统地介绍了城市老年人居环境亟待发展的老龄化背景，分析了我国城市老年人居环境的现状和我国常见养老模式，提出了对老年住宅建设的规范要求，以及对老年住宅产业化、住宅供给和需求进行分析。

综上，通过对国内外人居环境研究成果进行整理分析，可以有效地对比了解人居环境研究发展脉络、阶段研究方向和研究的不足。我国目前对人居环境的评价研究角度较为丰富，但在人居环境理论、评价方法和指标体系上未达成共识，城市人居环境的相关历年基础数据也不够完善，迫切需要基于大数据进行全国范围的对比研究和成果积累；特别在当今社会经济和文化飞速发展的时代，人口老龄化问题愈加严重，人们愈加关注城市生活和工作的健康环境质量，人居环境发展评价显得尤为重要。

二 人居环境指标说明与数据计算

城市人居环境发展指标对于衡量城市人居环境质量具有重要的作用，特别是对于城市居民而言，良好的指标反映了城市人居环境的舒适度、健康度、可居住性；同时，也可为积极应对健康老龄化提供至关重要的发展方向和目标。

在城市人居环境发展方面，本报告选择了国内 38 个城市的人居环境为研究对象，并沿用历年观测点指标，选取了城市新标准空气质量指数、每万人拥有绿地面积、人均公园绿地面积、人均公园数、建成区绿化覆盖率、城

---

[1] 杨大东、潘海洪：《二十一世纪福州老年人居环境问题初探》，《福建建筑》2001 年第 2 期。
[2] 刘伟：《人口老龄化背景下的城市老年人居环境研究》，西南财经大学硕士学位论文，2005。

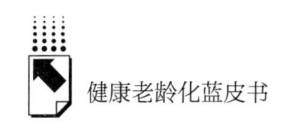

市区域环境噪声监测等效声级、道路交通等效声级、生活垃圾无害化处理率共8个指标来测量各个城市人居环境情况。各指标的相关说明如下。

（1）城市新标准空气质量指数：城市新标准空气质量指数选择空气质量指数（Air Quality Index，简称AQI）来反映，空气质量指数（AQI）是定量描述空气质量状况的无量纲指数，AQI分级计算参考的标准是新的环境空气质量标准（GB3095-2012），分为五级，对应空气质量的六个类别，其数值越大说明空气污染状况越严重，对人体健康的危害也就越大；参与空气质量评价的主要污染物为细颗粒物（PM2.5）、可吸入颗粒物（PM10）、二氧化硫（SO_2）、二氧化氮（NO_2）、臭氧（O_3）、一氧化碳（CO）等六项。

（2）每万人拥有绿地面积：每万人拥有绿地面积[①]是指城市非农业人口每一万人拥有城镇公共绿地面积，计算公式：每万人拥有绿地面积（公顷）＝城市公共绿地面积（公顷）/城市非农业人口（万人）。

（3）人均公园绿地面积：人均公园绿地面积是指建成区内公园绿地面积的人均占有量，以平方米/人表示，其计算公式为：人均公园绿地面积＝建成区公园绿地总面积/当年建成区常住人口数量。该指标通常是展示城市整体环境水平和居民生活质量的一项重要指标。

（4）人均公园数：公园是供公众游览、观赏、休憩、开展科学文化及身体锻炼等活动，有较完善的设施和良好的绿化环境的公共绿地，具有改善城市生态、防火、避难等作用。人均公园数是指城市常住人口人均拥有的公园数量。人均公园数的原始数据依据当年各个城市统计年鉴的公园数量除以常住人口数计算得到。

（5）建成区绿化覆盖率：建成区绿化覆盖面积是指城市中乔木、灌木、草坪等所有植被的垂直投影面积，包括屋顶绿化植物的垂直投影面积以及零星树木的垂直投影面积，不重复计算乔木树冠下的灌木和草本植物。城市的建成区绿化覆盖率是指城市建成区的绿化覆盖面积占建成区面积的百分比。计算公式为：建成区绿化覆盖率＝建成区绿化覆盖面积/建成区总面积×

---

① 杨一帆：《中国城市居民退休生活质量指数报告（2016）》，社会科学文献出版社，2017。

100%。在国务院关于加强城市绿化建设以及相关城市园林绿化、生态环境的评价中,建成区绿化覆盖率均被当作重要评价指标,其中国家园林城市标准之一为建成区绿化覆盖率不低于36%。

(6)城市区域环境噪声监测等效声级:城市区域环境噪声是指城市五类区域的环境噪声最高限制。国务院为贯彻《中华人民共和国环境保护法》及《中华人民共和国环境噪声污染防治条例》,保障城市居民的生活声环境质量而制订了《中华人民共和国城市区域环境噪声标准》。该标准规定了五类标准适用区域范围:0类标准适用于特别需要安静的区域,1类标准适用于以文教居住为主的区域,2类标准适用于工商业、居住混杂区域,3类标准适用于工业区,4类标准适用于城区内河和城市道路两侧区域。

(7)道路交通等效声级:道路交通噪声主要是指机动车辆在城市内交通干线上行驶带来的噪音,对城市居民的生产生活、休息和健康活动等都将产生较大的生理和心理影响,因此,我们将道路交通噪声作为衡量人居环境的指标之一。道路交通等效声级主要涉及《声环境质量标准GB3096－2008》标准中的第4类声环境功能区——交通干线两侧一定距离之内,需要防止交通噪声对周围环境产生严重影响的区域。

(8)生活垃圾无害化处理率:生活垃圾无害化处理率是指统计周期内生活垃圾无害化处理量占生活垃圾产生量的比重,数据来源部门为住房城乡建设(环境卫生)部门。指标计算公式:生活垃圾无害化处理率＝生活垃圾无害化处理量/生活垃圾产生量×100%,该指标一般要求高于85%。

三 各城市人居环境总体情况分析及各指标排名分析

(一)我国各城市人居环境指标总得分排名情况

基于历年中国城市居民退休生活质量指数报告的评价体系,本报告继续以人居环境发展维度的8个一级指标组成评价体系。具体包括城市新标准空气质量指数、每万人拥有绿地面积、人均公园绿地面积、人均公园数、建成区绿化覆盖率、城市区域环境噪声监测等效声级、道路交通等效声级和生活垃圾无害化处理率。为了各城市数据具有统一性，本报告采用2017年的数据，且均直接或间接来源于各城市统计年鉴和中国环境统计年鉴。经归一化处理原始数据后，得出38个城市在人居环境发展维度的得分排名情况，如表1所示。

表1 人居环境发展维度得分排名情况

单位：%

城市	人居环境维度得分情况	排名	城市	人居环境维度得分情况	排名
深圳	71.29	1	杭州	45.32	20
珠海	71.08	2	福州	42.95	21
广州	64.46	3	西宁	42.73	22
南京	60.78	4	贵阳	42.04	23
昆明	56.83	5	石家庄	41.99	24
厦门	55.22	6	无锡	41.97	25
海口	54.36	7	上海	41.90	26
乌鲁木齐	53.39	8	青岛	41.57	27
银川	51.51	9	沈阳	41.36	28
北京	51.30	10	西安	40.72	29
南宁	50.20	11	郑州	38.07	30
大连	50.03	12	成都	37.66	31
南昌	49.08	13	宁波	37.60	32
苏州	48.73	14	武汉	37.46	33
重庆	46.79	15	长春	37.38	34
天津	46.49	16	长沙	34.17	35
合肥	46.29	17	济南	32.64	36
呼和浩特	46.10	18	兰州	23.04	37
太原	45.87	19	哈尔滨	20.57	38

从表1可以看出，排名前十的城市分别是深圳（71.29%）、珠海（71.08%）、广州（64.46%）、南京（60.78%）、昆明（56.83%）、厦门（55.22%）、海口（54.36%）、乌鲁木齐（53.39%）、银川（51.51%）、

北京（51.30%）。排名靠后的五个城市分别是长春（37.38%）、长沙（34.17%）、济南（32.64%）、兰州（23.04%）、哈尔滨（20.57%）。以这一维度各城市的均值（45.81%）为标准，可以看出在城市人居环境发展这一维度排名靠前的城市和靠后的城市差距较大，得分最高的深圳的分值相当于兰州得分的三倍。

从数据可较为直观地看出，城市人居环境发展维度得分较高的城市基本都位于沿海发达地区，如珠江三角洲一些城市和南京、北京等，这些城市经济发展水平较高，因此其在城市人居环境优化和公共环境治理上财政投入力度较大，人居环境和城市绿化等总体水平也较高。而排名居于后列的城市大多为内陆城市，沿海城市中仅有宁波排名靠后。这些排名靠后的内陆城市中既有哈尔滨、兰州、济南等北方城市，亦有长沙、武汉、成都等南方城市，上述城市中既有哈尔滨这样亟待振兴的东北老工业基地，亦有武汉、成都等近些年发展迅速、经济表现出众而被舆论冠以"新一线"、"准一线"的区域中心城市。大量内陆城市排名靠后的现象表明，影响人居环境维度重要的因素之一为地理环境因素，沿海城市空气交换能力普遍较强，空气污染问题相对较轻，加上绿化率高等自然环境优势，使得沿海城市环境相对较好。此外地理南北差异也有一定影响，排名最后五位的城市中仅长沙一个南方城市，其他都为北方城市，这可能与北方冬季燃煤取暖、春季风沙大等降低空气质量因素有一定关系。

（二）我国各城市人居环境发展维度一级指标排名及分析

1. 城市新标准空气质量指数

城市新标准空气质量指数选择空气质量指数（Air Quality Index，简称AQI）来反映，空气质量指数（AQI）是定量描述空气质量状况的无量纲指数，分为五级，对应空气质量的六个类别，其数值越大说明空气污染状况越严重，对人体健康的危害也就越大。

本报告中城市新标准空气质量指数数据，主要来源于2017年各城市统计年鉴及各城市统计的环境空气质量优良天数占比。对2017年各城市统

计的新标准空气质量指数数据，进行归一化处理之后，按照得分进行排名如图1所示。

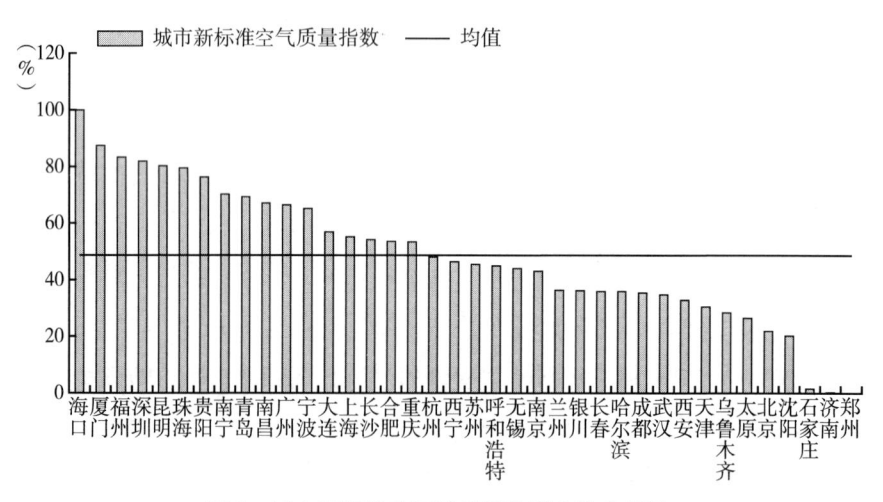

图1 城市新标准空气质量指数得分排名情况

由图1可知，海口的新标准空气质量指数排名第一，得分100%；得分最低的城市为郑州，其他柱状分别表示其他36个城市的新标准空气质量指数得分情况；其中，排名前五的城市依次为海口、厦门、福州、深圳、昆明，其数据分别为100%、87.48%、83.36%、81.93%、80.35%；同时，水平横轴线反映了横向对比后38个城市空气质量指数的平均得分，为48.68%，其中超过平均值的城市除了前述5个外，还有珠海（79.56%）、贵阳（76.23%）、南宁（70.21%）、青岛（69.26%）、南昌（67.04%）等，这17个城市占比44.7%。

超过均值的城市除昆明、贵阳、南昌、长沙、合肥和重庆等以外，明显集中于沿海地区，未达均值城市基本分布在内陆地区。由此可见，城市所处的地理环境与空气质量指数得分高低有着极为密切的关系。沿海地区临近海洋，受海陆风的影响，扩散条件一般优于内陆地区；海水吸附了空气中的杂质，对于空气有着一定的净化作用；同时，降水量多，污染物遇湿沉降，如新标准空气质量指数排名前四位的城市——海口、厦门、福州、深圳等都属于沿海城市。

南方和北方的空气质量差异也较为明显,排名最后的五位城市,如郑州、济南、石家庄、沈阳、北京等,都地处北方;其重要原因之一是冬季燃煤取暖,对空气质量测评造成了较大的影响。

城市地形对空气质量的影响也较为明显,成都和重庆都处于西南地区,经济规模相差不大,但重庆排名靠前,主要原因在于重庆地处山区,且为长江和嘉陵江交汇之处,空气交换能力较强。

从城市产业结构来看,重工业、能源工业比重较大,也是空气质量较难控制的原因,排名靠后的城市都普遍存在这种现象。相比之下,昆明虽属内陆城市,产业结构偏重旅游业,因此排名较为靠前。

2. 每万人拥有绿地面积

每万人拥有绿地面积①是指城市非农业人口每一万人拥有城镇公共绿地面积,计算公式:每万人拥有绿地面积(公顷)＝城市公共绿地面积(公顷)/城市非农业人口(万人)。本报告中每万人拥有绿地面积是依据各城市2017年城市统计年鉴数据进行计算得到。每万人拥有绿地面积得分排名情况如图2所示。

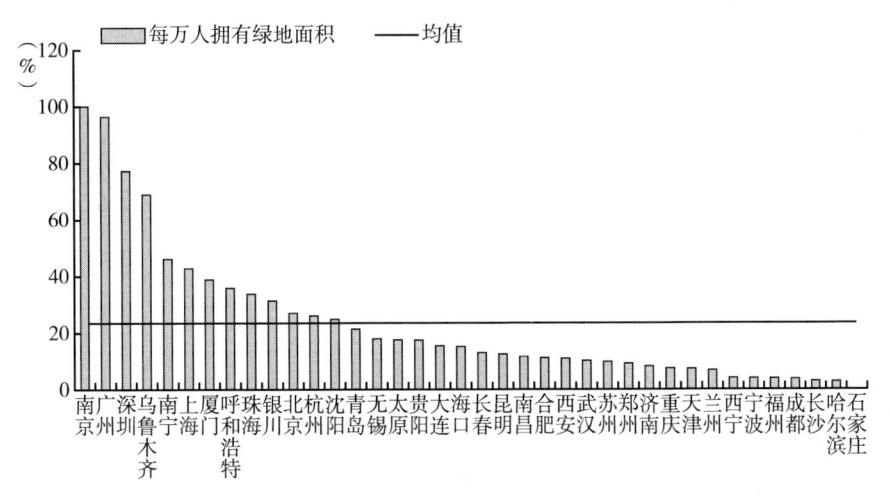

图2 每万人拥有绿地面积得分排名情况

---

① 杨一帆:《中国城市居民退休生活质量指数报告(2016)》,社会科学文献出版社,2017。

对数据进行归一化处理后，南京排名第一，石家庄排名末尾。38个城市每万人拥有绿地面积得分的平均值为23.56%。参考平均值，有接近2/3的城市未达到平均值，而且从排名第五位的南宁（46.16%）开始，指标得分就明显下降。排名靠前的城市有南京、广州（96.39%）、深圳（77.27%）、乌鲁木齐（68.97%）、南宁等，其绿化建设投入比较大；排名靠后的城市有长沙、哈尔滨、石家庄等，其绿化建设相对滞后；此外人口密度较大的城市，例如武汉、苏州、郑州、重庆、天津等，普遍得分排名靠后，说明在绿化建设一定周期内，人口密度对于每万人拥有绿地面积得分排名有较大的影响；但同样人口密度较大的城市，如南京、广州、上海、深圳等，排名居于前列，说明城市的经济发展水平也会在一定程度上影响绿化建设发展。

总之，每万人拥有绿地面积得分排名，受城市人口规模、经济发展水平和城市基础设施现状制约较大，也受城市历史发展的局限，人口密度很大的城市，短期内难以有很大提升，需要通过长期规划建设加以提升。

3. 人均公园绿地面积

人均公园绿地面积是指建成区内公园绿地面积的人均占有量，以平方米/人表示，其计算公式为：人均公园绿地面积=建成区公园绿地总面积/当年建成区常住人口数量。该指标通常是展示城市整体环境水平和居民生活质量的一项重要指标。

人均公园绿地面积原始数据来源于各城市2017年城市统计年鉴，38个城市该指标得分排名情况如图3所示。

从图3可知，对数据进行归一化处理后，排名前五的城市依次为广州、珠海、深圳、贵阳、北京，其归一化数据所占比重分别为100%、96.29%、81.42%、73.16%、62.38%；排名靠后的城市有石家庄、宁波等。38个城市人均公园绿地面积得分的平均值为31.25%，大约有2/3的城市在平均值以下。

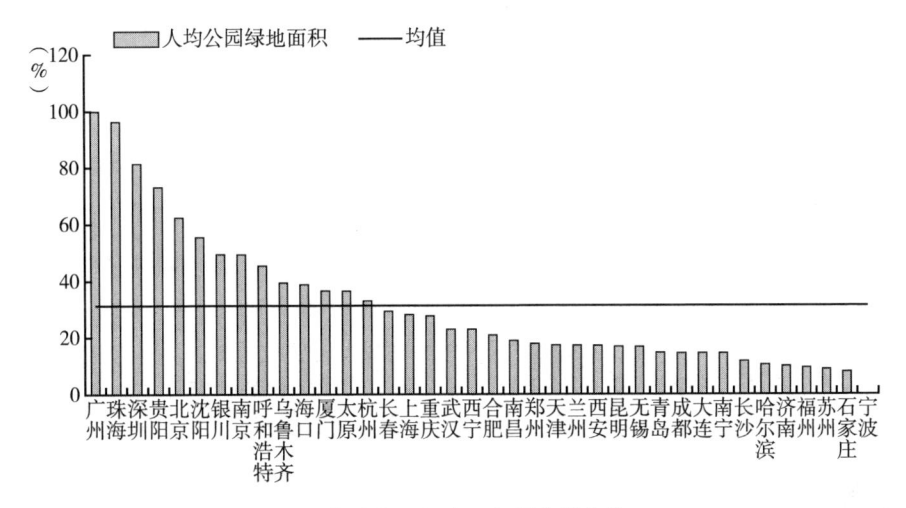

图3 人均公园绿地面积得分排名情况

得分较高主要有如下几个原因：①广州、北京、南京（49.37%）、杭州（32.99%）等城市属于历史文化名城，城市底蕴较为深厚，因此有较多的公园遗存；②经济较为发达的新兴城市，一方面经济实力相对较强，另一方面城市规划较新，且对公园绿地建设较为重视，如珠海、深圳等，在公园绿地建设上成绩较为突出，得分排名居于第二位和第三位；③人口规模相对较小的城市，如银川（49.45%）、呼和浩特（45.47%）、乌鲁木齐（39.48%）等城市，排名也较为靠前。同时，部分底蕴较为深厚的城市，由于人口规模较大，其指标也受到明显的影响，如上海（28.08%）、重庆（27.62%）、武汉（22.91%）等排名普遍居中游。综合以上分析，人均公园绿地面积得分排名，受城市基础设施建设情况和人口规模的影响较为明显。

4. 人均公园数

公园是供公众游览、观赏、休憩、开展科学文化及身体锻炼等活动，有较完善的设施和良好的绿化环境的公共绿地，具有改善城市生态、防火、避难等作用。人均公园数是指城市常住人口人均拥有的公园数量。人均公园数的原始数据依据2017年各个城市统计年鉴的公园数量除以常住人口数计算得到。38个城市的人均公园数得分排名情况如图4所示。

健康老龄化蓝皮书

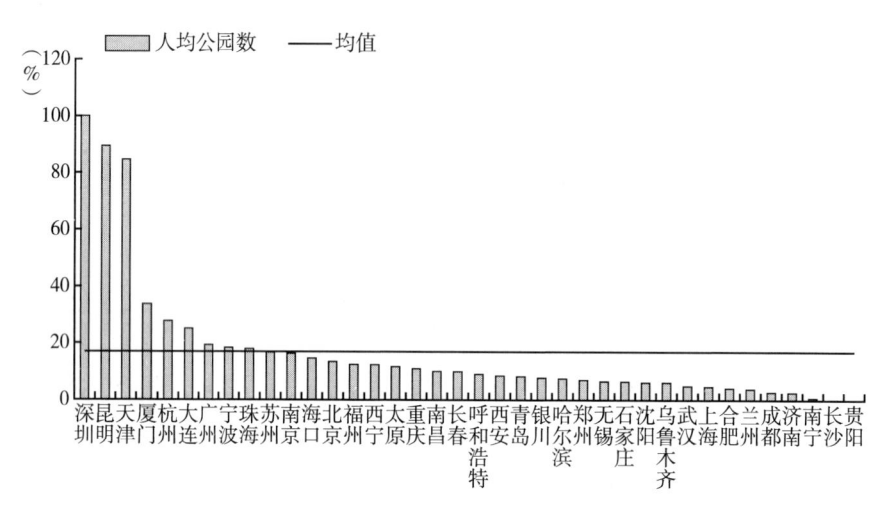

图4 人均公园数得分排名情况

对数据进行归一化处理后，排名前五的城市依次为深圳、昆明、天津、厦门和杭州，数据分别为100%、89.47%、84.68%、33.65%、27.63%；排名靠后的城市有南宁、长沙、贵阳等。同时，38个城市人均公园数得分排名的平均值为16.87%，约3/4的城市在平均值以下。

结合人均公园绿地面积指标，人均公园数可以在一定程度上反映城市的公园分布形态：公园数量较多的城市排名相对较高，例如银川在人均公园绿地面积得分上排名第七，但在人均公园数得分上排名靠后，说明银川的公园规模相对较大，但是数量相对较少；类似的城市包括贵阳、呼和浩特、乌鲁木齐。

经济较为发达的城市则在人均公园绿地面积指标和人均公园数指标上，均排名靠前，例如深圳、广州（19.29%）、珠海（17.92%）、南京（16.28%）等。一些底蕴较为深厚的传统发达城市，虽然在人均公园绿地面积指标上排名靠后，但是在人均公园数指标上居于前列，比如天津、大连（25.00%）、宁波（18.33%）、苏州（16.69%）等，可见这些城市公园分布相对较为分散，公园类型较为丰富，如社区公园、植物园、动物园、游乐园、历史名胜公园等。

5.建成区绿化覆盖率

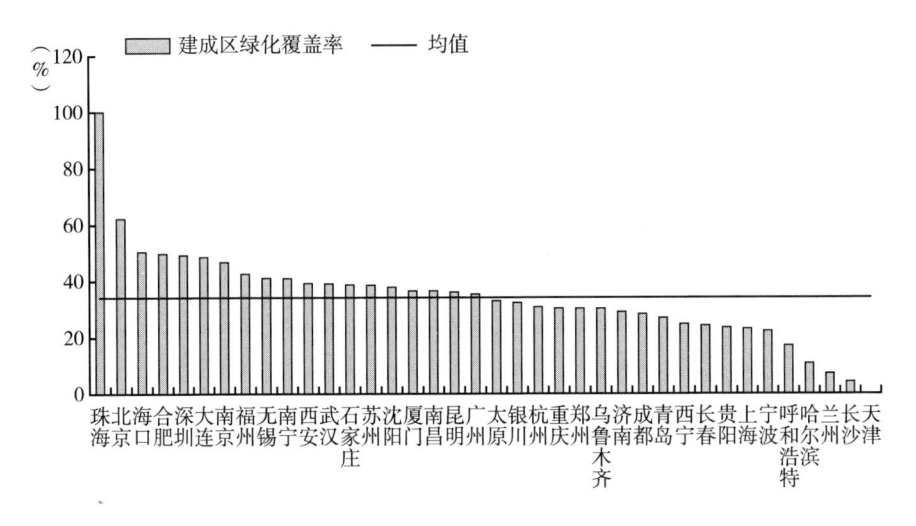

图5　建成区绿化覆盖率得分排名情况

建成区绿化覆盖面积是指城市中乔木、灌木、草坪等所有植被的垂直投影面积，包括屋顶绿化植物的垂直投影面积以及零星树木的垂直投影面积，不重复计算乔木树冠下的灌木和草本植物。城市的建成区绿化覆盖率是指城市建成区的绿化覆盖面积占建成区面积的百分比。计算公式为：建成区绿化覆盖率=建成区绿化覆盖面积/建成区总面积×100%。在国务院关于加强城市绿化建设以及相关城市园林绿化、生态环境的评价中，建成区绿化覆盖率均被当作重要评价指标。

对数据进行归一化处理后，排名前五的城市依次为珠海、北京、海口、合肥、深圳，得分分别为100%、62.28%、50.42%、49.74%、49.23%；排名靠后的城市有哈尔滨、兰州、长沙、天津等。同时，38个城市建成区绿化覆盖率得分的平均值为34.18%，38个城市中有19个城市得分在平均值以下，占比50%。

根据计算公式可知，建成区绿化覆盖面积不仅包括成片绿地，也包括建筑屋顶绿化和零星的绿化，所以本指标更能反映城市建成区绿化的客观状态，例如连续两年（2016年、2017年）建成区绿化覆盖率得分排名第一的珠海市，为我国首批"国家园林城市"，并曾获得联合国人居中心授予的"国际改善居住环境最佳范例奖"，珠海市在绿色生态建设方面保持较大投入，不仅重视居住区、大学园区、工厂厂区等区域的绿化建设，也非常重视城市的立体绿化。其他排名靠前的城市中，北京、深圳、大连（48.56%）、南京（46.74%）等都属于经济较为发达且重视生态环境建设的城市；部分城市如合肥、西安（39.26%）、武汉（39.11%）等，在人均公园绿地面积和人均公园数等指标上排名相对靠后，但在建成区绿化覆盖面积排名上却靠前，说明这些城市的人口密度相对较大，对上述指标的影响较为明显。

6. 城市区域环境噪声监测等效声级

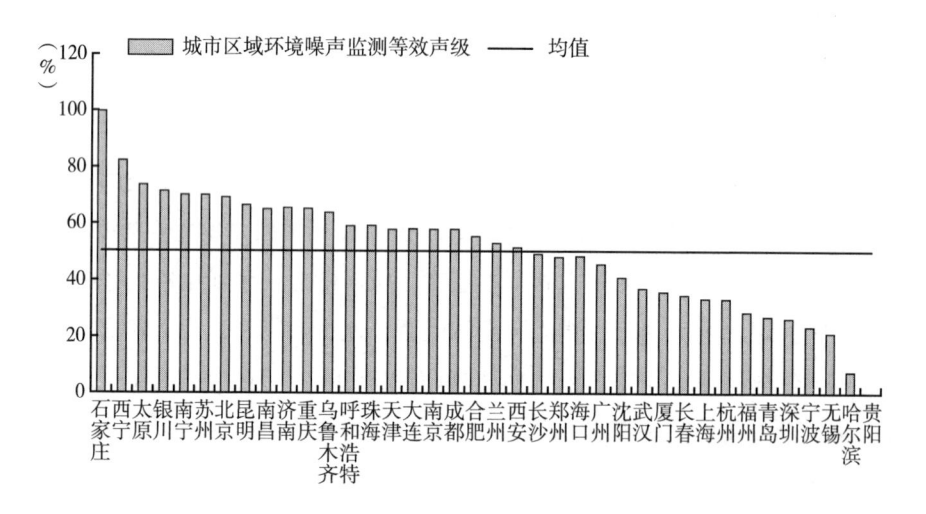

图6　城市区域环境噪声监测等效声级得分排名情况

城市区域环境噪声是指城市五类区域的环境噪声最高限制。国务院为贯彻《中华人民共和国环境保护法》及《中华人民共和国环境噪声污染防治条例》，保障城市居民的生活声环境质量而制订了《中华人民共和国城市区域环境噪声标准》。该标准规定了五类标准适用区域范围：0类标准适用于特别需要安静的区域，1类标准适用于以文教居住为主的区域，2类标准适用于工商业、居住混杂区域，3类标准适用于工业区，4类标准适用于城区内河和城市道路两侧区域。

对数据进行归一化处理后,排名前五的城市依次为石家庄、西宁、太原、银川、南宁、苏州,相应数据分别为100%、82.72%、74.07%、71.60%、70.37%、70.37%(南宁与苏州并列第五);排名靠后的城市有哈尔滨、贵阳等。38个城市区域环境噪声监测等效声级排名得分的平均得分为50.42%,38个城市中有17个城市在平均值以下,占比44.7%。同时,对比2016年城市区域环境噪声监测等效声级排名得分情况可以发现,2017年排名前四的城市石家庄(2016年和2017年排名均为第一)、西宁(2016年和2017年排名均为第二)、太原(2016年和2017年排名均为第三)、银川(2016年和2017年排名均为第四),连续两年排名位次不变。城市区域环境噪声防治研究国内有丰富的成果①,主要观点认为,一方面是日常交通工具产生的噪声污染已成为影响城市居民生活质量的主要污染源;另一方面是城市的生活噪声影响,特别是随着城市居民人口的急剧增加,在城市功能区规划布局和业态发展过程中,存在规划设计和管理治理等问题,如噪声污染源较多、程度加深、治理管理较难,以致生活活动噪声污染逐渐成为主要的污染源,是目前我国治理城市噪声污染的主要对象。根据以上数据分析可知,排名前列的城市,对城市区域环境噪声的治理和管理更重视,人力物力投入较大。虽然城市区域噪声污染源较为复杂,但为了保障城市居民的生活声环境质量,持续的重视和投入可以得到较好地改善城市居民生活声环境。

7. 道路交通等效声级

道路交通噪声主要是指机动车辆在城市内交通干线上行驶带来的噪音,对城市居民的生产生活、休息和健康活动等都将产生较大的生理和心理影响,因此,我们将道路交通噪声作为衡量人居的环境的指标之一。道路交通等效声级主要涉及《声环境质量标准GB3096-2008》标准中的第4类声环境功能区——交通干线两侧一定距离之内,需要防止交通噪声对周围环境产

---

① 刘静民:《城市环境噪声污染与控制措施探讨》,《中国高新技术企业》2008年第7期。

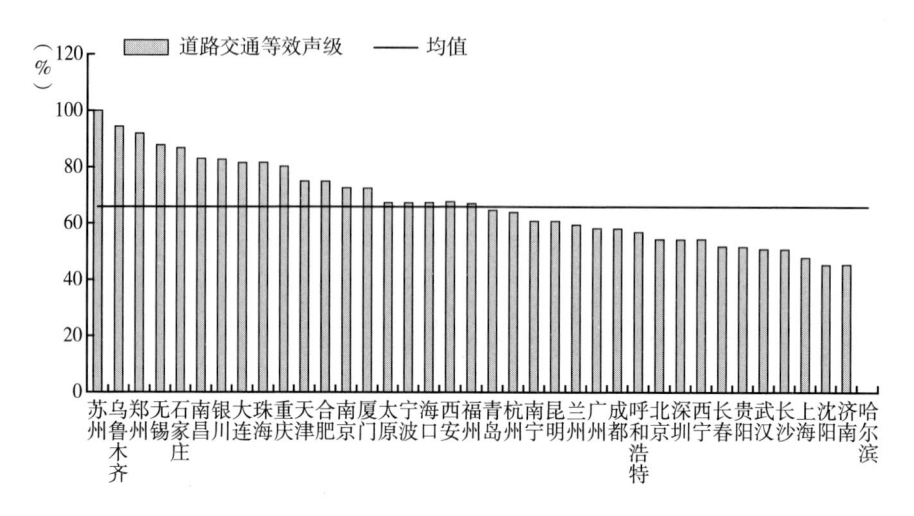

图7 道路交通等效声级得分排名情况

生严重影响的区域。

对数据进行归一化处理后，排名前五的城市依次为苏州、乌鲁木齐、郑州、无锡、石家庄，其得分分别为100%、94.81%、92.21%、88.31%、87.01%；排名靠后的城市有沈阳、济南、哈尔滨等。水平横线反映了38个城市道路交通等效声级得分的平均值为65.72%，38个城市中有19个城市的得分在平均值以下，占50%。其中，苏州、乌鲁木齐、郑州在2016年和2017年的道路交通等效声级排名中均居前五位，表明这三个城市的道路噪声低和管治效果明显；而上海、济南、哈尔滨等在平均值以下的城市，应加强治理道路噪声污染。对于道路交通噪声的治理防护，结合国内相关研究经验[1]，可以从以下几个方面加强措施：一方面，加强对城市交通的管理，充分考虑交通要求，增强公共交通能力和鼓励低碳出行，从源头降低交通噪声；另一方面，充分考虑道路交通噪声对周围生活环境的影响，合理规划功能区和建设布局，防止或减轻道路交通噪声污染；同时，合理设置声屏障，或利用城市绿地种植绿化林带，来减少道路交通噪声。

---

[1] 谢建林、张文军：《道路交通噪声的评价及预防》，《科技情报开发与经济》2008年第13期。

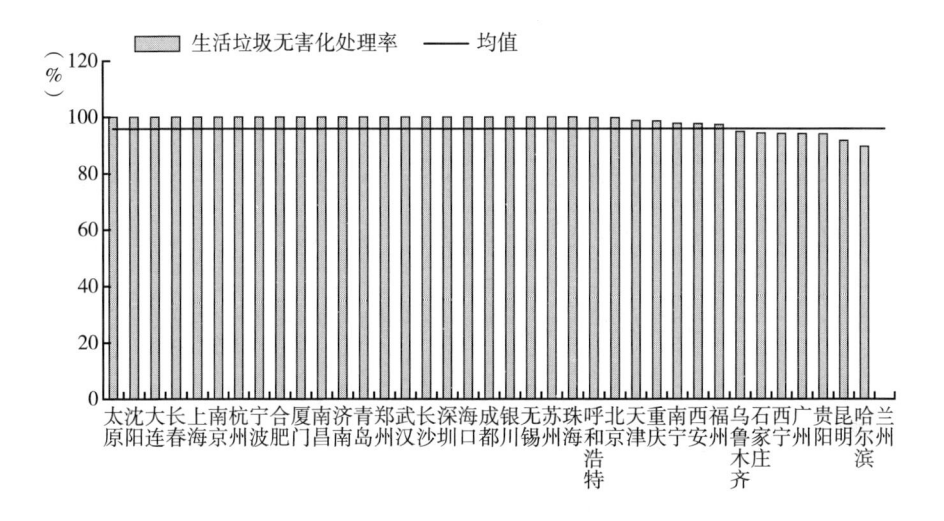

8. 生活垃圾无害化处理率

生活垃圾无害化处理率[①]是指统计周期内生活垃圾无害化处理量占生活垃圾产生量的比重，数据来源部门为住房城乡建设（环境卫生）部门。指标计算公式：生活垃圾无害化处理率 = 生活垃圾无害化处理量/生活垃圾产生量×100%，该指标一般要求高于85%。

生活垃圾无害化处理率原始数据来源于各城市2017年统计年鉴，38个城市该指标得分排名情况如图8所示。

图8 生活垃圾无害化处理率得分排名情况

对数据进行归一化处理后，38个城市中有23个城市的生活垃圾无害化处理率达到了100%，占全体样本城市的61%。38个城市生活垃圾无害化处理率得分的平均值为95.84%，有15个城市的生活垃圾无害化处理率未达到100%。

同时，经济发达的沿海地区和华东华北地区除石家庄（94.29%）和广州（94.08%）外，36个城市均在均值以上，接近于100%的处理率，这与垃圾焚烧场的区域分布有关。而哈尔滨（89.58%）冬季使用

---

① 建设部：《关于修订人居环境奖申报和评选办法的通知》，2006年5月8日。

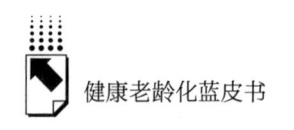

燃煤产生煤灰使得生活垃圾中不可燃的无机物比重较大，不利于焚烧法的处理。

从生活垃圾成分来说，以普通生活垃圾为主，而在广州、重庆（98.57%）、昆明（91.61%）、西安（97.62%）等旅游业、饮食业发达，流动人口多的城市，厨余垃圾在生活垃圾中比重偏大，应建设足够的厨余垃圾专门处理设施，如成都。生活垃圾无害化处理是指在处理生活垃圾过程中采用先进的工艺和科学技术，降低垃圾及其衍生物对环境的影响，减少废物排放，做到资源回收的过程。目前，生活垃圾无害化处理主要有填埋处理、堆肥处理、焚烧处理三种方式。我国生活垃圾未分类、杂质多，造成堆肥效率低、成本高，因此堆肥未能得到广泛使用；而卫生填埋是现阶段垃圾处理采用的主要方式，但这其中仍然存在可燃物得不到利用、渗出液处理难度大、占用面积大的问题，使得焚烧处理将成为以后垃圾处理的主要方式；近年来，焚烧处理所占比重越来越大。

综上，每一个指标都衡量了某一视角下的人居环境发展的水平，同时也为健康老龄化的生活环境建设提供了基本标准，从人的基本需要和城市老年宜居性构建人居环境发展评价指标体系，能够更直观地了解城市人居环境发展的要求和在全国的客观排名情况。

四 人居环境维度典型城市分析

（一）人居环境发展维度排名前五的城市

对城市人居环境进行综合评估时，针对老年宜居城市、老年友好型城市等需求特点和要求，本报告选取了8个一级指标，得出了38个城市的综合得分排名情况。而在这一维度居前五位的城市分别是深圳、珠海、广州、南京和昆明，其每一指标具体得分情况如表2所示。

表2 人居环境发展维度排名前五城市综合得分情况

单位：%

排名	城市	城市新标准空气质量指数	每万人拥有绿地面积	人均公园绿地面积	人均公园数	建成区绿化覆盖率
1	深圳	10.24	9.66	10.18	12.50	6.15
2	珠海	9.94	4.22	12.04	2.24	12.50
3	广州	8.30	12.05	12.50	2.41	4.42
4	南京	5.39	12.50	6.17	2.03	5.84
5	昆明	10.04	1.57	2.10	11.18	4.51

排名	城市	城市区域环境噪声监测等效声级	道路交通等效声级	生活垃圾无害化处理率	得分
1	深圳	3.24	6.82	12.50	71.29
2	珠海	7.41	10.23	12.50	71.08
3	广州	5.71	7.31	11.76	64.46
4	南京	7.25	9.09	12.50	60.78
5	昆明	8.33	7.63	11.45	56.83

1. 深圳

深圳是人居环境发展维度得分最高的城市。首先在地理环境上，深圳位于中国南部海滨，地处珠江三角洲东岸，与大片的海域相邻，有更好的空气扩散条件，降水丰富，空气质量好。且深圳作为中国改革开放后建立的第一个经济特区，2017年人均GDP位列全国第三，发达的城市经济也促进了深圳在城市绿化方面的建设。深圳在新一轮的城市规划中就明确指出"有限的新增用地首先要保证公共服务设施用地、城市绿地等"。它一直致力于发展高科技产业和旅游业，重工业工厂分布少，结合其优越的地理气候条件，它在人居环境条件方面位于全国前列（见图9）。

2. 珠海

珠海是一个花园式的海滨旅游城市，位于广东省南部珠江出海口西岸，濒临南海。依山傍海，海岸线长达731公里。雨量充沛，空气扩散条件好，空气质量优，气候也十分利于植被的生长。连续两年（2016年和2017年）

健康老龄化蓝皮书

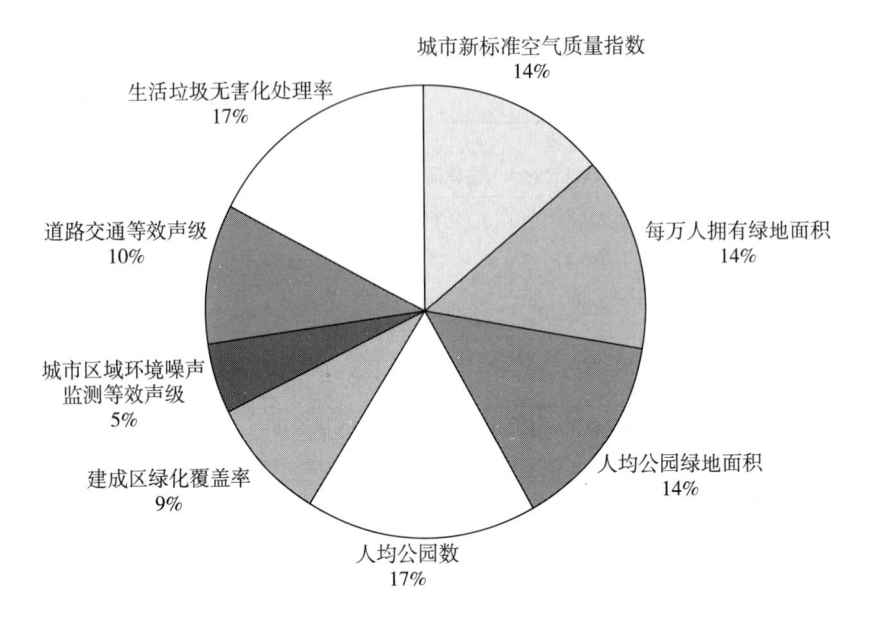

图9 深圳市人居环境维度得分构成

建成区绿化覆盖率得分排名第一的珠海市，为我国首批"国家园林城市"，并曾获得联合国人居中心授予的"国际改善居住环境最佳范例奖"。珠海市在绿色生态建设方面保持较高投入，不仅重视居住区、大学园区、工厂厂区等区域的绿化建设，也非常重视城市的立体绿化。珠海作为广东省人口规模最小的城市，2017年人均GDP却在广东省内排名第五。旅游业为主的产业结构让珠海几乎没有重工业的污染。另外，珠海十分重视城市风貌和特色保护，在历年城市规划中都充分突出保护以水为中心的热带海滨城市景观特色（见图10）。

3. 广州

广州市作为广东省省会城市，地处中国南部，珠江从市区穿流而过，濒临中国南海，三江汇合处，雨量充沛，利于植物生长，地理条件优越。广州相对于以高新企业为主的深圳，其经济结构更偏向于制造产业，工厂较多，污染物排放基数偏大，但由于其沿海的地理条件优势和政府大力推行的"低碳社区建设项目"，广州空气质量仍位于全国前列。同时，

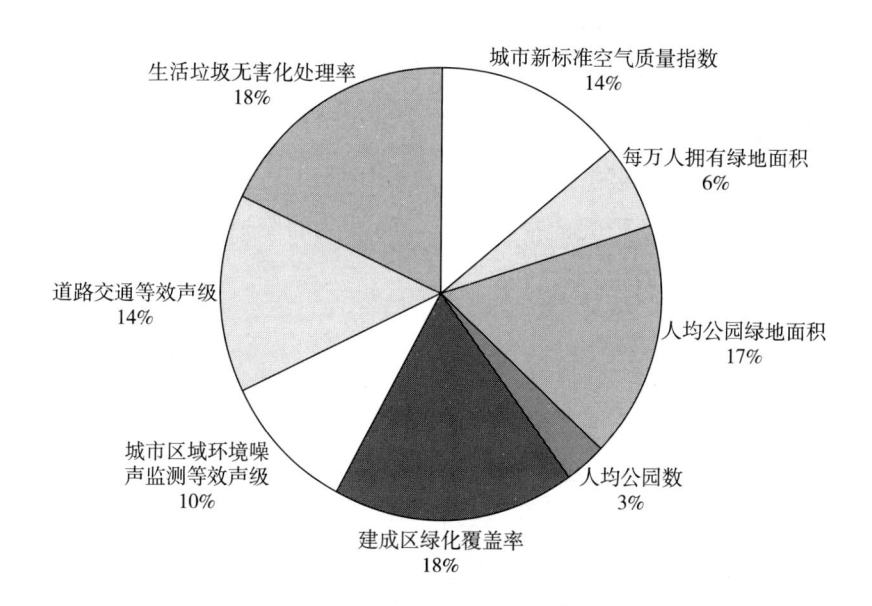

图10 珠海市人居环境发展维度得分构成

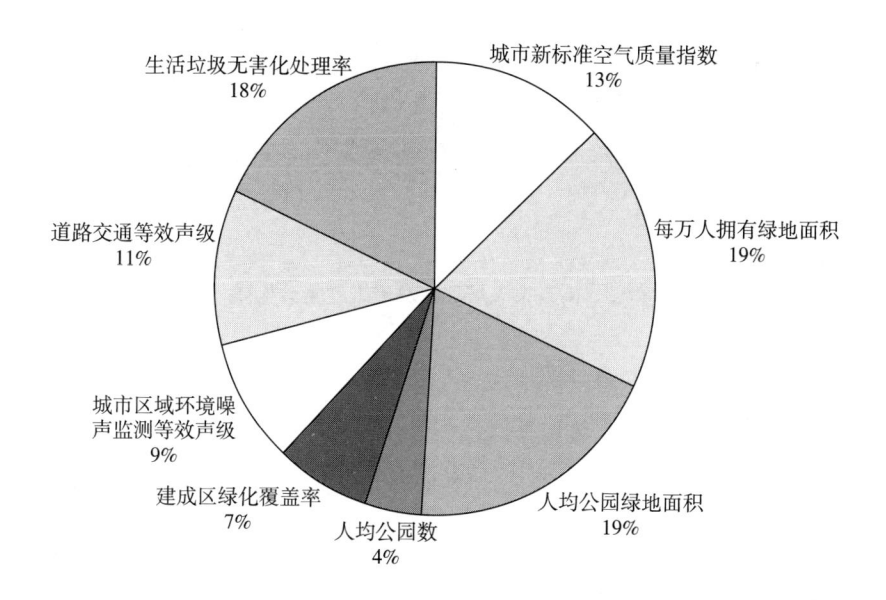

图11 广州市人居环境发展维度得分构成

广州作为拥有两千多年历史的粤文化中心，是中国的历史文化名城，有"千年商都之称"，有较多的公园遗存和深厚的经济文化底蕴。广州发达的经济条件也促进了广州市的城市绿化和公园修建，使得广州的人均公园绿地面积位列全国第一。近年来，通过环境治理、生活垃圾分类处理，广州人居环境得到了较大的提升。但广州发达的交通网络可能会使得交通噪音成为日益被关注的问题。

4. 南京

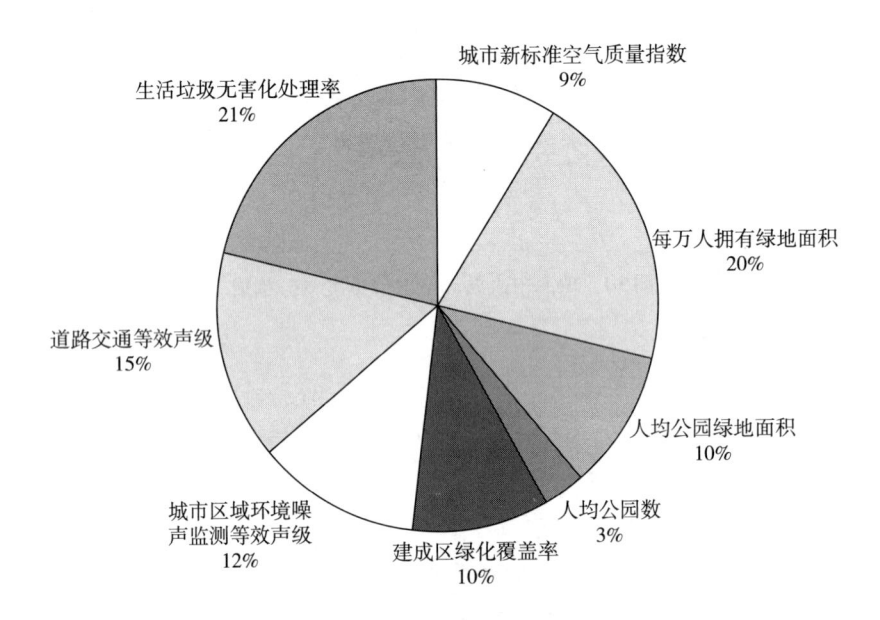

图12 南京市人居环境发展维度得分构成

南京市位于长江下游中部地区，位于江苏省南部，长江穿城而过，沿江岸线长近200km。属于亚热带季风气候，雨量充沛。虽然长江及其周围的带状区域对PM2.5有所稀释，但由于南京有重要的工业区，加上南京人口基数大，污染排放基数大，南京的空气质量还是未达全国均值。南京在努力实现产业转型升级，凸显服务业的主导地位，尤其是现代金融、文化创意等高端服务业，逐步减少化工、钢铁等高耗能产业所占比重。除了空气质量、人均公园数、城市区域环境噪声监测等效声级指标外，南京的其他指标都超过了全国均值，尤其在城市的绿化建设方面，尽管南京的人口密度大，但由于南京经济发展水平较高（2017年GDP排名江苏省内第二），而且在城市设计中，注重历史文化的传承，放大了绿色生态优势，南京市的城市规划中也明确提出要建设资源节约型和环境友好型城市，加强绿化工作，划定城市绿地系统的绿线保护范围，依托水系形成生态隔离廊道，使得南京的每万人拥有绿地面积位列全国第一，建成区绿化覆盖率也能位于全国前列。南京[①]作为六朝古都，有极为丰富的文化内涵和坚实的城市建设基础，南京市也十分重视历史文化和风貌特色的保护，依照南京山水相间的自然形态，做好城市整体设计，彰显文化古都、滨江城市、人文绿都有机融合的风貌特色。此外，南京位于上海都市辐射范围内，路面交通、地铁交通、空中交通等现代交通体系比较完善。

5. 昆明

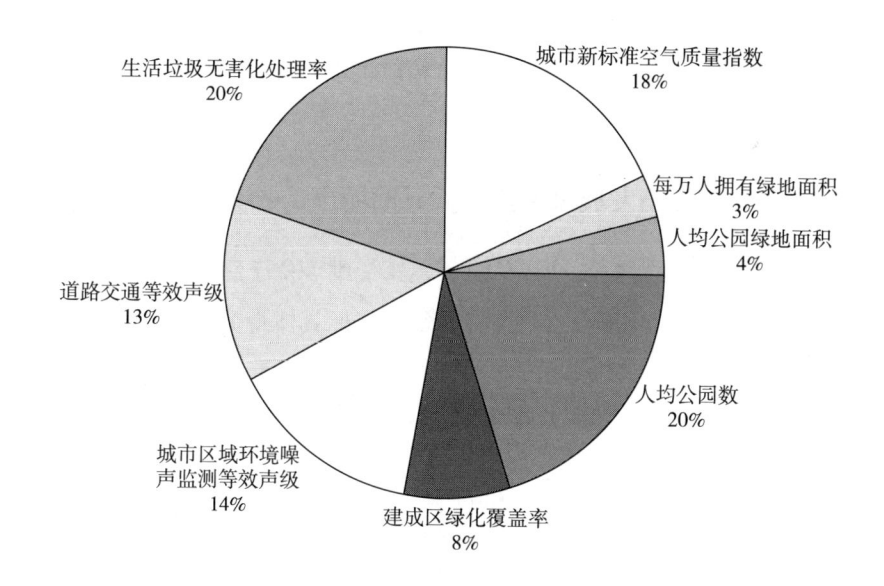

图13 昆明市人居环境发展维度得分构成

---

① 国务院：《南京市城市总体规划（2011-2020年）》，2016。

147

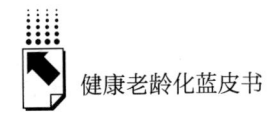

昆明地处云贵高原中部，南临滇池，三面环山。属于低纬度高原山地季风气候。由于昆明具有高原气候和开阔的盆地地形，早晚温差能形成较好的空气对流，很好地置换了市区的空气，加上昆明的产业结构更偏重于旅游产业，所以昆明作为一个内陆城市空气质量依然位列全国第五。昆明气候十分宜人，四季如春，是全国极负盛名的"春城"。2017年昆明GDP也位于云南省之首。但从其每万人拥有绿地面积指标可以看出昆明城市绿化率远远低于全国均值，说明其城市基础建设存在一定短板。在最新规划中，昆明市明确了绿化工程的重要性，建设绿色廊道及面山绿化综合整治提升工程，并将在主城建成区新增绿地400公顷。昆明的人均公园绿地面积得分虽然不大，但是人均公园数得分排名全国第二，说明公园类型多、分布较散。这与昆明悠久的历史、独特的地质结构，以及它作为民族的聚居地有关，昆明有众多的文物古迹和风景名胜。昆明也将结合自身的环境优势，继续规划建设14个森林公园、4个湿地公园和30个森林庄园。这不仅能增加相应的公园绿地面积，还能促进其旅游业发展。

（二）人居环境发展维度排名后五的城市

对城市人居环境进行综合评估时，在这一维度位于后五位的城市分别是长春、长沙、济南、兰州和哈尔滨，其每一指标具体得分情况如表3所示。

表3 人居环境维度排名末五城市综合得分情况

单位：%

排名	城市	城市新标准空气质量指数	每万人拥有绿地面积	人均公园绿地面积	人均公园数	建成区绿化覆盖率
34	长春	4.50	1.64	3.66	1.25	3.03
35	长沙	6.77	0.38	1.46	0.02	0.53
36	济南	0.04	1.03	1.25	0.32	3.63
37	兰州	4.56	0.84	2.15	0.48	0.91
38	哈尔滨	4.50	0.35	1.30	0.93	1.36

续表

排名	城市	城市区域环境噪声监测等效声级	道路交通等效声级	生活垃圾无害化处理率	得分
34	长春	4.32	6.49	12.50	37.38
35	长沙	6.17	6.33	12.50	34.17
36	济南	8.18	5.68	12.50	32.64
37	兰州	6.64	7.47	0.00	23.04
38	哈尔滨	0.93	0.00	11.20	20.57

1. 长春

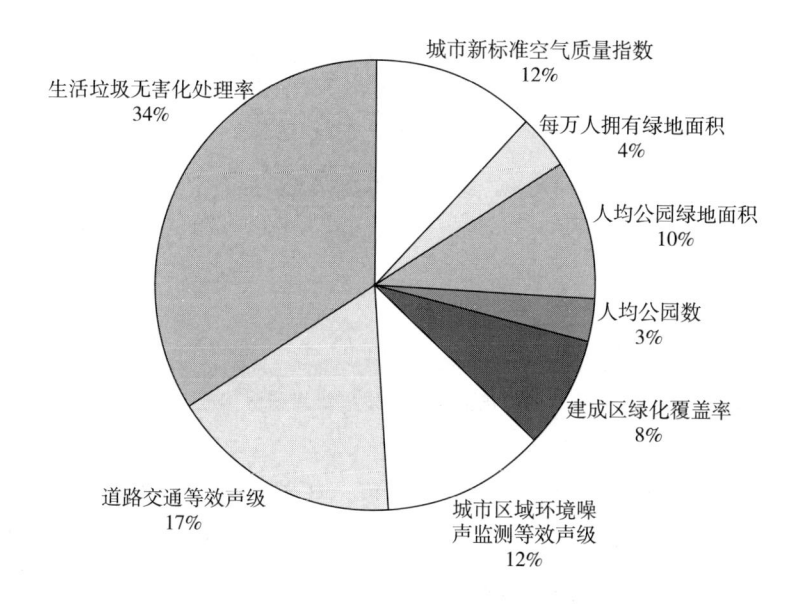

图14 长春市人居环境维度得分构成

长春地处东北地区中部，属于中温带大陆性气候，春秋两季干燥多风，冬季漫长干冷，采暖期较长，长春市能源消耗又以燃煤为主，这是产生烟尘污染源的主要原因。特别是春秋两季建筑施工进入高峰，风沙影响变大。综合来看，长春市采暖期以燃料燃烧形成的能源型烟尘污染为主，非采暖期以各类扬尘污染为主。同时，长春市全年风速偏小，非采暖期容易受外蒙古和贝加尔湖畔冷高压气控制,采暖期又容易出现逆温天,都不利于污染物扩散。加之,长春是中国传统的重工业城市,城市在早期的发展和规划中放松了环境建设,导致城市在后期发展中,在人口和交通车辆不断增多等情况下,逐渐显露出多种弊端。

2. 长沙

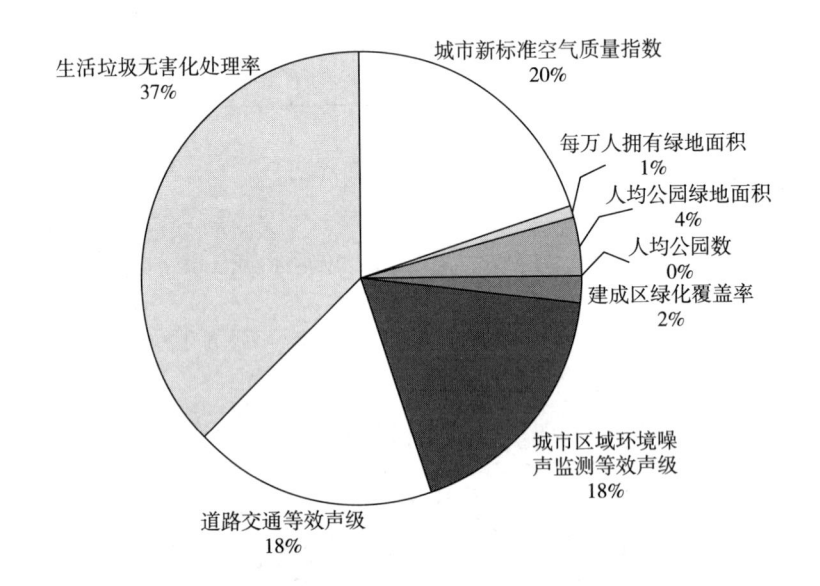

图15 长沙市人居环境发展维度得分构成

长沙作为排名后五中唯一的南方城市,相对来说没有集中燃煤采暖导致的空气污染,空气质量相对较好,高于全国均值。但是长沙的产业结构是以制造业为主的,市内有较多工厂分布,长沙市政府也在对产业结构进行优化调整,发展新兴产业,逐步淘汰传统产业和产能过剩的产业。从各项指标可以看出,长沙市最主要的问题是城市的绿化和公园建设方面均未达到全国平均水平。这与长沙人口密度较大有一定关系。长沙目前以"让城市融入自然,让自然涵养城市"为目标,完成首个三年造绿行动,增大绿化面积和公园数量。但城市的绿化建设无法一蹴而就,需要长期努力才能实现目标。

3. 济南

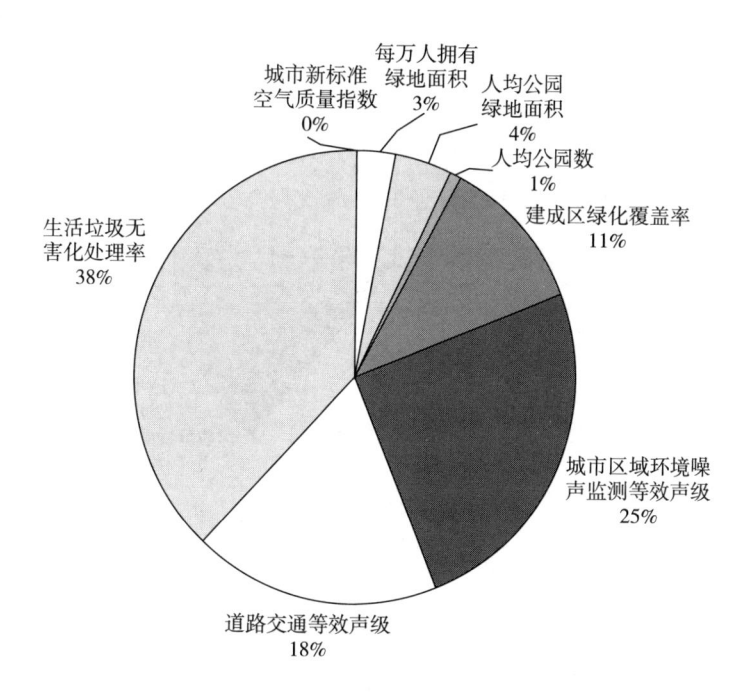

图16 济南市人居环境发展维度得分构成

- 城市新标准空气质量指数 0%
- 每万人拥有绿地面积 3%
- 人均公园绿地面积 4%
- 人均公园数 1%
- 建成区绿化覆盖率 11%
- 城市区域环境噪声监测等效声级 25%
- 道路交通等效声级 18%
- 生活垃圾无害化处理率 38%

济南市的空气质量在国内排名靠后，这与济南的地形、产业结构、能源结构和绿化建设都有关系。济南市位于山东省中西部，四面环山，北倚黄河，地形呈浅碟状，不利于大气污染物水平输送和扩散，使污染物容易在市区堆积。济南属于重工业城市，传统工业比重大，以济钢为代表的钢铁、冶金、化工工厂消耗大量能源，产生"三废"，增加环境负荷。济南的能源结构同大部分的北方城市一样，以煤炭为主，这是造成煤烟型污染的重要原因。近年来济南也在加强城市的绿化建设，但人均绿化面积同其他城市相比还是偏低。

4. 兰州

兰州产业结构依然是以重工业为主，如石油化工产业、有色冶金产业等。兰州多年治污，使用天然气等清洁能源，逐步推进"煤改气"工程，

健康老龄化蓝皮书

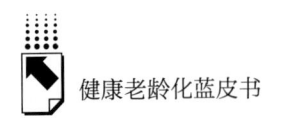

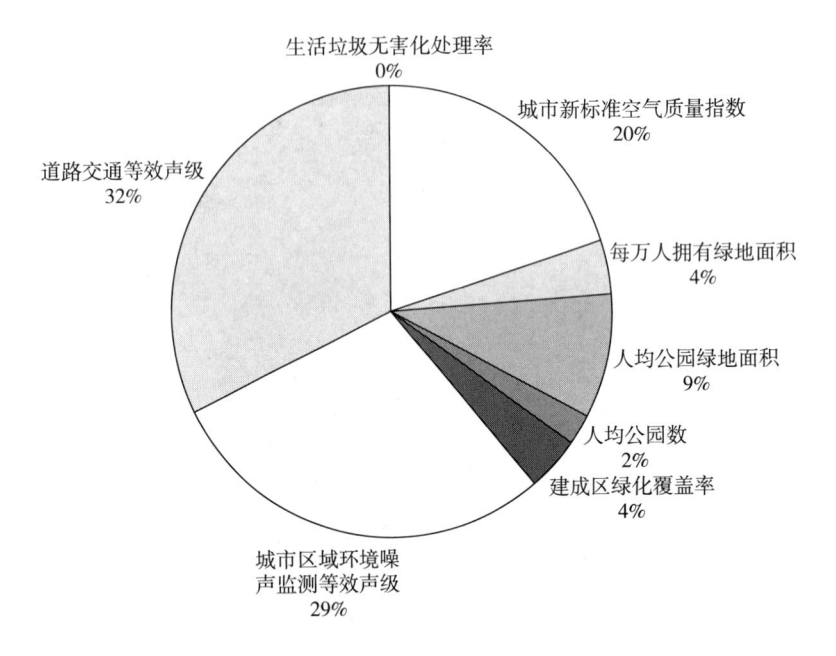

图17 兰州市人居环境发展维度得分构成

烟煤污染已经明显减少。兰州市的空气污染主要是受自然地理条件的影响所致：它是典型的西北河谷型城市，多静风、逆温，严重影响了大气污染物的扩散；而西北地区多沙尘天气，沙尘在城市长期积累，持续影响城市空气质量。兰州在经济发展和城市建设水平上均不及沿海发达城市，导致基础配套设施相对缺乏，加上西北降水少、风沙大，不利于植被生长，公园绿地相对较少。兰州在"生活垃圾无害化处理率"这个指标上也在努力提高，其生活垃圾焚烧发电项目已正式投入运营，对生活垃圾逐步实现无害化处理。

5. 哈尔滨

哈尔滨作为中国老工业基地，是一个典型的工业城市。以重工业为主的产业结构，使得哈尔滨市内工厂偏多。工厂"三废"排放、秸秆焚烧、机动车尾气排放以及采暖季煤炭的燃烧，都是造成哈尔滨空气污染的原因。由于哈尔滨城市发展较早，在前期城市发展中没有足够重视城

中国大中城市老年人人居环境发展报告

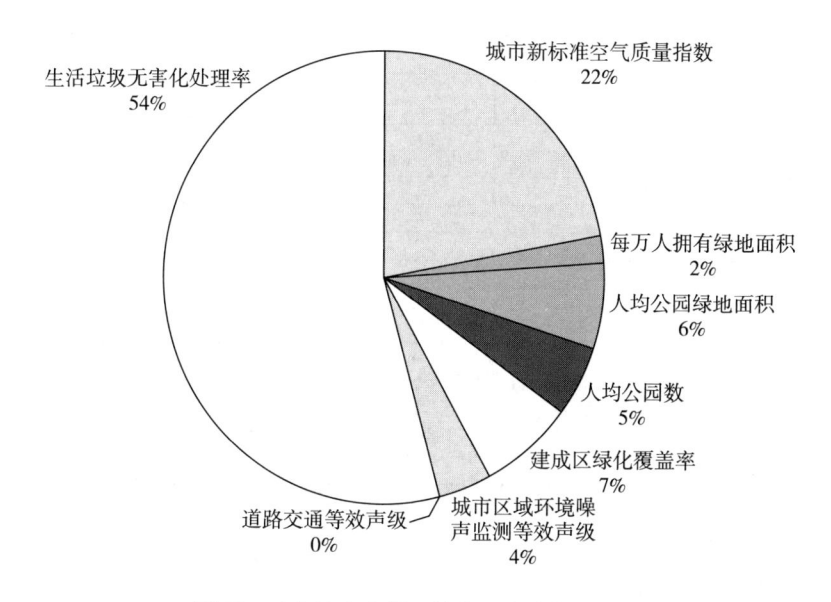

- 生活垃圾无害化处理率 54%
- 城市新标准空气质量指数 22%
- 每万人拥有绿地面积 2%
- 人均公园绿地面积 6%
- 人均公园数 5%
- 建成区绿化覆盖率 7%
- 城市区域环境噪声监测等效声级 4%
- 道路交通等效声级 0%

图18 哈尔滨市人居环境发展维度得分构成

市绿化建设，将更多土地用于工业发展；近年来，由于人口密度增大，道路扩建，绿化面积变得更小。从数据指标上可以看到，哈尔滨近年来更为显著的是噪音问题，哈尔滨是东北最大的铁路枢纽之一，随着哈尔滨市交通运输业、工业以及第三产业的大力发展，哈尔滨市的环境噪声污染也可能会影响城市的人居环境质量。针对以上问题，采取有效防治措施成为当务之急。

五 2015～2017年城市人居环境维度指标变化情况分析

各城市人居环境发展维度指标得分排名情况的三年变化趋势见图19，可以看出，大部分城市的排名发生相对变化。结合近年来国家、省市环保投入和中央环保督察来看，各个城市非常重视城市人居环境质量的建设。本报告主要侧重横向比较，综合反映各个城市的相对位置。

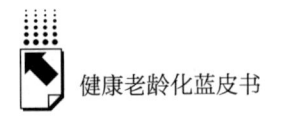

城市	排名 2017	排名 2016	排名 2015	趋势（2015~2017）
深圳	1	3	3	
珠海	2	1	1	
广州	3	4	2	
南京	4	2	4	
昆明	5	13	7	
厦门	6	6	6	
海口	7	11	10	
乌鲁木齐	8	9	9	
银川	9	7	15	
北京	10	8	5	
南宁	11	10	8	
大连	12	16	12	
南昌	13	15	16	
苏州	14	5	19	
重庆	15	12	18	
天津	16	28	30	
合肥	17	18	25	
呼和浩特	18	17	17	
太原	19	21	11	
杭州	20	14	26	
福州	21	20	29	
西宁	22	25	23	
贵阳	23	26	27	
石家庄	24	30	22	
无锡	25	19	24	
上海	26	34	14	
青岛	27	23	21	
沈阳	28	27	13	
西安	29	24	35	
郑州	30	29	37	
成都	31	22	33	
宁波	32	32	36	
武汉	33	31	28	
长春	34	36	31	
长沙	35	33	32	
济南	36	35	20	
兰州	37	37	34	
哈尔滨	38	38	38	

图 19　2015~2017年各城市人居环境指标总得分及排名

注：陈紫诺绘制。

城市	排名 2017	排名 2016	排名 2015	趋势（2015~2017）
深圳	1	3	3	
珠海	2	1	1	
广州	3	4	2	

图20　2015~2017年城市人居环境维度指标总排名前三名变化情况

通过比较2015年、2016年和2017年的各城市总排名，见表20，珠海（第一、第一、第二）、深圳（第三、第三、第一）、广州（第二、第四、第三）三年排名一直保持前四以内。从数据较为直观地看出，综合得分较高的城市主要位于珠江三角洲，属于沿海发达地区，除了自身环境基础较好外，这些城市经济发展水平较高，在城市环境优化和公共环境治理上的财政投入力度和社会关注度较大，因此人居环境总体排名一直居于前列。

城市	排名 2017	排名 2016	排名 2015	趋势（2015~2017）
长春	34	36	31	
长沙	35	33	32	
济南	36	35	20	
兰州	37	37	34	
哈尔滨	38	38	38	

图21　2015~2017年城市人居环境维度指标总排名后五名变化情况

与此同时，如图21所示，2015~2017年哈尔滨、兰州等城市为城市人居环境维度指标总排名后五位，它们大多为北方内陆城市，受制于地理环境、气候条件、经济发展水平和产业结构等因素的影响，综合人居环境的改善难度较大，相对于其他城市的提升幅度来看变化较小，因此排名始终居后。

排名提升幅度较大的城市有天津、合肥、福州等，综合三年分项指标变化情况，这些城市排名提升的影响因素各不相同，例如天津的总指标排名的提升主要受到（人均公园绿地面积指标、人均公园数指标、道路交通等效声级指标）三个单项指标排名提升的影响，而合肥主要受到（城市新标准

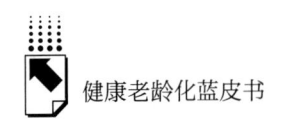

空气质量指数指标和道路交通等效声级指标）两个指标排名提升的影响，福州（见图22）则是受到（建成区绿化覆盖率指标和道路交通等效声级指标）两个指标排名提升的影响。

福州	排名 2017	排名 2016	排名 2015	趋势（2015~2017）
城市新标准空气质量指数指标得分排名	3	4	1	
每万人拥有绿地面积指标得分排名	34	28	36	
人均公园绿地面积指标得分排名	35	17	36	
人均公园数指标得分排名	14	8	8	
建成区绿化覆盖率指标得分排名	8	9	11	
区域环境噪声监测等效声级指标得分排名	31	34	36	
道路交通等效声级指标得分排名	19	23	34	
生活垃圾无害化处理率指标得分排名	30	27	32	

图22 2015~2017年福州三年分项指标得分排名变化情况

排名降低幅度较大的城市有济南、沈阳、太原。结合三年分项指标变化情况，这些城市排名影响因素有：例如济南的总指标排名的降低主要受到（每万人拥有绿地面积指标、人均公园绿地面积指标、道路交通等效声级指标）三个单项指标排名降低的影响，沈阳（见图23）主要受（城市新标准空气质量指数指标、每万人拥有绿地面积指标、人均公园数指标、区域环境噪声监测等效声级指标、道路交通等效声级指标）五个单项指标排名降低的影响，太原下降明显的分项指标则是道路交通等效声级单项指标的排名降低影响。

考虑到统计数据的口径差异，可以大致得出结论认为城市间人居环境指标排名主要受各城市地理环境、自然条件、人口规模、经济条件和历史发展综合作用的影响。如前所述，沿海发达城市，如深圳、珠海等，在人居环境建设方面有较为明显的优势，而内陆老工业城市，如哈尔滨、兰州等，则因为自身地理环境等方面的局限，有明显的劣势，需要更多的投入，其改善和发展是一个长期的过程，改善人居环境需要长期而持续的投入和努力。

沈阳	排名 2017	排名 2016	排名 2015	趋势（2015~2017）
城市新标准空气质量指数指标得分排名	35	35	23	
每万人拥有绿地面积指标得分排名	13	8	10	
人均公园绿地面积指标得分排名	6	20	11	
人均公园数指标得分排名	28	19	19	
建成区绿化覆盖率指标得分排名	15	14	14	
区域环境噪声监测等效声级指标得分排名	24	29	14	
道路交通等效声级指标得分排名	36	38	15	
生活垃圾无害化处理率指标得分排名	2	1	1	

图23 2015~2017年沈阳三年分项指标得分排名变化情况

六 改善城市人居环境，促进健康老龄化

城市人居环境是一个多门类复合性学科，评价城市人居环境的指标体系也因角度不同，而各有侧重；在宏观上积极营造健康老龄化的城市人居环境方面，国内城市的准备还不够充分；从以上内容可以看出需从多个方面提升城市人居环境质量，以系统的指标体系作为城市人居环境建设的衡量标准，努力建成可持续发展的健康老龄化城市人居环境。

（一）注重城市人居环境硬实力和软实力整体提高

建成良好生态环境是实现中华民族永续发展的要求，是增进民生福祉的优先发展领域；习近平总书记传承中华民族传统文化、顺应时代潮流和人民意愿，站在坚持和发展中国特色社会主义、实现中华民族伟大复兴中国梦的战略高度，形成了习近平生态文明思想[1]，有力指导我国生态文明建设和生态环境保护：坚持生态兴则文明兴，坚持人与自然和谐共生，坚持绿水青山就是金山银山，坚持良好生态环境是最普惠的民生福祉，坚持山水林田湖草

---

[1] 中共中央国务院：《中共中央国务院关于全面加强生态环境保护坚决打好污染防治攻坚战的意见》，2018年6月25日。

是生命共同体,坚持用最严格的制度最严密的法治保护生态环境,坚持建设美丽中国全民行动,坚持共谋全球生态文明建设。在健康老龄化的建设进程中,既要从经济、医疗等方面给予支持,也要意识到老年人和老龄化对人居环境质量的敏感性,因此需要提供更多优质生态产品;同时健康老龄化目标下的人居环境建设不仅是生态环境保护修复和生态资源配置,还要促使文化、娱乐等人居软环境协调发展;同时,将老龄化的特性及文化性融入城市人居环境发展建设的物质空间中,既要提高城市的人居硬件设施配套水平,又要大力发展多样性的人居文化软实力,如重视保护优秀的传统文化和加强以博物馆、体育馆、图书馆、广场、公园为代表的公益性文化设施建设,努力使其成为深层的城市人居环境认知记忆;以及提升老年群体社会参与度和推广健康积极的生活模式、精细化社会管理及科学化公共服务,将老龄人群纳入重点考虑范围,科学定位老年人群社区管理,构建适应不同养老模式的城市人居环境,来支持老年人对健康生活的需求、适老性城市人居环境的需求和智慧性社区软硬件管理服务的需求等;多元途径提升人居硬环境和人居软环境耦合的城市人居环境质量[1]。

(二)以生态为导向进行健康老龄化城市的规划布局

遵循生态学原理和城市规划原则,对城市生态系统的各项开发与建设做出科学合理的决策,调控城市居民与城市环境的关系。合理规划城市布局,可为将来城市的发展预留足够空间。同时,以城市生态环境承载容量为阈值,宏观调控城市人口、经济与自然生态环境协调发展,以适应健康老龄化的城市人居环境要求[2]。首先,生态基础设施规划将为城市提供可持续发展的自然基本保障。应重视城市园林绿地系统的基础设施建设,建立以廊道、

---

[1] 宁越敏、查志强:《大都市人居环境评价和优化研究——以上海为例》,《城市规划》1999年第6期。
[2] 李雪铭、姜斌、杨波:《城市人居环境可持续发展评价研究——以大连市为例》,《中国人口·资源与环境》2002年第6期。

城市环城绿带为主要结构的绿色基础设施[①]，使水道、湿地、森林和其他自然区域与绿道、公园和其他保护区域等形成相互连接的网络，以使城市拥有更高质量的绿色空间，如成都，提出建设美丽宜居公园城市目标，彰显公园城市的生态价值。其次，综合考虑合理分区布局，对城市资源进行合理利用，构建城市功能空间的生态"骨架"，提升城市功能的自我调节修复能力，增大城市的自然环境容量和自净能力。再次，对城市人居环境承载力与人口规模进行有效评估和控制[②]，以确保资源的合理分配利用和城市公共服务的平衡、可持续发展；优化城市用地结构，提高土地利用率，合理分配城市交通、城市绿化休闲用地面积，使得土地可持续性利用成为城市人居环境可持续发展的关键因素；同时，以可持续的经济发展，把生态建设、环境保护、自然资源的合理利用、基础设施建设与区域社会经济发展有机地结合起来，提升城市经济实力，建立经济、社会、自然发展的良性循环[③]。最后，积极创建绿色社区，增强城市居民的生态环保意识，发展社区、街区的环境文化，改善社区环境质量，营造最佳绿色城市人居环境。

（三）提高城市的人居环境质量，倡导低碳节能健康生活方式

在健康老龄化的人居环境建设中，环境质量的好坏直接影响到人居环境状况。针对城市人居环境主要影响因子，在城市空气质量、噪声影响以及城市资源消耗等方面进行有效的改善，将会有效提升城市人居环境质量。空气质量的好坏、噪声影响的处理是否得当等会直接影响到居民特别是老幼群体的生理和心理发展情况，对于老年宜居性城市人居环境的发展非常重要。首先，空气污染是中国粗放式经济增长方式导致的结果之一，在评价中国经济结构转型、产业结构和能源结构调整的成效时，空气质量将是一个重要的评价标准。对于空气污染，需要总量控制、源头治理、立法监督、执法严格，

[①] 周广鹤：《景观基础设施视角的城市河流廊道景观研究》，西南交通大学硕士学位论文，2017。
[②] 李家凯：《中国宜居城市建设与改造研究》，中央民族大学博士学位论文，2013。
[③] 吴人韦、鞠辉、张云彬、戴洪：《生态文化的觉醒——走向友好型的中国城市人居环境》，《规划师》2009年第1期。

在调整能源结构、优化产业结构中逐步提升空气质量[1]。其次，随着城市不断发展和社会老龄化程度的不断加深，城市结构愈发复杂，交通系统更加庞大，城市各系统产生的噪声相互作用，使得城市人居环境质量受到了严重的影响，老年人作为城市中的主要人群之一对于这一变化更是反应敏感；减小噪声污染，需要合理规划城市功能，避免城市居住空间与工商业的交叉影响；优化交通系统，提高交通运输效率，提倡绿色出行，提高公共交通和步行交通的出行比例，在降低能耗、便利居民的基础上，引入智慧城市交通平台和管理系统，提高城市交通运行的调控和快速反应能力[2]，有效减少交通噪声的污染；制定相关部门管理制度和大众监督机制，提升对噪声源的防控力。最后，建设低碳城市的目标不仅是减少温室气体的排放量，更是要基于低碳经济理念，创新经济模式、生活方式和政策研究。

参考文献

包智博：《上班族对居住型地铁站点周边商业设施的使用特征探析》，《四川建筑》2014年第4期。

陈春、吴智刚：《城市人居环境定级方法研究》，《城市问题》2007年第6期。

陈浮、陈海燕、朱振华等：《城市人居环境与满意度评价研究》，《人文地理》2000年第4期。

付飞、董靓：《城市河流景观规划设计研究现状分析》，《城市发展研究》2010年第12期。

李陈：《中国36座中心城市人居环境综合评价》，《干旱区资源与环境》2017年第5期。

李帅、魏虹、倪细炉、顾艳文、李昌晓：《基于层次分析法和熵权法的宁夏城市人居环境质量评价》，《应用生态学报》2014年第9期。

李雪铭、倪玉娟：《近十年来我国优秀宜居城市城市化与城市人居环境协调发展评价》，《干旱区资源与环境》2009年第3期。

---

[1] 李陈：《中国城市人居环境评价研究》，华东师范大学博士学位论文，2015。
[2] 杨一帆：《中国城市居民退休生活质量指数报告（2016）》，社会科学文献出版社，2017。

连红、董成森、朱方长：《人居环境问题研究综述与展望》，《湖南农业科学》2009年第6期。

骆祥君、郑南、邓卓智等：《生态修复的科学前沿和产业进展》，《2008年全国工程绿化技术交流研讨会论文集》2008。

王洪海、范海荣、姜铭阅：《城市人居环境质量评价指标体系与评价方法研究》，《资源开发与市场》2009年第4期。

王坤鹏：《城市人居环境宜居度评价——来自我国四大直辖市的对比与分析》，《经济地理》2010年第12期。

魏立华、丛艳国、魏成：《城市权利、政府责任与城市人居环境建设的新思路》，《城市规划》2015年第3期。

吴人韦、鞠辉、张云彬、戴洪：《生态文化的觉醒——走向友好型的中国城市人居环境》，《规划师》2009年第1期。

俞孔坚：《景观：文化、生态与感知》，科学出版社，1998。

Peter Evans. "Livable Cities? Urban Struggles for Livelihood and Sustainability". Berkeley: University of California Press, 2002.

Rees W., Wackernagel M. (1996). "Urban Ecological Footprints: Why Cities Cannot be Sustainable and Why They are a Key to Sustainability". *Environmental Impact Assessment Review* 16 (4): 223~248.

Rotmas J., van Asselt M., Vellinga P. (2000). "An Integrated Planning Tool for Sustainable Cities". *Environmental Impact Assessment Review* 20 (3): 265~276.

Salzano, E. "'Seven Aims for the Livable City' in Lennard, S. H., Svon Ungern-Sternberg, H. L. Lennard, eds. Making Cities Livable". California, USA: Gondolier Press, 1997.

B.4
中国大中城市老年人经济金融发展报告

张铎 张田丰*

摘　要： 本报告从国内外与城市健康老龄化紧密相关的经济金融理论及实践研究现状入手，以城市健康老龄化水平为连续观测维，通过分析城镇基础养老金占人均可支配收入比重、城市居民家庭消费支出、外贸依存度、人均民生预算投入、城市居民最低生活保障金占人均可支配收入比重、月人均城镇职工基本养老保险金、城镇单位在岗职工平均工资、城镇居民人均可支配收入、人均城乡居民储蓄存款、商业保险深度、商业保险密度等11个方面的相互关联、影响的指标数据，形成连续观测点，从而得出全国38个城市的健康老龄化的经济金融维度排名，多元分析影响城市健康老龄化水平的经济金融因素整体情况与变化趋势，提出养老金融政策优化、养老产业发展、养老金融体系构建等相应对策建议，以期实现积极老龄化、健康老龄化与城市经济金融发展之间的同步配套、协同互动。微观上促进城市经济金融的养老助老，宏观上帮助城市提高适老宜居水平和健康老龄化生活质量。

关键词： 老龄化　养老产业　养老金融　经济发展

---

* 张铎，西南交通大学研究生院综合管理办公室主任，助理研究员，研究领域：老龄法治与公共政策；张田丰，西南交通大学公共管理与政法学院，本科生。

一 背景及现状分析

老龄化已经成为世界性问题。从养老服务社会化、产业化的趋势来看,老龄化既是一个社会问题,更是一个经济问题。进而言之,人口因素是金融体系演变的最重要因素之一,一个国家在进行制度安排时往往要充分考虑人口因素的影响,运转良好的金融体系既要满足经济需求和金融需求,又要能够对资本积累、资源配置加以促进和引导,最终支撑经济的稳定增长。中国正在经历全球规模最大、速度最快、持续时间最长的老龄化过程,老龄化也将成为我国经济发展面临的最大挑战之一。从国外特别是老龄化严重的国家在应对老龄化可能引起的经济冲击和社会动荡方面的成功经验来看,金融工具和技术都是其应对人口老龄化的重要方式,金融的媒介融通作用在养老产业与事业发展中都发挥着不可或缺的作用。

关于老龄化与经济金融间的关系,在学界也早已达成基本共识。如:有学者[1]对亚太经合组织国家的实证研究发现:养老金资产与金融发展、经济增长之间呈正相关关系,养老金是一个良好的预测经济增长、评估资本市场风险的"预报器"。Rocholl 等[2]研究亚太经合组织 32 个国家的养老金资产和资本市场金融指标之间的联系后发现:在资本与金融市场较为发达的国家,养老金资产和金融发展水平间存在显著的相关关系,养老金资产运转速度会对资本市场产生积极的影响。Vigna[3] 对部分亚洲国家养老金资产增长的模型做了实证研究,得出了养老金投资与股票市场之间存在强的正相关性,且养老金资产与银行业之间存在竞争性关系,养老金投资对股票市场存

---

[1] Winter, A. B. F. H. (2010). "Pension Reform, Capital Markets, and the Rate of Return." *German Economic Review* 4 (2): 151–181.

[2] Rocholl, J., and Niggemann, T. "Pension Funding and Capital Market Development". *Social Science Electronic Publishing*, 2010.

[3] Elena Vigna. (2014). "On Efficiency of Mean-variance based Portfolio Selection in Defined Contribution Pension Schemes." *Quantitative Finance* 14 (2): 237–258.

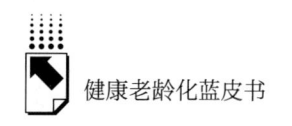

在长期互动的积极影响。郑功成[1]认为，国际上普遍通过养老金投资来进行保值增值，在实账运行之后探究将养老基金与资本市场进行结合的方式已经迫在眉睫。随着老龄化加剧，养老金融成为新"蓝海"。

面对日益庞大的老年群体和不断弱化的家庭养老服务功能，要有效解决社会养老问题，必须发展养老产业，构建社会养老服务体系。然而，中国的老龄化产业发展仍显落后，不能满足巨大的社会养老需求。如，养老的服务市场需求至少在1万亿元人民币，实际的供给不到2000亿人民币[2]。又如，尽管我国从20世纪90年代开始进行适应市场经济体制要求的养老保险制度改革，经过近20年的努力，社会养老保险体系的基本框架已经形成，但不管从覆盖面还是从资金供求看，都距人民对美好生活的需求存在较大差距。总体来看，养老产业的突出问题集中在：一是发展不平衡。养老产业融合发展不够，总体层次偏低，缺少龙头企业，产业集中度低；养老产品与服务的差异化不够，产业缺乏特色。二是资源不充分。养老产业供给与公众需求之间供需矛盾大；医疗服务、基础医疗保障等养老产业的基础服务能力仍然较弱；适老设施、适老教育、适老环境建设存在较大短板；产业自主创新能力不够，对国外技术依赖性强，与传统养老产业整合不够；产业整体的产业链不完善，资源主要集中在传统的医疗服务领域。三是机制不完善，还没有建立起比较完善的法律、制度及产业规范，已有的政策、机制、举措协同不够。

通过分析以上问题产生的原因，我们发现，既有金融体系对养老产业的支持不足是诸多问题产生的重要原因之一。实际上，养老资产合理配置也是积极老龄化过程中需要解决的核心问题。一般来说，养老资产包括权益类、金融类、物质类和人力资源类四种资产，其中权益类和金融类养老资产在资源配置的过程中占据主导地位。随着我国人口规模和结构的显著变动以及公共养老支出压力日趋增大，城市健康老龄化品质提升，除政府提供的基本养

---

[1] 郑功成：《加入WTO与中国的社会保障改革》，《管理世界》2002年第4期。
[2] 迟福林：《我国经济转型趋势下的健康产业发展》，2016年7月14日。

老保险之外，还需依赖更多的个人养老金融，通过养老资产的合理配置与运用，解决现有养老资产结构统筹层次低、替代率低和养老金投资收益率低的问题。自20世纪90年代以来，世界银行指导国家养老保障体系向多极化的方向发展，世界上许多国家，尤其是老龄化问题严重国家，退休金融资产占国内生产总值的比例大幅上升。因此，引入市场机制实现养老保障体系的多元化发展，弥补养老资产短缺和活力不足，是缓解我国养老压力、化解政府公共养老支付危机的重要途径。

总之，城市健康老龄化关系到国运及民生福祉，这不仅有赖于国家对养老金制度的深化改革，更需要通过资源有效配置实现居民个人养老金的保值增值。纵观国内外关于金融支持养老问题的学术研究及实践，多关注社会保障制度改革以及老龄化对金融市场和金融结构等的经济影响，问题对策多聚焦于财税和土地政策，在金融主动介入老龄化应对、老年人金融需求的实证研究等方面的成果还较缺乏。

本报告旨在通过自设定的指标分析，从中国经济金融维度对城市健康老龄化的提高提出相应的对策建议。

二 经济金融指标说明与数据计算

（一）指标选取及说明

本报告属于城市健康老龄化分析的一个方面，旨在对城市经济金融发展情况进行梳理和分析。经济金融是衡量和评价城市健康老龄化水平的五个维度之一。在本报告中，衡量经济金融的一级指标有11个：城镇基础养老金占人均可支配收入的比重、城市居民家庭消费支出、外贸依存度、人均民生预算投入、城市居民最低生活保障金占人均可支配收入比重、月人均城镇职工基本养老保险金、城镇单位在岗职工平均工资、城镇居民人均可支配收入、人均城乡居民储蓄存款、商业保险深度、商业保险密度。一级指标的具体说明如下：

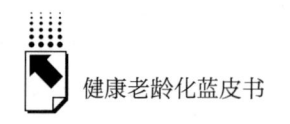

1. 城镇基础养老金占人均可支配收入的比重：由城镇基础养老金除以城镇居民可支配收入总额得出。

2. 城市居民家庭消费支出：居民消费支出是指居民个人和家庭用于生活消费以及集体用于个人消费的全部支出。

3. 外贸依存度：进出口总额占城市 GDP 的比重，主要用于反映城市的开放程度。

4. 人均民生预算投入：由民生占预算除以常住人口数得出。

5. 城市居民最低生活保障金占人均可支配收入比重：由城镇居民最低生活保障金除以人均可支配收入得出。

6. 月人均城镇职工基本养老保险金：每个月人均城镇职工的基本养老保险费用。

7. 城镇单位在岗职工平均工资：当年城镇单位在岗职工平均工资。

8. 城镇居民人均可支配收入：当年城市居民可支配收入除以城市人口数得出。

9. 人均城乡居民储蓄存款：由年末城乡居民存款余额除以常住人口得出。

10. 商业保险深度：保险深度是指某地商业保险保费收入占该地 GDP 之比，反映了该地保险业在整个国民经济中的地位。

11. 商业保险密度：保险密度指的是按照当地人口计算的人均商业保险保费额。保险密度反映了该地居民参加保险的程度和保险业发展水平。

（二）数据计算及权重设计

在城市健康老龄化的五个评价维度（健康、环境、交通、社会公平、经济）中，经济金融与其他四个维度一样，被赋有 20% 的权重。根据经济金融这一维度所包含的 11 个一级指标，赋予各一级指标相对于健康老龄化指数的权重。

数据无量纲化中，经济金融这一维度下的 11 个一级指标中，数据表现最好的城市得分为 100%，表现最差的城市得分为 0，其余城市得分在 0~100%

之间。因为根据数据无量纲化的思想，将所有原始数据的量纲剔除，所有数据在0到100%的区间内进行分布。得分100%则代表该指标在整个排名中居首位，是当前的最理想标准；而得分为0，则表示该指标在38个城市中排名最后，是当前最差的状态。

经过测量，本报告最终得到样本数据矩阵：

$$[x_{ij}](i=1,2,\ldots 38; j=1,2,\ldots 11)$$

上式，i为样本数量，j为指标数量。鉴于各指标数值的量纲不同，并且有些指标的判断方向不一致，因此有必要采取无量纲正向处理，具体处理方法如下。

对于任意第$j(j=1,2,\ldots,11)$项指标的数据，记：

$$m = \min\{x_{ij}\}, M = \max\{x_{ij}\}, R = M - m, i = 1,2,\ldots 11$$

则样本数据可根据如下公式进行变化：

当第j项指标越大表现越好时，变换为公式：

$$y_{ij} = (x_{ij} - m)/R$$

当第j项指标越小表现越差时，变换为公式：

$$y_{ij} = (M - x_{ij})/R$$

经过上述处理，将最终的数据矩阵记为：

$$[y_{ij}](i=1,2,\ldots 38; j=1,2,\ldots 11)$$

三 经济金融指标得分及排名情况的总体分析

（一）城镇基础养老金占人均可支配收入比重

可支配收入指居民家庭获得并且可以用来自由支配的收入，可支配收入反映了所在地家庭的消费能力，是所在地经济发展的重要体现指标；而人均

可支配收入主要与区域内国民生产总值、人口数量、人均国民生产总值相关，能够更全面地反映区域内居民家庭获得并且自由支配收入的真实水平和一个区域的富裕程度，也是区域吸引力的重要体现。城镇基础养老金的高低则取决于区域财政政策的制定与执行、经济发展水平和民众未来对长寿的风险预期；一般来说，在市场环境健全、经济发展良好和财政充足的区域，公共管理部门会以持续政策杠杆增加基础养老金，加大公共财政向民生的倾斜力度，老年人因此获取更多养老金，生活品质不断提高；在基础养老金提高的同时，老龄化社会中老年群体又会自发增加满足自身养老需求的固定和随机支出，从而促进和拉动消费，老龄化"危机"转化为老龄化"机遇"，庞大的老龄经济效应将进一步刺激区域内整体经济增长。城镇基础养老金占人均可支配收入比重这一指标是两项初始指标共同作用的结果，既是对区域整体经济发展状况的反映，又是经济社会发展成果、发展红利是否惠及老年人的重要经济参考。

纵观38个大中城市，我们发现上海（9.09%）、成都（7.16%）、珠海（6.74%）、北京（6.55%）、无锡（5.76%）、苏州（5.51%）、天津（5.23%）、南京（4.89%）、银川（4.88%）、深圳（4.53%）占据了前十名。在上述10个城市中，既有传统意义上的经济发达城市，如京津冀的北京、天津，也有处于长三角的上海、无锡、苏州、南京，还有处于升级建设中的大湾区的深圳、珠海；这三大城市群均处在全国城市群发展前列，经济基础扎实，养老金发展也和经济发展相匹配，都有对未来长寿风险的感知或预估。而地处西部的成都市和银川市，之所以榜上有名，可能原因是：成都是国家"一带一路"倡议和长江经济带发展战略的重要节点，按照《成渝城市群发展规划》，正以产业发展为竞争优势和动力源泉，重塑产业经济地理，优化城市空间布局，加快培育新经济、发展新功能，推进以科技创新为核心的全面创新，大力培育新技术、新产业、新业态、新模式，促进新经济快速成长，全面提升城市创新力、创业力、创造力，加快建设国家中心城市，"建设全面体现新发展理念的城市"；近年来成都新经济发展势头迅猛，通过构建现代经济新体系，为成都产业发展和城市转型注入了新动能，经济发展速度一直处于全国省会城市前列。不仅如此，成都也被称为"最适合养老"的城市之一，成都市委、市政府对养老政策、养老服务、养老产业和养老保障等问题重点关注和持续投入，使得城镇基础养老金占人均可支配收入比重有所提高。而成都以"天府之土"的先天优势，还将继续发挥适老、养老的强大区位、资源、环境功能，是西部最具发展潜力的国家中心城市之一。银川自古享有"塞上江南"的美誉，环境在中西部城市中一枝独秀，自然环境优越、人文底蕴深厚、民风淳朴、城市开放度较高，生活压力小、环境承载力高，加之政府对健康颇为关注，坚持贯彻"绿色、高端、和谐、宜居"的城市发展理念，加快高质量发展，推进健康银川建设，努力为人民群众提供全方位、全周期的卫生和健康服务，在西部特别是西北城市中表现出色，并出台相关引导和扶持政策，大力实施医养结合项目，吸引外来资本、支持社会力量参与健康养老产业发展和健康养老服务，适合老年人养老。

城镇基础养老金占可支配收入的比重如表1所示。除武汉排名末尾外（均值处理后得分为0），其他37个城市中有15个城市在这项指标上都大于指标均值3.34%，南昌、昆明1.62%、呼和浩特1.44%、广州1.34%、济南1.33%垫底。数据整体呈现正态分布。

表1　城镇基础养老金占人均可支配收入比重得分及排名

单位：%

城市	城镇基础养老金占人均可支配收入比重得分	排名	城市	城镇基础养老金占人均可支配收入比重得分	排名
上海	9.09	1	厦门	4.12	11
成都	7.16	2	西宁	4.12	12
珠海	6.74	3	海口	3.88	13
北京	6.55	4	大连	3.88	14
无锡	5.76	5	贵阳	3.65	15
苏州	5.51	6	南宁	3.27	16
天津	5.23	7	宁波	3.07	17
南京	4.89	8	长春	2.87	18
银川	4.88	9	郑州	2.66	19
深圳	4.53	10	西安	2.55	20

续表

城市	城镇基础养老金占人均可支配收入比重得分	排名	城市	城镇基础养老金占人均可支配收入比重得分	排名
乌鲁木齐	2.50	21	太原	1.77	30
沈阳	2.42	22	石家庄	1.74	31
杭州	2.40	23	哈尔滨	1.68	32
重庆	2.38	24	南昌	1.62	33
合肥	2.34	25	昆明	1.62	34
青岛	2.17	26	呼和浩特	1.44	35
兰州	2.10	27	广州	1.34	36
福州	1.89	28	济南	1.33	37
长沙	1.81	29	武汉	0	38

（二）城市居民家庭消费支出

居民家庭消费支出是指城乡居民个人和家庭用于生活消费以及集体用于个人消费的全部支出，取决于地方经济发展水平和居民可支配收入水平，其形式是通过居民平均每人全年消费支出指标来综合反映城乡居民生活消费水平。从表2可以看出，居民家庭消费方面的得分，上海、北京、广州处于前三位，分别为9.09%、9.01%、8.78%。除武汉排名末尾外（均值处理后得分为0），长春、哈尔滨、贵阳、西安、成都等18个城市的得分处于均值5.80%以下。当前，在扩大内需的宏观经济政策背景下，消费需求是拉动中国经济增长的主导因素，居民消费率取决于两个因子，一是居民可支配收入在GDP中所占的份额（在总量上制约、消费增长），二是居民可支配收入中用于消费的份额，即居民消费倾向（在存量上制约消费增长）[1]。居民家庭消费支出得分偏低实际反映消费率较低，消费对经济增长的贡献率和拉动作用发挥不足，说明居民未能充分享受经济发展红利，不利于促进生产者发挥积极性，不能有效促进经济增长。如何引导居民按照经济发展趋势进行理性消费，稳步提高居民消费率，进一步增强消费对生产的反作用，加快促进经济增长依靠消

---

[1] 许永兵：《中国居民消费率研究》，中国社会科学出版社，2013。

费、投资、出口协调拉动,形成消费、投资、出口协调拉动的增长格局①,突破经济发展瓶颈,保持经济可持续发展仍是城市发展研究的重要议题。

表2 城市居民家庭消费支出得分及排名

单位:%

城市	城市居民家庭消费支出得分	排名	城市	城市居民家庭消费支出得分	排名
上海	9.09	1	长春	5.52	20
北京	9.01	2	哈尔滨	5.45	21
广州	8.78	3	贵阳	5.34	22
杭州	8.28	4	西安	5.31	23
宁波	8.17	5	成都	5.16	24
深圳	7.90	6	银川	5.12	25
苏州	7.58	7	郑州	5.12	26
长沙	7.22	8	南昌	5.05	27
无锡	7.15	9	青岛	5.03	28
厦门	7.01	10	兰州	4.72	29
珠海	6.96	11	西宁	4.71	30
南京	6.71	1	合肥	4.70	31
呼和浩特	6.39	1	重庆	4.62	32
济南	6.33	14	海口	4.28	33
天津	6.30	15	石家庄	4.21	34
沈阳	6.21	16	太原	3.50	35
大连	6.20	17	南宁	3.46	36
福州	5.94	18	昆明	2.10	37
乌鲁木齐	5.92	19	武汉	0	38

(三)外贸依存度

外贸依存度(亦称"外贸依存率""外贸系数")是指进出口总额、出口额或进口额与国民生产总值或国内生产总值之比。外贸依存度的计算方法和名称依分析问题的角度不同而有所差别,本指标采用的计算公式为进出口总额占

---

① 马成文:《农村居民消费对我国经济发展影响效应研究》,中国科学技术大学出版社,2010。

GDP 的比重。从最终需求拉动经济增长的角度看，该指标可以反映一个地区的外向程度，本研究将其作为城市开放度的评估与衡量指标。但外贸依存度就国家而言是"双刃剑"，从长期稳定国内经济增长的角度来看，为减少国际经济波动可能对中国经济造成的影响，特别是在中国与其他国家贸易摩擦逐渐增多的情况下，应稳定中国对外贸易依存度。从表3可以看出，深圳、厦门、珠海、苏州、上海领先于其他城市，深圳、厦门、珠海作为沿海经济特区，其经济开放程度高，上海、苏州具有长三角城市群发展基础，经济开放程度也相对较高。除呼和浩特排名末尾外（均值处理后得分为0），25个城市处于均值2.267%水平以下，银川、南宁、西宁、乌鲁木齐、长沙等传统工业化和农业化相对发达的城市，由于地处内陆地区，其对外贸依存度较低。

表3　外贸依存度得分及排名

单位：%

城市	外贸依存度得分	排名	城市	外贸依存度得分	排名
深圳	9.09	1	海口	1.13	20
厦门	8.63	2	成都	1.11	21
珠海	8.45	3	合肥	1.08	22
苏州	7.53	4	贵阳	0.92	23
上海	6.39	5	昆明	0.90	24
北京	4.88	6	南昌	0.81	25
宁波	4.39	7	武汉	0.70	26
无锡	2.72	8	长春	0.69	27
郑州	2.63	9	兰州	0.64	28
青岛	2.54	10	石家庄	0.58	29
广州	2.48	11	乌鲁木齐	0.57	30
大连	2.38	12	银川	0.56	31
天津	2.31	13	沈阳	0.47	32
杭州	2.20	14	南宁	0.39	33
福州	1.94	15	西宁	0.35	34
南京	1.78	16	长沙	0.31	35
西安	1.55	17	济南	0.30	36
重庆	1.50	18	哈尔滨	0.06	37
太原	1.19	19	呼和浩特	0	38

(四)人均民生预算投入

人均民生预算投入在一定程度上反映地区经济发展程度、财政收入和人民生活的关联,而财政收入的多寡主要由税收决定。在我国,税收取之于民、用之于民,因此,看一个城市的财政收入究竟有没有取之于民、用之于民,让人民共享到改革发展的成果,关键要看人均民生预算投入。地方政府的统计中常以地方一般公共预算支出中的民生支出占比来衡量和反映民生改善的力度。如海南省统计局数据显示,2018年4月份,全省地方一般公共预算支出中的民生支出97.89亿元,同比增长9%,增速高于地方一般公共预算支出1.9个百分点。人均民生预算投入更能反映财政经费有力保障重点需求、改善民生福祉的科学度和满意度。从表4可以看出深圳、北京、上海、珠海、天津得分遥遥领先,而除石家庄排名末尾外(均值处理后得分为0),哈尔滨、海口、南宁人均民生预算投入最小,远低于全国均值2.40%。在民生投入当中,对于老年人生活的财政投入举足轻重,成了人均民生预算投入的重要输出点。因此,要提高公共服务水平特别是重点针对区域内老年人退休生活质量提升服务水平,让人均民生预算投入具有年龄差别性和年龄友好性,不仅必须有合理财政运算这个硬约束,预算编制、预算执行、政策引导等关键环节,还需要从宏观设计上进行适老化探索。

表4 人均民生预算投入得分及排名

单位:%

城市	人均民生预算投入得分	排名	城市	人均民生预算投入得分	排名
深圳	9.09	1	宁波	3.36	7
北京	7.00	2	苏州	2.79	8
上海	6.72	3	银川	2.76	9
珠海	6.07	4	郑州	2.52	10
天津	5.06	5	青岛	2.47	11
厦门	3.66	6	杭州	2.44	12

续表

城市	人均民生预算投入得分	排名	城市	人均民生预算投入得分	排名
大连	2.32	13	长春	1.32	26
广州	2.24	14	成都	1.29	27
南京	2.20	15	合肥	1.24	28
无锡	2.18	16	沈阳	1.18	29
乌鲁木齐	2.16	17	太原	1.17	30
重庆	2.16	18	福州	1.14	31
长沙	2.10	19	兰州	1.02	32
西宁	2.00	20	济南	1.00	33
呼和浩特	1.97	21	昆明	1.00	34
武汉	1.69	22	哈尔滨	0.77	35
贵阳	1.58	23	海口	0.46	36
西安	1.45	24	南宁	0.41	37
南昌	1.38	25	石家庄	0	38

（五）城市居民最低生活保障金占人均可支配收入比重

居民最低生活保障金占人均可支配收入比重是综合反映社会经济发展水平与社会最低保障程度的指标，从表5可以看出，城市最低生活保障金占人均可支配收入比重排名前三位是哈尔滨、天津、贵阳，分别是9.09%、7.06%、6.21%，除银川排名末尾外（均值处理后得分为0），宁波、乌鲁木齐、长沙垫底，分别是1.17%、1.02%、0.45%，远远低于3.58%的平均值，而且和2014年排名相比，整体排名波动大，说明居民生活保障金和人均可支配收入每年的值变动较大。

表5 城市居民最低生活保障金占人均可支配收入比重得分及排名

单位：%

城市	城市居民最低生活保障金占人均可支配收入比重得分	排名	城市	城市居民最低生活保障金占人均可支配收入比重得分	排名
哈尔滨	9.09	1	贵阳	6.21	3
天津	7.06	2	兰州	5.89	4

续表

城市	城市居民最低生活保障金占人均可支配收入比重得分	排名	城市	城市居民最低生活保障金占人均可支配收入比重得分	排名
太原	5.33	5	青岛	3.33	22
深圳	5.13	6	南京	3.21	23
石家庄	5.01	7	呼和浩特	3.16	24
长春	4.86	8	南昌	3.10	25
南宁	4.61	9	珠海	3.08	26
大连	4.48	10	上海	3.02	27
郑州	4.29	11	苏州	3.00	28
成都	4.08	12	西宁	2.84	29
福州	3.99	13	西安	2.72	30
合肥	3.74	14	广州	2.31	31
海口	3.73	15	北京	1.98	32
武汉	3.72	16	厦门	1.61	33
沈阳	3.66	17	济南	1.52	34
昆明	3.51	18	宁波	1.17	35
无锡	3.44	19	乌鲁木齐	1.02	36
重庆	3.37	20	长沙	0.45	37
杭州	3.36	21	银川	0	38

（六）月人均城镇职工基本养老保险金

月人均城镇职工基本养老保险金取决于地方经济发展水平，财政政策的制定与执行效率，以及民众对未来长寿风险的预期。从表6可以看出，月人均城镇职工基本养老保险金，深圳9.09%，北京7.94%，广州7.25%，处于前三位、变动不大，除长春排名末尾外（均值处理后得分为0），哈尔滨1.44%、合肥1.01%、南宁0.88%垫底。超过半数城市在这项指标上低于均值3.68%。月人均城镇职工基本养老保险金总体整体呈现"东高西低""南高北低"的局面，与区域发展不平衡、经济水平高低有关。长三角城市、珠三角城市以及首都北京具有雄厚的财政储备、高速发展的经济、高昂的物价，这使得这些地区的基本养老保险金支出处于全国前列。

表6　月人均城镇职工基本养老保险金得分及排名

单位：%

城市	月人均城镇职工基本养老保险金得分	排名	城市	月人均城镇职工基本养老保险金得分	排名
深圳	9.09	1	长沙	3.25	20
北京	7.94	2	银川	3.13	21
广州	7.25	3	海口	3.13	22
厦门	6.86	4	石家庄	3.04	23
上海	6.77	5	无锡	2.93	24
青岛	5.97	6	济南	2.92	25
珠海	5.26	7	福州	2.78	26
乌鲁木齐	4.87	8	昆明	2.73	27
南京	4.84	9	沈阳	2.72	28
苏州	4.76	10	兰州	2.66	29
杭州	4.63	11	贵阳	2.10	30
天津	4.25	12	南昌	1.88	31
西宁	4.07	13	重庆	1.62	32
呼和浩特	4.07	14	大连	1.51	33
宁波	3.68	15	成都	1.46	34
郑州	3.67	16	哈尔滨	1.44	35
太原	3.66	17	合肥	1.01	36
西安	3.63	18	南宁	0.88	37
武汉	3.33	19	长春	0	38

（七）城镇单位在岗职工平均工资

城镇单位在岗职工平均工资从一定程度上反映了城镇居民购买力水平，取决于城镇经济发展程度。从表7可知，北京、上海、天津分别位列前三，得分为9.09%、7.26%、4.72%，除郑州排名末尾外（均值处理后得分为0），海口、石家庄、呼和浩特得分垫底，分别为0.68%、0.22%、0.11%。有24个城市低于2.34%的均值。不仅如此，相比过去几年，城市之间的得分差距进一步拉大，说明各城市单位在岗职工的工资水平差距在逐渐拉大。

表7 城镇单位在岗职工平均工资得分及排名

单位：%

城市	城镇单位在岗职工平均工资得分	排名	城市	城镇单位在岗职工平均工资得分	排名
北京	9.09	1	武汉	1.93	20
上海	7.26	2	银川	1.91	21
天津	4.72	3	贵阳	1.66	22
广州	4.26	4	西安	1.54	23
南京	4.25	5	长春	1.44	24
深圳	4.24	6	福州	1.44	25
杭州	3.76	7	兰州	1.39	26
无锡	3.48	8	重庆	1.38	27
宁波	3.33	9	昆明	1.37	28
苏州	2.92	10	沈阳	1.34	29
青岛	2.49	11	乌鲁木齐	1.32	30
大连	2.48	12	太原	1.14	31
成都	2.44	13	哈尔滨	0.82	32
济南	2.42	14	西宁	0.77	33
珠海	2.27	15	南昌	0.72	34
长沙	2.16	16	海口	0.68	35
厦门	2.11	17	石家庄	0.22	36
南宁	2.08	18	呼和浩特	0.11	37
合肥	1.94	19	郑州	0	38

（八）城镇居民人均可支配收入

城镇居民人均可支配收入体现了一个地区人口的富裕程度，人均可支配收入与地区国民生产总值息息相关，因此该项指标取决于城镇单位在岗职工平均工资和经济发展水平，从表8可知，在城镇居民人均可支配收入上，上海、北京、苏州位列前三，得分分别为9.09%、9.06%、8.25%，除西宁排名末尾外（均值处理后得分为0），贵阳、重庆、兰州、海口位列末尾，得分分别为0.66%、0.66%、0.61%、0.37。不仅如此，38个城市中，有21个城市低于3.73%的均值。

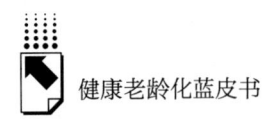

表8 城镇居民人均可支配收入得分及排名

单位：%

城市	城镇居民人均可支配收入得分	排名	城市	城镇居民人均可支配收入得分	排名
上海	9.09	1	福州	3.20	20
北京	9.06	2	天津	2.91	21
苏州	8.25	3	昆明	2.86	22
杭州	7.57	4	成都	2.70	23
宁波	7.42	5	合肥	2.22	24
广州	7.05	6	南昌	2.20	25
南京	6.84	7	乌鲁木齐	2.05	26
无锡	6.52	8	郑州	1.92	27
深圳	6.36	9	哈尔滨	1.88	28
厦门	5.70	10	南宁	1.27	29
青岛	4.96	11	长春	1.26	30
长沙	4.83	12	银川	0.99	31
济南	4.81	13	石家庄	0.96	32
西安	4.52	14	太原	0.82	33
珠海	4.29	15	贵阳	0.66	34
呼和浩特	3.98	16	重庆	0.66	35
沈阳	3.74	17	兰州	0.61	36
武汉	3.67	18	海口	0.37	37
大连	3.49	19	西宁	0	38

（九）人均城乡居民储蓄存款

人均城乡居民储蓄存款反映了一个地区潜在的投资能力，取决于一个地区的经济发展水平和消费水平，从表9可知，北京、上海、广州位居前三，得分分别为9.09%、8.88%、4.85%。除西宁排名末尾外（均值处理后得分为0），珠海、银川、海口得分垫底，为0.06%、0.06%、0.04%。有27个城市低于1.87%的均值，说明各地人均城乡居民储蓄水平的区域性差距较大。

表9 人均城乡居民储蓄存款得分及排名

单位：%

城市	人均城乡居民储蓄存款得分	排名	城市	人均城乡居民储蓄存款得分	排名
北京	9.09	1	哈尔滨	1.28	20
上海	8.88	2	长沙	1.28	21
广州	4.85	3	济南	1.12	22
重庆	4.41	4	昆明	1.07	23
成都	3.50	5	长春	1.05	24
深圳	3.30	6	太原	1.00	25
天津	3.03	7	福州	0.94	26
杭州	2.54	8	合肥	0.74	27
苏州	2.48	9	南宁	0.62	28
西安	2.16	10	兰州	0.59	29
武汉	1.96	11	南昌	0.54	30
沈阳	1.84	12	贵阳	0.44	31
郑州	1.81	13	乌鲁木齐	0.40	32
南京	1.75	14	厦门	0.36	33
宁波	1.66	15	呼和浩特	0.21	34
大连	1.58	16	珠海	0.06	35
青岛	1.54	17	银川	0.06	36
石家庄	1.48	18	海口	0.04	37
无锡	1.39	19	西宁	0	38

（十）商业保险深度

商业保险深度的计算公式采用某地的保费收入除以该地的国内生产总值，能够反映该地的保险业在整个国民经济中的地位。保险深度取决于一国经济发展总水平和保险业的发展速度。在商业保险深度这一排名中，北京、太原、成都位列前三，得分分别为9.09%、8.43%、7.56%。值得一提的是太原和成都，太原的经济发展水平和保费收入远远不及北上广，但近年来，太原市在推动商业健康保险产品和服务多样化、扩大医疗执业保险覆盖面、完善城乡居民大病保险运行机制、稳步推进商业保险机构参与各类医疗保险经办服务、

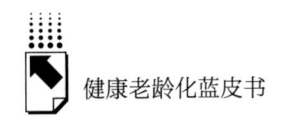

完善商业保险机构与医疗卫生机构合作机制，提升专业服务能力等方面不断发力，使得太原市保险业在当地占据了重要地位，因此该项指标出现高值。而成都作为西部优先发展的城市，在西部具有经济金融和文化中心的地位，为积极应对居高不下的老龄化问题，社会保障、养老产业、养老事业建设取得了长足进步。除乌鲁木齐外，后三位分别是长沙、石家庄、青岛，得分分别为2.93%、2.61%、1.00%。38个城市中，19个低于4.74%的均值。

表10 商业保险深度得分及排名

单位：%

城市	商业保险深度得分	排名	城市	商业保险深度得分	排名
北京	9.09	1	西宁	4.45	20
太原	8.43	2	贵阳	4.43	21
成都	7.56	3	重庆	4.38	22
海口	7.55	4	沈阳	4.21	23
郑州	6.49	5	南昌	4.14	24
西安	6.34	6	大连	3.98	25
上海	6.25	7	武汉	3.91	26
昆明	6.01	8	长春	3.83	27
哈尔滨	5.89	9	宁波	3.72	28
厦门	5.86	10	杭州	3.61	29
兰州	5.75	11	合肥	3.52	30
银川	5.59	12	呼和浩特	3.41	31
广州	5.39	13	无锡	3.27	32
珠海	5.32	14	苏州	3.23	33
南京	5.18	15	天津	3.03	34
深圳	5.04	16	长沙	2.93	35
福州	5.02	17	石家庄	2.61	36
济南	4.97	18	青岛	1.00	37
南宁	4.89	19	乌鲁木齐	0	38

（十一）商业保险密度

商业保险密度在一定程度上反映了该地区金融市场活跃程度，从表11

可以看出，北京，深圳、广州三个城市排名前三位，得分分别为9.09%、7.89%、7.26%。除乌鲁木齐排名末尾外（均值处理后得分为0），西宁、青岛、石家庄排名后三位，得分分别为1.89%、1.16%、1.10%。其余城市整体上处于正态分布趋势中。北京、深圳、广州作为一线城市，金融活跃程度不言而喻。具体而言，当一线城市的经济金融市场放出老龄化利好讯息时，一线城市的信息先动优势可以让市场结构、参与厂商能够迅速做出反应，对目前市场形势和未来走向进行准确研判，从而调整厂商的产品结构和企业的资本结构。与此同时，公共部门也会根据中央的即时信息和市场的同步走向制定新的政策。正是一线城市完善的市场基础设施与良好的市场环境，使得这些城市的金融市场日趋成熟，商业保险密度也处于较高值。

表11 商业保险密度得分及排名

单位：%

城市	商业保险密度得分	排名	城市	商业保险密度得分	排名
北京	9.09	1	武汉	4.01	16
深圳	7.89	2	西安	3.95	17
广州	7.26	3	宁波	3.80	18
珠海	6.59	4	银川	3.62	19
上海	6.37	5	沈阳	3.59	20
南京	6.09	6	海口	3.59	21
郑州	5.66	7	福州	3.57	22
成都	5.28	8	长沙	3.45	23
厦门	5.09	9	呼和浩特	3.45	24
太原	4.98	10	天津	3.29	25
苏州	4.61	11	昆明	3.29	26
无锡	4.45	12	哈尔滨	3.24	27
大连	4.42	13	兰州	2.97	28
济南	4.10	14	南昌	2.97	29
杭州	4.06	15	长春	2.66	30

续表

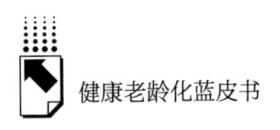

城市	商业保险密度得分	排名	城市	商业保险密度得分	排名
贵阳	2.55	31	西宁	1.89	35
合肥	2.41	32	青岛	1.16	36
南宁	2.09	33	石家庄	1.10	37
重庆	2.01	34	乌鲁木齐	0	38

四 各城市经济金融指标排名及分析

（一）各城市经济金融指标总得分及排名

表12 各城市经济金融指标总得分及排名

单位：%

城市	经济金融指标总得分	排名	城市	经济金融指标总得分	排名
北京	82.77	1	哈尔滨	31.60	20
上海	78.94	2	沈阳	31.38	21
深圳	71.67	3	济南	30.81	22
珠海	55.10	4	长沙	29.79	23
广州	53.21	5	贵阳	29.52	24
苏州	52.66	6	海口	28.84	25
厦门	51.00	7	银川	28.63	26
南京	47.73	8	重庆	28.49	27
天津	47.20	9	兰州	28.35	28
杭州	44.83	10	呼和浩特	28.18	29
宁波	43.76	11	昆明	26.45	30
无锡	43.30	12	长春	25.50	31
成都	41.75	13	西宁	25.22	32
郑州	36.78	14	武汉	24.94	33
大连	36.73	15	合肥	24.93	34
西安	35.73	16	南昌	24.40	35
太原	32.99	17	南宁	23.95	36
青岛	32.67	18	石家庄	20.94	37
福州	31.83	19	乌鲁木齐	20.81	38

如表12所示，经济金融维度排名前五位的城市依次为北京、上海、深圳、珠海、广州，排名后五位的城市是合肥、南昌、南宁、石家庄、乌鲁木齐；排名第一的北京分值为82.77%，排名末尾的乌鲁木齐分值为20.81%，分值相差61.96个百分点；得分80%以上的城市仅北京1个；70%~80%之间的城市有上海和深圳2个；60%~70%之间的城市无；50%~60%之间的城市有4个；40%~50%之间的城市有6个；30%~40%之间的城市9个；20%~30%之间的城市有16个。从得分区间来看，38个城市呈典型的"金字塔"结构，50%以上城市共7个，仅占18.4%；50%以下城市31个，占比达81.6%。从城市区位来看，得分由高到低基本与城市从东向西走向呈一致性，50%以上城市中多为沿海或近海城市，得分在30%以下的城市中除海口外，均为中西部等内陆城市。作为西部城市的成都得分抢眼，列第13位，但得分仅为北京的1/2；郑州、西安、太原等其他中西部城市排名也相对靠前。从分值分布来看，38个城市经济金融维度平均值为37.72%，位于平均值之上的城市13个，占比34%；位于平均值之下的城市25个，占比66%。

（二）经济金融指标排名前五位城市

1. 北京

北京市在经济金融维度的排名中居首位，总分达到了82.77%。从名次上看，北京经济政治环境优越，较经济金融维度平均值37.72%高出了45.05个百分点。商业保险深度、商业保险密度分别是9.09%，均位列全国第一，这与其极高的金融市场活跃程度息息相关；城镇单位在岗职工平均工资和人均居民储蓄存款为9.09%，说明北京市的消费潜能仍然巨大；居民家庭消费支出为9.01%，人均民生预算投入7.00%，月人均城镇职工基本养老保险金为7.94%，城镇居民可支配收入为9.06%，这几项指标均位列全国第二，说明北京的收入和消费水平总体适配，市场经济活跃、养老金保障有力，经济发展水平、实力和潜能位居前列。城镇基础养老金占人均可支配收入为6.55%，位居第四，说明北京市的养老金发放和居民收入水平、居民消费水平基本适配。如图1所示，从结构（各指标分值占总分值百分比）上看，保险深度密度、居民储蓄存款、居民可支配收入、在岗职工平均工资几项对健康老龄化评价中的经济金融的贡献较高，贡献率分别为10.98%、10.98%、10.98%、10.94%、10.98%。未来，北京在经济金融维度的提升中，既要着力保持优势，继续发挥高分项的引领作用，稳固其地位；也需要注重提升城镇基础养老金、最低生活保障金的发放水平，防止贫富差距扩大，让北京人民能够共享改革发展成果。

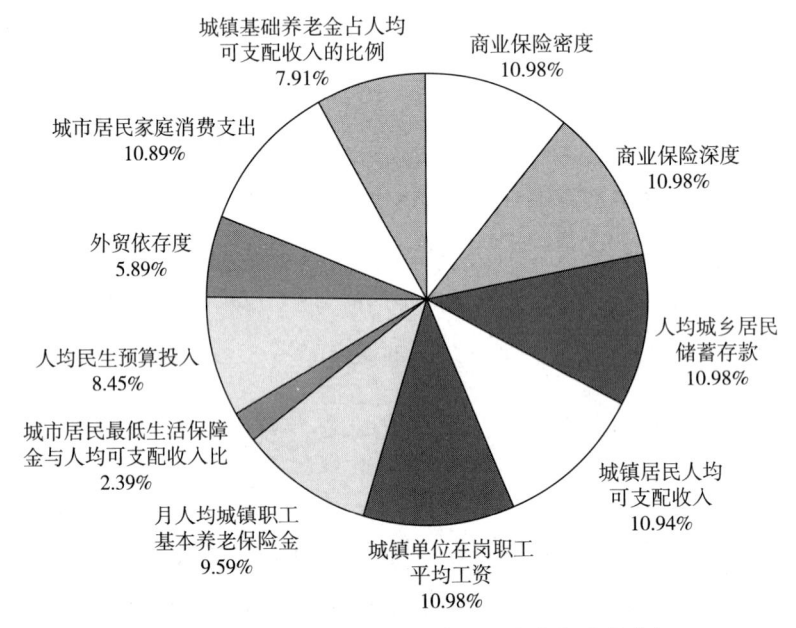

图1 北京经济指标得分构成情况（各指标贡献率）

表13 北京各经济指标排名情况

指标	商业保险密度	商业保险深度	人均城乡居民储蓄存款	城镇居民人均可支配收入	城镇单位在岗职工平均工资	月人均城镇职工基本养老保险金
排名	1	1	1	2	1	2
指标	城市居民最低生活保障金与人均可支配收入比	人均民生预算投入	外贸依存度	城市居民家庭消费支出	城镇基础养老金占人均可支配收入的比例	
排名	32	2	6	2	4	

184

2. 上海

上海市在经济金融维度的排名中位居第二，总分达到了78.94%。从名次上看，上海经济金融发展经验丰富，较经济金融维度平均数37.72%高出了41.22个百分点，城镇基础养老金占人均可支配收入的比例为9.09%，

表14 上海各经济指标排名情况

指标	商业保险密度	商业保险深度	人均城乡居民储蓄存款	城镇居民人均可支配收入	城镇单位在岗职工平均工资	月人均城镇职工基本养老保险金
排名	5	7	2	1	2	5
指标	城市居民最低生活保障金与人均可支配收入比	人均民生预算投入	外贸依存度	城市居民家庭消费支出	城镇基础养老金占人均可支配收入的比例	
排名	27	3	5	1	1	

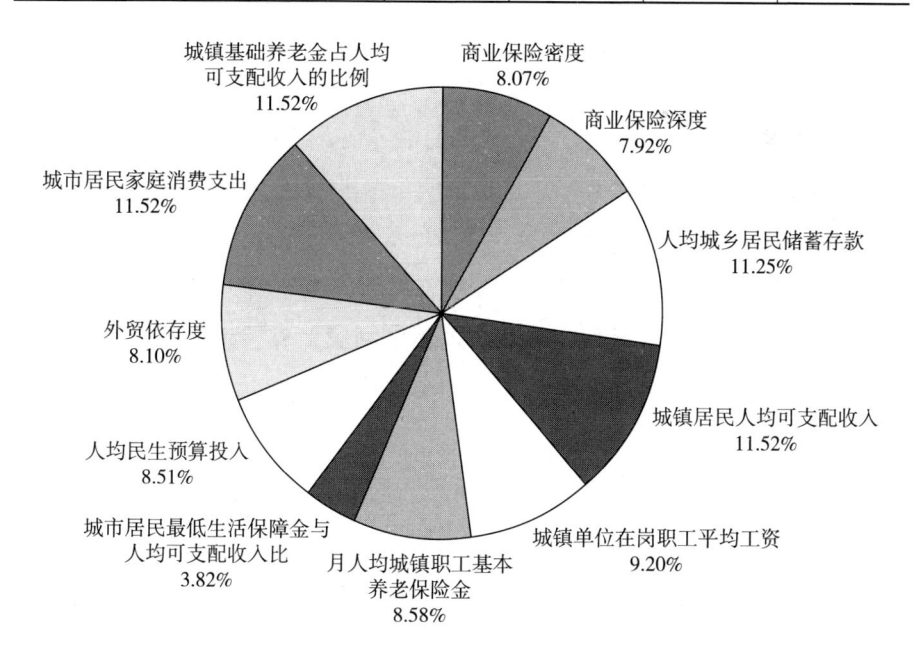

图2 上海经济指标得分构成情况（各指标贡献率）

- 城镇基础养老金占人均可支配收入的比例 11.52%
- 商业保险密度 8.07%
- 商业保险深度 7.92%
- 人均城乡居民储蓄存款 11.25%
- 城镇居民人均可支配收入 11.52%
- 城镇单位在岗职工平均工资 9.20%
- 月人均城镇职工基本养老保险金 8.58%
- 城市居民最低生活保障金与人均可支配收入比 3.82%
- 人均民生预算投入 8.51%
- 外贸依存度 8.10%
- 城市居民家庭消费支出 11.52%

185

位列全国第一,这说明上海对老年人的保障意识强烈;城市居民家庭消费支出和城镇居民人均可支配收入均为9.09%,均位居第一,说明上海的收入水平、消费水平高而且生产能力和消费能力适配;上海是起步较早的经济金融中心,优良的经济金融环境、扎实的社会发展基础、国际化的城市特色、活跃的资本市场、丰富的金融衍生品等,对各项指标的提升都有普遍的拉动作用,外贸依存度6.39%、位居第五,人均民生预算投入6.72%、位居第三,月人均城镇职工基本养老保险金6.72%、位居第五,商业保险深度6.25%、位居第七,商业保险密度6.37%、位居第五。如图2所示,从结构上(各指标分值占总分值的百分比)看,城镇基础养老金占人均可支配收入的比例、居民消费支出、人均可支配收入、城乡居民储蓄存款、城镇在岗职工平均工资对健康老龄化评价中经济金融维度的影响程度大,贡献程度高。分别占比11.52%、11.52%、11.52%、11.25%、9.20%。从得分来看,北京与上海在经济层面上较为接近。商业保险深度和密度都还有进一步的提升空间。

3. 深圳

深圳市在经济金融维度的排名中位居第三,总分达到了71.67%。从名次上看,深圳一直以来都是改革开放的前沿阵地,经济发展质量高,外贸依存度为9.09%、位居全国第一,这也证明了深圳的开放型经济导向。此外,经济金融得分较平均数37.72%高出了33.95个百分点,人均民生预算投入位居全国第一,数值达到9.09%,标志着深圳作为"自力更生"城市,已经从过去重社会效率、轻民生投入,向经济利民、成果惠民的全面发展转变;月人均城镇职工基本养老保险金得分也为9.09%,位居第一,说明深

表15 深圳各经济指标排名情况

指标	商业保险密度	商业保险深度	人均城乡居民储蓄存款	城镇居民人均可支配收入	城镇单位在岗职工平均工资	月人均城镇职工基本养老保险金
排名	2	16	6	9	6	1
指标	城市居民最低生活保障金与人均可支配收入比	人均民生预算投入	外贸依存度	城市居民家庭消费支出	城镇基础养老金占人均可支配收入的比例	
排名	6	1	1	6	10	

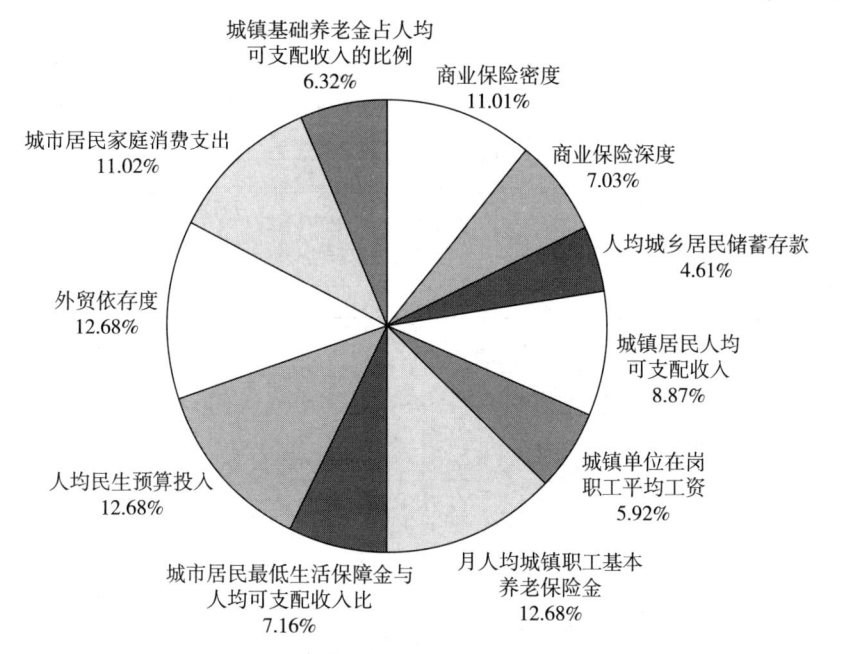

图3 深圳经济指标得分构成情况

圳在老年人社会保障方面举措到位、行动充分。如图3所示，从结构上看，外贸依存度、人均民生预算投入、居民家庭消费支出、月人均城镇职工基本养老保险金、商业保险密度对健康老龄化评价贡献较大，分别占比12.68%、12.68%、11.02%、12.68%、11.01%。但从总体均衡的角度看，基础养老金、人均可支配收入、居民储蓄数值等还有增长空间，是未来健康老龄化水平持续提升的重要着力点。

4. 珠海

珠海市在经济金融维度的排名中位居第四，总分达到了55.10%，高出平均数17.38个百分点。从名次上看，珠海区位优势与深圳相似，珠海市城镇居民基本养老金占可支配收入的比例位居全国第三，为6.74%，高出平均值3.4个百分点，城市老年人退休收入处于较高水平。外贸依存度8.45%，高出平均值6.19个百分点，开放经济的发展水平高。然而，在人均居民储蓄和人均居民可支配收入上和北京、上海、深圳相差甚远。这说明尽管目前珠海市的资本运作效率

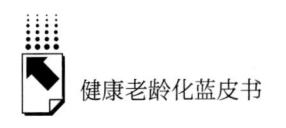

表16 珠海各经济指标排名情况

指标	商业保险密度	商业保险深度	人均城乡居民储蓄存款	城镇居民人均可支配收入	城镇单位在岗职工平均工资	月人均城镇职工基本养老保险金
排名	4	14	35	15	15	7
指标	城市居民最低生活保障金与人均可支配收入比	人均民生预算投入	外贸依存度	城市居民家庭消费支出	城镇基础养老金占人均可支配收入的比例	
排名	26	4	3	11	3	

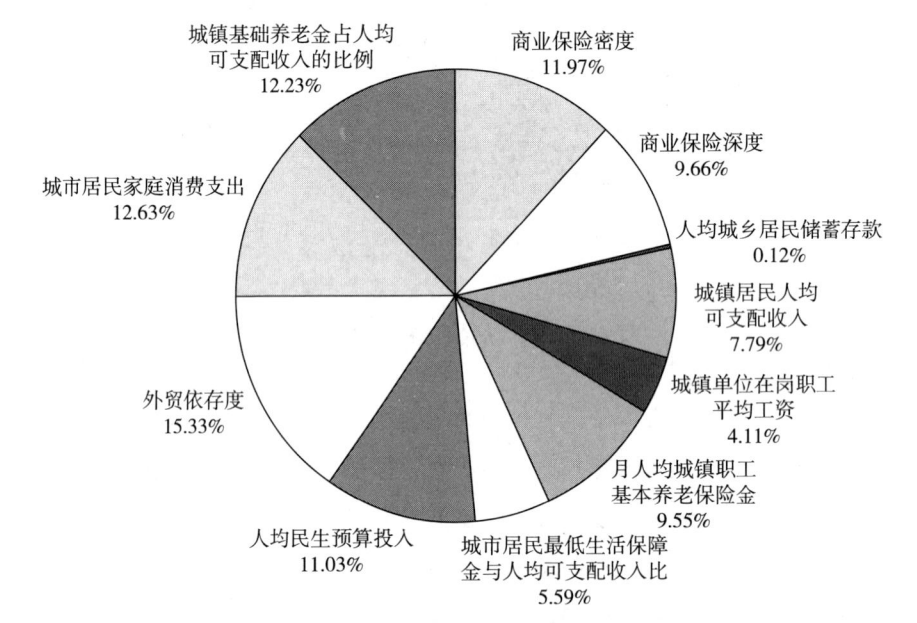

图4 珠海经济指标得分构成情况

- 城镇基础养老金占人均可支配收入的比例 12.23%
- 商业保险密度 11.97%
- 商业保险深度 9.66%
- 人均城乡居民储蓄存款 0.12%
- 城镇居民人均可支配收入 7.79%
- 城镇单位在岗职工平均工资 4.11%
- 月人均城镇职工基本养老保险金 9.55%
- 城市居民最低生活保障金与人均可支配收入比 5.59%
- 人均民生预算投入 11.03%
- 外贸依存度 15.33%
- 城市居民家庭消费支出 12.63%

高，但是人才整体水平还有很大提升空间，缺少高素质的高精尖人才，因此城市的发展和老龄化建设也受到一定制约。如图4所示，从结构上看，城镇基础养老金占人均可支配收入比例、城市居民家庭消费支出、外贸依存度、商业保险密度、人均民生预算投入对经济金融方面的评价贡献较大，分别占比12.23%、12.63%、15.33%、11.97%、11.03%，说明珠海经济发展能够依靠内需和外需共同拉动，且处于如此经济规模，公共财政仍然在向民生和社会保障倾斜，但在储蓄水平、可支配收入、在岗职工工资等方面存在短板。

5.广州

广州市在经济金融维度的排名中位居第五,总分达到了53.21%,高出平均数15.49个百分点。从名次上看,广州在城市居民家庭消费支出、月人均城镇职工基本养老保险金、人均城乡居民储蓄存款、商业保险密度上均排名第三,分别为8.78%、7.25%、4.85%、7.26%,城镇单位在岗

表17 广州各经济指标排名情况

指标	商业保险密度	商业保险深度	人均城乡居民储蓄存款	城镇居民人均可支配收入	城镇单位在岗职工平均工资	月人均城镇职工基本养老保险金
排名	3	13	3	6	4	3
指标	城市居民最低生活保障金与人均可支配收入比	人均民生预算投入	外贸依存度	城市居民家庭消费支出	城镇基础养老金占人均可支配收入的比例	
排名	31	14	11	3	36	

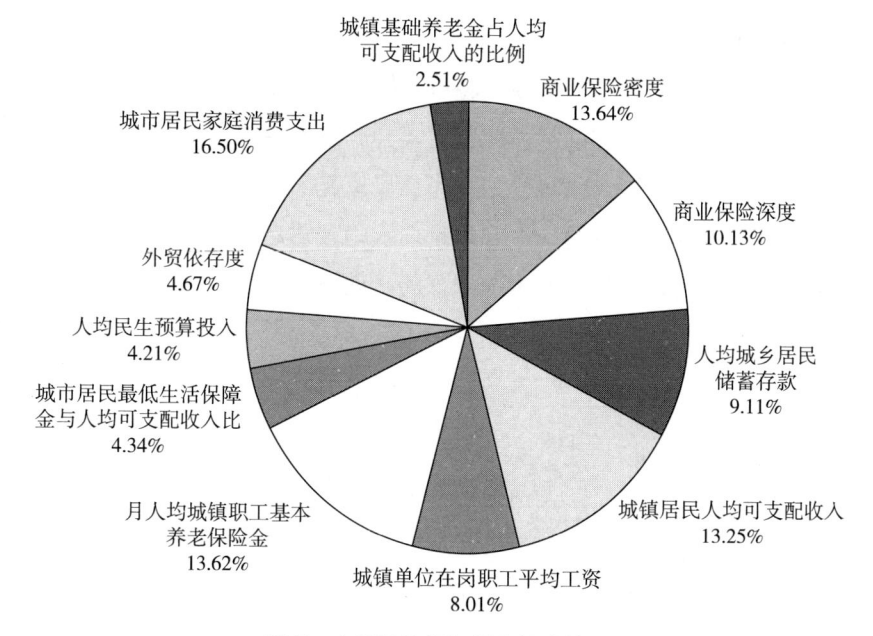

图5 广州经济指标得分构成情况

- 城镇基础养老金占人均可支配收入的比例 2.51%
- 商业保险密度 13.64%
- 城市居民家庭消费支出 16.50%
- 商业保险深度 10.13%
- 外贸依存度 4.67%
- 人均民生预算投入 4.21%
- 城市居民最低生活保障金与人均可支配收入比 4.34%
- 人均城乡居民储蓄存款 9.11%
- 月人均城镇职工基本养老保险金 13.62%
- 城镇居民人均可支配收入 13.25%
- 城镇单位在岗职工平均工资 8.01%

职工平均工资排名第四（4.26%），城镇居民人均可支配收入排名第六（7.05%）。总体来说，居民的消费水平较高，消费支出较多。原因是居民收入充足，储蓄存款充足，而且在岗职工工资和职工退休工资都排名靠前，这两个群体是拉动广州消费的主要群体。而靠前的储蓄和消费能力也暗示广州消费潜能仍然巨大，退休市场、老年市场开发前景广阔。如图5所示，从结构上看，居民家庭消费支出、月人均城镇职工基本养老保险金、城镇居民人均可支配收入、商业保险密度对经济金融指数的贡献率较大，说明收入和消费成了拉动广州经济金融发展的主要驱动力，加之良好的金融环境和金融基础，让广州的经济金融发展迅速。但是城镇基础养老金占人均可支配收入的比例、人均民生预算投入、城市居民最低生活保障金与人均可支配收入比三项对经济金融的贡献率低，数值分别是：2.51%、4.21%、4.34%，说明社会保障工作实效还不够显著，直接影响了广州健康老龄化指数的整体表现。

（三）经济金融指标排名后五位城市

1. 合肥

合肥市在经济金融部分的排名为34位，总得分为24.93%，比总得分平均值低12.79个百分点。从名次上看，合肥市是传统工业城市，正在经历城市转型。在经济金融的发展中，城市居民家庭消费支出、月人均城镇职工基本养老保险金、商业保险深度和密度名次均较靠后，特别是城市居民家庭消费支出和月人均城镇职工基本养老保险金两项排名、分别为第31和第36，

表18 合肥各经济指标排名情况

指标	商业保险密度	商业保险深度	人均城乡居民储蓄存款	城镇居民人均可支配收入	城镇单位在岗职工平均工资	月人均城镇职工基本养老保险金
排名	32	30	27	24	19	36
指标	城市居民最低生活保障金与人均可支配收入比	人均民生预算投入	外贸依存度	城市居民家庭消费支出	城镇基础养老金占人均可支配收入的比例	
排名	14	28	22	31	25	

中国大中城市老年人经济金融发展报告

合肥经济指标得分构成情况（饼图）：
- 城镇基础养老金占人均可支配收入的比例 9.38%
- 商业保险密度 9.68%
- 商业保险深度 14.11%
- 人均城乡居民储蓄存款 2.98%
- 城镇居民人均可支配收入 8.89%
- 城镇单位在岗职工平均工资 7.78%
- 月人均城镇职工基本养老保险金 4.05%
- 城市居民最低生活保障金与人均可支配收入比 15.00%
- 人均民生预算投入 4.96%
- 外贸依存度 4.33%
- 城市居民家庭消费支出 18.84%

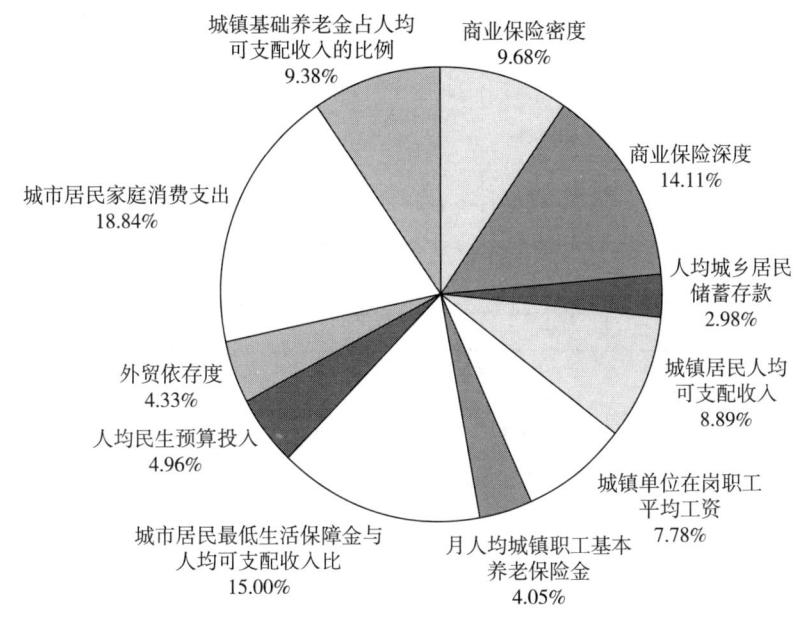

图6 合肥经济指标得分构成情况

数值分别为1.24%和1.01%，说明合肥退休职工的养老金水平低，总体落后于经济发展水平，也说明合肥经济受制于原有发展模式，消费的内驱力还没完全释放，待挖掘的消费市场和潜能空间巨大。如图6所示，从结构上看，外贸依存度、人均民生预算投入、月人均城镇职工基本养老保险金、人均城乡居民储蓄存款四个指标对经济金融维度的贡献率偏低，说明合肥市在经济发展的同时向民生倾斜力度不够，未来健康老龄化质量的提高应在加大保障民生投入、促进老年群体社会保障与服务等方面下功夫。

2. 南昌

南昌市在经济金融部分的排名35位，总得分为24.40%，比总得分平均值低13.32个百分点。从名次上看，南昌是中南部传统工业城市，城镇基础养老金占人均可支配收入的比例、月人均城镇职工基本养老保险金、城镇单位在岗职工平均工资、人均城乡居民储蓄存款名次均较靠后，占比分别为1.62%、1.88%、0.72%、0.54%，排名分别为33名、31名、34名、30名，说明南昌居民收入水平总体低于经济发展水平，在南昌市居民储蓄水平低、收入水平低的

191

表 19　南昌各经济指标排名情况

指标	商业保险密度	商业保险深度	人均城乡居民储蓄存款	城镇居民人均可支配收入	城镇单位在岗职工平均工资	月人均城镇职工基本养老保险金
排名	29	24	30	25	34	31
指标	城市居民最低生活保障金与人均可支配收入比	人均民生预算投入	外贸依存度	城市居民家庭消费支出	城镇基础养老金占人均可支配收入的比例	
排名	25	25	25	27	33	

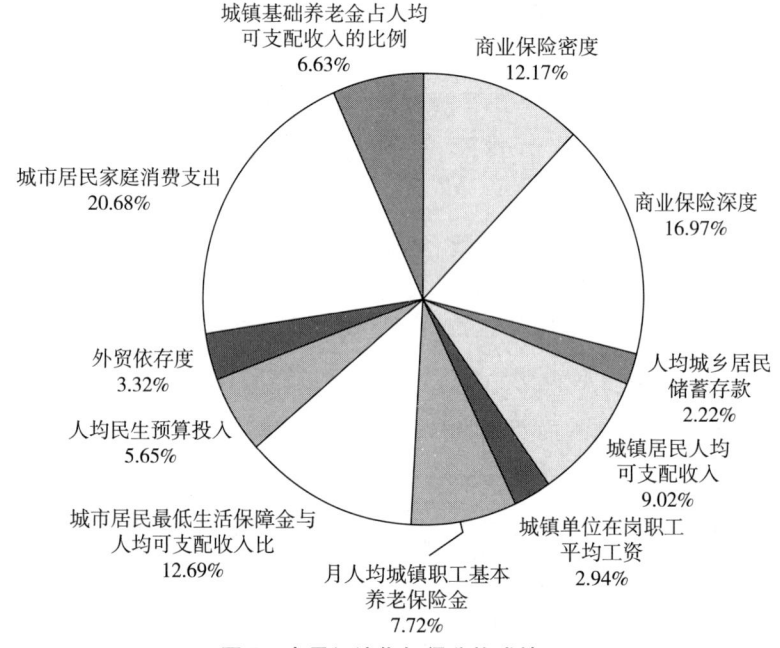

图 7　南昌经济指标得分构成情况

情况下，庞大的消费潜能不能够得到有效开发。如图 7 所示，从结构上看，外贸依存度、人均民生预算投入、城镇单位在岗职工平均工资、人均城乡居民储蓄存款四个指标对经济金融维度的贡献率低，收入水平、储蓄水平低，直接导致了居民的消费意愿低，消费水平低。未来应加快经济转型升级、逐步提高民生投入、增加劳动者初次分配和再分配，从经济社会全面发展、均衡发展、和谐发展的角度，统筹布局老年社会保障事业与产业发展。

3. 南宁

南宁市在经济金融部分的排名为 36 名，总得分为 23.95%，比总得分平均值低 13.77 个百分点。从名次上看，南宁城市居民家庭消费支出、外贸依存度、人均民生预算投入、月人均城镇职工基本养老保险金名次均较靠后，占比分别为 3.46%、0.39%、0.41%、0.88%，排名分别为 36 名、33 名、37 名、37 名，说明南宁与南昌一样存在消费不足、收入不足的问题，制约了南宁经济金融的总体发展水平。如图 8 所示，从结构上看，外贸依存度、人均民生预算投入、

表 20　南宁各经济指标排名情况

指标	商业保险密度	商业保险深度	人均城乡居民储蓄存款	城镇居民人均可支配收入	城镇单位在岗职工平均工资	月人均城镇职工基本养老保险金
排名	33	19	28	29	18	37
指标	城市居民最低生活保障金与人均可支配收入比	人均民生预算投入	外贸依存度	城市居民家庭消费支出	城镇基础养老金占人均可支配收入的比例	
排名	9	37	33	36	16	

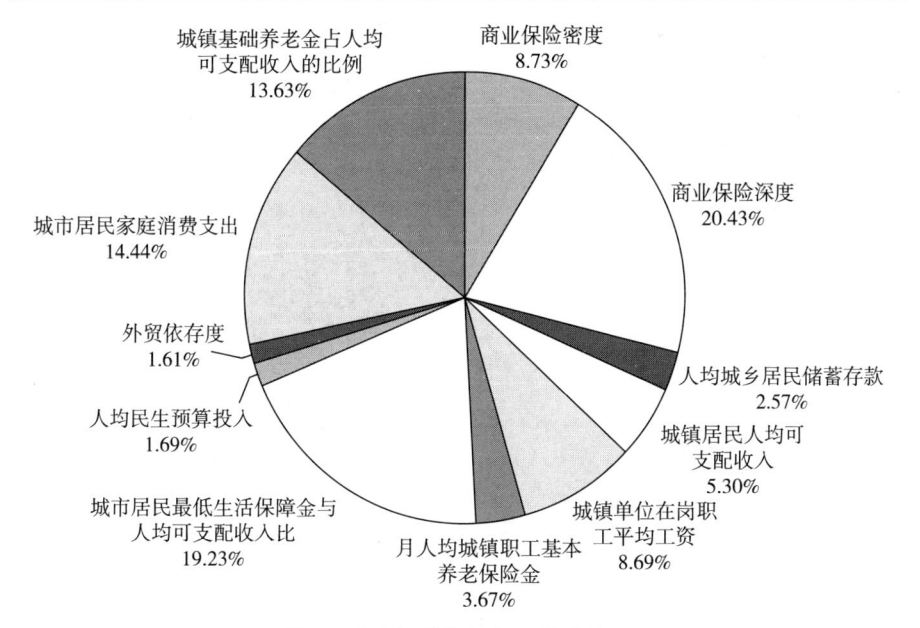

图 8　南宁经济指标得分构成情况

月人均城镇职工基本养老保险金、城镇居民人均可支配收入、人均城乡居民储蓄存款五个指标对经济金融维度的贡献率偏低,说明民生投入力度不足,再分配中缺乏年龄意识,社会保障对老年群体的关爱水平较低。未来的发展中还应从增加居民收入、增加民生预算、增强社会保障等多个角度协同发力。

4. 石家庄

石家庄市在经济金融部分的排名为37位,总得分为20.94%、较平均值低16.78个百分点。从名次上看,石家庄城镇基础养老金占人均可支配收

表21 石家庄各经济指标排名情况

指标	商业保险密度	商业保险深度	人均城乡居民储蓄存款	城镇居民人均可支配收入	城镇单位在岗职工平均工资	月人均城镇职工基本养老保险金
排名	37	36	18	32	36	23
指标	城市居民最低生活保障金与人均可支配收入比	人均民生预算投入	外贸依存度	城市居民家庭消费支出	城镇基础养老金占人均可支配收入的比例	
排名	7	38	29	34	31	

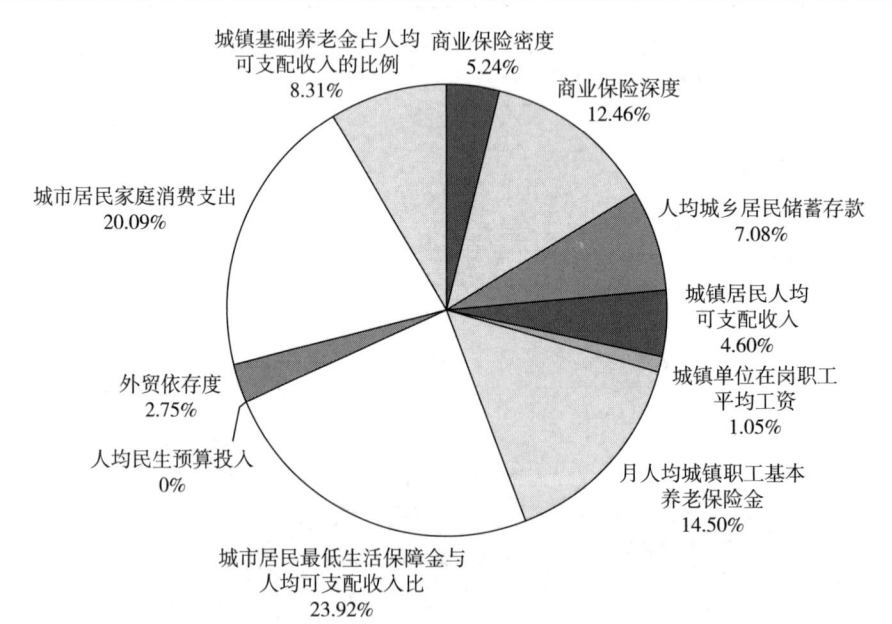

图9 石家庄经济指标得分构成情况

入的比例、城市居民家庭消费支出、城镇单位在岗职工平均工资、城镇居民人均可支配收入、商业保险深度、商业保险密度，名次均跌破30，占比分别为1.74%、4.21%、0.22%、0.96%、2.61%、1.10%排名分别为第31名、34名、36名、32名、36名、37名。除消费水平、居民收入水平不高外，保险行业发展水平也较低，对经济发展、社会保障事业的支撑动力不足。如图9所示，从结构上看，外贸依存度、城镇居民人均可支配收入、城镇单位在岗职工平均工资、商业保险密度四个指标对经济金融维度的贡献率偏低，除民生投入不足、收入与消费不足外，劳动收入中初次分配极其不充分，直接影响到消费意愿和预期。未来发展中应加快提高居民收入、促进消费拉动、治理居住环境、提升政府服务水平、改善商贸环境等，目前石家庄已经开始推进城市转型、雾霾治理和改善城居环境等工作。

5. 乌鲁木齐

乌鲁木齐市在经济金融部分的排名为第38位，总得分为20.81%，比总得分平均值低16.91个百分点。从名次上看，乌鲁木齐是新疆较发达城市之一，除商业保险密度和深度排名末位外，外贸依存度、城市居民最低生活保障金与人均可支配收入比、城镇单位在岗职工平均工资、人均城乡居民储蓄存款四项数值也很低，数值分别为0.57%、1.02%、1.32%、0.40%，说明乌鲁木齐人民收入不足，初次分配和再分配对不同群体的保障力度较为欠缺，但随着"一带一路"互联互通建设，"丝绸之路经济带"将会为乌鲁木齐带来新的发展契机。

表22 乌鲁木齐各经济指标排名情况

指标	商业保险密度	商业保险深度	人均城乡居民储蓄存款	城镇居民人均可支配收入	城镇单位在岗职工平均工资	月人均城镇职工基本养老保险金
排名	38	38	32	26	30	8
指标	城市居民最低生活保障金与人均可支配收入比	人均民生预算投入	外贸依存度	城市居民家庭消费支出	城镇基础养老金占人均可支配收入的比例	
排名	36	17	30	19	21	

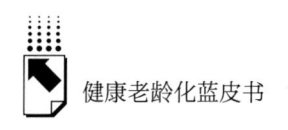

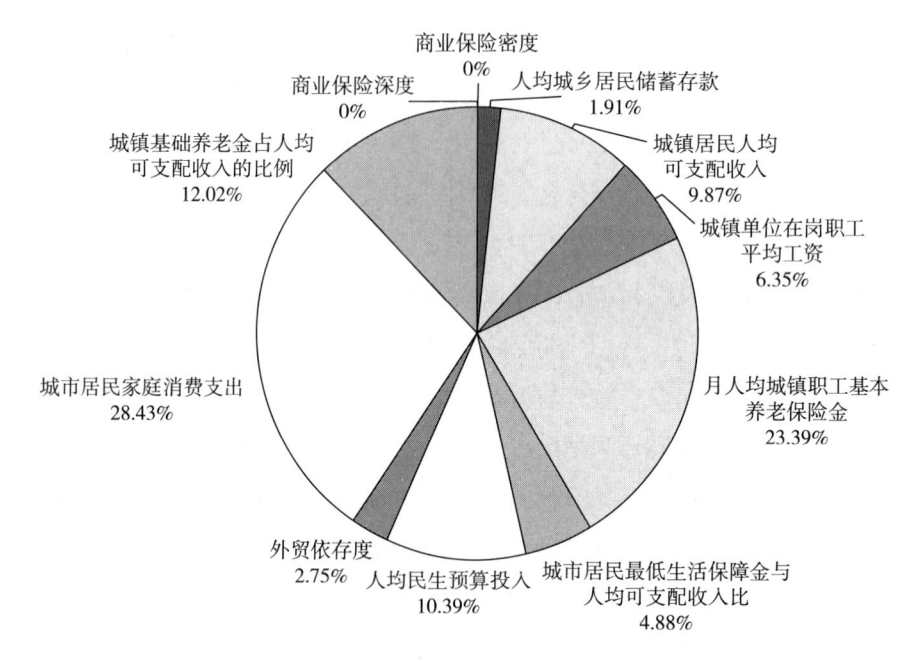

图 10 乌鲁木齐经济指标得分构成情况

五 2015～2017年城市经济金融维度指标变化情况分析

中国城市的发展既有其特殊性，也有相似性，不同城市因为不同的地理区位、社会传统，展现出不同的发展模式与成效，但38个城市在发展的规律、资源、愿景等方面可互学互鉴、互通有无。这也为城市经济金融发展开拓出更多可以选择的新路径。图11为2015～2017年38个城市经济金融指标得分的年际变化图。图11中数据表明，2015～2017年得分总体呈现相对波动的趋势，因此采用得分的简单增加或减少不能够全面、科学地反映一个城市的发展状况。本报告中典型城市的选取采取名次选取法，原因有二：一则名次本身就被赋予了相对的位置概念，在年际的数据变化中能够较为准确地反映城市的相对位置改变；二则，名次的变化相比数据百分比的变化更为直观，城市得分排名的此消彼长恰恰反映了城市中一年的经济金融发展环境和城市发展的总体状态。所以本报告选取在经济发展和区位上具有重要地位与显著特点，且在2015~2017年中得分名次上升的城市作为研究对象，而这些城市之间在国家经济发展战略、区域发展和地缘联系上还应具有重要的网络关系。

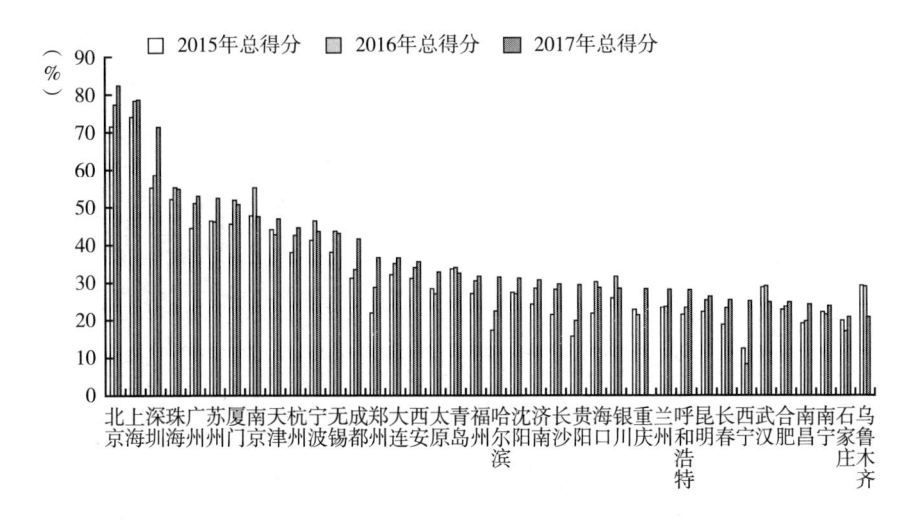

图11　2015~2017年38个城市经济金融指标得分的年际变化

如图12所示，本报告首先对38个城市2015~2017年的得分排名情况做了汇总。图12中增长、稳健、下降的判别标准是：将2017年的结果和2015年的结果相比较，名次前进即为增长，名词不变即为稳健，名次倒退则为下降。根据上述标准，我们可选择的增长的城市有：北京、广州、杭州、成都、郑州、太原、福州、哈尔滨、济南、长沙、贵阳、海口、呼和浩特、长春、西宁。为进一步突出"典型"分析特征，结合我国"一带一路"的运输网络和城市联系，本报告选定成都、海口、长沙、郑州、杭州进行细化分析。一方面五个城市的指数表现优异，进步明显；另一方面，五个城市分属于江北、华西、华南、华东和华中，从而形成典型城市网络，在各个区域都具有代表性。这五个典型城市不是孤立的点，而是可以联系的网络和发展战略点。

健康老龄化蓝皮书

城市	排名 2017	排名 2016	排名 2015	趋势（2015~2017）
北京	1	2	2	
上海	2	1	1	
深圳	3	3	3	
珠海	4	4	4	
广州	5	7	8	
苏州	6	9	6	
厦门	7	6	7	
南京	8	5	5	
天津	9	11	9	
杭州	10	12	12	
宁波	11	8	10	
无锡	12	10	11	
成都	13	16	15	
郑州	14	22	29	
大连	15	13	14	
西安	16	14	16	
太原	17	25	19	
青岛	18	15	13	
福州	19	18	21	
哈尔滨	20	32	36	
沈阳	21	26	20	
济南	22	23	23	
长沙	23	24	32	
贵阳	24	35	37	
海口	25	19	30	
银川	26	17	22	
重庆	27	34	26	
兰州	28	29	24	
呼和浩特	29	30	31	
昆明	30	27	27	
长春	31	31	35	
西宁	32	38	38	
武汉	33	20	18	
合肥	34	28	25	
南昌	35	36	34	
南宁	36	33	28	
石家庄	37	37	33	
乌鲁木齐	38	21	17	

图12 2015~2017年各主要城市经济总分排名及变化

（一）成都

如表23所示（需要指出的是，得分构成饼状图描述的是各个单项指标得分占总得分的比例，而不是实际得分的情况），成都市经济金融维度的得

表23 2017年成都市各经济指标排名情况

单位：%

指标	商业保险密度	商业保险深度	人均城乡居民储蓄存款	城镇居民人均可支配收入	城镇单位在岗职工平均工资	月人均城镇职工基本养老保险金
排名	5.28	7.56	3.50	2.70	2.44	1.46
指标	城市居民最低生活保障金与人均可支配收入比	人均民生预算投入	外贸依存度	城市居民家庭消费支出	城镇居民养老金占人均可支配收入的比重	经济总分
排名	4.08	1.29	1.11	5.16	7.16	41.75

分为41.75%，排在38个城市中的第13位，属于中上位置。成都是四川省省会，作为西部重镇，是"一带一路"建设中"贯通东西、连接南北"的枢纽城市，近年来依托成渝经济圈蓬勃发展，综合经济实力大幅提升，是被公认为最有可能赶上北上广深的城市。

作为西部新一线城市，成都跻身国家中心城市序列，也是西部地区融资能力较强的中心城市之一，正在大力推进"西部金融中心"建设。在经济金融维度评分中，其单项指标贡献率最高的依次是：城镇基础养老金占人均可支配收入的比例、商业保险深度、商业保险密度，得分分别是7.16%、7.56%、5.28%。随着成都建设步伐的加速，越来越多的商业保险出现在成都资本市场，加之四川省老龄人口众多、成都又是全国最适宜养老的城市之一，因此养老金融、养老地产、康养旅游、大健康产业等新兴经济业态发展势头迅猛，成都市较低的一项指标是外贸依存度和人均民生预算投入。随着"一带一路"通道建设的推进，成都将会尽快形成西向桥头堡的"枢纽"地位，一方面，通过参与"一带一路"进一步提升对外开放程度，提高对外依存度；另一方面，将通过天府新区等枢纽城市的建设，完善基础设施和配套服务，不断加大对民生建设的投入力度。

健康老龄化蓝皮书

成都市经济金融得分情况

- 商业保险密度
- 商业保险深度
- 人均城乡居民储蓄存款
- 城镇居民人均可支配收入
- 城镇单位在岗职工平均工资
- 月人均城镇职工基本养老保险金
- 城市居民最低生活保障金与人均可支配收入比
- 人均民生预算投入
- 外贸依存度
- 城市居民家庭消费支出
- 城镇基础养老金占人均可支配收入的比例

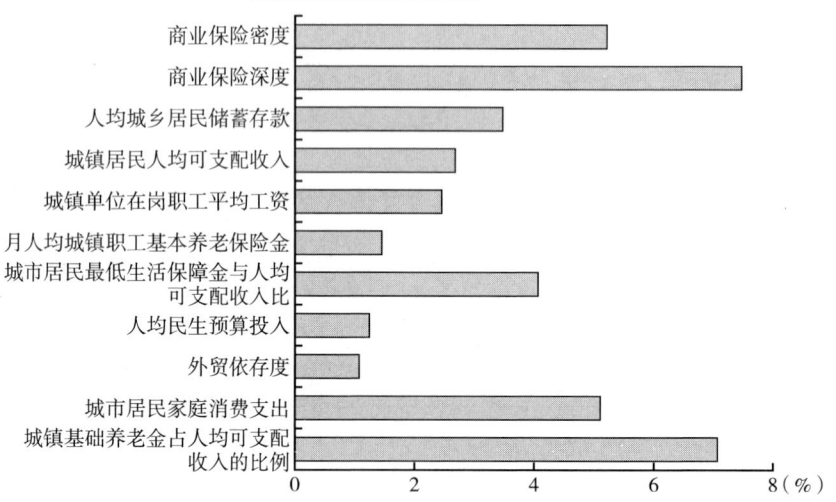

成都市经济金融维度得分构成

- 商业保险密度 15.27%
- 城市居民家庭消费支出 14.92%
- 外贸依存度 3.21%
- 人均民生预算投入 3.73%
- 城市居民最低生活保障金与人均可支配收入比 11.8%
- 月人均城镇职工基本养老保险金 4.22%
- 城镇单位在岗职工平均工资 7.06%
- 城镇居民人均可支配收入 7.81%
- 人均城乡居民储蓄存款 10.12%
- 商业保险深度 21.86%

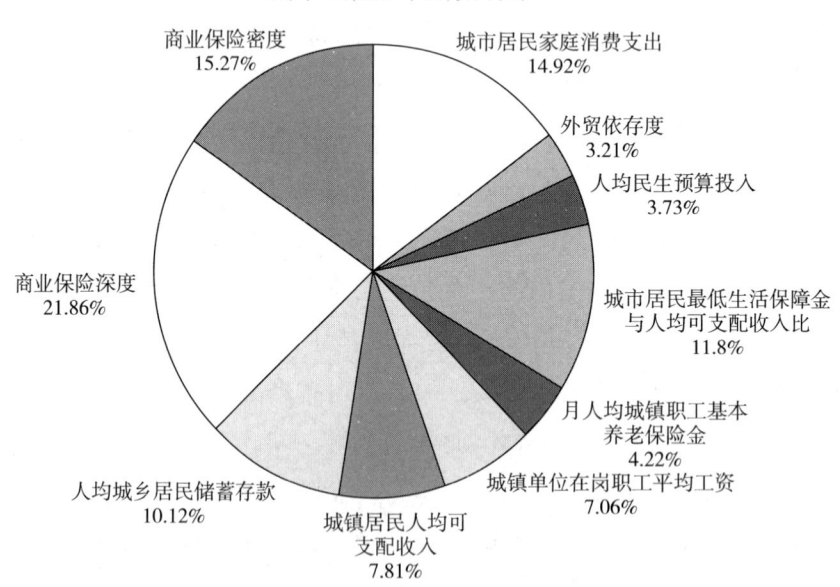

图 13 成都市经济金融维度得分组图

（二）海口

表24　2017年海口市各经济指标排名情况

单位：%

指标	商业保险密度	商业保险深度	人均城乡居民储蓄存款	城镇居民人均可支配收入	城镇单位在岗职工平均工资	月人均城镇职工基本养老保险金
排名	3.59	7.55	0.04	0.37	0.68	3.13
指标	城市居民最低生活保障金与人均可支配收入比	人均民生预算投入	外贸依存度	城市居民家庭消费支出	城镇居民养老金占人均可支配收入的比重	经济总分
排名	3.73	0.46	1.13	4.28	3.88	28.84

如表24所示，海口市经济金融维度得分为28.84%。海口是国家"一带一路"战略支点城市、北部湾城市群中心城市，也是海南省GDP最高的城市，拥有"中国魅力城市"、"中国最具幸福感城市"、"中国优秀旅游城市"、"国家环境保护模范城市"、"国家卫生城市"、"国家园林城市"、"国家历史文化名城"、"全国双拥模范城市"、"全国城市环境综合整治优秀城市"、"全国旅游标准化示范城市"等荣誉称号，曾荣膺由住建部颁发的"中国人居环境奖"，2016年获评"最具创新力国际会展城市"。随着"海上丝绸之路"建设，海口还将迎来更大的发展机遇期。在经济金融发展维度中，单项评分贡献率最高的依次有商业保险深度、城市居民家庭消费支出和城镇基础养老金占可支配收入的比重，分别是7.55%、4.28%、3.88%，这表明海口市商业保险对经济发展促进作用大，社会保障工作完善，当地居民消费意愿强烈，经济开放程度高，有利于引进外资，因此海口有非常好的条件，依托扎实的商业保险进一步优化商业环境、发展养老金融，依托优良的自然环境加速打造健康产业、康养产业。更为关键的是，海口四季温暖湿润，是众多生态农业的长期基地，也是老年人养老、游客旅游观光的高频景点，再加上生活成本低、国家政

策扶持，适合老年人候鸟式养老，因此在海口布局发展多业态健康养老产业，对于经济增长、人民增收具有重要意义。

海口市经济金融得分情况

（条形图，横轴为0~8(%)，项目包括：商业保险密度、商业保险深度、人均城乡居民储蓄存款、城镇居民人均可支配收入、城镇单位在岗职工平均工资、月人均城镇职工基本养老保险金、城市居民最低生活保障金与人均可支配收入比、人均民生预算投入、外贸依存度、城市居民家庭消费支出、城镇基础养老金占人均可支配收入的比例）

海口市经济金融维度得分构成

- 商业保险密度 12.45%
- 城镇基础养老金占人均可支配收入的比例 13.45%
- 城市居民家庭消费支出 14.84%
- 外贸依存度 3.92%
- 人均民生预算投入 1.6%
- 城市居民最低生活保障金与人均可支配收入比 12.93%
- 月人均城镇职工基本养老保险金 10.85%
- 城镇单位在岗职工平均工资 2.36%
- 城镇居民人均可支配收入 1.28%
- 人均城乡居民储蓄存款 0.14%
- 商业保险深度 26.18%

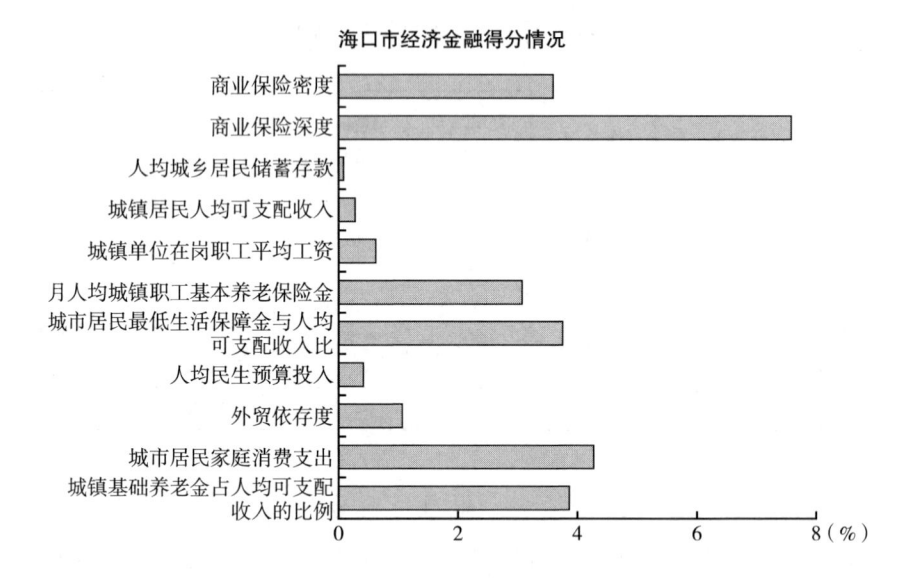

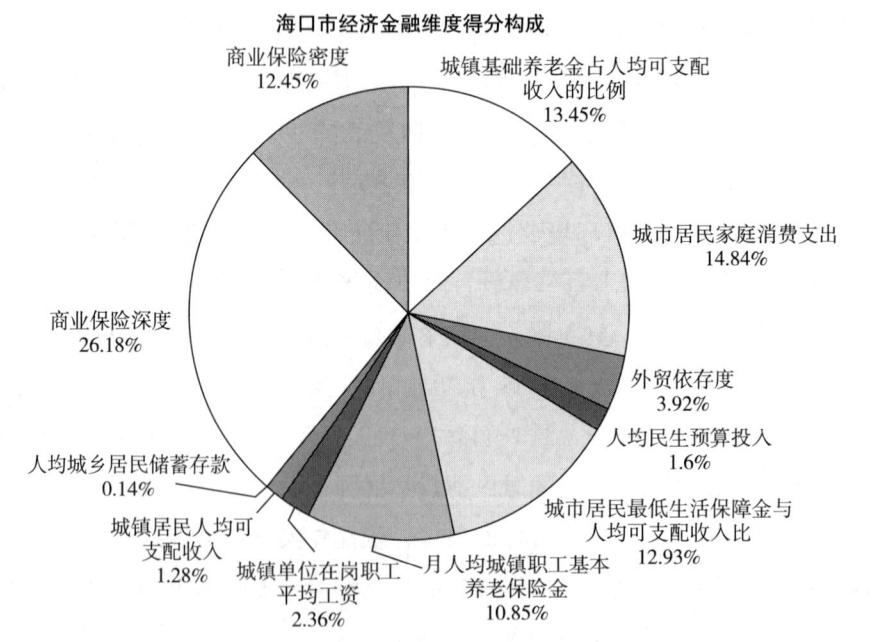

图14 海口市经济金融维度得分组图

（三）郑州

表25　2017年郑州市各经济指标排名情况

单位：%

指标	商业保险密度	商业保险深度	人均城乡居民储蓄存款	城镇居民人均可支配收入	城镇单位在岗职工平均工资	月人均城镇职工基本养老保险金
排名	5.66	6.49	1.81	1.92	0.00	3.67
指标	城市居民最低生活保障金与人均可支配收入比	人均民生预算投入	外贸依存度	城市居民家庭消费支出	城镇居民养老金占人均可支配收入的比重	经济总分
排名	4.29	2.52	2.63	5.12	2.66	36.78

如表25所示，郑州经济金融维度得分为36.78%。郑州市是著名的黄淮重镇，自古以来都是政治和兵家重地，历史文化和经济资源极其丰富，同时郑州正在依托交通枢纽的地位积极进行产业转型升级换代。一方面作为南北交通的必经之路，郑州是南北经济联系的关键节点；另一方面，作为第二亚欧大陆桥的前端城市，作为链接东西部陇海铁路线的枢纽节点，郑州也成了东西部经济联系的关键节点。纵横交错的交通线分布，让郑州全国交通运输枢纽城市的地位不断凸显，此外它还是全国最重要的商品粮基地之一。作为不断崛起的新技术和新制造城市，郑州可将适老设备制造和软件开发作为着力点，形成研发、制造、应用的完备产业链条，不断开辟新兴市场，不断提高资本利用效率。在此次金融维度指标的得分中，单项指标贡献率居前四位的是商业保险密度、商业保险深度、城镇居民消费支出和城市居民最低生活保障金与人均可支配收入之比，得分分别为5.66%、6.49%、5.12%、4.29%。这说明郑州消费潜能大，作为新兴的电子信息、制造业的成长中心和交通枢纽城市，郑州有能力将智能装备制造和适老宜居产业相结合，促进老龄制造业发展，把握住老龄化发展的宝贵机遇。

健康老龄化蓝皮书

郑州市经济金融得分情况

- 商业保险密度
- 商业保险深度
- 人均城乡居民储蓄存款
- 城镇居民人均可支配收入
- 城镇单位在岗职工平均工资
- 月人均城镇职工基本养老保险金
- 城市居民最低生活保障金与人均可支配收入比
- 人均民生预算投入
- 外贸依存度
- 城市居民家庭消费支出
- 城镇基础养老金占人均可支配收入的比例

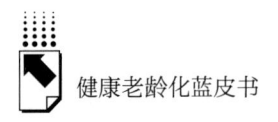

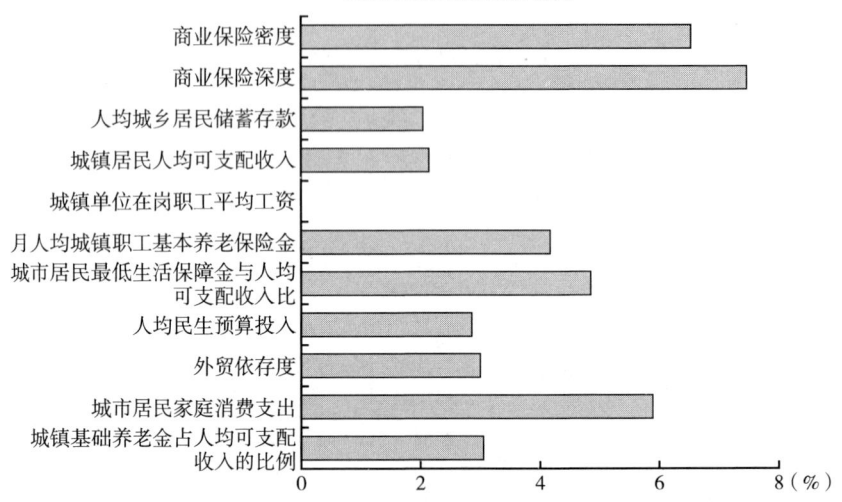

郑州市经济金融维度得分构成

- 商业保险密度 16.59%
- 城市居民家庭消费支出 15.01%
- 外贸依存度 7.71%
- 人均民生预算投入 7.39%
- 城市居民最低生活保障金与人均可支配收入比 12.58%
- 月人均城镇职工基本养老保险金 10.76%
- 城镇单位在岗职工平均工资 0%
- 城镇居民人均可支配收入 5.63%
- 人均城乡居民储蓄存款 5.30%
- 商业保险深度 19.03%

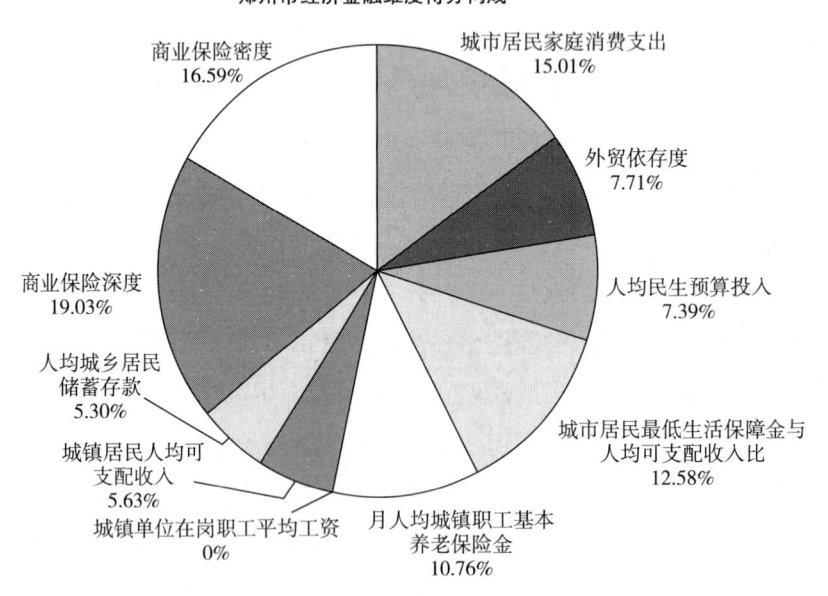

图15 郑州市经济金融维度得分组图

（四）长沙

表 26　2017 年长沙市各经济指标排名情况

单位：%

指标	商业保险密度	商业保险深度	人均城乡居民储蓄存款	城镇居民人均可支配收入	城镇单位在岗职工平均工资	月人均城镇职工基本养老保险金
排名	3.45	2.93	1.28	4.83	2.16	3.25
指标	城市居民最低生活保障金与人均可支配收入比	人均民生预算投入	外贸依存度	城市居民家庭消费支出	城镇居民养老金占人均可支配收入的比重	经济总分
排名	0.45	2.10	0.31	7.22	1.81	29.79

如表 26 所示，长沙经济金融维度得分为 29.79%。长沙是历史上著名的古都，也是历来的兵家要冲。眼下，作为连接长江江北和岭南、巴蜀和华东的枢纽要地，长沙在打通中原、华东、华西、华南、华中五个方位的经济贸易和金融联系，增进区域间人才和技术交流，承接产业转移和促进产业优化升级等方面具有独特的区位优势，而且还因其枢纽地位承担了巨大的贸易和人员吞吐任务。此次经济金融维度的排名当中，单项指标贡献率前三位的是城市居民家庭消费支出、城镇居民人均可支配收入、商业保险密度，分别为 7.22%、4.83%、3.45%。这说明长沙经济发展主要依靠内需拉动。其次，在互联网和信息科技发展的高峰期，长沙大力发展现代金融、制造、文化娱乐、互联网、人工智能、商业物流、新材料、生物制药等产业，为经济金融发展注入了更多、更强活力，也为养老金融、老龄产业发展提供了强有力的资金基础。同时，长沙作为中部快速崛起的城市，特色旅游业也正在快速发展，这也长沙发展康养产业提供了更多可能与选择。

健康老龄化蓝皮书

长沙市经济金融得分情况

- 商业保险密度
- 商业保险深度
- 人均城乡居民储蓄存款
- 城镇居民人均可支配收入
- 城镇单位在岗职工平均工资
- 月人均城镇职工基本养老保险金
- 城市居民最低生活保障金与人均可支配收入比
- 人均民生预算投入
- 外贸依存度
- 城市居民家庭消费支出
- 城镇基础养老金占人均可支配收入的比例

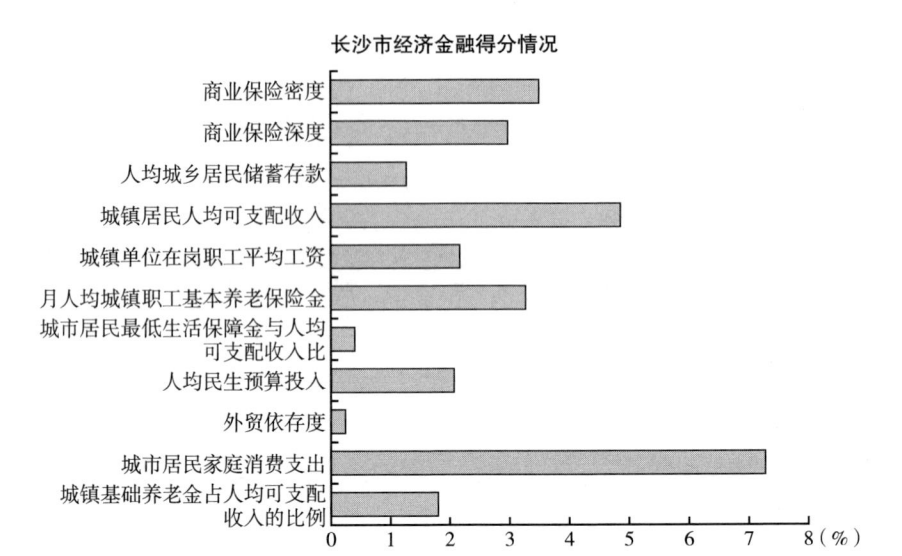

长沙市经济金融维度得分构成

- 城镇基础养老金占人均可支配收入的比例 6.08%
- 商业保险密度 11.58%
- 商业保险深度 9.83%
- 人均城乡居民储蓄存款 4.30%
- 城镇居民人均可支配收入 16.21%
- 城镇单位在岗职工平均工资 7.25%
- 月人均城镇职工基本养老保险金 10.91%
- 城市居民最低生活保障金与人均可支配收入比 1.51%
- 人均民生预算投入 7.05%
- 外贸依存度 1.04%
- 城市居民家庭消费支出 24.24%

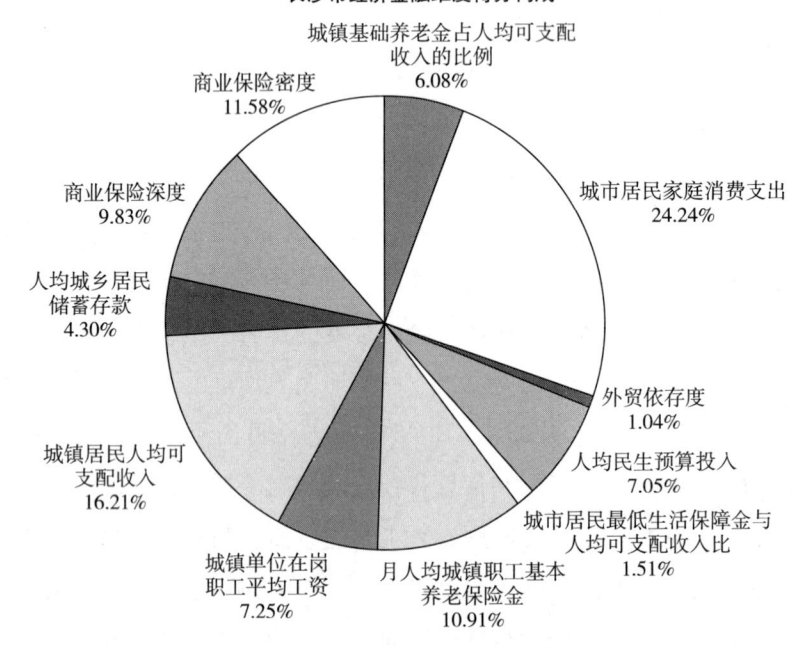

图16 长沙市经济金融维度得分组图

（五）杭州

表27　杭州市各经济指标排名情况

单位：%

指标	商业保险密度	商业保险深度	人均城乡居民储蓄存款	城镇居民人均可支配收入	城镇单位在岗职工平均工资	月人均城镇职工基本养老保险金
排名	4.04	3.61	2.54	7.57	3.76	4.63
指标	城市居民最低生活保障金与人均可支配收入比	人均民生预算投入	外贸依存度	城市居民家庭消费支出	城镇基础养老金占人均可支配收入的比例	经济总分
排名	3.36	2.44	2.20	8.28	2.40	44.83

如表27所示，杭州经济金融维度得分为44.83%。杭州市自古以来就享有"上有天堂，下有苏杭"的美誉，苏杭在经济金融、自然环境方面均有过人之处。在产业结构转型的背景下，杭州互联网大数据产业发展迅猛，衍生了电子商务、智能科技等高端产业。新兴的互联网和大数据产业能够和养老产业有效结合，在杭州发展智慧养老产业，并且利用其自身独特的金融经济优势，发展前沿的养老金融产业，将极大地提高资本的利用效率。在此次经济金融维度的得分中，单项指标占贡献率前三名的分别为城市居民家庭消费支出、城镇居民人均可支配收入、月人均城镇职工基本养老保险金，得分分别为8.28%、7.57%、4.63%。这说明杭州依靠其资本红利，已经建立较为完善的社会保障制度体系。不仅如此，"大数据+养老"、"互联网+养老"、"互联网+养老金融"等新业态，也为杭州经济金融创新发展融入了创新元素。同时，杭州气候宜人、环境优美，康养产业的持续发展，将为杭州经济社会发展特别是城市健康老龄化的提升创造更多的条件。

健康老龄化蓝皮书

杭州市经济金融得分情况

- 商业保险密度
- 商业保险深度
- 人均城乡居民储蓄存款
- 城镇居民人均可支配收入
- 城镇单位在岗职工平均工资
- 月人均城镇职工基本养老保险金
- 城市居民最低生活保障金与人均可支配收入比
- 人均民生预算投入
- 外贸依存度
- 城市居民家庭消费支出
- 城镇基础养老金占人均可支配收入的比例

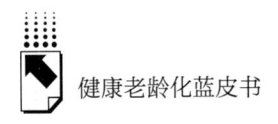

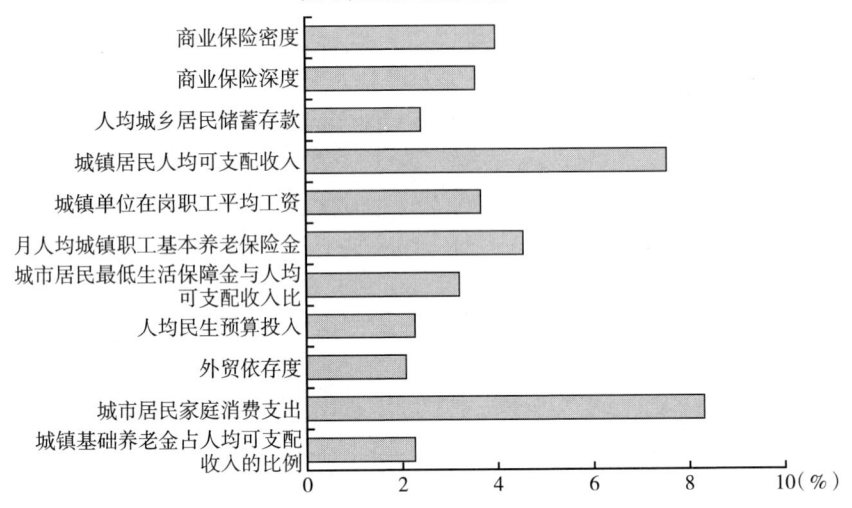

杭州市经济金融维度得分构成

- 城镇基础养老金占人均可支配收入的比例 5.35%
- 商业保险密度 9.05%
- 商业保险深度 8.05%
- 人均城乡居民储蓄存款 5.66%
- 城镇居民人均可支配收入 16.88%
- 城镇单位在岗职工平均工资 8.39%
- 月人均城镇职工基本养老保险金 10.32%
- 城市居民最低生活保障金与人均可支配收入比 7.49%
- 人均民生预算投入 5.44%
- 外贸依存度 4.91%
- 城市居民家庭消费支出 18.46%

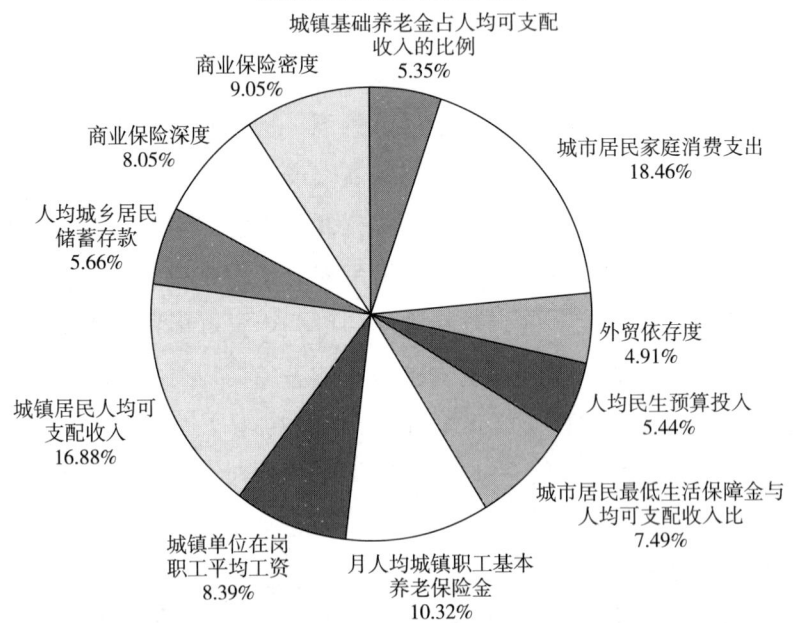

图17 杭州市经济金融维度得分组图

六 提高老年人经济金融保障水平的政策建议

（一）妥善解决养老保障中的"碎片化"问题，加大多元财政扶持力度

第一，国家应重视解决养老保障中的"碎片化"问题，针对社会养老保障体系呈现的城乡二元分割、多轨制并行等"碎片化"现象，完善顶层设计，明确各级政府及社会部门应承担的责任，加强对社会养老的财政支持，推动社会养老保障走向"整合化"，提升养老保障的可持续性。第二，地方政府应持续投入部分财政资金，探索成立股份制基金、补偿金、担保金等，重点发展基础性养老产业，通过政府调控与引导进一步降低企业的融资成本与风险。第三，各级政府加快推进"放管服"，统筹规范公私养老机构的价格政策，出台切实可行的税收优惠政策，加大行政性费用减免力度，简化优化养老机构的行政审批流程，并提供补贴与技术支持。第四，除加大在土地、设备及人力方面的支持，进一步加大对非营利性养老机构的优惠力度。第五，开辟通道、提供引导，继续争取社会公益基金与私人基金对养老基础产业项目的支持。

（二）构建"互动"、"融合"、"共享"的养老产业发展模式，发展壮大养老产业

第一，根据社会经济发展的实际情况，不断调整、优化政府管理职能，协同出台促进养老产业发展的系统性扶持政策，突出政策的引导性、延续性和创新性。构建政府角色与产业发展相契合的养老产业事业互动发展模式，政府根据养老产业发展现状厘清自身介入程度和介入方式，在价值引领、环境营造、条件保障和潜力开发中发挥调控作用，市场在公益性、生态性、发展性、资源性及产业关联、产业共同体方面发挥引导作用，努力形成养老事业与产业相辅相成、协同发力的发展格局。第二，地方政府充分发挥养老产业资源集聚、市场集聚以及规模经济和范围经济扩大的发展优势，构建内、中、外紧密联系的养老产业同心圈层，明确产业发展重点、发展逻辑，打造

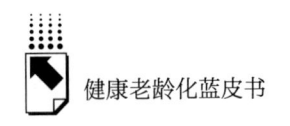

养老产业从单一业态到多业态再到业态融合的生态布局。进一步细分养老产业链发展要点，明确各业态在价值、空间、时间、供需、协作等关系中的定位与功能，构建具有中国特色和现代元素的产业链关联发展模式，确保区域内、区域间养老产业的均衡持续发展，发展壮大养老产业。

（三）形成"多层次"、"多支柱"、"多样化"的老年经济保障融资

城市作为老年人生活的环境和载体，在健康老龄化的目标之下，需要形成政府、个体、养老服务主体等多层次，基本养老保险、补充养老保险、个体养老储备等多支柱以及产品和类别多样化的老年经济保障融资。具体而言，一是加大养老金融产业资金流入量，提升基础设施融资能力。政府带头将部分社会保障资金、公共养老金投入债券、基金以及在长期内寻求安全回报的金融资产与金融衍生品。同时规范金融与资本市场，控制 IPO 数量，确保金融市场的持久活力与稳定性。同时加快金融体制改革，出台引导性、补贴性政策，创新合作模式、开拓合作平台，鼓励民间资本以多种途径参与建设基础养老产业项目。

二是鼓励商业银行面向养老金融产业加大信贷力度，扩大资金来源渠道。政府可以鼓励商业银行对从事养老金融衍生品与养老金融基础产业项目的企业扩大信贷资金投放；加大对养老社区、公私营及公私合营的养老公寓等项目的信贷投放。根据城市自身发展情况，适当扩大商业银行贷款担保范围，允许养老机构使用房地产抵押贷款、凭土地使用权等固定资产进行信用担保。鼓励养老金融行业领先企业，利用自己的信用融资，从金融机构获取资金参与发展养老产业项目。

参考文献

房连泉：《全面建成多层次养老保障体系的路径探讨——基于公共、私人养老金混

合发展的国际经验借鉴》,《经济纵横》2018 年第 3 期。

李琳:《健康中国战略下养老保障体系构建问题及对策研究》,《中国市场》2018 年第 4 期。

李彦景、戴震:《提高人民生活水平是实现社会和谐头等重要的大事》,《云南社会主义学院学报》2014 年第 2 期。

廖宇芳:《浅议新西兰退休储蓄计划的宣传推广》,《中国劳动保障报》2018 年 5 月 9 日。

林爱芹:《完善与当前经济发展相适应的社会保障体系》,《中国商论》2016 年第 17 期。

骆立云:《人口老龄化下的德国金融体系研究》,中国社会科学院研究生院博士学位论文。

欧阳洁:《创新升级,补上养老金融短板》,《人民日报》2018 年 4 月 16 日。

清华大学经管学院、同方全球人寿联合课题组:《2017 中国居民退休准备指数调研报告》,《保险理论与实践》2018 年第 1 期。

孙博:《老龄化时代需要大养老金融思维》,《中国社会保障》2016 年第 5 期。

孙明:《老龄化时代金融服务创新研究》,《时代金融》2018 年第 8 期。

许秀文:《社会养老保障何以走向"整合化"》,《人民论坛》2018 年第 10 期。

杨秀玲、邸达:《国外养老金融业发展的经验及借鉴》,《经济研究参考》2014 年第 52 期。

杨振轩、胡立君:《日本养老产业发展中的政府职能与启示》,《学术界》2018 年第 1 期。

泽临:《加快养老金融体系和养老保险体系建设》,《中国劳动保障报》2018 年 4 月 20 日。

张细松、牟芳华:《国外养老金融实践对中国商业保险的借鉴》,《保险理论与实践》2017 年第 8 期。

张旭:《法国养老金制度的重大转向——大众退休储蓄计划》,《特区经济》2012 年第 4 期。

张占斌、周跃辉:《关于中国经济新常态若干问题的解析与思考》,《经济体制改革》2015 年第 1 期。

张振刚、白争辉、陈志明:《绿色创新与经济增长的多变量协整关系研究》,《科技进步与对策》2014 年第 10 期。

B.5
中国大中城市老年人社会公平与社会参与发展报告

明亮 李春艳 张容嘉*

摘 要： 通过文献梳理可知，保障社会公平和促进社会参与对于老年友好型社会建设具有重要意义。我们选取了第三产业人口占比、每万人拥有律师数等11个指标对38个城市的社会公平与社会参与指数综合得分和单一指标得分进行排名，并分别对综合得分排名靠前的五个城市和综合得分排名靠后的五个城市做了比较分析，归纳了2017年一些城市社会公平与社会参与发展特征及其背后的影响因素。通过对2015~2017年各城市社会公平与社会参与指数变化情况的分析，本文指出了我国主要城市社会公平与社会参与状况的变化趋势特征。最后，从更好构建老龄友好型社会的角度，提出了进一步促进社会公平和扩大社会参与的相关对策建议。

关键词： 城市 社会公平 社会参与 老年友好型社会

党的十九大报告明确提出要打造共建共治共享的社会治理格局。所谓共建共治共享，从字面上理解即每个阶层、每个群体乃至每个人都应该参与建

---

* 明亮，成都市社会科学院社会学与法制研究所副所长、副研究员、博士，研究领域：老年社会学。李春艳，成都市社会科学院社会学与法制研究所，副研究员，研究领域：基层治理，社会政策。张容嘉，西南交通大学公共管理与政法学院，本科生。

设、治理并享受社会发展成果。显而易见，现代社会治理体系离不开老年群体的参与。截至2017年底，我国60岁以上老年人口数量达2.41亿，约占总人口的17.3%。老年人是宝贵的社会财富和资源，积极应对人口老龄化就是要通过构建完善的制度体系，不断提升公共服务水平，赋予老年人公平参与社会发展、治理的机会。

一　我国社会公平与社会参与现状

根据世卫组织出版的《积极老龄化——政策框架》一书，"积极老龄化"是指"人到老年时，为了提高生活质量，使健康、参与和保障的机会尽可能发挥至最大效应的过程"。其中，"积极"强调的是继续参与社会、公益事务等。"健康、参与、保障"是实现积极老龄化的三个层面。经梳理、分析现有研究，我们认为，要从积极应对人口老龄化的视角来审视社会公平与社会参与，就要重点关注两方面的问题：一是保障和维护老年人共享经济社会发展成果，二是尊重和维护老年人的社会参与权利。

（一）积极老龄化视角下的社会公平

所谓社会公平，是指在一定的社会管理体制下，为社会大众提供平等的生存发展机会和社会环境。社会公平主要体现在经济生活、政治生活、文化教育生活中。积极老龄化视角下的社会公平更多的是关注如何让每一个个体（尤其是老年人）平等地参与社会活动，平等地享受就业、教育、保障等发展成果。与社会公平相关的一个概念是社会排斥。社会排斥通常被定义为"一个复杂和多层面的进程，它涉及缺乏或剥夺资源、权利、货物和服务，以及无法参与社会大多数人可以利用的正常关系和活动，无论是在经济、社会、文化或政治领域，它既影响个人的生活质量，也影响整个社会的公平和凝聚力"。经过相关领域的泛化，社会排斥可意指为社会主导群体在不同层面上对被边缘化的社会弱势群体的排斥。相关研究指出，在不断加剧的人口老龄化背景下，我国的老年群体正在经历"社会排斥"的过程，这种社会

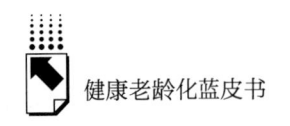

排斥主要体现在包括医疗护理和社会救助在内的社会制度层面，以及包括日常生活服务和劳动就业等在内的社会意识层面。

关于老年公平。联合国于2016年年底发布了《老年公平在中国》，指出了中国老年人在健康、保障、参与三方面的差异，其中，老年社会参与方面的差异主要包括以下几点：养老金收入较低，使得农村老年人口的劳动参与率比城镇地区高；男性老年人的政治参与更加积极；角色和文化方面有着不同预期；富裕地区老年人的社会参与更多。杜鹏、谢立黎将中国老年公平问题总结为健康公平、保障公平和参与公平等三个方面，认为中国老年不公平主要体现在健康水平、医疗卫生资源、社会保障、经济收入和社会参与等方面存在较为严重的城乡不公平和性别不公平，农村老年人和女性老年人更容易处于劣势。究其原因，包括制度因素、经济因素和文化因素等多方面[①]。

社会公平与社会保障。早有研究指出，社会公平的实现必须依靠完善的社会保障制度，但是社会保障制度的完善与社会公平的实现不能以牺牲效率为代价来实现。只有实现公平与效率的辩证统一，才能对社会发展产生最积极的效应。有学者立足中国老龄化社会的实际，运用马克思主义公平正义理论，分别从市场经济和按劳分配制度下，社会公平正义的缺失、社会保障体系不够健全和完善，对老龄群体的生存权和发展权保障不力以及社会生产力不够发达，解决老龄化问题缺乏必要的前提和物质基础等方面，对中国的老龄化问题进行了全面而深刻的分析。

社会公平与健康公平。目前关于积极老龄化视角下的社会公平问题，更多的研究涉及健康公平。比如仲亚琴、高月霞等认为，不同社会经济地位的老年人之间存在健康不公平，城市老年人的健康水平和卫生服务利用率高于农村老年人，东部老年人的健康水平和卫生服务利用率高于西部老年人[②]。

社会公平与老年就业。丛喜静、王兴平从社会公平的视角出发，在明确

[①] 杜鹏、谢立黎：《中国老年公平问题：现状、成因与对策》，《中国人民大学学报》2017年第2期。

[②] 仲亚琴、高月霞等：《不同社会经济地位老年人的健康公平研究》，《中国卫生经济》2013年第12期。

老年人就业及就业空间环境概念的基础上,以南京市为例,提出现阶段老年人就业空间环境存在的问题,并从就业出行环境、就业设施环境、空间无障碍环境三个方面提出应对策略[1]。

社会公平与文化教育。有研究认为,中国老年教育不公平主要体现在起点不公平、过程不公平、结果不公平三方面,原因在于对老年教育本质的误判、对老年大学的社会身份认同度不同、体制安排的"基因缺陷"、缺乏中央政府的政策体系支撑、老年教育现有办学模式单一。

社会公平与老年人权益保障。周光大认为,维护社会公平,须认真贯彻《老年人权益保障法》[2]。姚立瑛提出,积极应对人口老龄化,需认清老年人权益保护的重要性。2016年,山东省加强老年人权益保障体系建设,探索建立更加有利于实现社会公平的老年优待模式,积极应对人口老龄化[3]。

社会公平与性别平等。有研究从性别视角、生命周期视角、积极老龄化视角展开研究,提出老年妇女是不能忽视的群体,认为不能简单机械地将老年妇女视为单维度的弱势和被动受助的社会群体,而是要全面系统地认识其积极作用;不应简单地批评家庭性别分工方面的不公平,而要全面系统地认识老年男性的家庭角色。

(二)积极老龄化视角下的社会参与

积极老龄化视角下的"社会参与"是在健康、劳动力市场、就业、教育和社会政策,以及计划都支持他们能充分参与社会经济、文化和精神生活的条件下,人们年老时就能按照自己的基本人权、能力、爱好和需要,继续通过公益和非公益性等方式发挥余热,实现自身价值。刘颂通过对成功老龄化、健康老龄化、积极老龄化这三种老龄观的比较,看出积极老龄化是老龄

---

[1] 丛喜静、王兴平:《基于社会公平视角的老年人就业空间环境研究》,中国城市规划年会,2015。
[2] 周光大:《维护公平正义认真贯彻〈老年人权益保障法〉》,《广西社会科学工作者协会"坚持维护社会公平正义"学术研讨会》2013年第1期。
[3] 姚立瑛:《老龄化社会下的老年人权益保护》,《开封教育学院学报》2015年第11期。

观的一个革命性变革[1]。积极老龄化的意义在于将老龄化对经济的压力转化为促进可持续发展的动力。实现这一意义的途径是社会参与。但是出于当前我国社会以及老年人自身的原因，老年人的社会参与不足。她认为要更好地实现社会参与，要大力发展老年教育，建构"家门口"的老年社会参与。韩青松认为在支持和促进老年人参与社会的法制环境、产业结构等社会发展方面存在着不完善的地方，如劳动市场对老年劳动力的排斥，对老年人社会参与权利的忽视，要完善关于老年人社会参与的法律保障，营造一种社会支持环境，使老年人更好地融入社会[2]。王婷、姚家畅等提出，老年人社会参与面临家人不支持、社会不理解的观念困境，政策法规缺乏和不完善的困境，以及信息缺乏和可靠性缺失的多重困境，据此，提出促进积极社会参与的创新途径[3]。

关于老年教育方面。Gillian 等人的研究表明老年人有着强烈的求知欲望，老年人愿意通过学习不断活跃思维进而丰富他们的生活，当然通过学习更能使老年人生活独立从而减轻社会负担[4]。Kirst 等人认为随着时代的进步，任何事物的发展都是处在迅速变化中的。要想老年人能够与时俱进，跟上社会发展的脚步，就必须通过学习来充实老年人的文化生活。那么，学习理所当然应该是积极老龄化的重要环节[5]。刘颂认为积极老龄化框架中的老年教育是以老年人为教育对象并且存在于终身教育的范畴中。要想老年人保持身心健康、发挥剩余价值、成为推动社会进步和发展的生力军，就要通过老年教育等一系列的特殊教育活动向老年人传授新知识与新技能[6]。美国心

---

[1] 刘颂：《积极老龄化框架下老年社会参与的难点及对策》，《人口与社会》2006 年第 4 期。
[2] 韩青松：《老年社会参与的现状、问题及对策》，《南京人口管理干部学院学报》2007 年第 3 期。
[3] 王婷、姚家畅、曹羽丰：《积极老龄化视角下老年人社会参与途径创新》，《管理观察》2017 年第 29 期。
[4] Boulton-Lewis, Gillian M., Buys, Laurie and Lovie-Kitchin, Janette E. (2016). "Learning and Active Aging". Educational Gerontology (4): 271–282.
[5] Kirst Ala-Mutka, Norbert Malanowski, Yves Punie, Mareelino Cabrera. "Active Aging and the Potential of ICT for Learning". JRC Scientific and Rechnical Reports, 2008.
[6] 刘颂：《积极老龄化框架中的老年教育》，《老年大学》2009 年第 7 期。

理学家 Edward Thorndike 的主要观点是个人的学习能力不会随着年龄的增长而消失，老年人其实还是具备继续接受教育的能力的，他十分重视老年教育，肯定了该教育的作用，为该教育继续发展提供了理论依据。AIUTA 主席 Louis Bourgeois 认为老年教育发展前途无限，因为老年人的教学内容是无限制的，各方面的内容都可以，要以新的知识、技术来充实老年人的生活。魏华忠、杨晓通过对中国与日本老龄化现状进行的归因分析，提出应该以对老年人进行教育、提高老年人文化素质来应对人口老龄化，这就需要整个社会培养一种全新的观念，形成老年人争相学习的氛围[1]。郭莲纯认为应该加快建立和完善我国老年教育发展的管理体制及运行机制，提高对老年文化教育发展的认识[2]。

关于养老文化方面。Steven Ney 指出一个国家文化水平的高低直接影响它落实积极老龄化的进程，只有树立健康积极的老龄观才能摆脱消极老龄化的束缚，实现真正的积极老龄化[3]。这都足见文化素养对老年生活的影响。姚远等从尊老养老文化是制定老龄化政策的理论依据的角度对养老文化进行论述[4]。他认为老年人独立自主以及追求高品质生活的人生态度是随着社会经济的发展而变化的。那么我国老龄化政策的制定更要适应老年人的发展变化，淡化他们的年龄意识，让老年人通过参与社会实践不断提高自身的自理自立的能力。

在老年人就业方面。研究主要集中在 Miriam 等人倡导积极老龄化下的老年人继续工作，他们认为老年人保持继续工作的状态对其生活质量的提高有着决定性的作用，在积极老龄化中促进老年人继续工作的关键是让老年人

---

[1] 魏华忠、杨晓：《老龄化社会教育对策的跨文化研究》，《人口与经济》2007 年第 1 期。
[2] 郭莲纯：《老年教育发展问题的实践探索》，《继续教育研究》2011 年第 9 期。
[3] Steven Ney. "Active Aging Policy in Europe: between Path Dependency and Path Departure". *Aging International*, 2015.
[4] 姚远、范西莹：《从尊老养老文化内涵的变化看我国调整制定老龄政策基本原则的必要性》，《人口与发展》2009 年第 2 期。

在较好的工作环境中做他们感兴趣的事情[1]。Jana等认为斯洛文尼亚提出的促进老年人就业的政策在很大程度上缓解了人口老龄化带来的劳动力供给失衡、财政赤字等一系列问题[2]。张戌凡认为，劳动力人口逐年减少为老年人力资本的投入提供可能性。在人口老龄化的影响下，"在'人口机会窗口'关闭后，我国劳动力市场必然出现结构性的转变，中国整体劳动力资源环境向中老年劳动力模型转变"[3]。还有学者指出，老年人的再就业有利于减轻家庭养老负担，促进家庭人际和谐。"老年人不再是家庭、社会单纯的利益分享者，同时也是其经济效益的创造者之一，这有利于老年人保持自尊感和价值感，维护其一家之长的地位；另一方面，老年人投入社会工作，扩大了人际交往的频率和范围，便不再会整天待在家中倍感寂寞惆怅，抱怨子女只顾工作而不关心自己，从而大大减少了家庭的代际矛盾冲突，有利于营造幸福和谐的家庭氛围"。同时，我国也面临人口老龄化进程中老年人口素质普遍偏低的问题，赵飞认为这主要体现在：一是老年人口素质平均水平低，二是老年素质教育参与率不高，三是老年教育形式单一，四是发展不够平衡[4]。

综上所述，关于积极老龄化视角下的社会公平与社会参与的文献不多，现有研究多关注老年人的社会公平与社会参与，而忽视了社会其他群体在人口老龄化社会中的社会公平保障。积极应对人口老龄化，应平等地对待每一个群体，不忽视老年群体固然重要，但也不能因过度强调老年群体而忽视其他群体的权益保障，毕竟积极应对人口老龄化要整个社会联动起来。用量化指标从社会公平与社会参与的角度衡量一个地区积极应对人口老龄化的行动及适老化环境的构建是一种有益尝试。

---

[1] Miriam Hartlapp and Gunther Schmid (2008). "Labour Market Policy for Active Aging in Europe: Expanding the Options for Retirement Transitions." *Journal of Social Policy*. (5): 409-431.

[2] Jana Znidarsic and Vlado Dimovski. "Active Aging on the Company Level: the Theory Vs. The Day-to-Day Practice in Slovenia". Economic and Business Review, 2009.

[3] 张戌凡：《老年人力资源开发的结构动因、困境及消解路径》，《南京师大学报》（社会科学版）2011年第6期。

[4] 赵飞：《我国人口老龄化与老年人力资源开发》，吉林大学硕士学位论文，2004。

二 社会公平与社会参与指标说明与数据计算

对于老年群体而言，社会公平与社会参与更多的是一种主观体验，即老年人是否有公平参与的机会，是否感受到社会排斥，能够在多大程度上体验到社会发展带来的好处。但要衡量一个城市是否属于老年友好型城市，是否对老年群体而言宜居，就需要对不同面向的城市建设发展情况做量化比较。

在社会公平与社会参与方面，我们选取了第三产业人口占比、每万人拥有律师数、每万人拥有群众文艺馆数、公共安全支出占公共预算财政支出比、人均居住支出构成、人均住房建筑面积、居民消费价格指数5年（简称CPI5年）算术平均、每万人在校大学生数、互联网宽带接入数占常住人口比、娱乐教育文化服务占总消费支出比、人均教育支出共11个指标来测量各城市的社会公平与社会发展情况。各指标的相关说明如下。

（1）第三产业人口占比：是指城市从事第三产业人数占当地总就业人数之比。该指标反映了当地服务业发展水平和产业结构状况，能够在一定程度上反映养老服务业的发展情况和老年人可以利用的服务人力资源。

（2）每万人拥有律师数：用当地注册律师数乘以一万除以人口总数，即可得到每万人拥有当地律师数。该指标反映了当地法治建设水平，表明当地可供用于服务保障民生的律师数量，是全国全面小康建设监测指标。

（3）每万人拥有群众文艺馆数：用城市群众文艺馆数乘以一万除以总人口数，得到每万人拥有群众文艺馆数。反映了当地公共文化服务体系建设水平，是衡量一个城市保障老年人公共文化权益的重要指标。

（4）公共安全支出占公共预算财政支出比：用某一城市的公共安全支出总额除以其公共预算财政支出总额。反映了一个城市的公共安全状况和为了构建安全的社会环境而投入的公共资源数量，可从不同方面反映一个城市的宜居性。

（5）人均居住支出构成：是指城市人均居住支出额除以城市居民家庭

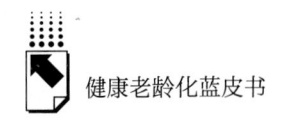

消费支出总额。该指标是城市居民消费结构的一种反映，也可用于衡量城市的宜居指数。当城市居民家庭消费支出中住房支出占比过高，这座城市对于多数市民来讲就是不宜居的。

（6）人均住房建筑面积：是指截至某一时点，城市住房面积总额与城市总人口之比。该指标是对市民生活质量的一种测量，人均住房面积的高低与城市居民的生活质量有一定的相关性。

（7）居民消费价格指数5年算术平均：将某一城市最近五年来一组固定商品按当期价格计算的价值除以该组固定商品按基期价格计算的价值后乘以100%所得到的数值加总，再除以五。

（8）每万人在校大学生数：是指城市某一时点在校大学生人数乘以一万，除以同期城市常住人口总数。该指标直接反映了一座城市的高等教育发展水平，同时也可用于对城市发展活力的考量。

（9）互联网宽带接入数占常住人口比：是指接入互联网宽带的人口数量占当地常住人口数量的比重。反映了一座城市的信息化建设水平，使用互联网宽带的人口比例越高，表明这座城市的信息便利化程度越高。

（10）娱乐教育文化服务支出占总消费支出比：指用于娱乐教育文化服务的支出占总消费支出的比重，反映了城市居民的消费偏好特征。现代社会，伴随着生存型消费支出比重的降低，享乐型消费和发展型消费比重将不断提升。

（11）人均教育支出：用城市教育总支出除以当期常住人口数即可得城市人均教育支出，反映了当地的教育投入和发展水平。

三 社会公平与社会参与指标总体排名情况分析

通过上述11个指标收集的数据，可构成38个城市社会公平与社会参与质量数据矩阵。通过无量纲化处理后，可计算出所有城市相关指标数据加权评价得分，并计算得出以百分比形式表现的各城市在社会公平与社会参与方面的分值。

（一）社会公平与社会参与指标总得分排名情况

根据11个指标测量得出的各城市社会公平与社会发展方面的得分情况如表1所示，得分均值为35.76%，极值差为28.18%，表明各城市的社会公平与社会发展水平表现得不如人意，且各城市间的差异较大。其中，得分在40%以上的城市有9个，分别是南京、珠海、北京、武汉、济南、广州、银川、昆明和成都。有20个城市的得分在30%~40%之间。得分低于30%的城市有9个，按分值由高到低分别是上海、呼和浩特、哈尔滨、石家庄、大连、沈阳、合肥、西宁和长春。

表1 社会公平与社会发展总得分排名情况

单位：%

城市名称	总得分	排名	城市名称	总得分	排名
南京	52.31	1	宁波	34.26	20
珠海	50.92	2	郑州	33.76	21
北京	47.30	3	重庆	33.67	22
武汉	46.34	4	无锡	33.05	23
济南	44.97	5	厦门	32.29	24
广州	44.80	6	苏州	32.28	25
银川	42.79	7	深圳	32.11	26
昆明	41.75	8	南昌	31.61	27
成都	40.36	9	青岛	30.88	28
天津	39.90	10	福州	30.14	29
长沙	39.15	11	上海	29.90	30
贵阳	39.09	12	呼和浩特	29.60	31
兰州	38.85	13	哈尔滨	29.43	32
太原	38.82	14	石家庄	27.58	33
乌鲁木齐	38.58	15	大连	26.32	34
西安	37.60	16	沈阳	25.87	35
海口	37.52	17	合肥	25.15	36
南宁	36.20	18	西宁	24.30	37
杭州	35.14	19	长春	24.13	38

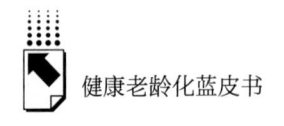

图1是根据各城市社会公平与社会发展综合得分情况进行排名的直观呈现，38个城市的综合得分连线构成了一条较为平滑的下行曲线。一个明显的特征是，在各个分值区间的城市并不存在显著的区域特征。即不管是分值高于40%的城市，抑或是处于30%～40%之间的城市，还是低于30%的城市，都不存在绝对的地域分布和经济发展水平相关性。如得分较高的城市中，既有北京和广州这样的一线城市，又有银川、昆明和成都等西部城市；在分值较低序列的城市中，既有上海这样的经济巨头，也有西宁、长春等欠发达城市。但同时又存在另外一个明显的特征，即最低得分区间以北方城市居多，在总计9个城市中，北方城市就多达6个。看似悖论的两个特征表明，虽然各城市的社会公平与社会发展指数与经济发展水平和地域分布不存在绝对的联系，但北方城市特别是东北城市的整体表现要相对差一些。

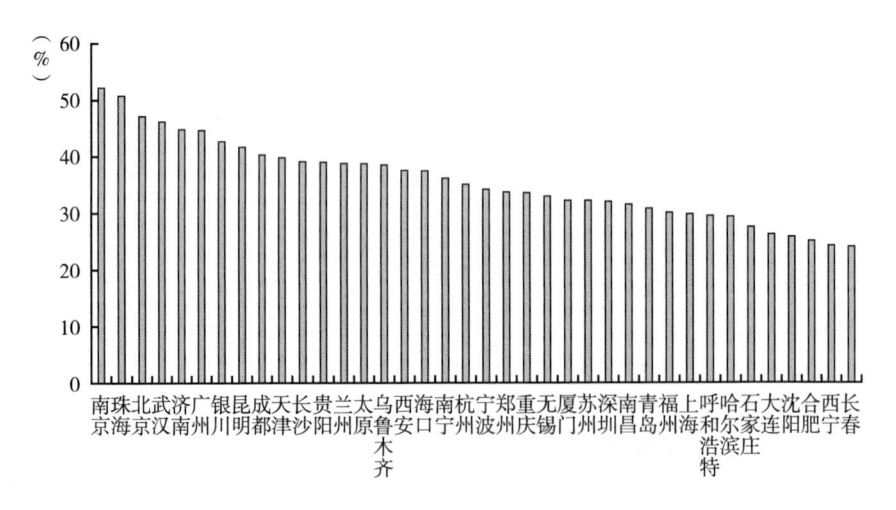

图1 社会公平与社会发展总得分排名情况

（二）社会公平与社会参与一级指标排名情况及分析

1. 第三产业人口占比

第三产业人口占比，反映一个城市在一定时期内从事第三产业的人数与该城市总劳动人口之间的关系。第三产业人口占比可以从侧面反映政府对第三产业发展的支持力度。第三产业人口占比越高，说明政府对第三产业的支持力度越大，城市居民可以享受的服务也就可能越好。

表2 第三产业人口占比得分排名情况

单位：%

城市名称	总得分	排名	城市名称	总得分	排名
北京	100.00	1	太原	50.40	20
银川	90.07	2	长沙	48.97	21
呼和浩特	84.04	3	大连	47.74	22
海口	81.63	4	长春	46.88	23
上海	73.06	5	武汉	44.31	24
石家庄	72.32	6	贵阳	43.37	25
广州	72.19	7	天津	42.77	26
乌鲁木齐	71.65	8	杭州	41.39	27
成都	70.58	9	青岛	36.05	28
哈尔滨	69.58	10	郑州	35.42	29
西安	64.40	11	合肥	28.80	30
昆明	60.87	12	福州	28.59	31
西宁	59.98	13	深圳	25.56	32
南宁	59.06	14	南昌	23.13	33
济南	57.32	15	宁波	22.50	34
沈阳	54.67	16	珠海	21.87	35
兰州	53.62	17	厦门	19.84	36
南京	51.96	18	无锡	17.01	37
重庆	50.91	19	苏州	0	38

本报告将对第三产业人口占比这一指标进行分析，在研究选取的中国38个大中城市中，北京市的第三产业人口占比得分最高，指标得分为100.00%；而苏州市的第三产业人口占比得分最低，得分为0。第三产业人口占比排名前五的城市依次为北京、银川、呼和浩特、海口、上海，其第三产业人口占比的得分分别为100.00%、90.07%、84.04%、81.63%、73.06%。第三产业人口占比排名最后五个城市分别为苏州、无锡、厦门、珠海、宁波，其第三产业人口占比的得分分别为0、17.01%、19.84%、

21.87%、22.50%。以上排名看似并无规律而言,因为排名靠前的城市既有东部沿海城市,也有中西部的城市,排名靠后的多为东部经济较为发达的城市,但是因为第三产业人口占比不仅与第三产业发展情况有关,还与当地总劳动人口有关,必须结合当地实际情况进行具体分析。

2. 每万人拥有律师数

律师作为法律工作者,在服务保障民生的建设过程中具有不可替代的作用。随着法律法规的日渐完善和普法活动的不断推进,城镇居民的法律意识也在不断提升,带动了律师行业的不断增长。每万人拥有律师数也就成为衡量一个地区法治建设水平的重要标志。

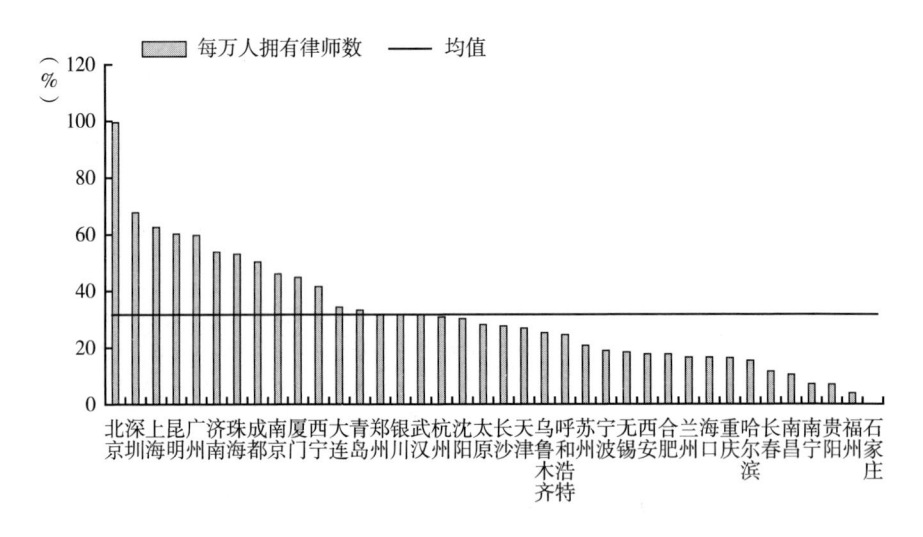

图2 每万人拥有律师数得分排名情况

在研究选取的中国 38 个大中城市中,北京市每万人拥有律师数得分排名最高,得分为 100.00%;石家庄市每万人拥有律师数得分排名最低,得分为 0。每万人拥有律师数排名前五的城市依次为北京、深圳、上海、昆明、广州,其得分分别为 100.00%、68.15%、62.98%、60.55%、60.04%。每万人拥有律师数排名最后五位的城市为石家庄、福州、贵阳、南宁、南昌,其相应得分分别为 0、4.02%、7.15%、7.19%、10.58%。

以上数据表明，每万人拥有律师数在一定程度上与城市经济发展水平相关，因此，政府对法律事业的扶持力度应该采取区域化差别对待的态度。对于经济发展较为缓慢、律师事业发展不完善的地区，政府应加大对律师队伍建设的财政投入甚至是政策支持。对于经济水平较高、律师行业发展较好的城市，政府应引导公民树立法律意识，合理利用律师资源。

3. 每万人拥有群众文艺馆数

经过长期不断发展，全国各地大小城市乃至农村都已经拥有较为完善的公共文化设施。然而，随着经济的不断发展以及人们文化程度的日益提升，当前的公共文化设施的资源配置仍存在不均衡的问题。

在研究选取的中国 38 个大中城市中，南京市每万人拥有群众文艺馆数这一指标得分最高，为 100.00%；深圳市每万人拥有群众文艺馆数得分最低，为 0。其中，每万人拥有群众文艺馆数排名前五的城市依次为南京、银川、济南、呼和浩特、乌鲁木齐；每万人拥有群众文艺馆数排名后五的城市为深圳、北京、广州、上海、苏州。

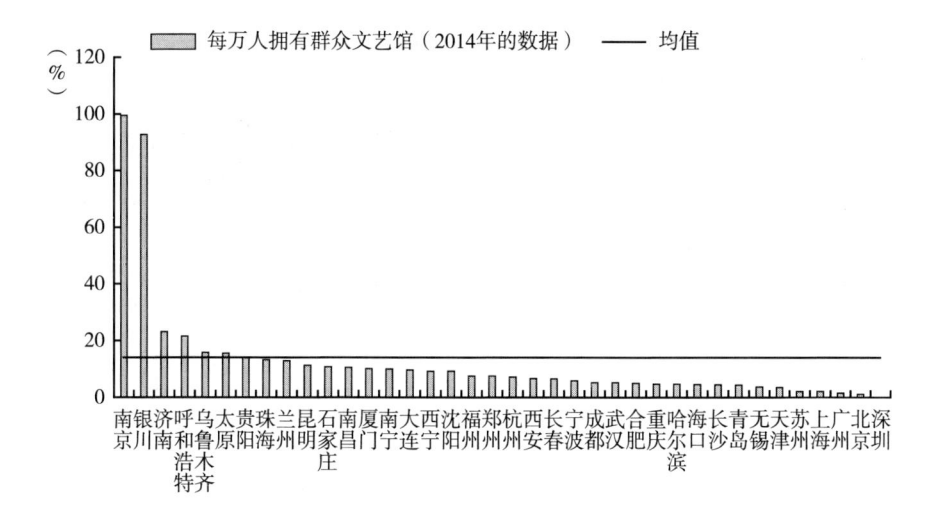

图 3　每万人拥有群众文艺馆数得分排名情况

从以上数据可以看出，排名靠前的城市多为中西部城市，而东南沿海城市的排名反而相对靠后。一部分原因可能是中西部地区由于经济相对欠发达，人口外流情况较为严重，导致其常住人口较少，文艺馆设施的占用情况也相对较少；而东南沿海城市由于其经济发展水平较高，大量中西部地区人口流入，因此每万人拥有群众文艺馆数得分较低。

4. 公共安全支出占公共预算财政支出比

表3反映了中国38个大中城市的公共安全支出占公共预算支出比。在该指标下，排名前五的城市为广州、贵阳、乌鲁木齐、珠海、北京，其得分分别为100.00%、97.16%、93.55%、89.58%、83.54%；排名后五的城市分别为合肥、西宁、郑州、上海、呼和浩特，其得分分别为0、3.85%、4.55%、17.03%、17.31%。分析可得，排名较为靠前的城市多为有大量外来人口流入的东南沿海城市或发生过重大安全事故的城市，因此政府十分重视并加大在公共安全方面的支出；而排名较为靠后的城市则多为人口流动性低或社会治安良好的城市。

表3 公共安全支出占公共预算财政支出比得分排名情况

单位：%

城市名称	总得分	排名	城市名称	总得分	排名
广州	100.00	1	大连	44.34	20
贵阳	97.16	2	石家庄	42.85	21
乌鲁木齐	93.55	3	武汉	39.28	22
珠海	89.58	4	重庆	37.94	23
北京	83.54	5	福州	36.16	24
昆明	81.73	6	南昌	33.92	25
海口	80.06	7	青岛	32.42	26
兰州	61.57	8	西安	31.22	27
济南	61.00	9	长沙	31.06	28
南宁	59.75	10	厦门	28.97	29
成都	59.53	11	天津	28.09	30
太原	56.39	12	长春	26.43	31
南京	54.68	13	银川	23.07	32
宁波	51.56	14	哈尔滨	18.88	33
苏州	50.30	15	呼和浩特	17.31	34

续表

城市名称	总得分	排名	城市名称	总得分	排名
沈阳	50.29	16	上海	17.03	35
杭州	49.45	17	郑州	4.55	36
深圳	48.37	18	西宁	3.85	37
无锡	48.37	19	合肥	0	38

5. 人均居住支出构成

人均居住支出构成得分反映了城市居民用于居住的支出占城市居民家庭消费支出的比重，得分越高则比重越小。在对我国38个大中城市的人均居住支出构成的研究中，得分排名前五的城市为银川、南宁、西宁、哈尔滨、西安，得分为100.00%、97.83%、93.24%、89.80%、63.74%；排名后五的城市分别为沈阳、上海、北京、济南、杭州，得分分别为0、8.70%、16.53%、28.13%、30.29%。

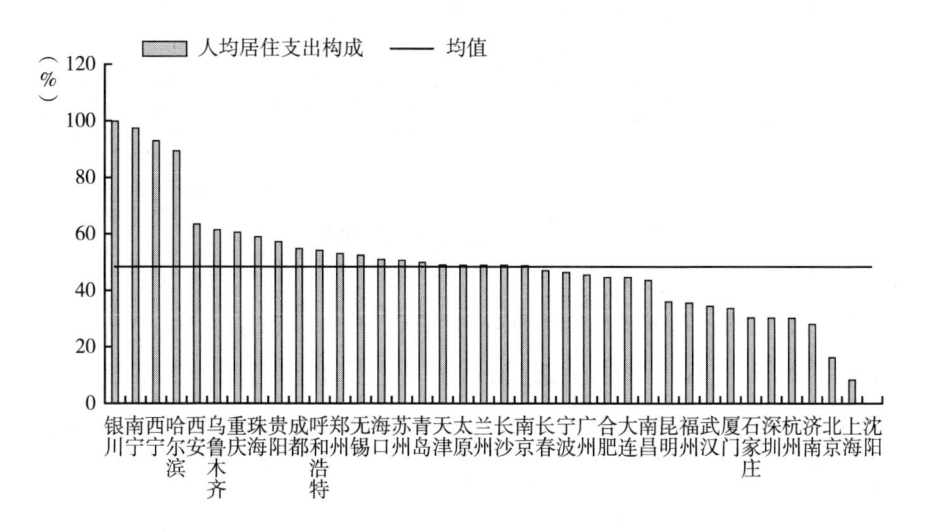

图4　人均居住支出构成得分排名情况

经过分析可以看出，排名前五的城市多为中西部等经济发展水平略低且房价不高的城市，因此这些城市的居民用于居住的支出占城市居民家庭消费支出的比重较低，而排名后五的城市则多为经济水平高、房价增长快的城

市，因此用于居住的支出占城市居民家庭消费支出的比重相对较高。

6.人均住房建筑面积

人均住房建筑面积是反映一座城市发展水平的重要指标，得分越高的城市说明其人均住房建筑面积越大。在该项指标下，排名前五的城市为无锡、长沙、济南、苏州、昆明，得分为100.00%、99.84%、98.22%、93.76%、92.54%；排名后五的城市分别为天津、呼和浩特、广州、西宁、上海，得分为0、2.76%、13.50%、20.88%、21.96%。

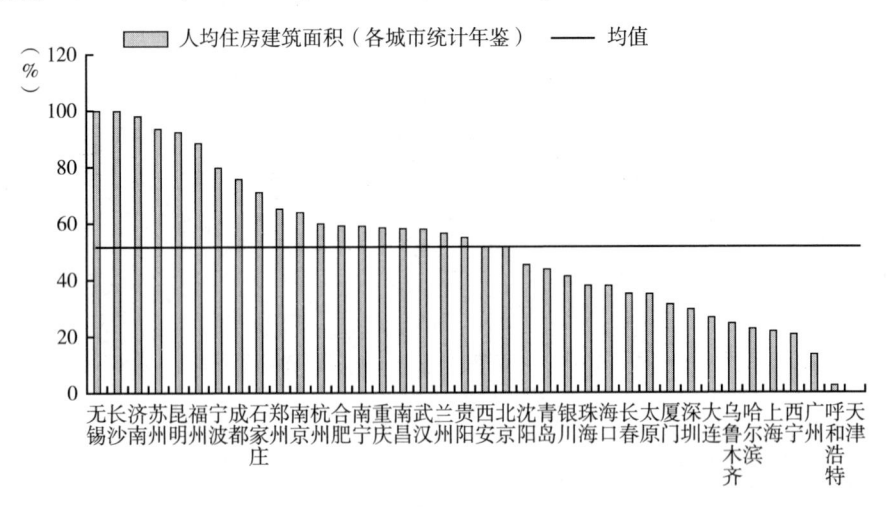

图5 人均住房建筑面积得分排名情况

排名靠前的城市大多房地产业发展较好，且人口规模适中，气候相对温和，因此其得分较高。而排名靠后的城市中，天津、广州、上海由于经济发展水平高，外来人口流入量大以致人口密度较大，但土地面积有限，因此人均建筑面积较小，呼和浩特和西宁则是因为其特殊的地形地势导致其住房建筑面积难以扩大，人均建筑面积较小。

7.CPI5年算术平均

CPI5年算术平均的得分情况反映了城市的物价稳定情况，得分越高，说明该城市的物价越稳定。中国38个大中城市的CPI5年算术平均得分排名前五的城市分别为重庆、天津、宁波、福州、太原，得分分别为100.00%、83.13%、

56.63%、53.01%、51.81%；排名后五的城市分别为西宁、昆明、贵阳、北京、南京，得分分别为0、1.20%、14.46%、22.89%、25.30%。

表4　CPI 5年算术平均得分排名情况

单位：%

城市名称	总得分	排名	城市名称	总得分	排名
重庆	100.00	1	南昌	38.55	20
天津	83.13	2	海口	38.55	21
宁波	56.63	3	石家庄	37.35	22
福州	53.01	4	长沙	37.35	23
太原	51.81	5	长春	34.94	24
西安	51.81	6	济南	33.73	25
厦门	48.19	7	兰州	32.53	26
郑州	48.19	8	大连	31.33	27
杭州	46.99	9	乌鲁木齐	31.33	28
苏州	46.99	10	广州	28.92	29
武汉	45.78	11	深圳	28.92	30
无锡	45.78	12	银川	26.51	31
成都	43.37	13	呼和浩特	25.30	32
青岛	42.17	14	上海	25.30	33
珠海	42.17	15	南京	25.30	34
合肥	39.76	16	北京	22.89	35
南宁	39.76	17	贵阳	14.46	36
沈阳	38.55	18	昆明	1.20	37
哈尔滨	38.55	19	西宁	0	38

经过一定的分析可得，排名较高的城市一般经济发展较为稳定，市场波动比较平缓；而排名较低的城市多为经济发展势头迅猛的城市或旅游城市，这些城市的物价水平会随着经济的快速发展或者旅游淡旺季的切换而不断改变。

8. 每万人在校大学生数

城市的每万人在校大学生数直接反映了该城市的教育发展状况，为政府制定相关政策提供了有效的参考。在关于我国38个大中城市每万人在校大学生人数的研究中，排名前五的城市为兰州、南京、广州、珠海、武汉，得分分别为100%、95.31%、93.21%、88.76%、86.88%；排名后五的城市分别为重庆、无锡、深圳、宁波、苏州，其得分分别为0、1.16%、2.47%、3.57%、8.77%。经过分析可知，排名较高的城市多为教育资源较好，且政府及居民对教育都比较重视，接受教育的人口规模较大；排名较低的城市多分布于江浙地区，这些城市得分较低的原因可能是高考难度大，阻碍了一批人接受高等教育的脚步。

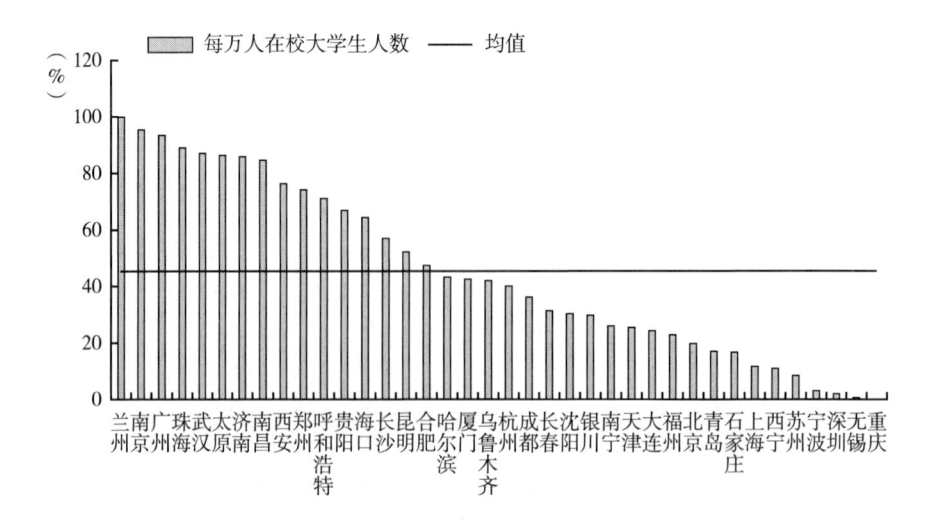

图6 每万人在校大学生人数得分排名情况

9. 互联网宽带接入数占常住人口比

中国38个大中城市互联网宽带接入数占常住人口比的得分情况如表5所示。在研究中发现，互联网宽带接入数占常住人口比得分排名前五的城市为天津、深圳、珠海、武汉、宁波，其得分分别为100.00%、70.35%、58.50%、46.35%、38.43%；排名后五的城市为长春、呼和浩特、哈尔滨、大连、西宁，得分为0、1.01%、4.53%、7.34%、8.48%。排名较为靠后的城市多为中西部城市及东北部城市，这些城市经济发展水平略微落后，因此可能对于信息化的重视水平不够，造成其互联网宽带接入用户数占常住人口比重较低。反观得分较高的城市，多为经济发达且电子科技产业发展势头迅猛的城市，其互联网宽带接入数占常住人口比重自然较高。

中国大中城市老年人社会公平与社会参与发展报告

表5 互联网宽带接入数占常住人口比得分排名情况

单位：%

城市名称	总得分	排名	城市名称	总得分	排名
天津	100.00	1	青岛	20.85	20
深圳	70.35	2	乌鲁木齐	20.78	21
珠海	58.50	3	海口	17.44	22
武汉	46.35	4	贵阳	17.29	23
宁波	38.43	5	长沙	15.91	24
厦门	36.41	6	南昌	15.79	25
无锡	36.20	7	合肥	15.58	26
西安	30.16	8	重庆	14.17	27
杭州	29.22	9	北京	13.48	28
济南	28.93	10	银川	12.72	29
成都	28.63	11	石家庄	12.08	30
广州	27.29	12	沈阳	11.60	31
苏州	25.19	13	兰州	9.79	32
太原	24.77	14	昆明	9.69	33
郑州	24.36	15	西宁	8.48	34
南京	24.00	16	大连	7.34	35
上海	23.05	17	哈尔滨	4.53	36
南宁	21.47	18	呼和浩特	1.01	37
福州	21.21	19	长春	0.00	38

10. 娱乐教育文化服务支出占总消费支出比

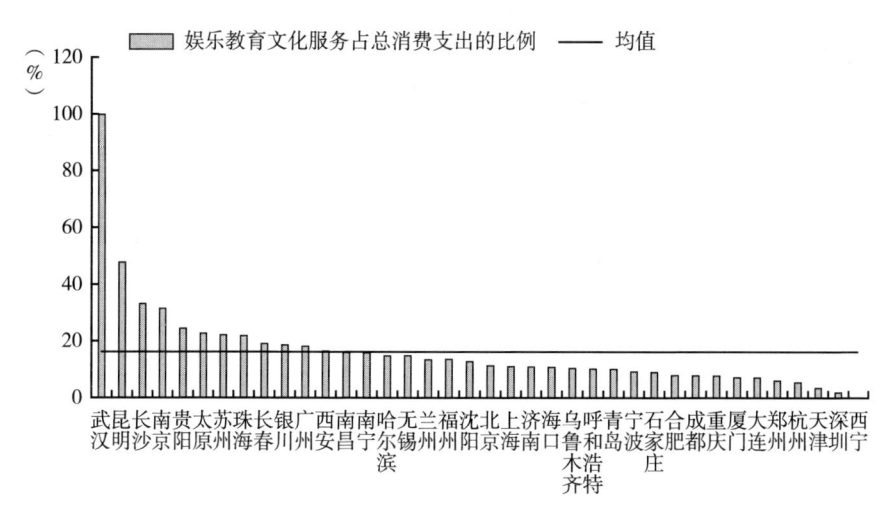

图7 娱乐教育文化服务支出占总消费支出比得分排名情况

图7是38个城市娱乐教育文化服务支出占总消费支出比的得分情况，得分越高的城市，其居民用于娱乐教育文化服务的费用占总消费支出的比重越大。在该指标下，排名前五的城市分别为武汉、昆明、长沙、南京、贵阳，其得分分别为100.00%、47.87%、33.16%、31.44%、24.28%；排名后五的城市为西宁、深圳、天津、杭州、郑州，得分分别为0、1.91%、3.37%、5.37%、5.90%。其中，排名较为靠前的城市均为省会城市，其娱乐、教育、文化等服务业的发展水平较高，且居民消费观念相对开放，由此导致其在娱乐教育文化方面的开支占比较大。

11. 人均教育支出

人均教育支出这一指标展示了中国家庭教育消费行为的特征，也可以反映一个社会的教育质量。人们对教育的投入在很大程度上影响着人们的科学文化水平和思想道德素质，进而对社会的发展产生一定的影响。对人均教育支出进行研究，可以为教育行业的创新发展提供新思路。

表6　人均教育支出得分排名情况

单位：%

城市名称	总得分	排名	城市名称	总得分	排名
北京	100.00	1	郑州	20.56	17
天津	75.21	2	兰州	20.40	18
珠海	73.54	3	福州	19.85	19
上海	71.34	4	重庆	18.93	20
厦门	51.20	5	西宁	18.46	21
青岛	48.73	6	武汉	17.39	22
深圳	47.33	7	济南	13.45	23
杭州	45.15	8	南昌	12.71	24
宁波	43.61	9	呼和浩特	12.65	25
苏州	33.69	10	大连	10.99	26
南京	33.37	11	成都	10.69	27
贵阳	32.30	12	合肥	9.70	28
广州	31.98	13	海口	9.15	29
乌鲁木齐	26.64	14	太原	6.19	30
长沙	25.17	15	长春	5.40	31
无锡	25.09	16	昆明	4.43	32

中国大中城市老年人社会公平与社会参与发展报告

续表

城市名称	总得分	排名	城市名称	总得分	排名
银川	3.59	33	沈阳	0.95	36
西安	3.28	34	哈尔滨	0.90	37
南宁	1.87	35	石家庄	0	38

在本研究选定的38个大中城市中，人均教育支出得分排名前五的城市为北京、天津、珠海、上海、厦门，得分分别为100.00%、75.21%、73.54%、71.34%、51.20%；排名后五的城市分别为石家庄、哈尔滨、沈阳、南宁、西安，得分分别为0、0.90%、0.95%、1.87%、3.28%。其中，排名靠前的北京、天津、珠海、上海、厦门均为经济发展速度较快、水平较高的城市，这些城市的居民普遍受教育水平较高，接受知识的意愿也普遍强烈，因此人均教育支出也较高。

四 社会公平与社会参与典型城市分析

为了探究各城市间社会公平与社会参与指标排名差异背后的原因，我们将在本部分分析城市各指标的得分排名情况。由于篇幅限制，我们将分别选取排名前五的城市和排名后五的城市做典型分析。

（一）社会公平与社会参与指标排名前五城市

1. 南京市社会公平与社会参与指标得分情况分析

南京市社会公平与社会参与综合得分比38个城市综合得分均值高16.55个百分点。从单个指标来看，南京在每万人拥有群众文艺馆数、每万人在校大学生数、娱乐教育文化服务支出占总消费支出比这三个指标上得分排名前列，且绝大多数指标得分都要远高于38个城市的均值，只有CPI5年算术平均和互联网宽带接入数占常住人口比两个指标得分低于所有城市得分均值，绝大多数指标得分排名靠前使得南京市的社会公平与社会发展指标总得分排名第一。

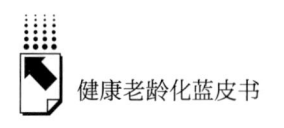

表7 南京市社会公平与社会参与指标得分情况

单位:%

指标名称	南京得分	城市均值	南京排名
第三产业人口占比	4.72	4.6	18
每万人拥有律师数	4.21	2.87	9
每万人拥有群众文艺馆数	9.09	1.18	1
公共安全支出占公共预算财政支出比	4.97	4.24	13
人均居住支出构成	4.44	4.44	21
人均住房建筑面积	5.83	4.72	11
CPI5年算术平均	2.3	3.53	32
每万人在校大学生数	8.66	4.11	2
互联网宽带接入数占常住人口比	2.18	2.21	16
娱乐教育文化服务支出占总消费支出比	2.86	1.48	4
人均教育支出	3.03	2.36	11
社会公平与社会参与指标总得分	52.31	35.76	1

2. 珠海市社会公平与社会参与指标得分情况分析

珠海市社会公平与社会参与指标综合得分比城市均值高15.16个百分点，得分在38个城市中排名第二。珠海市排名靠前的指标分别有公共安全支出占公共预算财政支出比、每万人在校大学生数、互联网宽带接入数占常住人口比、人均教育支出和每万人拥有律师数等。得分低于城市均值且排名靠后的指标包括第三产业人口占比和人均住房建筑面积，表明相对于其他方面而言，第三产业发展状况和市民居住状况是珠海市的薄弱环节。

表8 珠海市社会公平与社会参与指标得分情况

单位：%

指标名称	珠海得分	城市均值	珠海排名
第三产业人口占比	1.99	4.6	35
每万人拥有律师数	4.84	2.87	7
每万人拥有群众文艺馆数	1.21	1.18	8
公共安全支出占公共预算财政支出比	8.14	4.24	4
人均居住支出构成	5.38	4.44	8
人均住房建筑面积	3.48	4.72	25

续表

指标名称	珠海得分	城市均值	珠海排名
CPI5年算术平均	3.83	3.53	15
每万人在校大学生数	8.07	4.11	4
互联网宽带接入数占常住人口比	5.32	2.21	3
娱乐教育文化服务支出占总消费支出比	1.97	1.48	8
人均教育支出	6.69	2.36	3
社会公平与社会参与指标总得分	50.92	35.76	2

3. 北京市社会公平与社会参与指标得分情况分析

北京市社会公平与社会参与综合得分比城市均值高11.54个百分点，在所有城市中排名第三。北京的第三产业人口占比和每万人拥有律师数得分在38个城市中排名第一，人均教育支出得分排名第二，公共安全支出占公共预算财政支出比排名第五。每万人拥有群众文艺馆数、人均居住支出构成、CPI5年算术平均和每万人在校大学生数等指标得分与城市均值有较大差距，且在38个城市的得分排名中较为靠后。北京市的居住成本和物价水平高，但文化教育资源丰富，这两个指标得分排名低主要是因为北京人口规模大，以常住人口计算的指标得分偏低。

表9 北京市社会公平与社会参与指标得分情况

单位：%

指标名称	北京得分	城市均值	北京排名
第三产业人口占比	9.09	4.6	1
每万人拥有律师数	9.09	2.87	1
每万人拥有群众文艺馆数	0.15	1.18	37
公共安全支出占公共预算财政支出比	7.59	4.24	5
人均居住支出构成	1.5	4.44	36
人均住房建筑面积	4.63	4.72	21
CPI5年算术平均	2.08	3.53	35
每万人在校大学生数	1.82	4.11	29
互联网宽带接入数占常住人口比	1.23	2.21	28
娱乐教育文化服务支出占总消费支出比	1.02	1.48	20
人均教育支出	9.09	2.36	2
社会公平与社会参与指标总得分	47.30	35.76	3

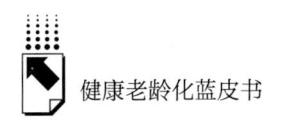

4. 武汉市社会公平与社会参与指标得分情况分析

武汉市社会公平与社会参与指标综合得分比城市均值高10.58个百分点，在38个城市中排名第四。武汉市相关指标得分高于城市均值的共6个，其中每万人在校大学生数、互联网宽带接入数占常住人口比和娱乐教育文化服务支出占总消费支出比这三个指标得分排名靠前。得分低于城市均值的5个指标：人均居住支出构成、每万人拥有群众文艺馆数、公共安全支出占公共预算财政支出比、第三产业人口占比和人均教育支出都排在20名以外。这说明武汉市的居住成本高，文化场馆相对不足，第三产业发展和教育投入都有待进一步提升。

表10　武汉市社会公平与社会参与指标得分情况

单位：%

指标名称	武汉得分	城市均值	武汉排名
第三产业人口占比	4.03	4.6	24
每万人拥有律师数	2.88	2.87	16
每万人拥有群众文艺馆数	0.49	1.18	25
公共安全支出占公共预算财政支出比	3.57	4.24	22
人均居住支出构成	3.14	4.44	30
人均住房建筑面积	5.28	4.72	17
CPI5年算术平均	4.16	3.53	11
每万人在校大学生数	7.9	4.11	5
互联网宽带接入数占常住人口比	4.21	2.21	4
娱乐教育文化服务支出占总消费支出比	9.09	1.48	2
人均教育支出	1.58	2.36	22
社会公平与社会发展总得分	46.34	35.76	4

5. 济南市社会公平与社会参与指标得分情况分析

济南市社会公平与社会参与指标综合得分比城市均值高9.21个百分点，在38个城市中得分排名第五。济南市得分超过城市均值的指标有7个，其中每万人拥有群众文艺馆数和人均住房建筑面积两个指标得分排名第三；另外，每万人拥有律师数、每万人在校大学生数和公共安全支出占公共预算财政支出比这三个指标的得分优势也较为明显。得分排名相对较低的指标分别是人均居住支出构成、CPI5年算术平均和人均教育支出等。这说明居住成本和物价指数高，人均教育投入不足影响了济南的宜居性。

表11 济南市社会公平与社会参与指标得分情况

单位：%

指标名称	济南得分	城市均值	济南排名
第三产业人口占比	5.21	4.6	16
每万人拥有律师数	4.91	2.87	6
每万人拥有群众文艺馆数	2.13	1.18	3
公共安全支出占公共预算财政支出比	5.55	4.24	9
人均居住支出构成	2.56	4.44	35
人均住房建筑面积	8.93	4.72	3
CPI5年算术平均	3.07	3.53	25
每万人在校大学生数	7.79	4.11	7
互联网宽带接入数占常住人口比	2.63	2.21	10
娱乐教育文化服务支出占总消费支出比	0.97	1.48	22
人均教育支出	1.22	2.36	23
社会公平与社会发展总得分	44.97	35.76	5

从排名前五城市的指标得分情况来看，各个城市都有自身的优势领域。除了南京拥有绝对优势外，珠海在公共安全支出、教育、宽带使用人口等方面的优势较为显著，北京在第三产业人口占比、每万人拥有律师数和教育支出方面遥遥领先，武汉的在校大学生人数、宽带使用人数得分排名位列前茅，济南的万人群众文艺馆数和人均住房建筑面积得分排名也进入了前三名。但其居住成本和物价指数高、人均文化和教育资源相对不足却具有一定的普遍性。需要说明的是，以相对值计算的指标得分情况并不意味着城市的绝对发展水平，例如珠海的每万人在校大学生数得分要高于北京，并不能说明北京的高等教育发展水平低于珠海，这跟两座城市的常住人口规模密切相关。

（二）社会公平与社会参与指标排名末五城市

1. 长春市社会公平与社会参与指标得分情况分析

长春市社会公平与社会发展总得分24.13%，比城市总得分均值低

11.63个百分点。在长春市的11个社会公平与社会参与指标中，得分超过城市均值且排名最高的只有娱乐教育文化服务占总消费支出比这一个指标，在38个城市中排名第九。得分排名在30名以外的指标多达4个，分别是每万人拥有律师数、公共安全支出占公共预算财政支出比、互联网宽带接入数占常住人口比和人均教育支出。

表12　长春市社会公平与社会参与指标得分情况

单位：%

指标名称	长春得分	城市均值	长春排名
第三产业人口占比	4.26	4.6	23
每万人拥有律师数	1.06	2.87	33
每万人拥有群众文艺馆数	0.61	1.18	22
公共安全支出占公共预算财政支出比	2.4	4.24	31
人均居住支出构成	4.29	4.44	22
人均住房建筑面积	3.22	4.72	27
CPI5年算术平均	3.18	3.53	24
每万人在校大学生数	2.88	4.11	22
互联网宽带接入数占常住人口比	0	2.21	38
娱乐教育文化服务支出占总消费支出比	1.73	1.48	9
人均教育支出	0.49	2.36	31
社会公平与社会发展总得分	24.13	35.76	38

2. 西宁市社会公平与社会参与指标得分情况分析

西宁市社会公平与社会发展总得分24.3%，比城市总得分均值低11.45个百分点。西宁市共三个指标得分超过城市得分均值，分别是第三产业人口占比、每万人拥有律师数和人均居住支出构成。其中，人均居住支出构成得分在所有城市中排名第三。得分排名30以外的指标共6个，包括公共安全支出占公共预算财政支出比、人均住房建筑面积、CPI5年算术平均、每万人在校大学生数、互联网宽带接入数占常住人口比、娱乐教育文化服务占总消费支出比。

表13　西宁市社会公平与社会参与指标得分情况

单位：%

指标名称	西宁得分	城市均值	西宁排名
第三产业人口占比	5.45	4.6	13
每万人拥有律师数	3.8	2.87	11
每万人拥有群众文艺馆数	0.85	1.18	16
公共安全支出占公共预算财政支出比	0.35	4.24	37
人均居住支出构成	8.48	4.44	3
人均住房建筑面积	1.9	4.72	35
CPI5年算术平均	0	3.53	38
每万人在校大学生数	1.02	4.11	33
互联网宽带接入数占常住人口比	0.77	2.21	34
娱乐教育文化服务支出占总消费支出比	0	1.48	38
人均教育支出	1.68	2.36	21
社会公平与社会发展总得分	24.30	35.76	37

3. 合肥市社会公平与社会参与指标得分情况分析

合肥市的相关指标得分排名没有进入前10的指标项，得分最高且超过城市得分均值的三个指标分别是人均住房建筑面积（排第13名）、CPI5年算术平均（排第16）和每万人在校大学生数（排第16名）。得分排名相对靠后的指标分别是公共安全支出占公共预算财政支出比、第三产业人口占比、娱乐教育文化服务占总消费支出比和人均教育支出等。

表14　合肥市社会公平与社会参与指标得分情况

单位：%

指标名称	合肥得分	城市均值	合肥排名
第三产业人口占比	2.62	4.6	30
每万人拥有律师数	1.62	2.87	28
每万人拥有群众文艺馆数	0.49	1.18	26
公共安全支出占公共预算财政支出比	0	4.24	38
人均居住支出构成	4.08	4.44	25
人均住房建筑面积	5.39	4.72	13
CPI5年算术平均	3.61	3.53	16

续表

指标名称	合肥得分	城市均值	合肥排名
每万人在校大学生数	4.32	4.11	16
互联网宽带接入数占常住人口比	1.42	2.21	26
娱乐教育文化服务支出占总消费支出比	0.7	1.48	29
人均教育支出	0.88	2.36	28
社会公平与社会发展总得分	25.15	35.76	36

4. 沈阳市社会公平与社会参与指标得分情况分析

沈阳市社会公平与社会发展总得分比城市均值低9.89个百分点。沈阳市缺乏得分排名表现特别突出的指标，得分排名20以内的指标只有6个，其中仅第三产业人口占比和公共安全支出占公共预算财政支出比这两个指标得分超过城市均值。而得分较低且排名在30以外的指标分别是人均居住支出构成、互联网宽带接入数占常住人口比和人均教育支出这三个指标。

表15　沈阳市社会公平与社会参与指标得分情况

单位：%

指标名称	沈阳得分	城市均值	沈阳排名
第三产业人口占比	4.97	4.6	16
每万人拥有律师数	2.76	2.87	18
每万人拥有群众文艺馆数	0.85	1.18	17
公共安全支出占公共预算财政支出比	4.57	4.24	16
人均居住支出构成	0	4.44	38
人均住房建筑面积	4.14	4.72	22
CPI 5年算术平均	3.5	3.53	18
每万人在校大学生数	2.78	4.11	23
互联网宽带接入数占常住人口比	1.05	2.21	31
娱乐教育文化服务支出占总消费支出比	1.15	1.48	19
人均教育支出	0.09	2.36	36
社会公平与社会发展总得分	25.87	35.76	35

5. 大连市社会公平与社会参与指标得分情况分析

大连市的社会公平与社会参与指标综合得分比城市均值低 9.44 个百分点。大连市仅有每万人拥有律师数这一指标得分超过城市均值，得分在 38 个城市中排名 12。从大连市自身角度来讲，指标得分排名表现较好的还有每万人拥有群众文艺馆数、公共安全支出占公共预算财政支出比和第三产业人口占比等。而得分排名较低的指标分别是人均住房建筑面积、娱乐教育文化服务支出占总消费支出比和互联网宽带接入数占常住人口比等。

表 16　大连市社会公平与社会参与指标得分情况

单位：%

指标名称	大连得分	城市均值	大连排名
第三产业人口占比	4.34	4.6	22
每万人拥有律师数	3.14	2.87	12
每万人拥有群众文艺馆数	0.9	1.18	15
公共安全支出占公共预算财政支出比	4.03	4.24	20
人均居住支出构成	4.08	4.44	26
人均住房建筑面积	2.44	4.72	31
CPI5 年算术平均	2.85	3.53	27
每万人在校大学生数	2.23	4.11	27
互联网宽带接入数占常住人口比	0.67	2.21	35
娱乐教育文化服务支出占总消费支出比	0.64	1.48	33
人均教育支出	1	2.36	26
社会公平与社会发展总得分	26.32	35.76	34

从社会公平与社会参与指标综合得分排名后五位城市的情况来看，各城市普遍存在综合得分与城市均值相差大，单个指标得分超过城市均值的少，指标得分排名普遍偏低。即在社会公平与社会参与方面，排名后五位城市不存在排名前五位城市所谓的优势领域，处于低水平的均衡状态。其中，娱乐教育文化服务支出占总消费支出比、互联网宽带接入数占常住人口比和人均教育支出等指标得分普遍较低。

五 2015~2017年城市社会公平与社会参与指标变化情况分析

（一）城市选取

由相关指标值计算得到的单一年度综合得分只能衡量截至某一时点该年度的发展状况，各城市的得分排名也是一种静态排名，无法反映各城市促进社会公平与社会发展的动态。鉴于此，我们利用本项研究于2015年和2016年基于同一指标体系、统计口径和计算方法得到的研究数据，做2015~2017年的趋势比较分析。

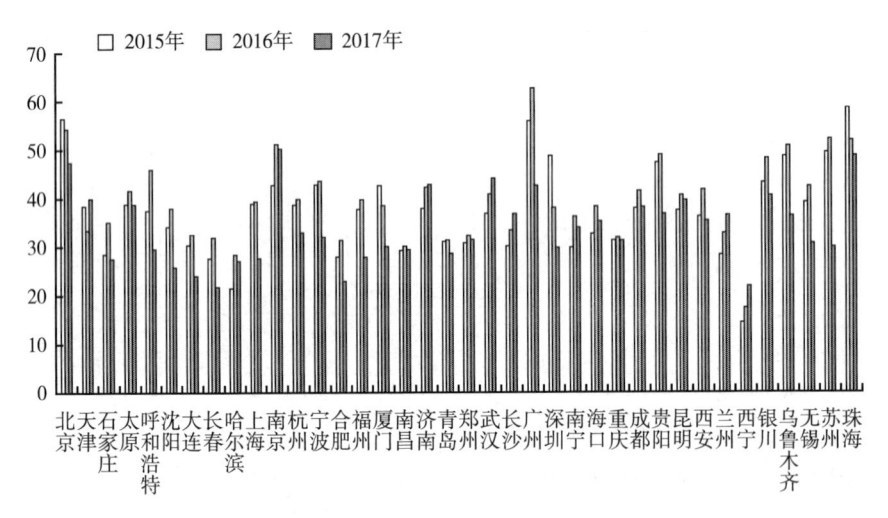

图8 2015~2017年各城市社会公平与社会参与指标变化情况

一是2017年38个城市综合得分均值和极值差都创下三年最低，各城市的社会公平与社会发展状况由高低不均逐渐向低水平均衡过渡。2015年38个城市社会公平与社会发展综合得分均值为39.24%，并在2016年上升至41.61%，但在2017年回落至35.76%。在极大值和极小值差异方面，三年的极值差分别为43.85%、44.95%和28.18%，2017年的极值差要远低于前两年。这表明，虽然2017年的综合得分均值较低，但各城市间的差异不大，也即各城市处于低水平的均衡状态。

城市	排名 2017	排名 2016	排名 2015	趋势（2015~2017）
南京	1	5	9	
珠海	2	4	1	
北京	3	3	3	
武汉	4	15	19	
济南	5	12	15	
广州	6	1	2	
银川	7	8	8	
昆明	8	16	18	
成都	9	14	16	
天津	10	35	22	
长沙	11	26	30	
贵阳	12	7	7	
兰州	13	28	33	
太原	14	19	20	
乌鲁木齐	15	6	6	
西安	16	13	21	
海口	17	22	24	
南宁	18	24	31	
杭州	19	18	14	
宁波	20	10	11	
郑州	21	30	28	
重庆	22	31	26	
无锡	23	11	12	
厦门	24	21	10	
苏州	25	2	4	
深圳	26	23	5	
南昌	27	36	32	
青岛	28	34	27	
福州	29	17	17	
上海	30	20	13	
呼和浩特	31	9	23	
哈尔滨	32	37	37	
石家庄	33	27	36	
大连	34	29	29	
沈阳	35	25	25	
合肥	36	33	34	
西宁	37	38	38	
长春	38	32	35	

图9 2015~2017年各主要城市社会公平和社会参与总分排名及变化

二是从城市得分排名变化来看，各城市存在较为激烈的排名竞争。2015年得分排名前五的城市依次为珠海、广州、北京、苏州和深圳；2016年得分排名前五的城市依次为广州、苏州、北京、珠海和南京；2017年得分排

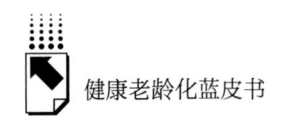

名前五的城市依次为南京、珠海、北京、武汉和济南。从这三年的排位情况来看，北京和珠海是排名前五城市中的常客，南京在2016年拔得头筹成为新贵，2017年武汉和济南则替换广州和苏州跻身第一集团。在排名后五名的城市中，西宁出现了三次；出现两次的城市包括合肥、长春、哈尔滨；出现一次的城市包括青岛、天津、南昌、大连和沈阳，其中大连和沈阳于2017年滑入后5名。

三是不同城市在排名上呈现持续上升和持续下滑两种不同的发展轨迹。整体来看，在这三年中，南京、武汉、济南、成都、昆明、南宁、长沙、兰州等城市的排名处于不断上升的趋势；深圳、厦门、上海等城市的得分排名则出现了持续的下滑状态。具体排名见本报告图18。由于部分城市在社会公平和社会参与的指标下表现优异，其发展经验值得总结学习，基于此本报告挑选出了南京、济南、武汉、珠海、成都作为典型城市进行分析。

（二）典型城市分析

1. 南京市

表17　2017年南京市社会公平与社会参与发展指标得分情况

单位：%

指标	第三产业人口占比	每万人拥有律师数	每万人拥有群众文艺馆数	公共安全支出占公共预算财政支出比	人均居住支出构成	人均住房建筑面积
得分	4.72	4.21	9.09	4.97	4.44	5.83
指标	CPI5年算术平均	每万人在校大学生数	互联网宽带接入数占常住人口比	娱乐教育文化服务支出占总消费支出比	人均教育支出	社会公平与社会参与发展总分
得分	2.30	8.66	2.18	2.86	3.03	52.31

如表17所示，2017年南京市社会公平与社会参与发展维度的得分为52.31%，排在38个城市中的第1位。南京是江苏省省会，是中国东部地区

重要的中心城市，更是长三角及华东唯一的特大城市。南京作为中国四大古都之一，依托其丰富的历史底蕴不断发展前进，一直是我国综合实力排名前列的城市之一。

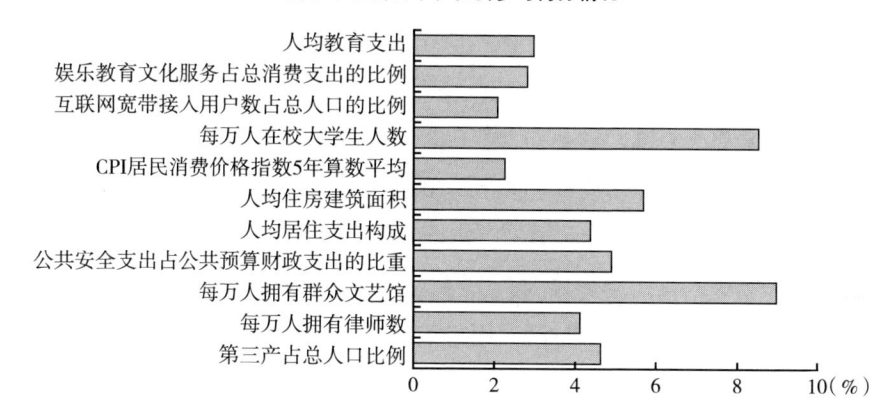

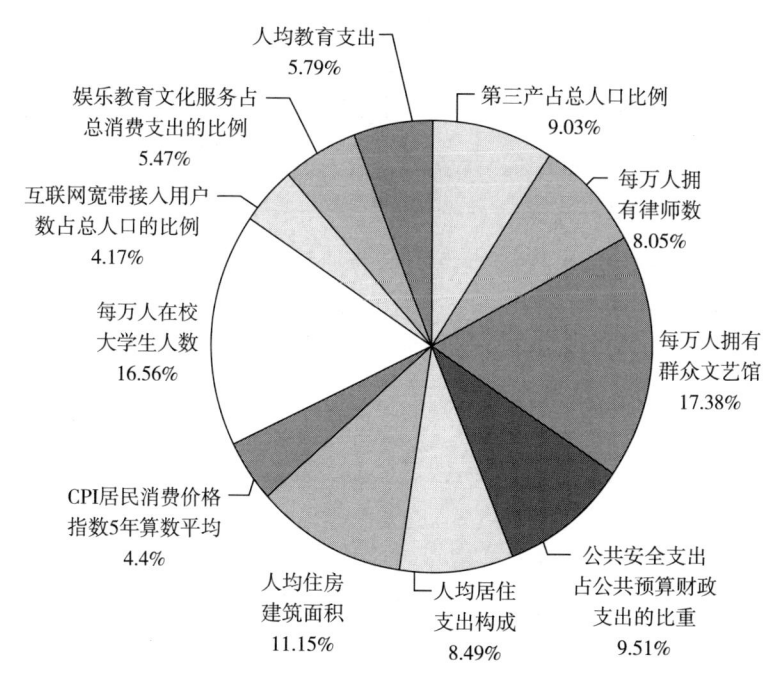

南京市社会公平和社会参与得分情况

指标	得分(%)
人均教育支出	~3
娱乐教育文化服务占总消费支出的比例	~3
互联网宽带接入用户数占总人口的比例	~2
每万人在校大学生人数	~8.5
CPI居民消费价格指数5年算数平均	~2
人均住房建筑面积	~5.5
人均居住支出构成	~4.5
公共安全支出占公共预算财政支出的比重	~5
每万人拥有群众文艺馆	~9
每万人拥有律师数	~4
第三产占总人口比例	~4.5

南京市社会公平和社会参与维度得分构成

- 人均教育支出 5.79%
- 娱乐教育文化服务占总消费支出的比例 5.47%
- 互联网宽带接入用户数占总人口的比例 4.17%
- 每万人在校大学生人数 16.56%
- CPI居民消费价格指数5年算数平均 4.4%
- 人均住房建筑面积 11.15%
- 人均居住支出构成 8.49%
- 公共安全支出占公共预算财政支出的比重 9.51%
- 每万人拥有群众文艺馆 17.38%
- 每万人拥有律师数 8.05%
- 第三产占总人口比例 9.03%

图10 南京市社会公平与社会参与和发展维度得分组图

在社会公平与社会参与发展维度评分中,南京市单项指标贡献率最高的三项依次为每万人拥有群众文艺馆数、每万人在校大学生数、人均住房建筑面积,其得分分别为9.09%、8.66%、5.83%。南京市是中国高等教育资源最集中的五大城市之一,2009年南京市被推选为"中国最具教育发展力城市",更是有以南京大学、东南大学为代表的八所211工程院校坐落于此,如此卓越的教育资源吸引了大批学子来到南京求学,更使得南京市的教育氛围十分浓厚。另外,南京市2017年的人均地区生产总值在中国的直辖市、副省级市和省会城市中排名第三,仅次于深圳和广州,这可能是南京市人均住房建筑面积指标得分较高的原因之一。南京市较低的指标是互联网宽带接入数占常住人口比,得分为2.18%。南京市作为中国十个国家级互联网骨干直联点城市之一,互联网接入用户数占常住人口比得分却较低,这将促使南京市尽快出台相关措施来完善相关基础设施和服务,提升互联网入户数。

2. 济南市

表18 2017年济南市社会公平与社会参与发展指标得分情况

单位:%

指标	第三产业人口占比	每万人拥有律师数	每万人拥有群众文艺馆数	公共安全支出占公共预算财政支出比	人均居住支出构成	人均住房建筑面积
得分	5.21	4.91	2.13	5.55	2.56	8.93
指标	CPI5年算术平均	每万人在校大学生数	互联网宽带接入数占常住总人口比	娱乐教育文化服务支出占总消费支出比	人均教育支出	社会公平与社会参与发展总分
得分	3.07	7.79	2.63	0.97	1.22	44.97

如表18、图11所示,济南市社会公平与社会参与指标综合得分为44.97%,排名第五。济南地理位置优越,北接首都经济圈,南连长三角经济区,历史文化悠久,受齐鲁大地历史文化的影响,人们大多崇尚知识文化,爱好学习探索,并且形成了"学而优则仕"的观念,因此在每万人拥

中国大中城市老年人社会公平与社会参与发展报告

济南市社会公平和社会参与得分情况

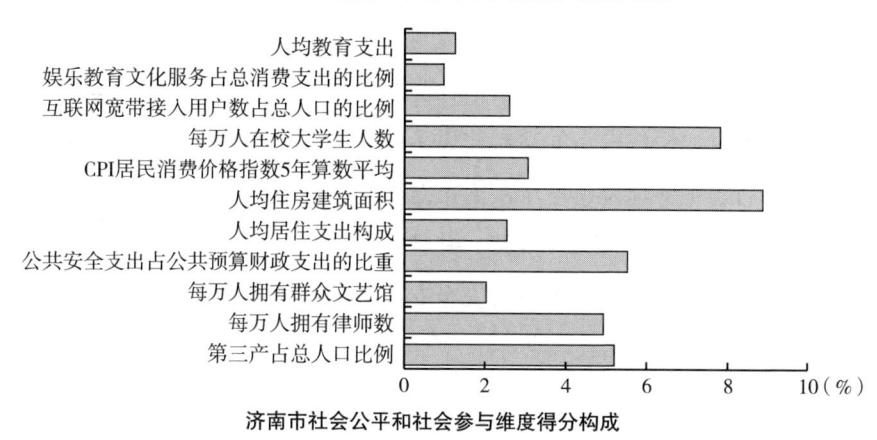

- 人均教育支出
- 娱乐教育文化服务占总消费支出的比例
- 互联网宽带接入用户数占总人口的比例
- 每万人在校大学生人数
- CPI居民消费价格指数5年算数平均
- 人均住房建筑面积
- 人均居住支出构成
- 公共安全支出占公共预算财政支出的比重
- 每万人拥有群众文艺馆
- 每万人拥有律师数
- 第三产占总人口比例

济南市社会公平和社会参与维度得分构成

- 人均教育支出 2.71%
- 第三产占总人口比例 11.58%
- 每万人拥有律师数 10.92%
- 每万人拥有群众文艺馆 4.74%
- 公共安全支出占公共预算财政支出的比重 12.34%
- 人均居住支出构成 5.69%
- 人均住房建筑面积 19.86%
- CPI居民消费价格指数5年算数平均 6.83%
- 每万人在校大学生人数 17.32%
- 互联网宽带接入用户数占总人口的比例 5.85%
- 娱乐教育文化服务占总消费支出的比例 2.16%

图11 济南市社会公平与社会参与和发展维度得分组图

有群众文艺馆数和每万人在校大学生数方面，济南市在全国城市中居于优势地位，尤其是每万人拥有群众文艺馆数评分达到了2.13%，排在第三名，这也印证了济南深受齐鲁大地文化的影响。此外，济南市得分超过城市均值的指标有7个，每万人拥有律师数和公共安全支出占公共预算财政支出比这两个指标的得分优势较为明显，分别为4.91%和5.55%，每万人拥有的律师数的优势显示了济南市在建设法治社会的工作中积极投入，律师行业的发展从某一方面也说明济南市的法制建设不断完善。公共安全支出占公共预算财政支出比居于优势地位得益于济南市对于公共安全的重视，济南市拥有全国唯一一家建在省会的公共安全馆，并且通过加强公共安全部门建设来保证人民的安全，这些都是济南市公共安全支出占公共预算财政支出比居于优势地位的原因。

3. 武汉市

表19　2017武汉市社会公平与社会参与发展指标得分情况

单位：%

指标	第三产业人口占比	每万人拥有律师数	每万人拥有群众文艺馆数	公共安全支出占公共预算财政支出比	人均居住支出构成	人均住房建筑面积
得分	4.03	2.88	0.49	3.57	3.14	5.28
指标	CPI5年算术平均	每万人在校大学生数	互联网宽带接入数占常住人口比	娱乐教育文化服务支出占总消费支出比	人均教育支出	社会公平与社会参与发展总分
得分	4.16	7.90	4.21	9.09	1.58	46.34

如表19、图12所示，武汉的社会公平与社会参与发展维度的得分为46.34%，在38个城市中排第4位，处于上游。武汉是湖北省省会，是中部六省中唯一的特大城市，也是中国中部的核心城市、全国重要的科教基地和交通枢纽之一。在2016年10月，中共中央发布的《长江经济带发展规划纲要》将武汉列为超大城市。

在社会公平与社会参与发展维度的评分中，武汉市单项指标得分最高的两项依次为娱乐教育文化服务支出占总消费支出比、每万人在校大学生数，

中国大中城市老年人社会公平与社会参与发展报告

武汉市社会公平和社会参与得分情况

- 人均教育支出
- 娱乐教育文化服务占总消费支出的比例
- 互联网宽带接入用户数占总人口的比例
- 每万人在校大学生人数
- CPI居民消费价格指数5年算数平均
- 人均住房建筑面积
- 人均居住支出构成
- 公共安全支出占公共预算财政支出的比重
- 每万人拥有群众文艺馆
- 每万人拥有律师数
- 第三产占总人口比例

武汉市社会公平和社会参与难度得分构成

- 第三产占总人口比例 8.59%
- 每万人拥有律师数 6.14%
- 每万人拥有群众文艺馆 1.04%
- 公安发全支出占公共预算财政支出的比重 7.61%
- 人均居住支出构成 6.69%
- 人均住房建筑面积 11.25%
- CPI 5年算数平均 8.86%
- 每万人在校大学生人数 16.83%
- 互联网宽带接入用户数占总人口的比例 4.65%
- 娱乐教育文化服务占总消费支出的比例 8.97%
- 人均教育支出 19.37%

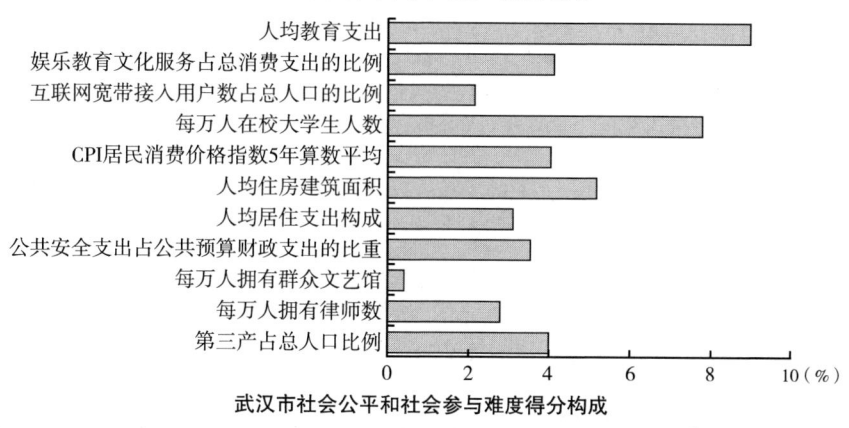

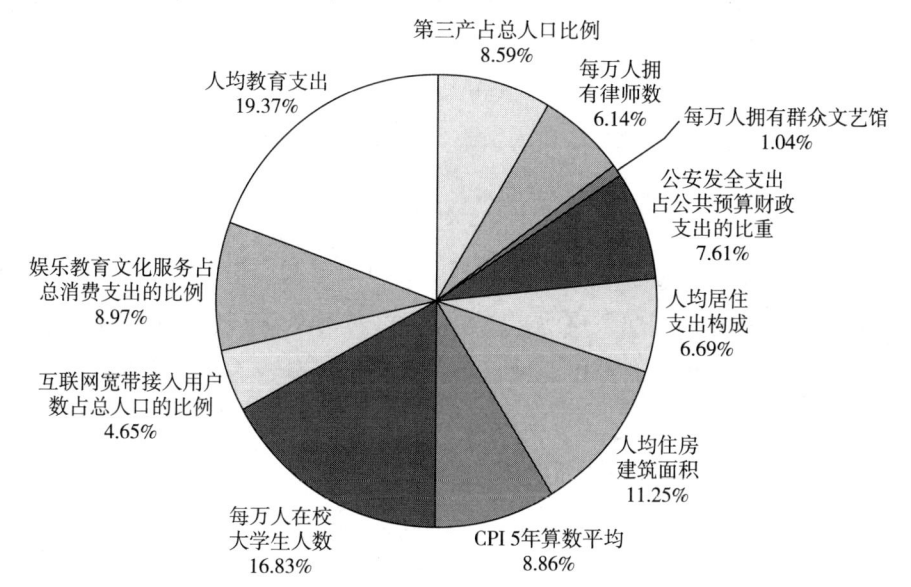

图12 武汉市社会公平与社会参与和发展维度得分组图

得分分别为9.09%、7.90%。武汉市是中国四大科教中心城市之一，其拥有的88所高校每年都吸引全国乃至全世界数以万计的学子前往武汉求学和落户。武汉市得分较低的指标为每万人拥有群众文艺馆数和人均教育支出，得分分别为0.49%和1.58%。在未来的发展中，武汉市政府将依据《长江

249

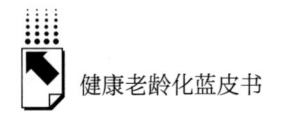

经济带发展规划纲要》，以超大城市的标准建设武汉，加大对城市群众文艺馆的建设力度，强化对居民重视教育的宣传，在保证高等教育水平全国前列的基础上保证武汉市居民人均教育支出和人均受教育程度的提升。

4. 珠海市

表20 2017年珠海市各社会公平与社会参与发展指标得分情况

单位：%

指标	第三产业人口占比	每万人拥有律师数	每万人拥有群众文艺馆数	公共安全支出占公共预算财政支出比	人均居住支出构成	人均住房建筑面积
得分	1.99	4.84	1.21	8.14	5.38	3.48
指标	CPI5年算术平均	每万人在校大学生数	互联网宽带接入数占常住总人口比	娱乐教育文化服务支出占总消费支出比	人均教育支出	社会公平与社会参与发展总分
得分	3.83	8.07	5.32	1.97	6.69	50.92

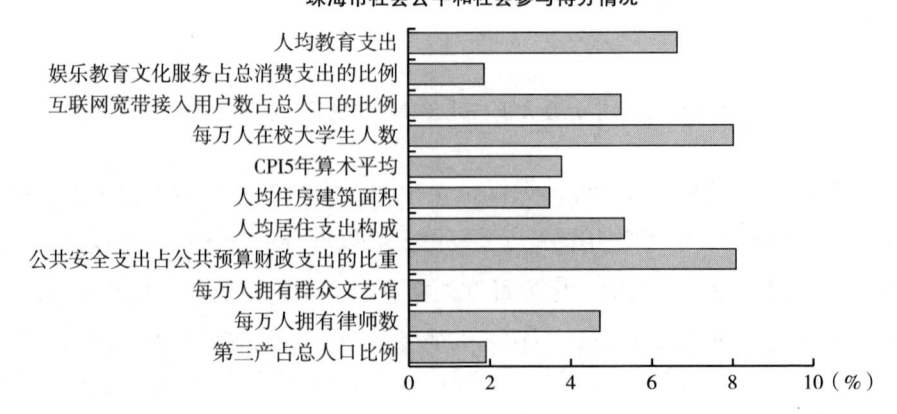

如表20所示，珠海市社会公平与社会参与发展维度的得分为50.92%，排在38个城市中的第2位，处于前列。珠海市是我国沿海开放的排头兵，是我国广东省对方开放的中心城市之一。珠海市地处珠三角前沿，经济腹地广阔，因此"一带一路"建设过程中，珠海市更是成为连接海陆的枢纽，依托这样的地理优势，近几年珠海市不仅在其经济金融方面的建设有目共睹，而且在推进社会公平方面成绩斐然。

珠海市社会公平和社会参与得分情况

珠海市社会公平和社会参与维度得分构成

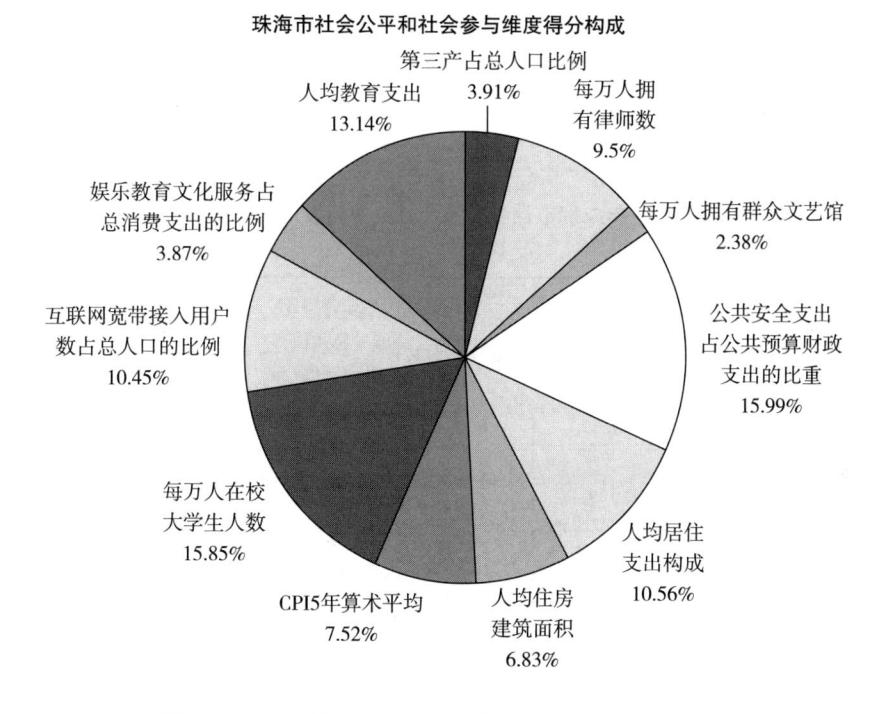

- 第三产占总人口比例 3.91%
- 人均教育支出 13.14%
- 每万人拥有律师数 9.5%
- 娱乐教育文化服务占总消费支出的比例 3.87%
- 每万人拥有群众文艺馆 2.38%
- 互联网宽带接入用户数占总人口的比例 10.45%
- 公共安全支出占公共预算财政支出的比重 15.99%
- 每万人在校大学生人数 15.85%
- 人均居住支出构成 10.56%
- CPI5年算术平均 7.52%
- 人均住房建筑面积 6.83%

图 13　珠海市社会公平与社会参与和发展维度得分组图

珠海市在社会公平与社会参与发展维度的评分中，单项指标得分最高的三项依次为公共安全支出占公共预算财政支出比、每万人在校大学生数、人均教育支出，得分依次为 8.14%、8.07%、6.69%。从公共安全支出占公共预算财政支出比而言，一方面，作为早期的沿海开放城市，珠海市不仅要做好开放型经济金融建设的工作；另一方面，要做好各方面的公共安全保障工作。珠海 40 年的改革开放积累的不仅是经济建设的工作经验，与此相伴的是 40 年的公共安全保障的工作经验，因此珠海市公共安全支出占公共预算财政支出比这一项得分位居全国前列。从每万人在校大学生数、人均教育支出的得分来看，可以说明珠海市是一所重视教育的城市，珠海市的杰出教育资源并不丰富，然而其每万人在校大学生数说明这座城市至少非常重视本科教育，本科教育拥有较高的普及率。而且人均教育支出居高位也说明作为微观主体的家庭对社会教育极度重视。因此在未来的大湾区建设当中，珠海

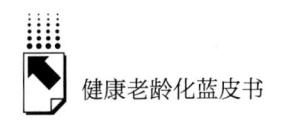

市可以发挥社会公平和社会参与方面的比较优势,继续投入教育和公共安全,同时补足短板,争取走在大湾区建设的前列。

5. 成都市

表21 2017年成都市社会公平与社会参与发展指标得分情况

单位:%

指标	第三产业人口占比	每万人拥有律师数	每万人拥有群众文艺馆数	公共安全支出占公共预算财政支出比	人均居住支出构成	人均住房建筑面积
得分	6.42	4.59	0.50	5.41	4.99	6.92
指标	CPI5年算术平均	每万人在校大学生数	互联网宽带接入数占常住人口比	娱乐教育文化服务支出占总消费支出比	人均教育支出	社会公平与社会参与发展总分
得分	3.94	3.31	2.60	0.70	0.97	40.36

如表21所示,成都市社会公平与社会参与发展维度的得分为40.36%,排在38个城市中的第9位,处于较上的位置。成都是四川省省会,也是西南地区唯一的一个副省级城市,是西部地区重要的中心城市。成都地处四川盆地西部,自古就享有"天府之国"的美称,在"一带一路"建设过程中,成都更成为连接南北的枢纽,依托这样的地理优势,成都近年来在各方面的发展过程中都有较大突破。

成都市社会公平和社会参与得分情况

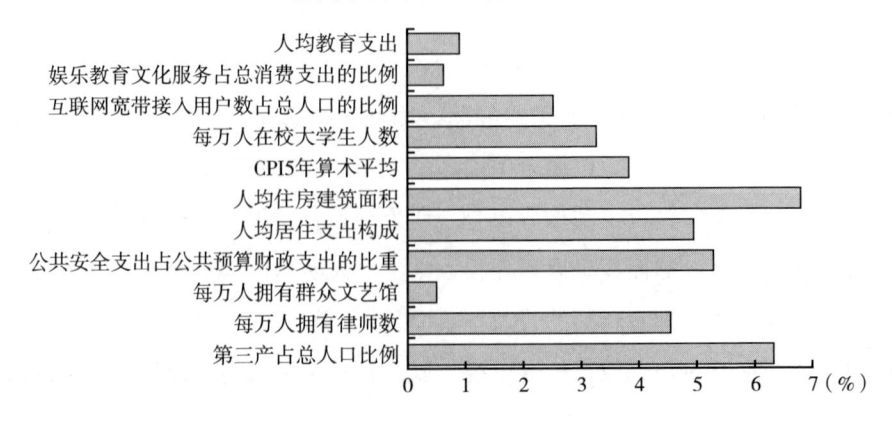

中国大中城市老年人社会公平与社会参与发展报告

成都市社会公平和社会参与难度得分构成

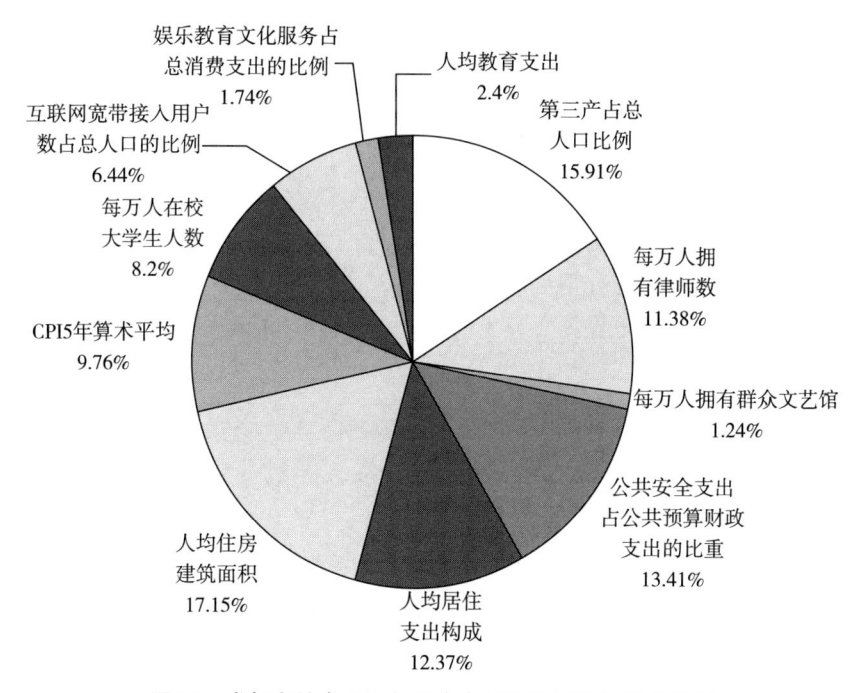

图14 成都市社会公平与社会参与和发展维度得分组图

在社会公平与社会参与发展维度的评分中，成都市单项指标得分最高的三项依次为人均住房建筑面积、第三产业人口占比、公共安全支出占公共预算财政支出比，得分依次为6.92%、6.42%、5.41%。由于川渝地区的传统，成都居民普遍重视生活舒适程度且享受慢节奏的生活方式，因此成都也是全国最适宜养老的城市之一，这反映出成都市在建设上侧重于提高广大城镇居民的舒适度。成都市较低的三项指标为每万人拥有群众文艺馆数、娱乐教育文化服务支出占总消费支出比、人均教育支出，分别为0.50%、0.70%、0.97%，均未超过1%。成都是西南地区的中心城市，以四川大学、电子科技大学为首的许多国家一流大学都坐落于此，而成都市较低的三项指标反映出成都市居民对教育的重视程度较低，这与成都市拥有的教育资源并不相匹配。因此，成都市政府应加大对居民教育的宣传力度，促使居民不断提升对教育的重视程度。

六 构建老龄友好型社会，促进老年人公平积极有序地参与社会

我们通过11个指标来构建社会公平与社会参与指标体系，以衡量一个城市的社会环境和服务水平对于老年群体而言是否合适。通过前文对38个大中城市和各个指标得分情况的研究分析，我们认为，构建老龄友好型社会应从全面促进社会公平和扩大社会参与方面入手。并提出如下几个方面的对策建议。

（一）构建科学的公共服务供给体系，促进社会公平

通过对38个城市指标得分情况的分析，我们发现，在一些公共服务领域的测评指标方面，经济发展水平高的特大城市的表现往往不及中小城市。尤其是在一些与城市人口相关的指标上，如关于每万人群众文艺馆数、每万人在校大学生数和人均教育支出等指标的得分情况方面，拥有超大人口规模的城市表现得不尽如人意。我们认为，主要是由于根据户籍人口投入建设的公共服务体系与快速增长的城市人口需求不匹配，突出表现在大量的外来流入人口稀释了城市公共服务资源，造成城市公共服务资源的结构性短缺。现实中，在短缺型供给状况下人们往往通过设置门槛将一部分人排斥在外，从而确保一定的服务供给秩序，其结果则是造成社会群体的紧张对立和不公平的公共资源配置。当社会排斥成为大众不得不面对的社会现实，或者说部分社会成员的权益剥夺被看成是理所当然的时候，社会公平与社会参与状况就变得非常糟糕，城市的包容性和正常的社会流动将大打折扣，显然对于老年群体而言也将变得不再宜居。鉴于此，有必要构建基于常住人口并反映其增长规律和分布状况的现代城市公共服务供给体系，提高城市发展质量，营造老年友好型发展环境，让更多人共享改革发展成果。

（二）重视和积极发挥老年人价值，切实满足老年人的精神文化需求

积极应对人口老龄化最重要的是要树立"老年人是财富和资源，而不是社会和家庭的负担"这一观念。要认识到老年人大有可为、老年生活别样精彩的理论和现实可行性，促进社会公平和社会参与就是发挥老年人的积极价值、实现老有所为的最好途径。在挖掘利用老年人资源方面，不但要消除一切阻碍扩大老年人社会参与的歧视性政策，还要营造老年人被人尊重的社会氛围，让他们认识到自身的价值所在。另外就是要让老年人有实现参与意愿的渠道，能将老年人的服务供给热情与真实的社会需求对接起来。而这些都对社会政策环境和公共服务供给体系提出了更高的要求。在满足老年人精神文化需求方面，需要注意的是，老年人在步入退休生活后，会面临角色的转换和心理的调适，将以前用于工作的时间和精力转移到日常生活中来，一个明显的结果便是越来越多的老年人将更多的时间和精力花在了精神文化生活方面。而当前各城市的公共文化服务供给却明显不足，在群众文艺馆这一指标方面，很多城市的表现都不如人意，这表明我们在文化硬件设施建设上还不足以应对人口老龄化的发展现实。由此而见，我们在文化服务项目上的短板可能更加凸显。满足老年人的精神文化需求，需要在不断加大公共文化设施建设投入的同时，丰富文化服务产品和项目内容。

（三）夯实社会公平和社会参与的基础，优化老年人社会支持环境

针对近年来北方城市特别是东北城市社会公平与社会参与指标体系综合得分排名较低的现实问题，我们觉得有必要在促进社会公平和社会参与方面实行均衡发展战略，提高东北城市的宜居指数。具体着力点包括大力发展第三产业、提高第三产业从业人口比例；加大城市信息化建设投入，提高互联网利用率；重视满足市民娱乐文化消费需求，促进娱乐文化产业发展；加大对教育事业的投入，发挥教育在促进地方经济社会发展中的积极作用，大力发展老年教育，维护老年人接受教育的权利。发展壮大律师、心理咨询师、

社会工作者和志愿者队伍，引导各类专业服务人才和志愿服务人才投身于促进社会公平和社会参与的工作和行动中来。加大对民生领域公共基础设施的建设投入，并注重服务项目开发和服务内容建设，满足市民的多层次公共服务需求。促进社会公平和社会参与不但需要良好的制度环境，还离不开家庭、社会和老年人自身的支持。家庭是老年人养老的重要支撑，主要表现在物质支持、精神依赖和陪伴等方面。需要引导形成正确的代际关系，在财富代际传递过程中减少对老年人的剥削，给予老年人更多的关爱，鼓励子女与老年人共同居住或就近居住，发挥传统家庭美德在现代养老中的积极作用。在社会支持方面，要建立和完善老年公益慈善服务激励机制，鼓励和发展志愿者服务，并探索"时间银行"类积分管理制度，将老年志愿服务与公共政策准入门槛联结起来，形成全社会共同参与的为老志愿服务格局。

参考文献

丛喜静、王兴平：《基于社会公平视角的老年人就业空间环境研究》，中国城市规划年会，2015年。

杜鹏、谢立黎：《中国老年公平问题：现状、成因与对策》，《中国人民大学学报》2017年第2期。

范婷：《社会工作视角下城市低龄老年人再就业问题研究》，《市场研究》2015年第9期。

郭莲纯：《老年教育发展问题的实践探索》，《继续教育研究》2011年第9期。

韩青松：《老年社会参与的现状、问题及对策》，《南京人口管理干部学院学报》2007年第3期。

胡江陵：《论人口老龄化背景下我国城市低龄老年人再就业的重要性》，《现代国企研究》2016年第10期。

李细香：《积极老龄化视角下低龄老年人社区参与的难点与对策》，《社会福利：理论版》2016年第12期。

刘巧蓉：《低龄健康老年人隐性就业社会成因分析——基于理性选择理论视角》，《闽南师范大学学报》（哲学社会科学版）2012年第4版。

刘颂：《积极老龄化框架下老年社会参与的难点及对策》，《人口与社会》2006年第4期。

刘颂:《积极老龄化框架中的老年教育》,《老年大学》2009 年第 7 期。

汪姝:《积极老龄化视角下城市老年人社会参与意愿调查》,《上海工程技术大学学报》2017 年第 4 期。

王坤:《积极老龄化视角下低龄老年人再就业研究》,深圳大学,2017。

王婷、姚家畅、曹羽丰:《积极老龄化视角下老年人社会参与途径创新》,《管理观察》2017 年第 29 期。

魏华忠、杨晓:《老龄化社会教育对策的跨文化研究》,《人口与经济》2007 年第 1 期。

闫忠志:《人力资本视角下城镇低龄老人就业研究——以辽宁省为例》,《辽东学院学报》(社会科学版) 2017 年第 1 期。

姚立瑛:《老龄化社会下的老年人权益保护》,《开封教育学院学报》2015 年第 11 期。

姚远、范西莹:《从尊老养老文化内涵的变化看我国调整制定老龄政策基本原则的必要性》,《人口与发展》2009 年第 2 期。

张戌凡:《老年人力资源开发的结构动因、困境及消解路径》,《南京师大学报》(社会科学版) 2011 年第 6 期。

赵飞:《我国人口老龄化与老年人力资源开发》,吉林大学硕士学位论文,2004。

仲亚琴、高月霞等:《不同社会经济地位老年人的健康公平研究》,《中国卫生经济》2013 年第 12 期。

周光大:《维护公平正义,认真贯彻〈老年人权益保障法〉》,《广西社会科学工作者协会"坚持维护社会公平正义"学术研讨会》2013 年第 1 期。

Boulton – Lewis, Gillian M., Buys, Laurie and Lovie – Kitchin, Janette E. (2016). Learning and Active Aging. *Educational Gerontology* (4): 271 – 282.

Jana Znidarsic and Vlado Dimovski. "Active Aging on the Company Level: the Theory Vs. the Day-to – Day Practice in Slovenia". *Economic and Business Review*, 2009.

Kirst Ala – Mutka, Norbert Malanowski, Yves Punie, Mareelino Cabrera. "Active Aging and the Potential of ICT for Learning". *JRC Scientific and Rechnical Reports*, 2008.

Miriam Hartlapp and Gunther Schmid (2008). "Labour Market Policy for Active Aging in Europe: Expanding the Options for Retirement Transitions." *Journal of Social Policy* (5): 409 – 431.

Steven Ney. "Active Aging Policy in Europe: between Path Dependency and Path Departure". *Aging International*, 2015.

B.6
中国大中城市老年人交通出行发展报告

张雪永 车思涵*

摘 要： 交通出行是反映城市老年人宜居程度的重要维度。本报告从单程通勤距离（公里）、年人均拥堵成本（元）、人均城市道路面积（平方米）、城市人均拥有公交车辆数、道路事故发生数量（起）、每平方米城市道路事故发生数、道路事故直接经济损失占GDP的比重等七个指标对38个城市的交通适老性进行了评价。本报告还对指标中没有涉及但能反映城市交通出行状况的其他因素进行了描述，以更全面地观察城市交通状况。本报告最后从供给和需求两个方面对如何提升城市交通适老程度提供了建议。

关键词： 老年人 出行 宜居交通 公共交通

本书选取了单程通勤距离（公里）、年人均拥堵成本（元）、人均城市道路面积（平方米）、城市人均拥有公交车辆数、道路事故发生数量（起）、每平方米城市道路事故发生数、道路事故直接经济损失占GDP的比重等七个指标来反映城市建设中的适老交通情况。选择这七个指标有两个原因：首先，为了保持指标的连续性。尽管选取这七个指标并不意味着

---

* 张雪永，西南交通大学文科建设处处长，国际老龄科学研究院院长，教授，研究领域：老龄法治与公共政策。车思涵，西南交通大学公共管理与政法学院，硕士研究生，研究领域：社会保障、人力资源开发。

它们能完整地评价一个城市的交通状况，但这 7 个指标是沿用了本书课题组上一部蓝皮书的，如果本书大幅度修正指标会让我们无法评估几年来城市交通状况的变化。其次，在可能选择的重要指标中，仍然只有这七个可以找到所有涉及城市的权威数据。为了弥补这个不足，在报告的第一个部分，我们将从更多的维度，尤其是城市轨道交通的快速发展来总体描述一些积极的变化。遗憾的是，这些积极的变化还不足以从根本上满足我们对城市公共交通的期待。

一 变与不变：2016年以来大中城市交通出行状况

（一）各城市改善公共交通的努力

2007 年 8 月，北京开始实施机动车尾号限行措施，成为国内第一个通过采取尾号限行来治理交通拥堵的城市。此后，南昌、长春、兰州、贵阳、杭州、成都等城市先后实施尾号限行，但限行的效果正在被迅速增长的机动车数量抵消，也引起了公众的抱怨。这促使城市管理者以更积极和根本的措施治理交通拥堵问题。从各地的报道看，初步取得了效果。

长沙市高度关注高德交通信息发布平台发布的城市拥堵数据，在 2018 年初很自豪地宣布：刚刚过去的 2017 年（全天时段），长沙市城区交通拥堵延时指数为 1.39，同比下降 3.5%，属于畅通状态，长沙城区交通状况不断向好。城市管理者认为，这得益于过去一年的持续努力："'软硬'兼施，一方面进一步强化科学管理，另一方面硬环境进一步得到改善，修建了新的主次干道，打通了断头路、瓶颈路，改善了街巷微循环等。"[1] 两个月后，他们再次宣布，2018 年一季度，长沙城区交通通行状况比上年同期实现好转，以 3 月份为例，长沙市各区早高峰的拥堵指数

---

[1] 记者周和平：《高德交通信息发布平台 2017 年度数据显示长沙城区交通拥堵同比下降 3.5%》，《长沙晚报》2018 年 2 月 2 日第 3 版。

均实现6%以上的降幅。如果把时段拉长,"梳理近3年来的高德地图主要城市拥堵指数排名,长沙的排名不断下降,2016年列全国第12位,2017年列全国第26位,而今年一季度列全国第38位,意味着长沙交通拥堵状况在持续缓解"。①

2018年4月26日,哈尔滨市召开了治理交通拥堵专题研讨会。城市管理者认识到,"城市产生交通病,就像人体内部的通道和脉络产生了疾病,难以保持系统的健康运转"。一个月后,哈尔滨市市城管委发布《2018年治理交通拥堵工作总体方案》,六方面44项举措破局交通拥堵。除了比较常规的优化公交线路、增加交通警力、新设停车泊位等措施外,该方案还提出一些总体性、长期性的治堵措施,如由市规划局牵头,市发改委、市交通运输局、市城管局、市城投集团配合,年底前编制完成《2017年哈尔滨市交通年报》,启动编制《哈尔滨市交通发展白皮书》,以指导哈市交通治理工作科学有序开展。同时编制完善《公共交通发展规划》、《公共交通线网规划》、《公共交通用地规划》等专项规划,并定期修编,确保公交发展适度超前。

地处西南的贵州和西藏,也把治理拥堵放在了重要位置。贵州从2018年起至2020年,全省将实施城市道路交通文明畅通提升工程,着力破解城市交通拥堵、出行难、停车难等问题,不断提升城市道路交通治理能力现代化水平。②"拉萨市交管部门立足自身职责,本着不断给全市各族群众营造安全有序的出行环境,依法为民、严防事故、分类治理的理念和原则,坚持全警动员、全员上路,在做好常态下交通管理工作的同时,突出加强在重点时段、重点部位进行交通疏导,积极解决交通出行难题"。③

信号灯是引导交通运行的重要基础设施,提升信号灯运行效率,有助于

---

① 记者李国斌、王晗:《长沙交通拥堵状况持续缓解一季度长沙拥堵指数列全国第38位,在全国排名不断下降》,《湖南日报》2018年4月21日第6版。
② 记者刘美伶:《贵州重拳破解交通拥堵、出行难、停车难》,《法制生活报》2018年3月30日第1版。
③ 记者拉巴桑姆:《强化交通治理营造安全有序出行环境,拉萨市交管部门全力疏导交通拥堵》,《西藏日报(汉)》2018年4月26日第10版。

缓解城市交通拥堵状况。2017年，20多个城市部署了1200多个智慧信号灯，交通延误时间平均下降了10%~20%。

（二）城市轨道交通的快速发展

根据发达国家解决大城市交通出行问题的经验，特大城市应以轨道交通和常规地面公交为客运交通主骨架，其在交通结构中应占50%的比例，其中轨道交通应占60%。大城市以轨道交通为骨干，以道路公交为主体，城市公交在交通结构中占25%~35%，其中轨道交通占公交运量的10%~15%。城市轨道交通在公共交通中之所以地位重要，主要基于其几个主要优点：其一，运量大，速度快。以2017年统计为例，我国城轨交通平均旅行速度36.2公里/小时，是城市其他公共交通方式的2~3倍。其二，有利于土地集约利用。其三，能源利用率高。其四，污染小，对大气环境、水环境均无影响。所以近年来，各大城市都纷纷建设以地铁为主要形式的轨道交通，以解决交通拥堵问题。

1. 线路规模和运营情况[①]

截至2017年末，中国内地有34个城市开通城市轨道交通并投入运营，开通城轨交通线路165条，运营线路长度达到5033公里。新增轨道交通的城市4个，分别是石家庄、贵阳、厦门和珠海，涉及本报告评价的城市数达到了31个；运营线路比2016年新增32条，同比增长24.1%；运营长度新增880公里，同比增长21.2%。全年累计完成客运量185亿人次，同比增长14.9%；全国城市轨道交通累计配属车辆4871列，当年完成运营里程29.4亿车·公里，比2016年增长26.7%。相关情况如图1~图5所示。

2017年，共发生5分钟以上延误事件1749次，比上年下降11.4%，平均5分钟及以上延误率0.018次/百万车·公里，比上年下降28%，列车正点率为99.99%，列车退出正线故障8027次，平均退出正线运营故障率0.025次/万车·公里，比上年下降34.2%。

[①] 关于轨道交通的相关数据，除特别说明外，均引自《城市轨道交通2017年度统计和分析报告》或根据报告提供的数据绘制，见《中国城市轨道交通协会信息》2018年第2期。

健康老龄化蓝皮书

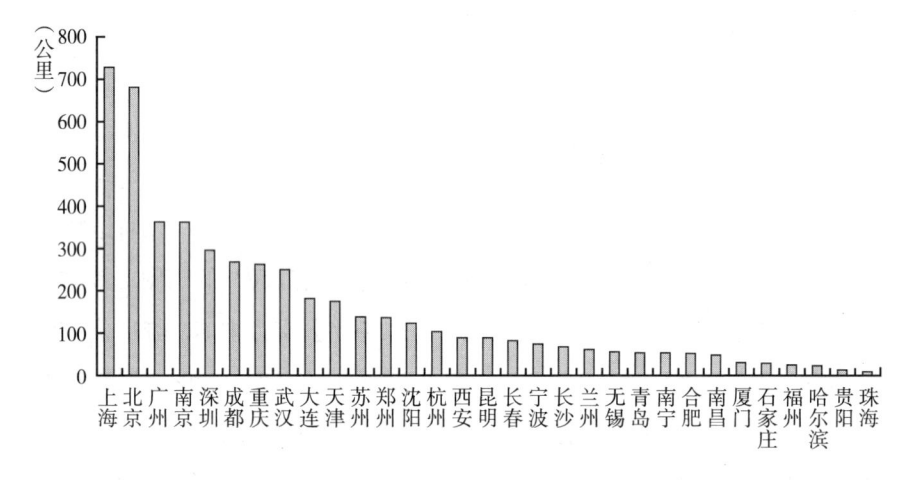

图1　2017年中国内地城轨交通运营线路规模

数据来源：城市轨道交通2017年度统计和分析报告。

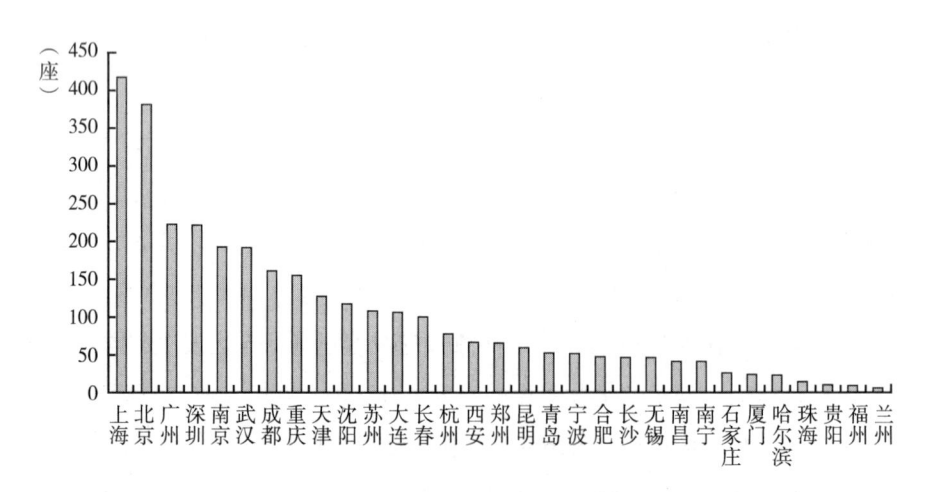

图2　2017年中国内地城轨交通投运场站情况

数据来源：城市轨道交通2017年度统计和分析报告。

2. 发展潜力和趋势

根据不完全统计，截至2017年末，中国内地共56个城市开工建设城轨交通，共计在建线路254条，在建线路长度达到6246公里，在建城市数量、在建线路数量和在建线路长度均超过已投运规模。

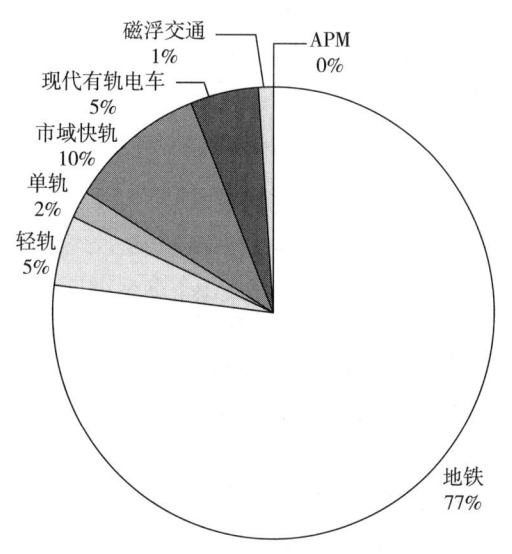

图3 2017年中国内地城轨交通运营线路制式结构情况

数据来源：城市轨道交通2017年度统计和分析报告。

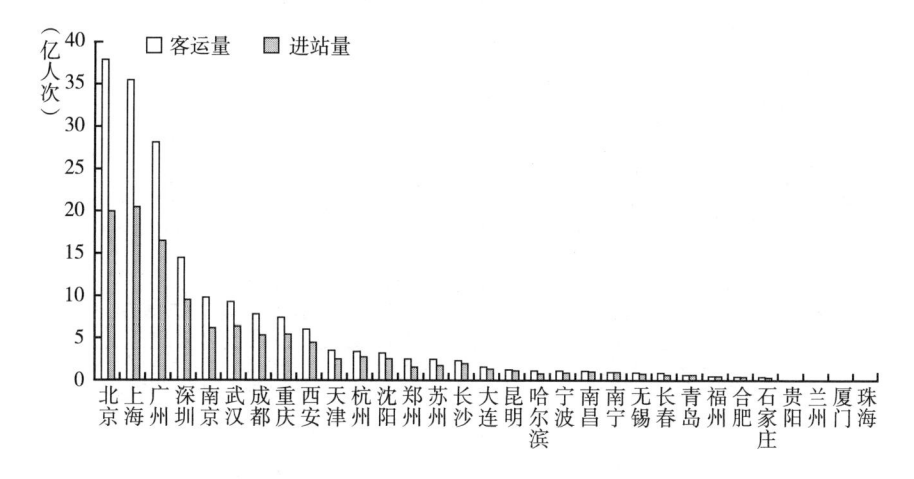

图4 2017年中国内地城轨交通客运量、进站量情况

数据来源：城市轨道交通2017年度统计和分析报告。

但总的来看，交通拥堵未能根本改善，仍是城市管理者在较长时间内要面对和花更大努力解决的问题。2018年5月27日，在北京举行的新能源公交高品质线路经验交流会上，交通部研究人员报告说，全国每日2.5亿人次公交出行，

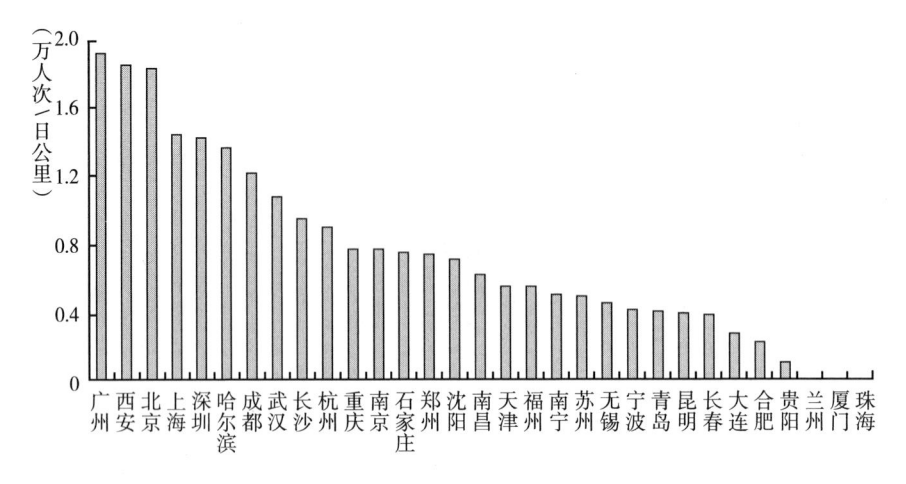

图5 2017年中国内地城轨交通客运强度情况

数据来源：城市轨道交通2017年度统计和分析报告。

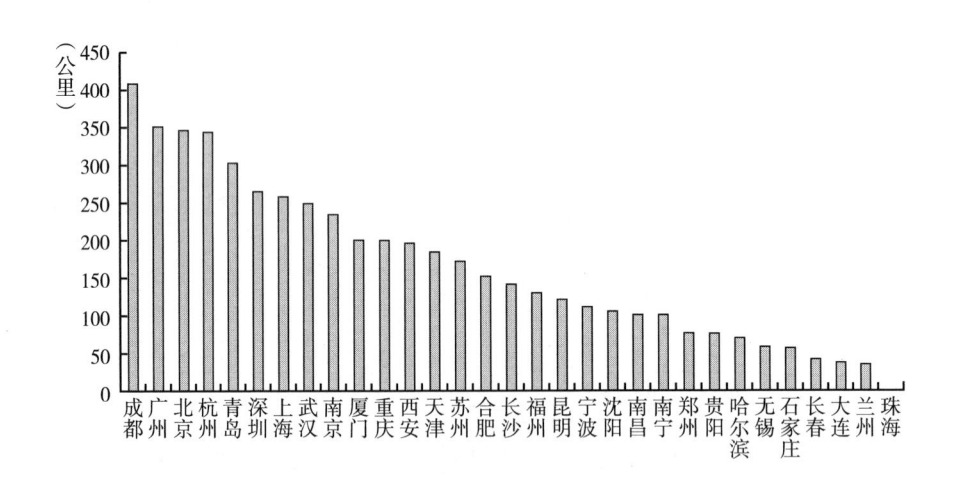

图6 2017年中国内地城轨交通在建线路规模

数据来源：城市轨道交通2017年度统计和分析报告。

但这个看起来巨大的数字在出行总人次中的比例并不高，城市公交出行分担率不足40%。① 这表明，实现畅通出行的治理目标，还有很远的路要走。

① http：//news.china.com.cn/2018-05/27/content_51525369.htm.

（三）城市交通适老性进展缓慢

1. 学界关注不够

一项公共政策出台首先要求某个问题成为政府治理的"议题"，而在进入决策议程之前要先成为社会的"话题"。学界的关注和研究是"话题"转化为"议题"的重要条件。总体来看，城市适老交通问题大体还停留在"街谈巷议"，学界关注还比较少，存在很多研究盲区，以设计驱动跨学科研究鲜有参照案例。有学者认为，"如何以设计思维博取众学科之长，如何在现有交通服务的基础上匹配老年人的出行需求，如何以通用设计、无障碍设计、服务系统设计以及人机工程学为理论基础，以低投入改进现有交通辅助设施是值得研究的命题，也是关乎可持续生活方式与适老化设计、交通工具与交通服务系统整合创新的现实课题"，但学界对此呼吁的回应并不热烈。

2. 老年人出行仍面临诸多困难

本书课题组曾于 2016 年归纳了城市适老交通上存在的六个主要问题：可达性不足、适老交通服务不足、公共服务设施服务率低、步行环境存在安全隐患、交通信息获取渠道少且信息辨识困难、交通系统无障碍设计意识缺乏。几年过去，上述问题还普遍存在。

《2016 年老人出行习惯调查报告》显示，50～70 岁老人更容易觉得面临出行难问题，有近两成被调查老人在遇到出行难题时会放弃出行。老年人是交通运输行业重要的服务对象，高度依赖公共交通。调查报告显示，有 56.36% 的被调查老年人出行主要依靠公交车，20.59% 的主要依靠自行车及老人代步车，19.41% 的主要通过地铁出行。频繁换乘、大量步行和扬招打不到车，是老年人出行面临的最主要问题[1]。

西宁的一项调查也显示，无障碍设施的建设项目落地少，造成老年人出行不便，或放弃出行[2]。

---

[1] http://net.chinabyte.com/176/13716176.shtml.
[2] 记者王锦涛：《推动无障碍设施建设，打造智能交通，更多人文关怀——老人出行如何更舒心（走转改·一线调查）》，《人民日报》2017 年 1 月 4 日第 6 版。

二 交通出行指标说明与数据计算

在我国人口老龄化形势日益严峻的背景下，人们越来越多地探讨健康老龄化这一理念，适老交通则是健康老龄化理念当中不可或缺的一部分。适老交通可以具体体现城市的宜居性，尤其是对于老年人的退休生活而言。因此，如何就交通出行这一维度建设适老亲老的人性化城市是目前需要探索的重要议题之一。

我们根据 GRI 和国内相关学者的著述，选取了七个指标来反映城市建设中的适老交通情况，分别是单程通勤距离（公里）、年人均拥堵成本（元）、人均城市道路面积（平方米）、城市人均拥有公交车辆数、道路事故发生数量（起）、每平方米城市道路事故发生数、直接经济损失占 GDP 的比重。各指标的相关说明如下。

（1）单程通勤距离：是指从家中前往工作地点的路程长短。单程通勤距离得分越高，说明该城市上班的平均路程越近。这在一定程度上可以反映该城市的建设风貌，具体包括商业区和住宅区的城市规划情况等。

（2）年人均拥堵成本：是指城市中年人均因交通拥堵而造成的经济成本。年人均拥堵成本得分越高，说明该城市人们上班越方便快捷，这在一定程度上可以反映该城市的城市交通建设情况。

（3）人均城市道路面积：用城市道路面积除以城市人口和城市暂住人口的和即可得到人均城市道路面积。人均城市道路面积得分越高，说明该城市人均城市道路面积越大，这在一定程度上可以反映出该城市的交通便捷程度。

（4）城市人均拥有公交车辆数：是指按城市人口计算的每人平均拥有的公共交通车辆标台数，用公共交通运营车标台数除以城市人口和城市暂住人口的和即可得到城市人均拥有公交车辆数。

（5）道路事故发生数量：是指城市一年的道路事故发生数量。道路事故发生数量得分越高，说明该城市道路事故发生数量越少，这在一定程度上可以反映该城市的交通出行安全系数。

（6）每平方米城市道路事故发生数：用城市一年的道路事故发生数量除以城市道路面积即可得到每平方米城市道路事故发生数。每平方米城市道路事故发生数得分越高，说明该城市每平方米城市道路事故发生数越少，这在一定程度上也可以反映该城市的交通出行安全系数。

（7）道路事故直接经济损失占GDP的比重：是指城市一年由道路事故导致的直接经济损失占当年GDP的比重。直接经济损失占GDP的比重得分越高，说明该城市由交通问题所导致的直接经济损失占GDP的比重越小。其中，由道路事故所导致的直接经济损失包括交通拥堵使得机动车行驶时间增加而最终造成的燃料额外消耗、延误使得上班迟到而造成的时间成本、交通拥堵造成的生态环境污染（温室效应、大气污染、交通噪声等）治理和交通事故处理费用等。

通过查阅相关的统计年鉴，我们得到了38个城市在交通出行维度下的各项指标值，利用AHP层次分析法将得到的数据经过无量纲化、归一化处理后就能得到各指标下的城市得分及排名和总的健康老龄化交通出行得分及排名情况。数据无量纲化中，交通出行这一维度下的七个一级指标得分区间为0~100%，0表示某城市在该指标下的表现最差，100%表示某城市在该指标下的表现最优，属于理想情况。

三 各城市交通出行总体情况分析

由上述七个指标收集的数据，可构成38个城市交通出行质量数据矩阵。通过无量纲化处理后，可计算得出所有城市相关指标数据加权评价得分，并计算得出以百分比形式表现的各城市在交通出行方面的分值。

（一）交通出行指标总排名情况

我们将38个城市在七个指标下的得分进行加总就可以得到其在交通出

行维度下的总得分。图7和表1反映了38个城市在交通出行维度七个指标下的综合得分及排名，得分越高、排名越靠前说明该城市的交通出行越顺畅及宜居。由表1可见，排名前五的城市分别是珠海（52.57%）、深圳（48.98%）、苏州（45.47%）、合肥（44.33%）和昆明（44.07%），其中珠海、深圳和苏州分别高出平均得分（34.32%）18.25个百分点、14.66个百分点、11.15个百分点。排名末五的城市分别是大连（25.12%）、贵阳（22.72%）、上海（13.15%）、重庆（12.71%）和北京（11.04%），远低于平均得分。

一般意义上，人口密度高、地理环境特殊、交通建设滞后的地区面临的交通出行问题会更多一些，比如排名末五的北京、上海、大连、贵阳和重庆。而城市建设较好、非常宜居或人口密度不大的地区所面临的交通出行问题则会相对少很多，比如排名前五的珠海、深圳、苏州、合肥以及昆明。另外，沈阳、成都、呼和浩特、福州、郑州、长沙、武汉等省会城市的交通出行综合得分也不太理想。对此，我们将在后续的指标分析中进行详细的比较和剖析。

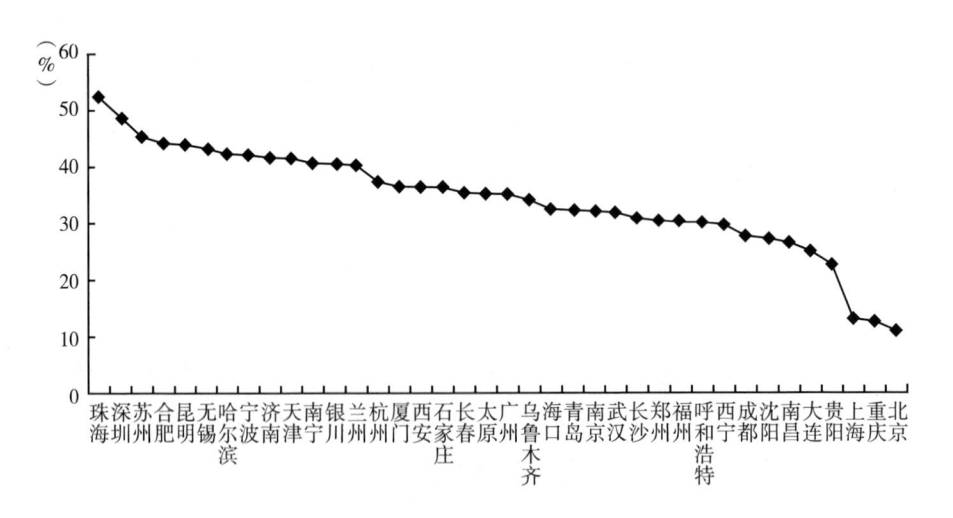

图7 交通出行总得分排名情况

表1 交通出行总得分排名情况

单位：%

城市	交通出行总得分	排名	城市	交通出行总得分	排名
珠海	52.57	1	广州	35.30	20
深圳	48.98	2	乌鲁木齐	34.28	21
苏州	45.47	3	海口	32.62	22
合肥	44.33	4	青岛	32.41	23
昆明	44.07	5	南京	32.23	24
无锡	43.43	6	武汉	32.00	25
哈尔滨	42.44	7	长沙	30.99	26
宁波	42.27	8	郑州	30.56	27
济南	41.75	9	福州	30.26	28
天津	41.62	10	呼和浩特	30.25	29
南宁	40.80	11	西宁	29.82	30
银川	40.64	12	成都	27.82	31
兰州	40.40	13	沈阳	27.36	32
杭州	37.46	14	南昌	26.65	33
厦门	36.64	15	大连	25.12	34
西安	36.57	16	贵阳	22.72	35
石家庄	36.52	17	上海	13.15	36
长春	35.55	18	重庆	12.71	37
太原	35.34	19	北京	11.04	38

总的来看，除去像珠海、深圳、苏州这样的东部宜居城市外，一些中部、北部、西北部城市的交通出行平均得分普遍高于一线城市，且城市间的内部差异较小，比如哈尔滨（42.44%）、宁波（42.27%）、银川（40.64%）和兰州（40.40%）。而成都、沈阳、南京这些经济发展程度较高的地区，由于人口密度大、车辆、建筑、公共用地等因素而导致其交通出行综合得分排名靠后。

（二）交通出行一级指标排名情况及分析

1. 单程通勤距离（公里）

表2是38个城市上班单程通勤距离的得分及排名情况，单程通勤距离

得分越高,说明该城市上班的平均路程越近,这在一定程度上可以反映该城市的建设风貌,具体包括商业区和住宅区的城市规划情况等。

可以看出,38个城市中仅有10个城市的该项指标得分在10%~15%之间,而余下28个城市的该项指标得分则在0~10%之间,且相邻排名城市间的得分差异较小。不难发现,得分在10%~15%之间的城市多为非一线城市,排名第九的深圳除外;而排名末十位的城市多为一线城市或经济发展较好的省会城市或直辖市。一般来看,经济发展程度越高,城市的商业区建设规模会越来越大,而在城市中心难以满足商业区建设的用地需求,因此经济发展程度高的地区会在进行城市规划时划定一些较为偏远的郊区或新区作为集中商业区。这也将直接导致人们上班的单程通勤距离成倍增加。

表2 单程通勤距离排名的情况

单位:%

城市	单程通勤距离得分	排名	城市	单程通勤距离得分	排名
珠海	14.29	1	西安	8.43	20
海口	12.88	2	福州	8.00	21
无锡	11.95	3	长春	7.98	22
厦门	11.60	4	西宁	7.95	23
太原	11.45	5	济南	7.93	24
苏州	11.43	6	银川	7.90	25
宁波	11.02	7	南宁	7.67	26
乌鲁木齐	10.93	8	石家庄	7.64	27
深圳	10.48	9	武汉	7.52	28
南昌	10.36	10	长沙	7.21	29
兰州	9.45	11	昆明	7.05	30
广州	9.14	12	青岛	6.98	31
呼和浩特	8.98	13	大连	6.38	32
合肥	8.90	14	天津	5.57	33
贵阳	8.86	15	南京	5.55	34
郑州	8.83	16	成都	5.19	35
沈阳	8.74	17	上海	3.67	36
杭州	8.60	18	重庆	3.29	37
哈尔滨	8.43	19	北京	0.00	38

从表2和图8可以看出，就单程通勤距离而言，38个城市中排名前五的城市分别是珠海（14.29%）、海口（12.88%）、无锡（11.95%）、厦门（11.60%）以及太原（11.45%），这说明在38个城市中这五个城市的人们平时上班的单程通勤距离最短。首先，城市本身的面积大小会是一个重要影响因素，其中厦门的城市总面积仅有1638平方公里；其次，这五个城市都不是以纯粹的经济发展为首要目标，比如海口和厦门则更多依靠旅游业来支撑城市的发展，因此可能在商业发展这块比较分散，也便于人们就近居住。

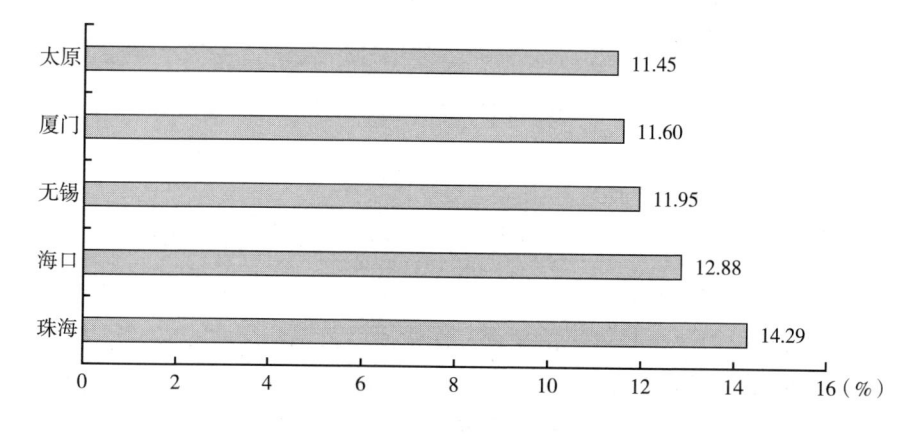

图8 单程通勤距离排名前五的城市

从表2和图9可以看出，就单程通勤距离而言，38个城市中排名末五的城市分别是北京（0%）、重庆（3.29%）、上海（3.67%）、成都（5.19%）和南京（5.55%），这说明这五个城市的人们平时上班的单程通勤距离最远。首先，就城市面积而言，重庆、北京、成都、南京、上海的城市总面积分别为82300平方公里、16800平方公里、11939平方公里、6421平方公里和5800平方公里，城市面积较大，客观上导致通勤距离增加；其次，北京、上海、成都和南京近几年的经济发展势头较好，但市中心和已有商业中心的可用地面积有限，因此一些高新产业园区等建在了离市中心较远的郊区或新开发区，这也在客观上导致人们上班的单程通勤距离增加。另

外，就地理环境而言，重庆是一座典型的山城，城市本身的交通情况比较复杂，多为坡路和弯道，也会造成通勤距离的增加。

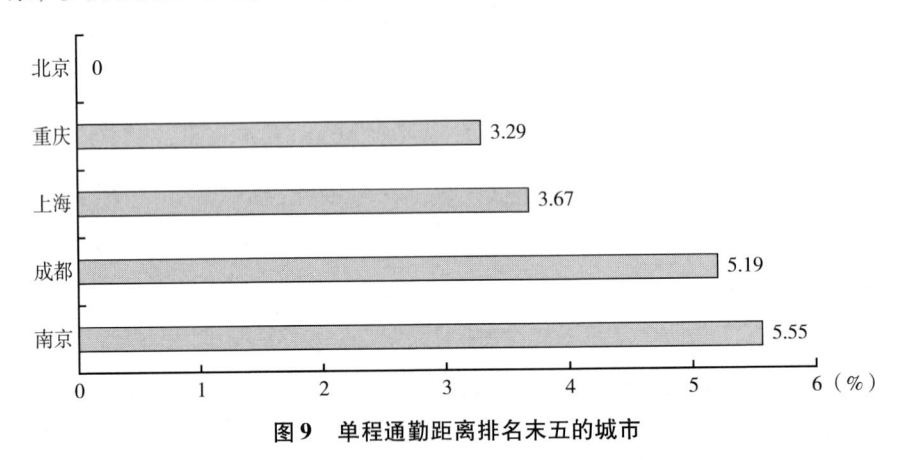

城市	数值
北京	0
重庆	3.29
上海	3.67
成都	5.19
南京	5.55

图9　单程通勤距离排名末五的城市

2.年人均拥堵成本（元）

表3是38个城市年人均拥堵成本得分及排名情况，年人均拥堵成本得分越高，说明该城市人们上班越方便快捷，这在一定程度上可以反映该城市的城市交通建设情况，具体包括是否方便快捷以及城市交通的成本费用情况等。可以看出，在38个城市中，有25个城市的年人均拥堵成本得分在10%~15%之间，且相邻排名城市的得分差异较小，余下13个城市的年人均拥堵成本得分则在0~10%之间。一般来看，人口密度大、经济发展程度较高且城市交通成本较高的地区，其年人均拥堵成本较高，比如排名末位的北京、上海、南京。而一些人口密度不大、经济发展程度一般且城市交通成本较低的地区，其年人均拥堵成本自然较低，比如兰州、无锡、太原。

表3　年人均拥堵成本排名的情况

单位：%

城市	年人均拥堵成本得分	排名	城市	年人均拥堵成本得分	排名
兰州	14.29	1	银川	13.41	4
无锡	14.19	2	苏州	13.33	5
太原	13.65	3	乌鲁木齐	13.23	6

续表

城市	年人均拥堵成本得分	排名	城市	年人均拥堵成本得分	排名
珠海	13.12	7	呼和浩特	10.50	23
西宁	12.95	8	长沙	10.38	24
南昌	12.95	9	昆明	10.33	25
杭州	12.44	10	广州	9.94	26
海口	12.42	11	天津	9.92	27
深圳	12.27	12	沈阳	9.77	28
福州	12.14	13	贵阳	9.61	29
厦门	11.96	14	西安	9.55	30
宁波	11.95	15	长春	9.23	31
郑州	11.72	16	济南	8.48	32
南宁	11.33	17	大连	8.07	33
青岛	11.00	18	南京	7.57	34
石家庄	10.72	19	哈尔滨	6.39	35
合肥	10.62	20	上海	5.46	36
成都	10.52	21	重庆	5.01	37
武汉	10.52	22	北京	0.00	38

从表3和图10可以看出，就年人均拥堵成本而言，38个城市中排名前五的城市分别是兰州（14.29%）、无锡（14.19%）、太原（13.65%）、银川（13.41%）以及苏州（13.33%），这说明在38个城市中这五个城市的人们年人均拥堵成本最低。首先，城市本身的人口密度和交通建设情况会是一大影响因素，而这五个城市均不是我国的人口密集型城市，且城市的交通规划建设较好，客观上决定了出现拥堵的频率较低。另外，城市交通的成本费用也是一大重要影响因素，而这五个城市的经济发展水平一般，物价水平一般，城市的公共交通相应也会更加便宜和实惠一些，也会在一定程度上降低人们的拥堵成本。

从表3和图11可以看出，就年人均拥堵成本而言，38个城市中排名末五的城市分别是北京（0%）、重庆（5.01%）、上海（5.46%）、哈尔滨

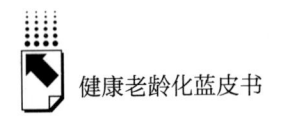

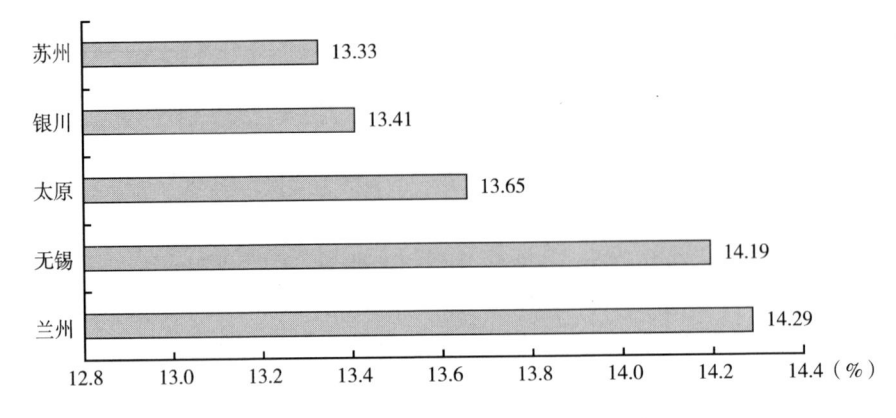

图10　年人均拥堵成本排名前五的城市

城市	数值
苏州	13.33
银川	13.41
太原	13.65
无锡	14.19
兰州	14.29

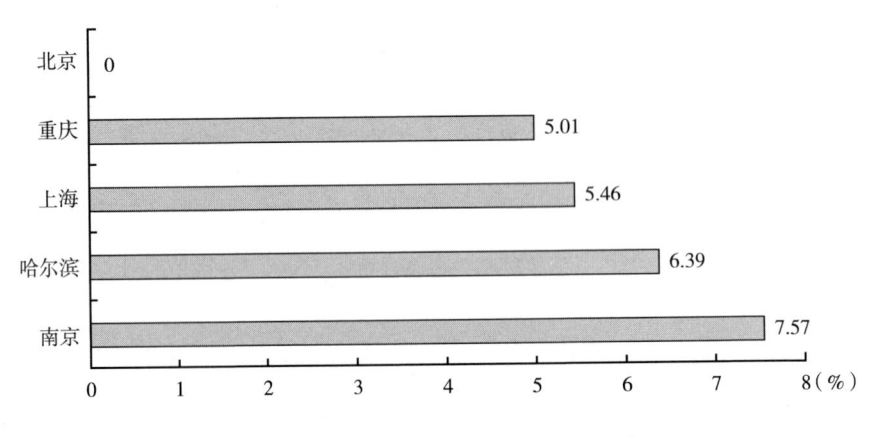

图11　年人均拥堵成本排名末五的城市

城市	数值
北京	0
重庆	5.01
上海	5.46
哈尔滨	6.39
南京	7.57

（6.39%）以及南京（7.57%），这说明在38个城市中这五个城市的人们年人均拥堵成本最高。首先，这五个城市均为发展较好的省会城市或直辖市，城市的人口密度较为拥挤，车辆也较多，直接增加了拥堵发生的概率；另外，这几座城市除了经济发展程度较高外，旅游业也是该城市发展的重要产业之一，因此，每年该城市会接待许多的外来游客，这也会加剧城市拥堵的发生概率；除此之外，重庆复杂的交通地理条件、哈尔滨冬季恶劣的交通环境也会导致城市拥堵的发生；最后，城市交通的成本费用也是一大重要影响因素，像北京、上海这样的经济发达城市，其城市公共交通的价格会相对较

高,也会造成该城市年人均拥堵成本相对较高。

3. 人均城市道路面积（平方米）

表4是38个城市人均城市道路面积得分及排名情况,人均城市道路面积得分越高,说明该城市人均城市道路面积越大,这在一定程度上可以反映出该城市的交通便捷程度,具体包括城市道路的规划以及城市的人口密度。

可以看出,在38个城市中,仅有珠海这一个城市的人均城市道路面积得分在10%~15%这一区间内,同时只有四个城市的人均城市道路面积得分在5%~10%这一区间内,分别是深圳、无锡、合肥和苏州,余下33个城市的人均城市道路面积得分在0~5%这一区间内,且相邻排名的城市得分十分相近。一般情况下,城市道路总面积较大且常住人口较少的地区,其人均城市道路面积较大,比如珠海、合肥、苏州、无锡。像深圳这样,虽然城市道路总面积有限,但城市道路总体的规划较好,导致人均城市道路面积也会变大。反观,像北京、上海这样的大型城市,一方面是城市道路面积有限,另一方面是全国各地的人都涌入这样的城市,人口密度十分大,进而造成人均城市道路面积较小。另外,还有一些城市,比如重庆、兰州、贵阳,由于特殊的地理环境限制,导致城市的道路面积客观上较小。

表4 人均城市道路面积排名的情况

单位:%

城市	人均城市道路面积得分	排名	城市	人均城市道路面积得分	排名
珠海	14.29	1	银川	3.04	13
深圳	7.91	2	沈阳	2.92	14
无锡	5.81	3	武汉	2.70	15
合肥	5.44	4	大连	2.28	16
苏州	5.36	5	太原	2.16	17
济南	4.72	6	长沙	2.13	18
南京	4.38	7	福州	2.05	19
青岛	4.23	8	南宁	2.04	20
厦门	3.70	9	郑州	1.91	21
呼和浩特	3.60	10	天津	1.89	22
长春	3.08	11	宁波	1.83	23
昆明	3.08	12	广州	1.74	24

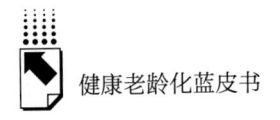

续表

城市	人均城市道路面积得分	排名	城市	人均城市道路面积得分	排名
石家庄	1.72	25	西宁	0.84	32
西安	1.53	26	海口	0.82	33
乌鲁木齐	1.50	27	兰州	0.74	34
杭州	1.47	28	哈尔滨	0.46	35
贵阳	1.14	29	上海	0.15	36
成都	1.09	30	重庆	0.04	37
南昌	0.93	31	北京	0	38

从表4和图12可以看出，就人均城市道路面积而言，38个城市中排名前五的城市分别是珠海（14.29%）、深圳（7.91%）、无锡（5.81%）、合肥（5.44%）以及苏州（5.36%），这说明在38个城市中这五个城市的人均城市道路面积最大。首先，城市本身的道路面积是一大影响因素，排名前五的城市均处在我国东部，其中合肥、苏州的城市面积本身较大，珠海、深圳、无锡虽然城市面积不算大，但其城市道路交通规划做得非常好，因此排名前五城市的人均道路面积较大；其次，城市人口数量是另一重要影响因素，排名前五城市中除苏州、深圳的人口刚破千万外，珠海、无锡、合肥的人口则处于五六百万的水平。

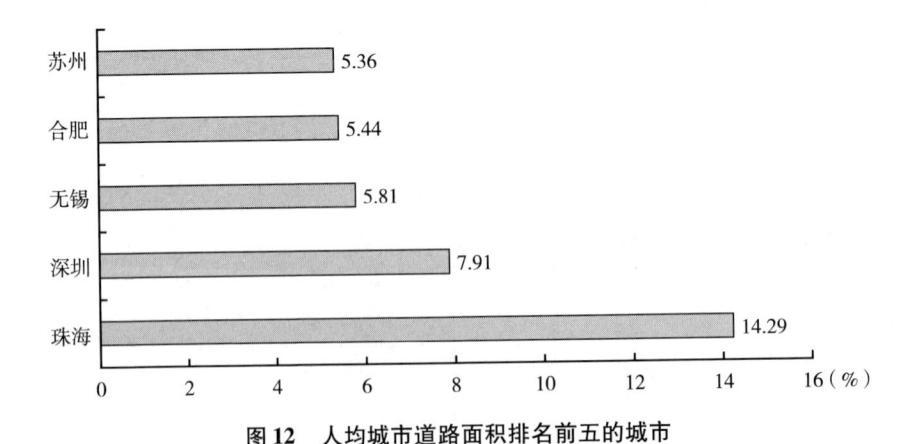

图12 人均城市道路面积排名前五的城市

从表4和图13可以看出，就人均城市道路面积而言，38个城市中排名末五的城市分别是北京（0）、重庆（0.04%）、上海（0.15%）、哈尔滨（0.46%）以及兰州（0.74%），这说明在38个城市中这五个城市的人均城市道路面积最小。首先，城市本身的道路面积是一大影响因素，北京、上海由于经济发展水平较高，但城市用地十分有限，而重庆、兰州则是被其复杂且特殊的交通地理条件所限制，导致其城市道路面积有限；其次，城市人口数量是另一重要影响因素，重庆、上海、北京、哈尔滨的人口数均在一千万以上，尤其是重庆、上海、北京的人口数量更多，这直接影响城市的人均城市道路面积。

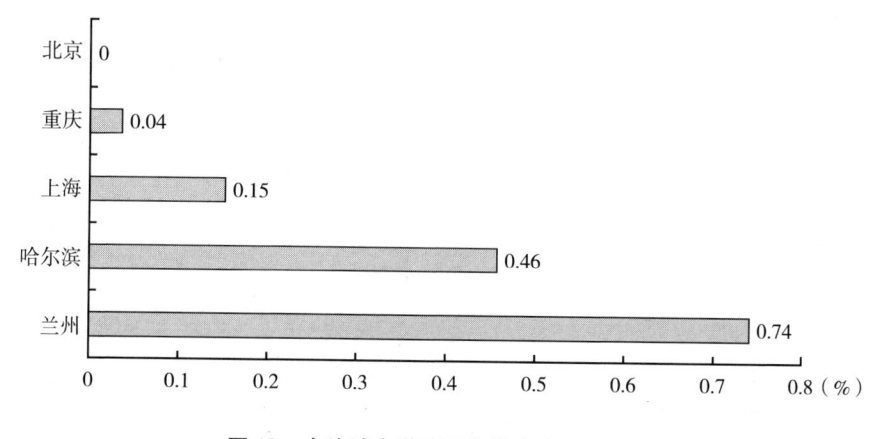

图13 人均城市道路面积排名末五的城市

4. 人均拥有公交车辆数

表5是38个城市人均拥有公交车辆数得分及排名情况，人均拥有公交车辆数得分越高，说明该城市人均拥有公交车辆数越多，这在一定程度上可以反映出该城市的公共交通便捷性和普及程度。

不难发现，在38个城市中，仅有深圳这一个城市的人均拥有公交车辆数得分在10%~15%这一区间，排名第一。同时只有西宁和厦门这两个城市的人均拥有公交车辆数得分在3%~5%区间，分列第二、第三。余下的35个城市人均拥有公交车辆数得分均在0~3%区间，且相邻排名的城市得分十分相近。可以看出，就人均拥有公交车辆数这一指标而言，38个城市中，仅有深圳市的人均拥有公交车辆数情况近似理想状态，其余城市均未及格。这说明目前我国绝大多数城市的公共交通建设应当进一步完善。

表5 城市人均拥有公交车辆数排名的情况

单位：%

城市	城市人均拥有公交车辆数得分	排名	城市	城市人均拥有公交车辆数得分	排名
深圳	14.29	1	苏州	1.77	20
西宁	4.17	2	济南	1.74	21
厦门	3.04	3	呼和浩特	1.74	22
福州	2.87	4	贵阳	1.57	23
宁波	2.72	5	兰州	1.49	24
昆明	2.70	6	南京	1.46	25
长沙	2.52	7	哈尔滨	1.43	26
合肥	2.44	8	西安	1.41	27
郑州	2.34	9	无锡	1.36	28
青岛	2.34	10	上海	1.33	29
乌鲁木齐	2.32	11	天津	1.21	30
银川	2.31	12	长春	1.18	31
大连	2.23	13	南昌	1.15	32
北京	2.21	14	石家庄	1.11	33
珠海	2.12	15	南宁	1.10	34
广州	2.04	16	海口	1.04	35
成都	2.02	17	沈阳	1.01	36
武汉	2.01	18	太原	1.00	37
杭州	2.00	19	重庆	0	38

从表5和图14可以看出，就人均拥有公交车辆数而言，38个城市中排名前五的城市分别是深圳（14.29%）、西宁（4.17%）、厦门（3.04%）、福州（2.87%）以及宁波（2.72%），这说明在38个城市中这五个城市的人均拥有公交车辆数较多。首先，城市本身的公共交通建设情况是一大影响因素，排名前五城市的公共交通建设较为完善，除了传统的公交车外，近些年纷纷建成BRT、地铁等公共交通配套设施，同时也进一步增加了传统公交车线路和数量。其次，城市人口数量是另一重要影响因素，排名前五城市中仅深圳市人口过千万，而深圳又以打造花园城市为宗旨，整个城市十分宜居，并不会影响到其人均拥有公交车辆数这一指标。

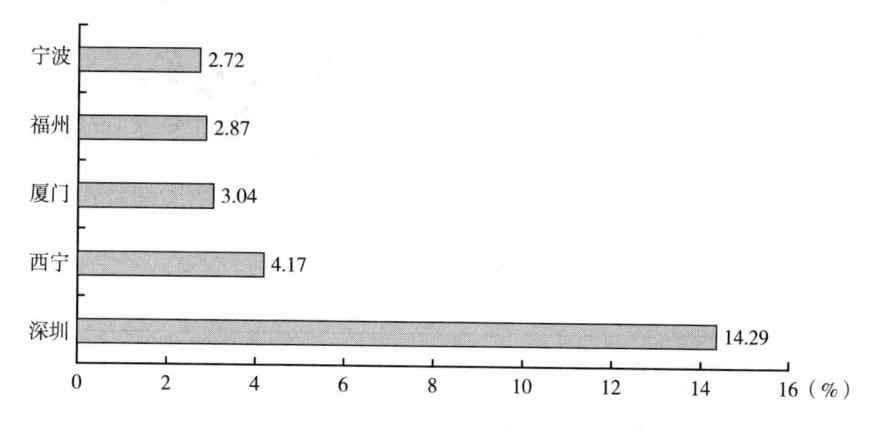

中国大中城市老年人交通出行发展报告

城市	数值
宁波	2.72
福州	2.87
厦门	3.04
西宁	4.17
深圳	14.29

图14 城市人均拥有公交车辆数排名前五的城市

从表5和图15可以看出，就人均拥有公交车辆数而言，38个城市中排名末五的城市分别是重庆（0）、太原（1%）、沈阳（1.01%）、海口（1.04%）以及南宁（1.1%），这说明在38个城市中这五个城市的人均拥有公交车辆数极少。首先，城市本身的公共交通建设情况是一大影响因素，排名末五城市的公共交通建设情况均不太完善，不论是在公交车线路还是数量上均不太能够满足人们的需求。其次，城市人口数量是另一重要影响因素，排名末五城市中重庆还有一大劣势——其庞大的人口数量，重庆市的人口数量已经接近三千万，这无疑给整个重庆市公共交通服务的提供增加了非常大的难度。

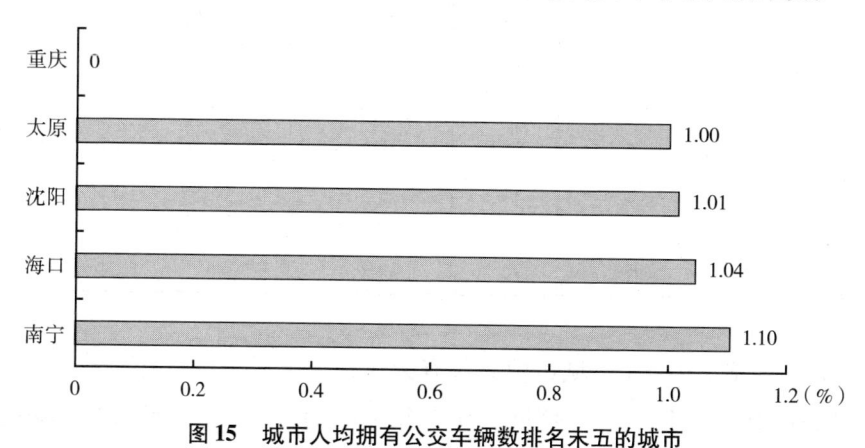

城市	数值
重庆	0
太原	1.00
沈阳	1.01
海口	1.04
南宁	1.10

图15 城市人均拥有公交车辆数排名末五的城市

5. 道路事故发生数量（起）

表6是38个城市道路事故发生数量得分及排名情况，道路事故发生数量得分越高，说明该城市道路事故发生数量越少，这在一定程度上可以反映该城市的交通出行安全系数。

表6 道路事故发生数量排名的情况

单位：%

城市	道路事故发生数量得分	排名	城市	道路事故发生数量得分	排名
天津	14.29	1	昆明	2.83	20
哈尔滨	7.79	2	兰州	2.65	21
济南	7.68	3	郑州	2.43	22
杭州	6.94	4	深圳	2.40	23
广州	6.93	5	上海	2.40	24
南京	6.92	6	大连	2.35	25
北京	6.83	7	厦门	2.33	26
苏州	6.75	8	沈阳	2.17	27
西安	6.14	9	太原	2.10	28
合肥	6.12	10	乌鲁木齐	2.00	29
宁波	6.10	11	银川	1.75	30
成都	5.42	12	重庆	1.69	31
武汉	4.83	13	福州	1.51	32
青岛	4.54	14	呼和浩特	1.34	33
石家庄	4.45	15	海口	1.12	34
南宁	4.24	16	珠海	0.67	35
无锡	3.89	17	南昌	0.31	36
长春	3.68	18	西宁	0.26	37
长沙	3.13	19	贵阳	0	38

可以看到，在38个城市中，仅有天津这一个城市的道路事故发生数量得分在10%~15%这一区间，排名第一。另外有11个城市的道路事故发生数量得分在5%~10%这一区间，余下26个城市的道路事故发生

数量得分在 0~5% 这一区间,且相邻排名的城市得分十分相近。这说明,38 个城市的道路事故发生数量整体较多,各城市的道路交通出行安全系数还有待进一步提升,仅有天津这一个城市的道路交通安全情况接近理想状态。我们知道,交通事故的发生是由人、车、道路、环境等主观、客观因素共同导致的后果,像风、雪、雾、暴雨等恶劣的天气环境是不可避免的,但是我们可以通过进一步规范行人/行车交通规则、完善道路安全设施、防止司机疲劳驾驶或酒后驾车等安全措施来降低交通事故发生的概率。

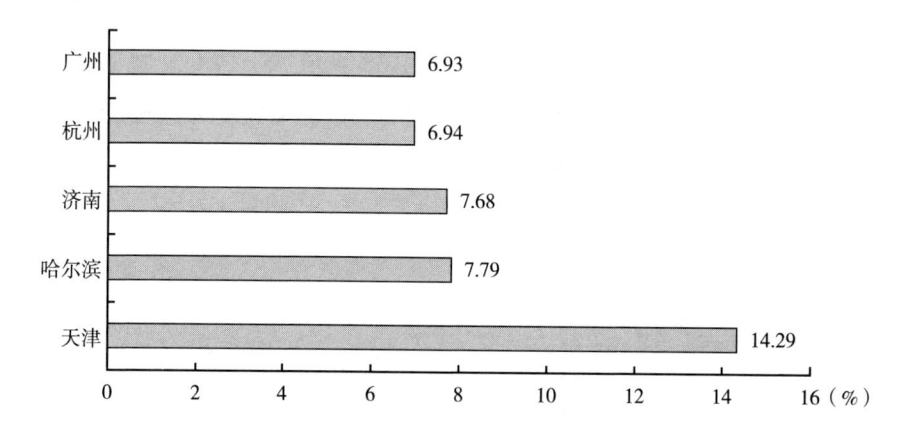

图 16 道路事故发生数量排名前五的城市

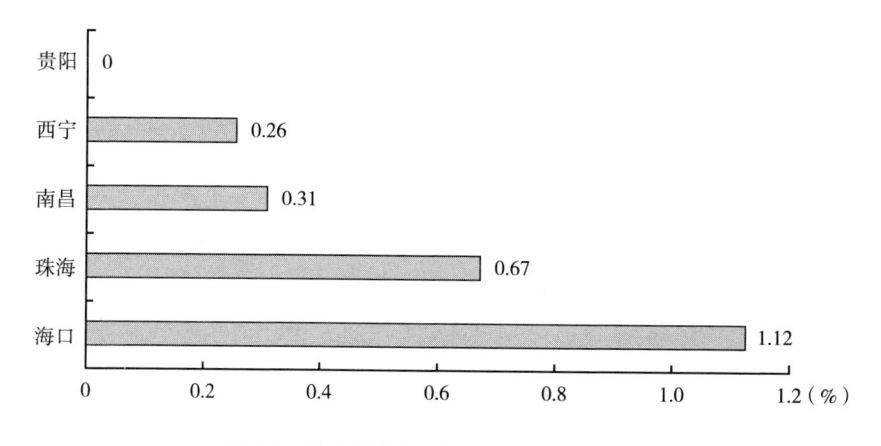

图 17 道路事故发生数量排名末五的城市

从表6和图16可以看出，就道路事故发生数量而言，38个城市中排名前五的城市分别是天津（14.29%）、哈尔滨（7.79%）、济南（7.68%）、杭州（6.94%）以及广州（6.93%），这说明在38个城市中这五个城市的道路事故发生数量最少。道路事故的发生是由主观和客观两方面因素造成的，而客观因素对于38个城市基本是均衡分布的，因此道路事故发生数量得分排名前五城市在规范行人/行车交通规则、完善道路安全设施、防止司机疲劳驾驶或酒后驾车等安全措施上相对而言更加得力。

从表6和图17可以看出，就道路事故发生数量而言，38个城市中排名末五的城市分别是贵阳（0）、西宁（0.26%）、南昌（0.31%）、珠海（0.67%）以及海口（1.12%），这说明在38个城市中这五个城市的道路事故发生数量最多。不难看出，排名末五的城市在道路交通安全设施、安全意识宣传、交通秩序、交通管理水平等方面都表现不佳，才会导致其排名靠后。

6.每平方米城市道路事故发生数

表7是38个城市每平方米城市道路事故发生数得分及排名情况，每平方米城市道路事故发生数得分越高，说明该城市每平方米城市道路事故发生数越少，这在一定程度上可以反映该城市的交通出行安全系数。

表7 每平方米城市道路事故发生数排名的情况

单位：%

城市	每平方米城市道路事故发生数得分	排名	城市	每平方米城市道路事故发生数得分	排名
南宁	14.29	1	西安	6.18	10
哈尔滨	13.37	2	银川	5.67	11
兰州	11.10	3	苏州	5.50	12
济南	10.21	4	杭州	5.19	13
石家庄	8.54	5	广州	5.09	14
合肥	8.12	6	无锡	5.04	15
宁波	7.94	7	南京	4.93	16
长春	6.90	8	长沙	4.92	17
天津	6.40	9	海口	4.33	18

续表

城市	每平方米城市道路事故发生数得分	排名	城市	每平方米城市道路事故发生数得分	排名
乌鲁木齐	4.19	19	大连	2.83	29
太原	4.14	20	郑州	2.69	30
厦门	3.97	21	青岛	2.54	31
昆明	3.80	22	沈阳	1.83	32
呼和浩特	3.73	23	重庆	1.55	33
福州	3.70	24	北京	1.12	34
武汉	3.70	25	深圳	0.88	35
珠海	3.45	26	贵阳	0.78	36
西宁	3.17	27	南昌	0.71	37
成都	2.99	28	上海	0	38

城市	得分
石家庄	8.54
济南	10.21
兰州	11.10
哈尔滨	13.37
南宁	14.29

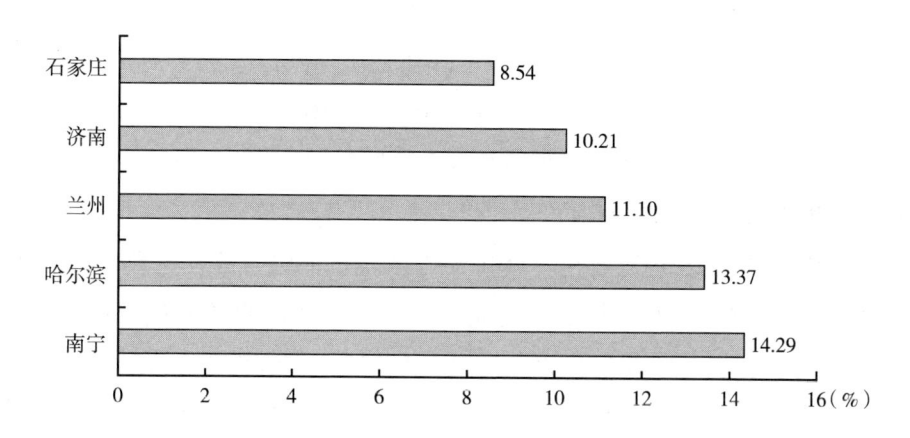

图 18　每平方米城市道路事故发生数排名前五的城市

可以看到，在38个城市中，仅有4个城市的每平方米城市道路事故发生数得分处于10%～15%区间，分别为南宁、哈尔滨、兰州和济南；另有11个城市的每平方米城市道路事故发生数得分处于5%～10%区间；余下23个城市的每平方米城市道路事故发生数得分处于0～5%区间，且相邻排名的城市得分十分相近。这说明，38个城市的每平方米城市道路事故发生数整体较多，各城市的交通道路设计、交通管制、交通法规意识都有待进一

城市	数值
上海	0
南昌	0.71
贵阳	0.78
深圳	0.88
北京	1.12

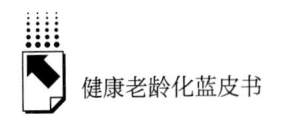

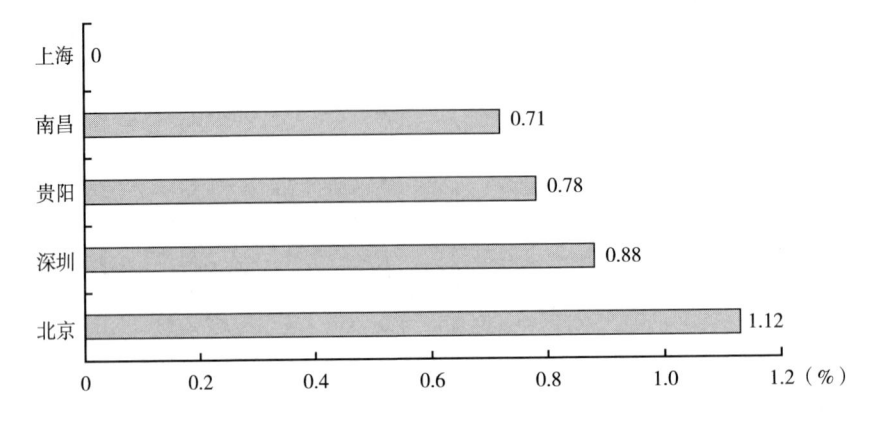

图19 每平方米城市道路事故发生数排名末五的城市

步提升。

从表7和图18可以看出，就每平方米城市道路事故发生数而言，38个城市中排名前五的城市分别是南宁（14.29%）、哈尔滨（13.37%）、兰州（11.10%）、济南（10.21%）以及石家庄（8.54%），这说明在38个城市中这五个城市每平方米城市道路事故发生数最少，在道路规划、交通出行管制措施等方面实施合理或到位。

从表7和图19可以看出，就每平方米城市道路事故发生数而言，38个城市中排名末五的城市分别是上海（0）、南昌（0.71%）、贵阳（0.78%）、深圳（0.88%）以及北京（1.12%），这说明在38个城市中这五个城市每平方米城市道路事故发生数最多，在道路规划、交通出行管制措施等方面有所欠缺。除此之外，诸如地铁线路和人行高架等交通道路的规划建设、人口密度、人口居住密度等因素也会影响单位道路面积下的事故数量。

7. 道路事故直接经济损失占GDP的比重

交通堵塞、交通事故等交通运行和安全问题除了对人的身心健康造成伤害外，也将影响到国民经济的发展。表8是38个城市道路事故直接经济损失占GDP的比重得分及排名情况，直接经济损失占GDP的比重得分越高，说明该城市由交通问题所承受的直接经济损失占GDP的比重越小。

可以看出，在38个城市中，仅有1个城市昆明的直接经济损失占GDP的比重得分处于10%～15%区间；另有1个城市银川的直接经济损失占GDP的比重得分处于5%～10%区间；余下36个城市的直接经济损失占GDP的比重得分处于0～5%区间，且相邻排名的城市得分十分相近。这说明，38个城市的直接经济损失占GDP的比重整体较大，各城市由交通问题所承受的直接经济损失较多，这在一定程度上也体现了目前各城市的交通问题比较严重，已经对经济的发展造成了一定的影响，亟待解决。

表8 道路事故直接经济损失占GDP的比重排名的情况

单位：%

城市	直接经济损失占GDP的比重得分	排名	城市	直接经济损失占GDP的比重得分	排名
昆明	14.29	1	青岛	0.78	20
银川	6.56	2	深圳	0.77	21
珠海	4.63	3	贵阳	0.76	22
哈尔滨	4.57	4	武汉	0.73	23
长春	3.52	5	宁波	0.70	24
西安	3.34	6	长沙	0.69	25
合肥	2.68	7	兰州	0.68	26
天津	2.34	8	郑州	0.63	27
石家庄	2.34	9	成都	0.58	28
南京	1.42	10	西宁	0.49	29
苏州	1.34	11	广州	0.42	30
无锡	1.17	12	呼和浩特	0.35	31
重庆	1.14	13	南昌	0.23	32
济南	0.98	14	上海	0.15	33
大连	0.97	15	南宁	0.15	34
沈阳	0.91	16	乌鲁木齐	0.11	35
北京	0.88	17	厦门	0.05	36
太原	0.84	18	海口	0	37
杭州	0.83	19	福州	0	38

从表8和图20可以看出，就道路事故直接经济损失占GDP的比重而言，38个城市中排名前五的城市分别是昆明（14.29%）、银川（6.56%）、珠海（4.63%）、哈尔滨（4.57%）以及长春（3.52%），这说明在38个城市中这五个城市道路事故直接经济损失占GDP的比重最小。其中，由交通问题造成的直接经济损失是一个重要影响因素，表明排名前五的城市自身由于道路规划、交通出行管制措施等方面实施合理或到位，因此其由交通问题造成的直接经济损失较少；另外，该地区的GDP是另一重要影响因素，这表明在直接经济损失较小的前提下，GDP越大，其直接经济损失占GDP的比重将会更小。

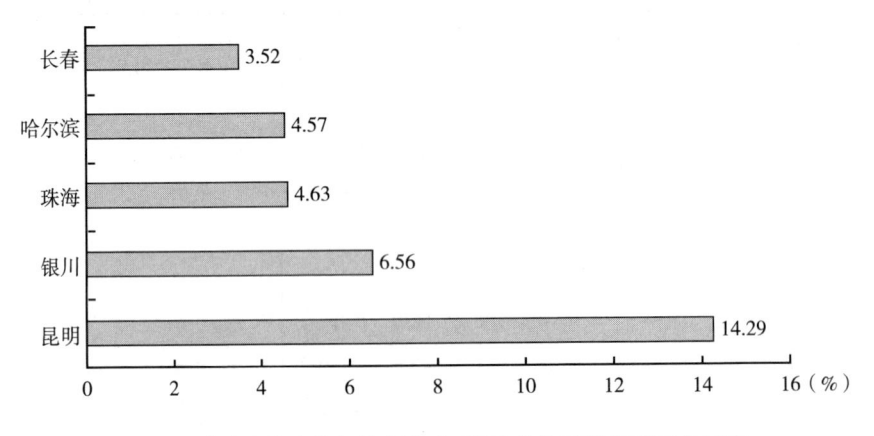

图20　道路事故直接经济损失占GDP的比重排名前五的城市

从表8和图21可以看出，就道路事故直接经济损失占GDP的比重而言，38个城市中排名末五的城市分别是福州（0）、海口（0）、厦门（0.05%）、乌鲁木齐（0.11%）以及南宁（0.15%），这说明在38个城市中这五个城市道路事故直接经济损失占GDP的比重最大。其中，由交通问题造成的直接经济损失是一个重要影响因素，表明排名末五的城市自身由于道路规划、交通出行管制措施等方面有所欠缺，因此其由交通问题造成的直接经济损失较多；另外，该地区的GDP也是重要影响因素，在直接经济损失较多的前提下，GDP越小，其直接经济损失占GDP的比重将会更大。不难发现，排名末五城市的经济发展程度都不是特别理想。

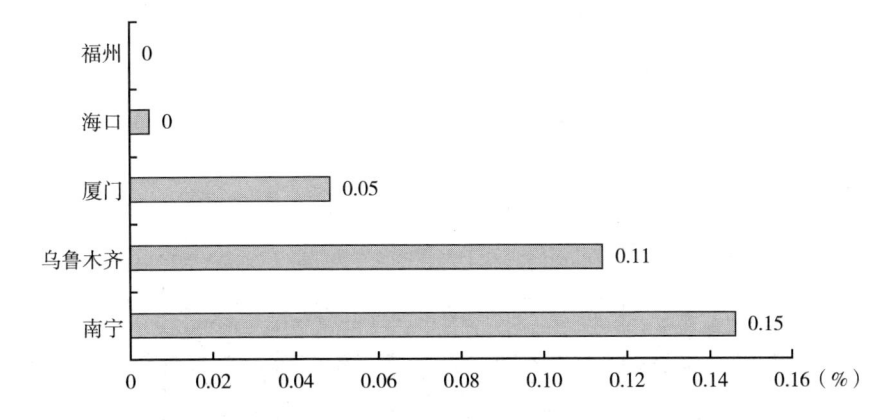

图 21 道路事故直接经济损失占 GDP 的比重排名末五的城市

四 2015~2017年城市交通出行指标变化情况分析及典型城市分析

城市交通的便利受多种因素的影响，例如人口密度、城市规划、道路密度、交通规则意识等等。尽管38个城市在发展基础和发展水平上差异较大，但38所城市在发展的规律、资源、愿景等方面却可互学互鉴、互通有无。这也为城市交通出行发展开拓出更多的新路径，我们将选取五个在2015~2017年交通出行方面表现优异的典型城市进行分析，从而为不同区位、不同特色的城市提供可借鉴的一般经验。

本报告中典型城市的选取采取名次选取法，原因有二：一则名次本身就被赋予了相对的位置概念，在年际的数据变化中能够较为准确地反映城市的相对位置改变；二则，名次的变化相比数据百分比的变化更为直观，城市得分排名的此消彼长恰恰反映了城市一年的交通出行发展和城市发展的总体状态。所以本报告选取在交通出行发展和排名上具有重要地位与显著特点，且在2017年中得分名次处于前列的城市作为分析对象，这些城市能够为其他城市交通出行发展起到榜样作用。

如图22所示，本报告首先对38座城市2015~2017年的得分排名情况做了汇总。图22中增长、稳健、下降的判别标准是：将2017年的结果和2015年的

结果相比较，名次前进即为增长、名次不变即为稳健、名次倒退则为下降。根据上述标准，增长的城市有：珠海、苏州、合肥、昆明、无锡、哈尔滨、宁波、天津、南宁、银川、兰州、杭州、西安、乌鲁木齐、南京、武汉、重庆。

城市	排名 2017	排名 2016	排名 2015	趋势（2015~2017）
珠海	1	3	3	
深圳	2	1	1	
苏州	3	29	28	
合肥	4	13	11	
昆明	5	18	22	
无锡	6	7	9	
哈尔滨	7	16	13	
宁波	8	32	34	
济南	9	14	7	
天津	10	37	35	
南宁	11	17	17	
银川	12	19	18	
兰州	13	33	33	
杭州	14	30	30	
厦门	15	24	8	
西安	16	26	32	
石家庄	17	15	14	
长春	18	6	5	
太原	19	8	12	
广州	20	34	31	
乌鲁木齐	21	25	23	
海口	22	5	16	
青岛	23	10	10	
南京	24	28	26	
武汉	25	31	29	
长沙	26	20	19	
郑州	27	12	15	
福州	28	9	6	
呼和浩特	29	2	2	
西宁	30	11	24	
成都	31	27	27	
沈阳	32	22	21	
南昌	33	4	4	
大连	34	21	20	
贵阳	35	23	25	
上海	36	35	36	
重庆	37	36	38	
北京	38	38	37	

图 22　2015~2017 年各主要城市交通出行总分排名及变化

（一）珠海市

表9、图23、图24，为珠海市2017年交通出行维度得分情况。珠海市以交通出行维度总得分52.57%，远高于城市均值（34.32%），位列第一。结合表9和图22可以看出，珠海市在单程通勤距离和人均城市道路面积这两项指标上均列第一，得分均为14.29%，说明珠海市在城市规划方面做得比较出色，获得了一些优势，应继续保持。另外，其年人均拥堵成本和道路事故直接经济损失占GDP的比重均位列38个城市中前十，表明其在交通问题治理上还有一定的提升空间。除此之外，珠海市城市人均拥有公交车辆数这一指标得分2.12%，略低于该指标城市均值2.18%，说明珠海市的公共交通服务体系还需进一步完善和提升。最后，其道路事故发生数量和每平方米城市道路事故发生数指标得分均排名靠后，表明珠海市在城市交通事故预防这一块的工作比较薄弱，应在接下来的时间里大力完善和提升城市的交通道路设计、交通管制、交通法规意识。

表9 珠海市交通出行指标得分情况

单位：%

城市及交通指标	单程通勤距离	年人均拥堵成本	人均城市道路面积	城市人均拥有公交车辆数
珠海得分	14.29	13.12	14.29	2.12
城市均值	8.37	10.55	2.76	2.18
珠海排名	1	7	1	15
城市及交通指标	道路事故发生数量	每平方米城市道路事故发生数	道路事故直接经济损失占GDP的比重	交通出行总得分
珠海得分	0.67	3.45	4.63	52.57
城市均值	3.92	4.88	1.66	34.32
珠海排名	35	26	3	1

健康老龄化蓝皮书

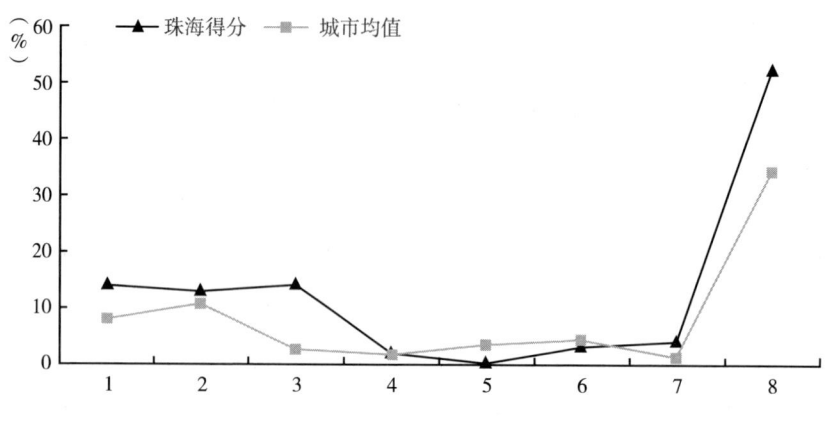

图23 珠海市交通出行得分与城市均值

注：其中，横坐标1代表单程通勤距离（公里），2代表年人均拥堵成本（元），3代表人均城市道路面积（平方米），4代表城市人均拥有公交车辆数，5代表道路事故发生数量（起），6代表每平方米城市道路事故发生数，7代表道路事故直接经济损失占GDP的比重，8代表交通出行指标。

（二）深圳市

表10、图25、图26所示，为深圳市2017年交通出行得分情况。深圳市交通出行维度总得分48.98%，略低于珠海市（52.57%），位列第二。结合表10和图25、图26可以看出，深圳市在城市人均拥有公交车辆数这一指标上位列第一，得分为14.29%，说明深圳市的公共交通服务体系比较完善。另外，深圳市在人均城市道路面积和单程通勤距离这两项指标上得分均位列前十，高于38个城市的均值，表明深圳市的城市规划有一些优势，但还有一定的提升空间。除此之外，深圳市的年人均拥堵成本得分12.27%，略高于城市均值（10.55%），说明其交通拥堵情况较为严重。最后，其道路事故发生数量、每平方米城市道路事故发生数和道路事故直接经济损失占GDP的比重三项指标均排名靠后且低于城市均值，表明深圳市的道路事故需引起相关部门的重视，且已经造成了对经济发展的影响，需要尽快采取相应措施予以解决。

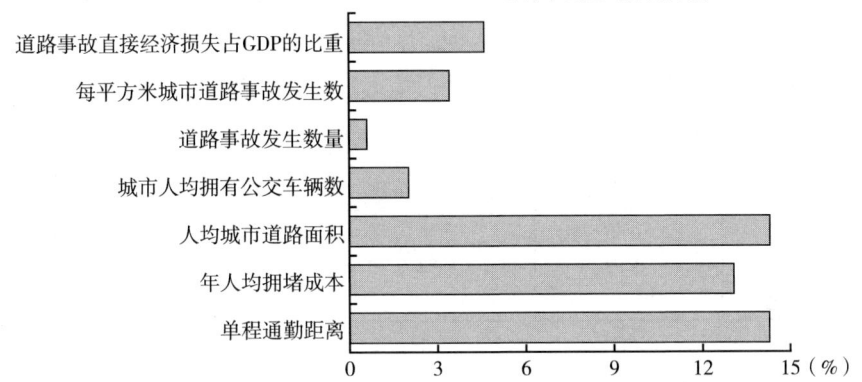

中国大中城市老年人交通出行发展报告

珠海市交通出行得分情况

- 道路事故直接经济损失占GDP的比重
- 每平方米城市道路事故发生数
- 道路事故发生数量
- 城市人均拥有公交车辆数
- 人均城市道路面积
- 年人均拥堵成本
- 单程通勤距离

0　3　6　9　12　15（%）

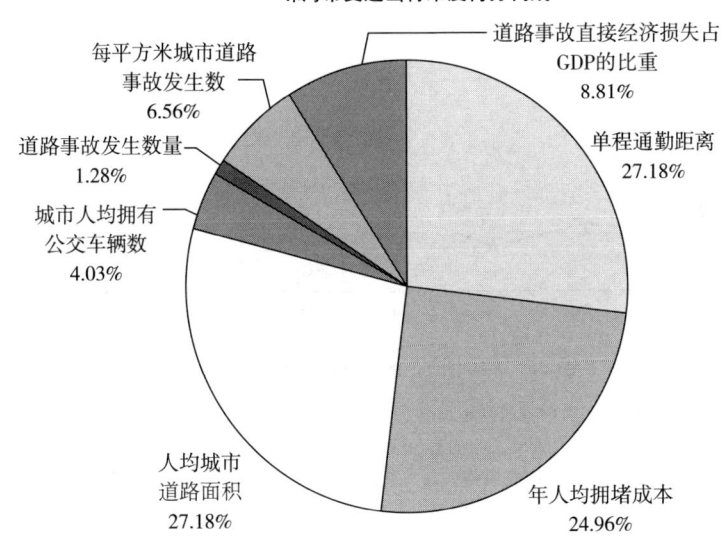

珠海市交通出行维度得分构成

- 每平方米城市道路事故发生数 6.56%
- 道路事故发生数量 1.28%
- 城市人均拥有公交车辆数 4.03%
- 人均城市道路面积 27.18%
- 年人均拥堵成本 24.96%
- 单程通勤距离 27.18%
- 道路事故直接经济损失占GDP的比重 8.81%

图24　珠海市交通出行维度得分组图

291

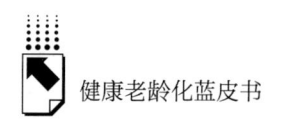

表10 深圳市交通出行指标得分情况

单位：%

城市及交通指标	单程通勤距离	年人均拥堵成本	人均城市道路面积	城市人均拥有公交车辆数
深圳得分	10.48	12.27	7.91	14.29
城市均值	8.37	10.55	2.76	2.18
深圳排名	9	12	2	1
城市及交通指标	道路事故发生数量	每平方米城市道路事故发生数	道路事故直接经济损失占GDP的比重	交通出行总得分
深圳得分	2.40	0.88	0.77	48.98
城市均值	3.92	4.88	1.66	34.32
深圳排名	23	35	21	2

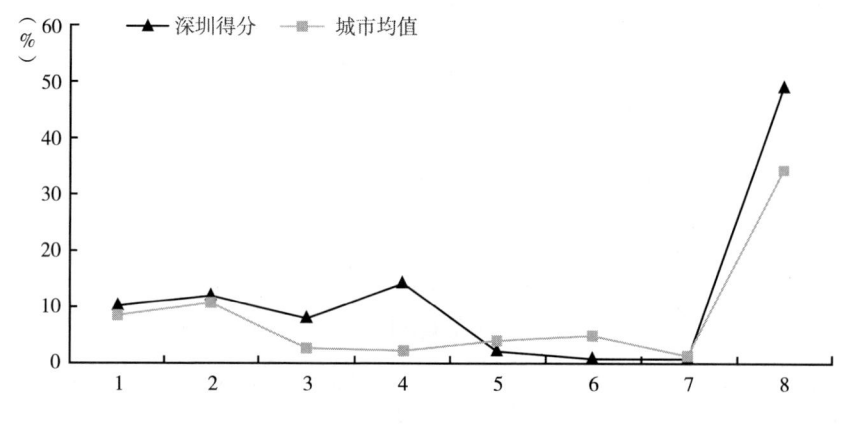

图25 深圳市交通出行得分与城市均值

注：其中，横坐标1代表单程通勤距离（公里），2代表年人均拥堵成本（元），3代表人均城市道路面积（平方米），4代表城市人均拥有公交车辆数，5代表道路事故发生数量（起），6代表每平方米城市道路事故发生数，7代表道路事故直接经济损失占GDP的比重，8代表交通出行指标。

（三）苏州市

表11、图27、图28为苏州市2017年交通出行得分情况。苏州市交通出行维度总得分45.47%，略低于深圳市（48.98%），位列第三。结合表11和图27、图28可以看出，苏州市在单程通勤交通距离、年人均拥堵成本、

中国大中城市老年人交通出行发展报告

深圳市交通出行得分情况

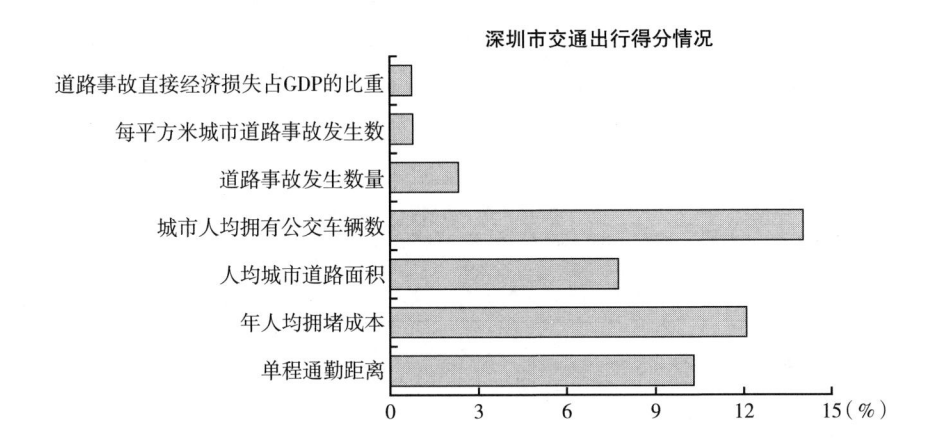

指标	得分(%)
道路事故直接经济损失占GDP的比重	
每平方米城市道路事故发生数	
道路事故发生数量	
城市人均拥有公交车辆数	
人均城市道路面积	
年人均拥堵成本	
单程通勤距离	

深圳市交通出行维度得分构成

- 每平方米城市道路事故发生数 1.80%
- 道路事故直接经济损失占GDP的比重 1.57%
- 道路事故发生数量 4.90%
- 单程通勤距离 21.39%
- 城市人均拥有公交车辆数 29.16%
- 年人均拥堵成本 25.04%
- 人均城市道路面积 16.14%

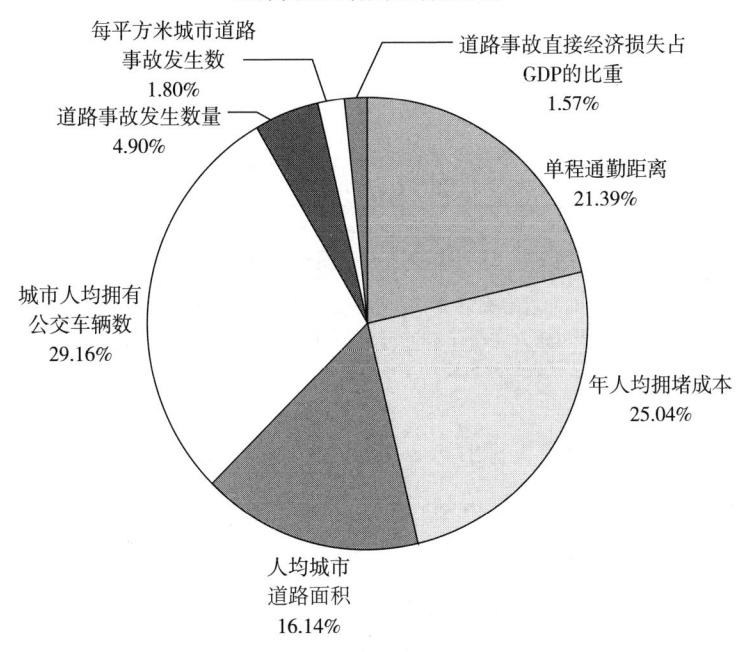

图26 深圳市交通出行维度得分组图

293

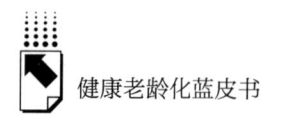

表11 苏州市交通出行指标得分情况

单位：%

城市及交通指标	单程通勤距离	年人均拥堵成本	人均城市道路面积	城市人均拥有公交车辆数
苏州得分	11.43	13.33	5.36	1.77
城市均值	8.37	10.55	2.76	2.18
苏州排名	6	5	5	20

城市及交通指标	道路事故发生数量	每平方米城市道路事故发生数	直接经济损失占GDP的比重	交通出行总得分
苏州得分	6.75	5.50	1.34	45.47
城市均值	3.92	4.88	1.66	34.32
苏州排名	8	12	11	3

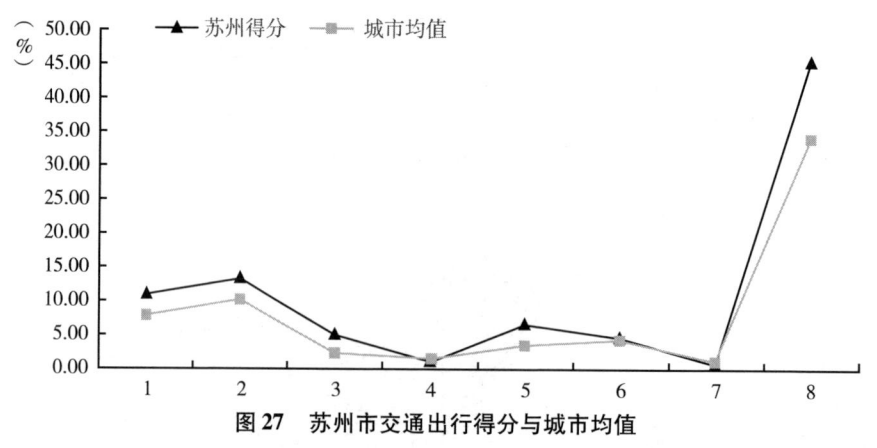

图27 苏州市交通出行得分与城市均值

注：其中，横坐标1代表单程通勤距离（公里），2代表年人均拥堵成本（元），3代表人均城市道路面积（平方米），4代表城市人均拥有公交车辆数，5代表道路事故发生数量（起），6代表每平方米城市道路事故发生数，7代表道路事故直接经济损失占GDP的比重，8代表交通出行指标。

人均城市道路面积这三个指标的得分排名比较靠前，分别排名第六、第五、第五，这表明苏州市的城市交通规划较好，较少出现交通拥堵问题，是其优势之一。另外，苏州市道路事故发生数量、每平方米城市道路事故发生数、道路事故直接经济损失占GDP的比重这三项指标的得分排名分别为第八、第十二和第十一，说明其在道路事故防治方面较有优势，但还有一定的提升空间。最后，苏州市在城市人均拥有公交车辆数这一指标上得分1.77%，略低于城市均值（2.18%），表明其公共交通服务体系需要大力提升其服务数量和质量。

苏州市交通出行得分情况

- 道路事故直接经济损失占GDP的比重
- 每平方米城市道路事故发生数
- 道路事故发生数量
- 城市人均拥有公交车辆数
- 人均城市道路面积
- 年人均拥堵成本
- 单程通勤距离

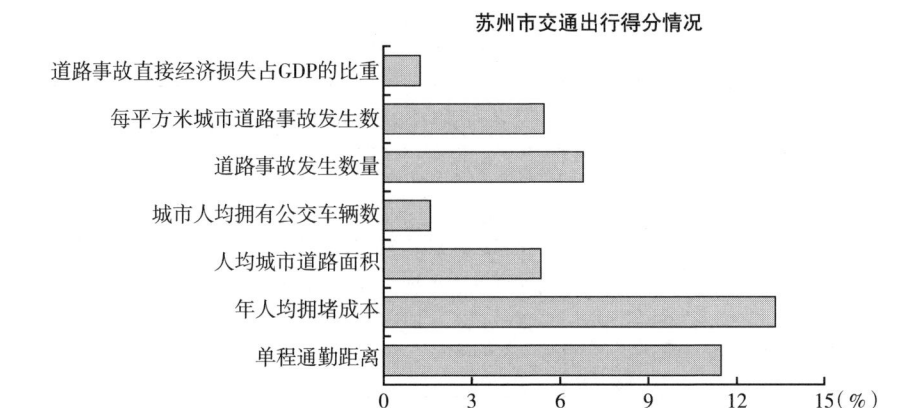

横轴：0 3 6 9 12 15 (%)

苏州市交通出行维度得分构成

- 道路事故直接经济损失占GDP的比重 2.95%
- 每平方米城市道路事故发生数 12.09%
- 道路事故发生数量 14.84%
- 城市人均拥有公交车辆数 3.89%
- 人均城市道路面积 11.79%
- 年人均拥堵成本 29.31%
- 单程通勤距离 25.13%

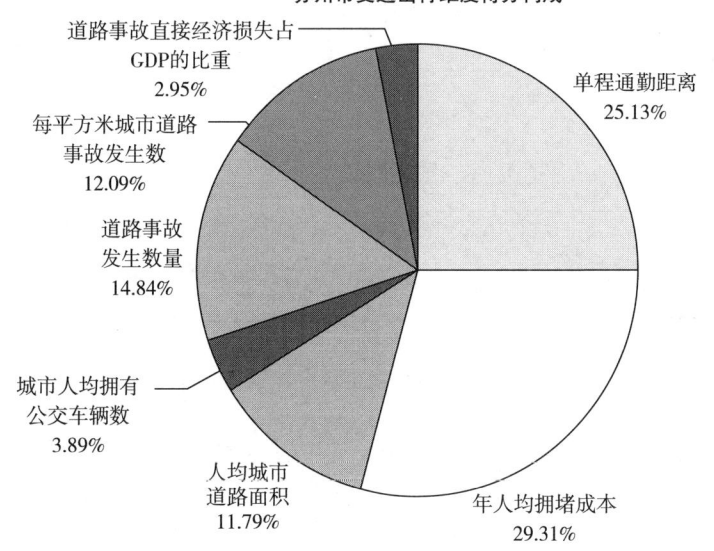

图28 苏州市交通出行维度得分组图

（四）合肥市

表12、图29、图30为合肥市2017年交通出行得分情况。合肥市交通出行维度总得分44.33%，略低于苏州市（45.47%），位列第四。结合表12和图29可以看出，合肥市在人均城市道路面积、城市人均拥有公交车辆数、道路事故发生数量、每平方米城市道路事故发生数和道路事故直接经济损失占GDP的比

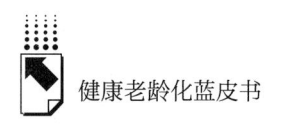

表12　合肥市交通出行指标得分情况

单位：%

城市及交通指标	单程通勤距离	年人均拥堵成本	人均城市道路面积	城市人均拥有公交车辆数
合肥得分	8.90	10.62	5.44	2.44
城市均值	8.37	10.55	2.76	2.18
合肥排名	14	20	4	8

城市及交通指标	道路事故发生数量	每平方米城市道路事故发生数	直接经济损失占GDP的比重	交通出行总得分
合肥得分	6.12	8.12	2.68	44.33
城市均值	3.92	4.88	1.66	34.32
合肥排名	10	6	7	4

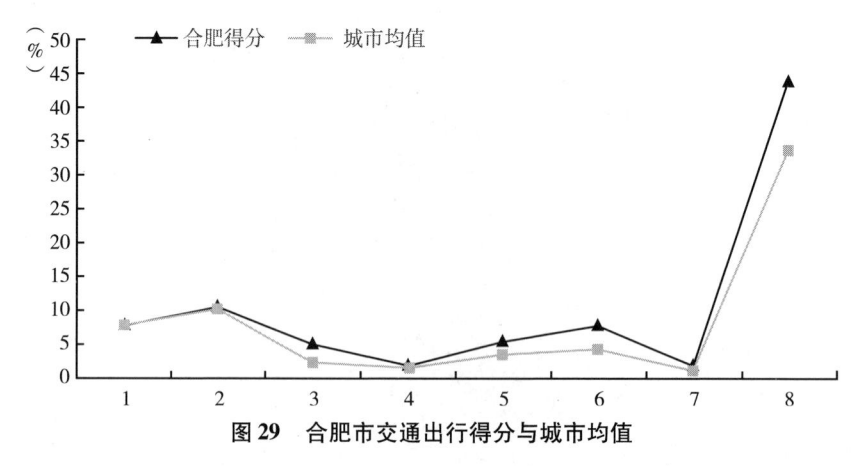

图29　合肥市交通出行得分与城市均值

注：其中，横坐标1代表单程通勤距离（公里），2代表年人均拥堵成本（元），3代表人均城市道路面积（平方米），4代表城市人均拥有公交车辆数，5代表道路事故发生数量（起），6代表每平方米城市道路事故发生数，7代表道路事故直接经济损失占GDP的比重，8代表交通出行指标。

重这五项指标得分均高于38个城市均值且排名均位于前十，分别是第四、第八、第十、第六和第七。这表明，合肥市在城市道路规划、城市道路事故防治和城市公共交通服务方面做得较好，但在城市道路事故防治上还有一定的提升空间，在未来可以通过加强交通管制、提升交通法规意识来达到。另外，合肥市在单程通勤距离和年人均拥堵成本这两项指标上得分均略高于38个城市的均值，排名中等，分别为第十四、第二十，说明合肥市的商业区、住宅区规划需要提升，道路拥堵情况需要得到相关部门的重视，尽快采取相应措施改善这一现状。

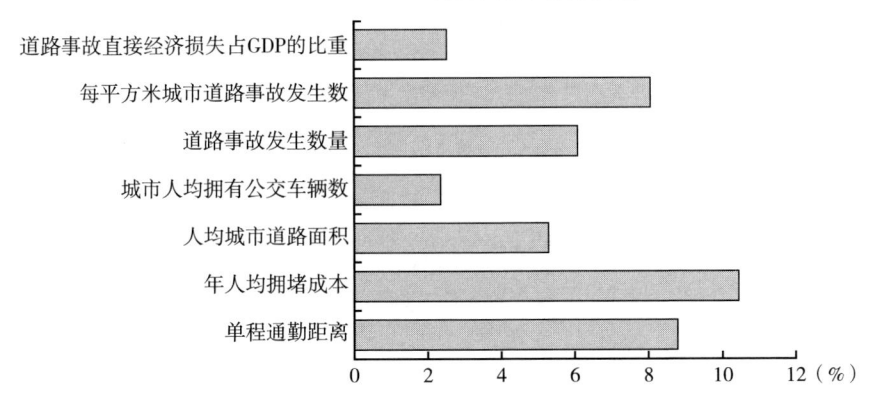

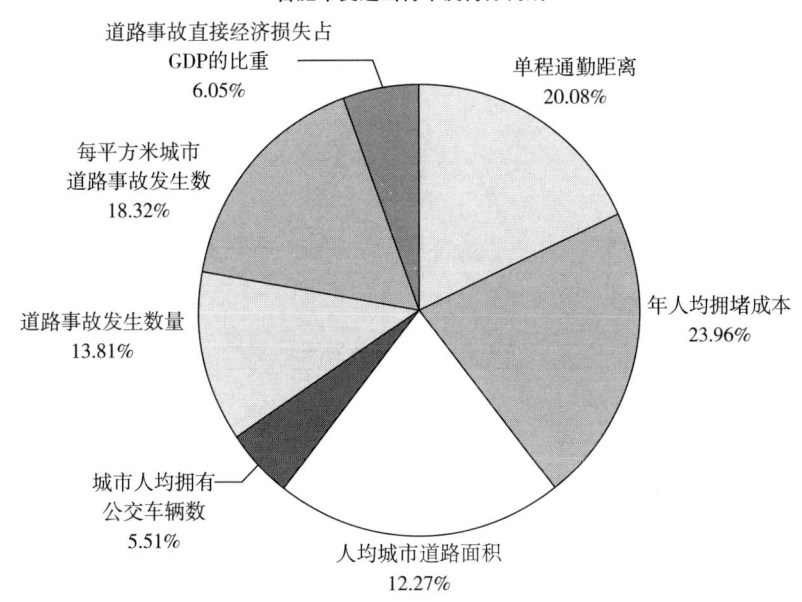

合肥市交通出行得分情况

- 道路事故直接经济损失占GDP的比重
- 每平方米城市道路事故发生数
- 道路事故发生数量
- 城市人均拥有公交车辆数
- 人均城市道路面积
- 年人均拥堵成本
- 单程通勤距离

合肥市交通出行维度得分构成

- 道路事故直接经济损失占GDP的比重 6.05%
- 单程通勤距离 20.08%
- 每平方米城市道路事故发生数 18.32%
- 年人均拥堵成本 23.96%
- 道路事故发生数量 13.81%
- 城市人均拥有公交车辆数 5.51%
- 人均城市道路面积 12.27%

图30　合肥市交通出行维度得分组图

（五）昆明市

表13、图31、图32为昆明市2017年交通出行得分情况。昆明市交通出行维度总得分44.07%，略低于合肥市（44.33%），位列第五。结合表13和图31可以看出，昆明市在道路事故直接经济损失占GDP的比重这一指标

表13 昆明市交通出行指标得分情况

单位：%

城市及交通指标	单程通勤距离	年人均拥堵成本	人均城市道路面积	城市人均拥有公交车辆数
昆明得分	7.05	10.33	3.08	2.70
城市均值	8.37	10.55	2.76	2.18
昆明排名	30	25	12	6

城市及交通指标	道路事故发生数量	每平方米城市道路事故发生数	道路事故直接经济损失占GDP的比重	交通出行总得分
昆明得分	2.83	3.80	14.29	44.07
城市均值	3.92	4.88	1.66	34.32
昆明排名	20	22	1	5

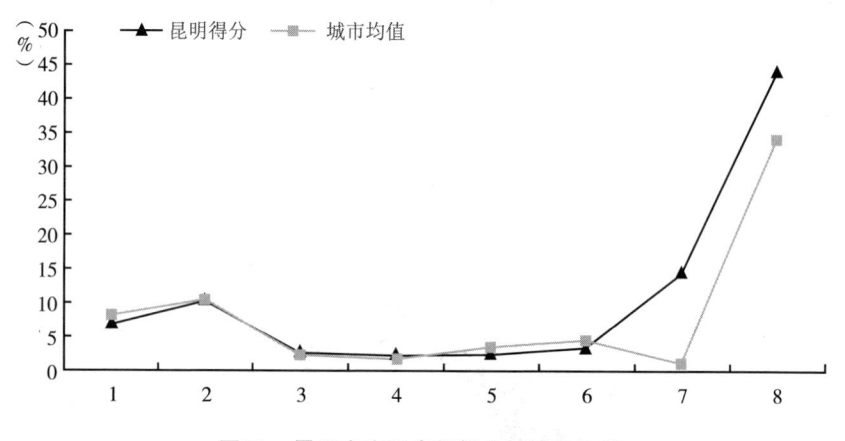

图31 昆明市交通出行得分与城市均值

注：其中，横坐标1代表单程通勤距离（公里），2代表年人均拥堵成本（元），3代表人均城市道路面积（平方米），4代表城市人均拥有公交车辆数，5代表道路事故发生数量（起），6代表每平方米城市道路事故发生数，7代表道路事故直接经济损失占GDP的比重，8代表交通出行指标。

上得分14.29%，远高于38个城市的均值（1.66%），排名第一，表明昆明市在道路事故治理方面优势巨大，能够在道路事故发生后有效降低事故造成的直接经济损失。另外，昆明市在人均城市道路面积和城市人均拥有公交车辆数这两项指标上得分略高于38个城市的均值，排名靠前，说明其在城市道路规划和城市公共交通服务体系方面做得较好，但还有一定的提升空间。除此之外，其在单程通勤距离、年人均拥堵成本、道路事故发生数量、每平方米城市道路事故发生数这四项指标上得分均低于38个城市均值，排名中间靠后。这表明昆明市在商业区、住宅区规划方面需要加大工作力度，尽力提高人们上班的便捷性，减少交通拥堵的发生；同时，还需要在预防管制道路事故方面尽快采取措施，降低道路事故发生概率。

昆明市交通出行得分情况

昆明市交通出行维度得分构成

- 单程通勤距离 15.99%
- 年人均拥堵成本 23.43%
- 人均城市道路面积 6.99%
- 城市人均拥有公交车辆数 6.13%
- 道路事故发生数量 6.42%
- 每平方米城市道路事故发生数 8.62%
- 道路事故直接经济损失占GDP的比重 32.42%

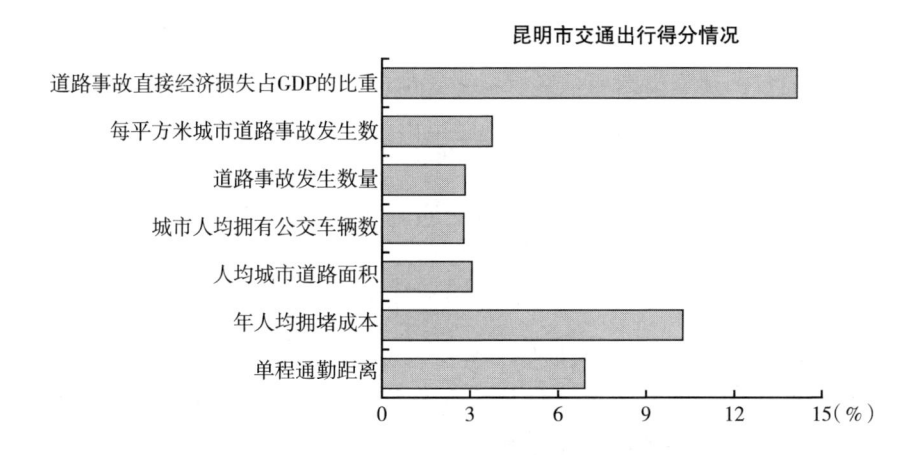

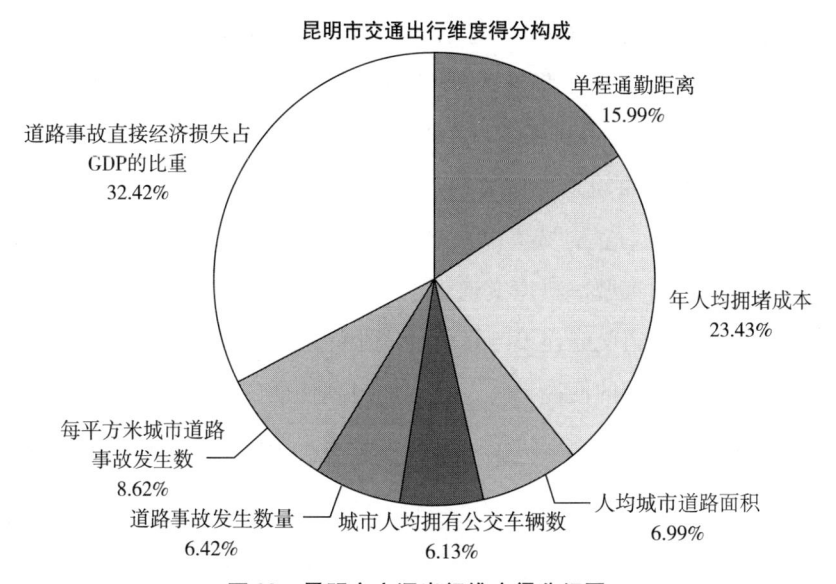

图32 昆明市交通出行维度得分组图

299

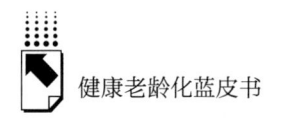

五 提高城市交通建设的适老化程度，保障老年人健康出行权益

适老交通的关键词无非老年人和交通，解决矛盾还要从供求两个方面入手。在供给方面，根本是扩大交通总供给，推进宜居交通建设，同时针对老年人出行需求及特征，在交通规划和交通基础设施建设中强化年龄意识，方便老年人出行。在需求层面，要通过综合举措，加强居家和社区养老服务，降低老年人日常生活中不必要的中远距离出行需求。

（一）进一步发展以城市轨道交通为重点的公共交通

放眼世界，在城市化促进城市轨道交通不断向前发展的同时，城市轨道交通也给城市的发展注入了强大动力。从18世纪中叶到20世纪中叶，在将近200年的时间里，多数西方发达国家基本上实现了城市化。与此同时，随着英国伦敦大都会地铁的通车运营，西方其他国家城市也纷纷加入了发展地下轨道交通的行列。匈牙利首都布达佩斯地铁在1896年开通，美国马萨诸塞州首府波士顿在1897年开通了地铁，法国巴黎通往郊区的地铁在1900年开通，美国纽约在1904年开通了地铁。在中国，20世纪90年代末期开始的城市轨道交通建设热潮持续至今。[1]前文对2017年的城市轨道交通状况及其对宜居城市建设的推动也做了描述。

但也要注意到，城市轨道交通也涉及大量的投资，每公里达到数亿元。因此，也要加强轨道交通建设与运营的安全防范，让轨道交通规划更好地服务于城市建设和人们的便捷出行，让人们得到优质的服务，让顶尖的技术和优秀的解决方案发挥真正的价值。这些都是未来中国城市轨道交通实现可持续发展必须解决的问题。

---

[1] 陈亮：《轨道交通让城市生活更美好》，《人民铁道》2011年6月29日第B03版。

（二）建设城市智慧交通系统

智慧交通是在整个交通运输领域充分利用物联网、空间感知、云计算、移动互联网等新一代信息技术，综合运用交通科学、系统方法、人工智能、知识挖掘等理论与工具，以全面感知、深度融合、主动服务、科学决策为目标，通过建设实时的动态信息服务体系，深度挖掘交通运输相关数据，形成问题分析模型，实现行业资源配置优化能力、公共决策能力、行业管理能力、公众服务能力的提升，推动交通运输更安全、更高效、更便捷、更经济、更环保、更舒适地运行和发展，带动交通运输相关产业转型、升级。

2014年一季度，全国发生涉及人员伤亡的道路交通事故40283起，造成10575人死亡、直接财产损失2.1亿元。2015年4月荷兰交通导航服务商TomTom发布了全球拥堵城市排名，中国成为拥堵名单中的大户——在全球最拥堵的100个城市中，中国大陆有21个城市上榜，其中北京位列全球最拥堵城市第15名。

一方面，发展智慧交通可保障交通安全、缓解拥堵难题、减少交通事故。据分析，智能化交通可使车辆安全事故率降低20%以上，每年因交通事故造成的死亡人数下降30%~70%；可使交通堵塞减少约60%，使短途运输效率提高近70%，使现有道路网的通行能力提高2~3倍。另一方面，发展智慧交通可提高车辆及道路的运营效率，促进节能减排。车辆在智能交通体系内行驶，停车次数可以减少30%，行车时间减少13%~45%，车辆的使用效率能够提高50%以上，由此带来燃料消耗量和排出废气量的减少。据分析，汽车油耗也可由此降低15%。[1]

（三）强化交通规划和交通基础设施建设中的年龄意识

在这个方面，主要不是认识问题，是实施问题。在进行交通规划时，采取大数据等信息技术手段分析老年人出行规律，切实根据老年人出行需求及

---

[1] http://www.chinahighway.com/news/2015/930125.php.

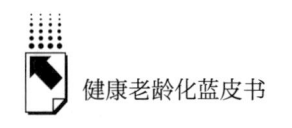

特征进行适老化城市交通规划建设。相关要求在国家有关政策中有明文规定。

在2016年几个部委联合下发的一份文件中，对适老交通有明确规定。要点有：①强化住区无障碍通行。加强老年人住宅公共设施无障碍改造，重点对坡道、楼梯、电梯、扶手等公共建筑节点进行改造，满足老年人基本的安全通行需求。加强对《无障碍环境建设条例》的执法监督检查，新建住宅应严格执行无障碍设施建设相关标准，规范建设无障碍设施。②构建社区步行路网。遵循安全便利原则，加强社区路网设施规划与建设，加强对社区道路系统、休憩设施、标识系统的综合性无障碍改造。清除步行道路障碍物，保持小区步行道路平整安全，严禁非法占用小区步行道。③发展适老公共交通。加强城市道路、公共交通建筑、公共交通工具的无障碍建设与改造。继续落实老年人乘车优惠政策，不断扩大优惠覆盖范围和优惠力度，改善老年人乘车环境。完善公共交通标志标线，强化对老年人的安全提醒，重点对大型交叉路口的安全岛、隔离带及信号灯进行适老化改造。④完善老年友好交通服务。有条件的地区，要在机场、火车站、汽车站、港口码头、旅游景区等人流密集场所为老年人设立等候区域和绿色通道，加大对老年人的服务力度，提供志愿服务，方便老年人出行。乘务和服务人员应为老年人提供礼貌友好服务。[1]

2018年初的一份文件又提出：到2020年，交通运输无障碍出行服务体系基本形成，无障碍出行服务水平、出行服务适老化水平和服务均等化水平明显提升，无障碍交通设施设备不断满足出行需要，无障碍交通运输服务的"硬设施"和"软服务"持续优化，老年人、残疾人出行满意度和获得感不断增强。到2035年，覆盖全面、无缝衔接、安全舒适的无障碍出行服务体系基本建成，服务环境持续改善，服务水平显著提升，能够充分满足老年人、残疾人出行需要。文件还提出了加快无障碍交通基础设施建设和改造、提升出行服务品质、优化出行政策体系等三类十数项具体举措。[2]

---

[1] 全国老龄办：《关于推进老年宜居环境建设的指导意见》，2016。
[2] 交通运输部：《关于进一步加强和改善老年人残疾人出行服务的实施意见》，2018。

（四）加强城市规划，提升居家和社区养老服务品质

进入老年期之后，城市居民在出行方式上发生较大变化，由生存型转向生活型，出行目的主要是购物、休闲娱乐、就医、探亲访友、办理个人或家庭事务等，其中最主要的是购买食品，其次是休闲娱乐，呈现短距离、步行方式比例上升、自驾车方式下降、公交比例大体持平等特征。这个特征要求在社区规划时考虑到老年人的特点，让老年人在步行10~15分钟的半径内能够获得所需要的服务，减少老年人中长距离交通出行需求。

值得注意的是，老年人出行特征有动态性，不同时代的老年人会有变化。一项对上海老人的调查显示，在交通服务得到改善的情况下，43.8%的老年人表示愿意进行中长距离出行，愿意前往市区级的大型综合服务设施。[①] 未来5~10年步入老年期的一代对生活质量要求更高，中长距离出行需求会增加，自驾出行需求也会增加。

参考文献

陈小卉、杨红平：《老龄化背景下城乡规划应对研究——以江苏为例》，《城市规划》2013年第9期。

丛喜静、王兴平：《大都市适老型整体环境规划应对研究——以武汉市为例》，《现代城市研究》2012年第8期。

付文静：《老龄化背景下城乡规划应对研究》，重庆大学硕士学位论文，2016。

甘为、胡飞：《城市现有公共交通适老化服务设计研究》，《南京艺术学院学报》（美术与设计）2017年第1期。

高瀚翔：《适老综合体设计研究》，华南理工大学硕士学位论文，2016。

金俊、齐康、白鹭飞、沈骁茜：《基于宜居目标的旧城区微空间适老性调查与分析——以南京市新街口街道为例》，《中国园林》2015年第3期。

李峰清、黄璜：《我国迈向老龄社会的两次结构变化及城市规划对策的若干探讨》，

[①] 黄建中、吴萌：《特大城市老年人出行特征及相关因素分析》，《城市规划学刊》2015年第2期。

《现代城市研究》2010年第7期。

李锡然:《老龄化城市无障碍绿色步行系统分析》,《城市规划》1998年第5期。

李小云、田银生:《国内城市规划应对老龄化社会的相关研究综述》,《城市规划》2011年第9期。

毛海虓、黄瑾:《美国面向老龄社会的城市交通对策以及对中国的启示》,《国外城市规划》2006年第4期。

毛海虓、任福田:《面向老龄社会的城市交通》,《人类工效学》2005年第3期。

毛海虓、任福田:《中国老年交通特征、问题与对策研究》,《重庆建筑大学学报》2005年第3期。

唐大雾、段文:《老住区"老年交通安全区"的规划策略研究》,《住区》2018年第2期。

王进坤:《城乡规划中的适老化交通体系构建——从设施空间到制度政策》,《规划60年:成就与挑战——2016中国城市规划年会论文集》,2016。

魏雷、袁妙彧:《城市社区"适老化"交通系统建设研究》,《公路交通科技》(应用技术版)2018年第2期。

臧鹏、薛求理、陆毅:《香港社区老龄人口的适老性研究》,《建筑学报》2017年第2期。

张斐然、易晓、郑子云:《荷兰轨道交通面对老龄群体的服务设计解读》,《装饰》2015年第11期。

朱彦东、汪海渊:《人口老龄化与交通安全问题探讨》,《上海城市规划》2001年第4期。

专题报告
Special Report

B.7
信息无障碍视阈下的老年群体状况研究：现状与问题

宋 煜*

摘 要： 中国老龄化的速度非同寻常，数量极其庞大，在信息时代如何"有质量地生存"就成为一个重要的社会问题。互联网文化很大程度上是一种青年文化，对老年群体而言带来了"信息不平等"的挑战。"信息无障碍"是应对这一挑战的方法之一，日益受到政府和社会各界的关注。本文通过对"信息无障碍"理论发展的分析，力图建立适合我国国情的理论研究框架，并在分析老年网民数据的基础上，从老年群体的生理与心理特征出发，研究了老年群体在"信息无障碍"服务

---

* 宋煜，中国社会科学院社会学研究所科研助理、助理研究员、信息系统监理师，研究领域：社区信息化、社区养老、社会组织与志愿服务、全球网络空间治理等。

条件下的状况，分析了问题症结所在，指出"信息无障碍"发展将会促进社会公正与平等，同时也是应对老龄化社会的重要策略。

关键词： 信息无障碍　老年群体　信息平等　社会组织

近年来，随着互联网信息通信技术的快速应用推广，信息消费成本不断降低，互联网对社会的影响日趋增强，它改变和重塑着人类的生存与行为方式，对人类社会的规则制度更是产生激烈而深刻的影响。虽然表面来看网络空间只是无数电脑终端的连接，实质上它却是信息技术带来的一种新型社会场域，成了一种社会生活和交往的新型空间。在此之中，老年群体的互联网权益应当也必然会受到社会各界的关注，成为跨学科研究中的一个重要议题。

一　问题的提出

互联网文化很大程度上是一种青年文化。作为一种新生的事物，互联网与青年人崇尚"自由、开放、平等"的价值理念不谋而合，甚至在其发展初期曾经被描述为一个"绝对自由的社会"，其本质是没有政府干预的空间。[1] 正如劳伦斯·莱斯格所认为的"网络空间造就了现实空间绝对不允许的一种社会——自由而不混乱，有管理而无政府，有共识而无特权"[2]。在网络成本居高不下，特别是移动互联网未得到大规模普及的情况下，我国的老年群体中应用互联网的途径单一，操作相对复杂，接触者也比较少。这一状况就天然地将中老年人隔绝于外，同时也产生了更为深远和广泛的"数

---

[1] 张影强等：《全球网络空间治理体系与中国方案》，中国经济出版社，2017。
[2] 劳伦斯·莱斯格：《代码——塑造网络空间的法律》，中信出版社，2004。

字鸿沟"问题,一种新的社会不平等——"互联网不平等"(Inequality in Internet)出现在研究者的视野之中。

由于人口基数大,中国老龄人口所占比例虽然不高,但数量十分庞大,增长速度十分惊人。老年群体在信息时代如何"有质量地生存"就成为一个重要的社会问题。与此同时,在国家生育政策和城镇化发展等的多重因素影响下,家庭规模日趋小型化,无子女陪在身边的"空巢"老人越来越多,他们必须独自应对这个日新月异的时代,信息能力也日益成为老年群体生存和发展的基本能力之一。提升这种能力,或者说从供给侧来保障老年人在信息交流上的"无障碍",则是一种应对老龄化的策略。"信息无障碍"无疑代表了这一种发展思路,这也正是本文所持有的视角。

二 背景与框架

(一)理论背景

1974年,联合国组织召开了主题为"城镇无障碍环境设计"的专家会议,在会议报告中提出:"要建立让包括正常人、病人、老年人、孩子和残疾人在内的所有人都不会感到不方便和障碍的,能够自由生活与行动的城市。"会议向世界各国发出了"无障碍设计"的号召,旨在提供更平等、自由的机会,让弱势人群参与主流社会,并对无障碍设计标准做了结论性的总结,并提出了今后的任务。随着多年的推广,无障碍的设计理念在全球建筑领域获得了普遍的认可,也已成为许多国家建筑工程领域中强制执行的标准。随着人类进入信息社会,包括老年人在内的信息弱势群体出现,"数字鸿沟"问题愈发突出,"信息无障碍"理念也随之出现。

"信息无障碍"最早是在20世纪末由欧美国家提出的。早在1997年,万维网联盟W3C(World Wide Web Consortium)首先提出了"信息无障碍"的理念,其宗旨在于利用不断发展的信息技术,消除人们因某些生理功能退化或丧失而在信息获取过程中存在的障碍,以便他们可以更加方便地获取信

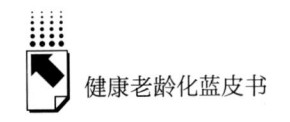

息及完整地进行交流。① 同时,其下设的网络无障碍工作组(Web Accessibility Initiative,WAI)为了规范网页无障碍建设,制定了一系列网络无障碍标准,其中的网页内容无障碍指南(Web Content Accessibility Guidelines,WCAG)已经发布2.0版本,并已经提出WCAG 2.1工作草案。目前,WCAG已经成为国际上受到普遍认可的信息无障碍标准。

2000年的联合国大会明确了信息无障碍(Information Accessibility)的概念,是"指实现为任何人——无论健全人还是残障人士、无论年轻人还是老年人、无论是何种文化或语言的人、无论是低收入人群还是高收入人群,在任何情况下都能以相近的成本,便利地获取基本信息或使用通常的信息沟通手段",强调不同人群对于信息的获取和利用都应该有平等的机会和差异不大的成本。② 从这个定义来看,信息无障碍的核心目的是实现信息平等(互联网平等),而信息平等是信息社会中人人平等的基础,让每个人都能够平等地获取、存贮、使用、传送信息。

(二)理论框架

长期以来,我国把养老作为一个社会保障问题来处理,如提出居家养老、完善老人社会保障、努力增加养老服务机构数量等等。但随着传统家庭养老功能的不断弱化,如何帮助老年群体有尊严地独立生活,就成为一项重要事业。"无障碍"建设正是这样一种思路的体现,虽然具有一定的超前意识,但也是一种必然选择。

"无障碍"设计理念的核心是平等,基本原则就是通用性。所谓"通用性"是指无障碍设计的受益对象不再局限于传统意义上的残疾人和老年人,还包括遭遇受伤、疾病的健康人,在行动和使用设施时不方便的孕妇,或者携带了行李的人,甚至包括左撇子这样的人群,也就是说无障碍设施适用于所有存在障碍的人群。但是,要让社会上每一个人都能够安全、方便且公平

---

① 赵英、章梦玄:《老年视障人士信息无障碍网站设计》,《中国老年学杂志》2018年第2期。
② 吴玉韶、王莉莉:《人口老龄化与信息无障碍》,《兰州学刊》2013年第11期。

地使用各种环境设施与信息资源，而非将其排斥或限制，就必须将社会中各类群体的特殊性需求，作为环境设施建设中要考虑的要素，对以往的设计的模式与标准加以调整。此外，无障碍环境还应进一步考虑使用者在心理上的各种细节，保障活动机会的平等。因此，研究使用者的生理与心理行为特征就显得十分必要。

老龄化进程的加快成为一种社会共识，以及"家家有老人、人人都会老"的客观存在，让加强无障碍环境建设已经成为社会文明进步的重要标志，更是社会发展的必然要求。事实上，老年人对互联网产品的态度除了是排斥和恐惧的之外，其需求往往是非常迫切的。老年群体使用互联网及其所面临的信息无障碍环境建设状况，是本文研究的主要问题。为此，本文将使用互联网的老年群体作为研究对象，并通过一些调查数据和案例来分析当前老年群体信息无障碍环境建设状况，并在老年人生理与心理特征的基础上从三种类型的参与主体进行梳理和分析，从而发现一些问题。本文的理论框架如图1所示。

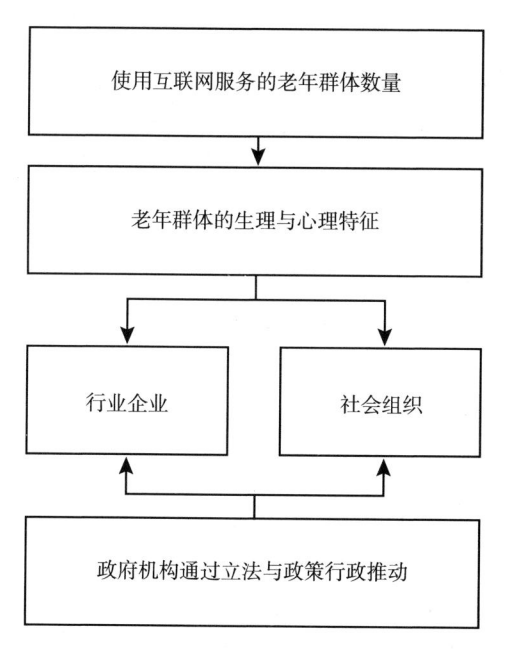

图1 老年群体与信息无障碍研究的理论分析框架

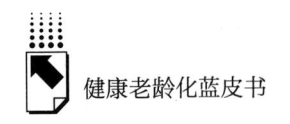

其中，政府部门与机构促进立法，发布政策，并以行政力量推动老年群体信息无障碍环境的建设；行业企业主要是互联网企业，他们对其产品，特别是软硬件信息产品，进行信息无障碍的设计与优化；社会组织则以提升老年群体的信息能力作为主要内容，倡导信息无障碍理念，从而建立和完善一个面向老年群体的信息无障碍良性发展环境。

三 现状与分析

（一）使用互联网的老年群体状况

民政部《2016年社会服务发展统计公报》显示，截至2016年底，全国60岁及以上老年人口2.31亿人，占总人口的16.7%。独居与空巢老人数量也越来越多。民政部在2010年召开的全国社会养老服务体系建设推进会上称，目前中国城乡空巢家庭超过50%，部分大中城市达到70%，其中农村留守老年人口约4000万人，占农村老年人口的37%。[1]"空巢化"还在持续，"十二五"末期，全国65岁以上"空巢老人"将超过5100万人，占老年人口的近1/4。[2] 经抽样调查，2017年底，北京市独自在家生活的老年人约为30万人，占到了全市60岁及以上总人口数的8.63%。[3]

作为中国信息社会重要的基础设施建设者、运行者和管理者，中国互联网络信息中心（CNNIC）负责国家网络基础资源的运行管理和服务，开展中国互联网络发展状况等多项互联网络统计调查工作。[4] 多年来的调查显示，60岁及以上老年群体占整体网民的比重不断提升，互联网继续向高龄人群渗透。

根据60岁及以上人口2.31亿人的数据来计算，截至2016年底，半年内使用过互联网的老年网民占比为4%，达到了924万人。在CNNIC发布的

---

[1] http://www.xinhuanet.com/health/2016-02/18/c_128729653.htm.
[2] 梁捷：《别让孤独困扰空巢老人》，《光明日报》2013年4月30日01版。
[3] 金可：《今年将对5万独居老人开展巡视探访》，《北京日报》2018年1月18日04版。
[4] http://www.cnnic.net.cn/gywm/CNNICjs/jj/.

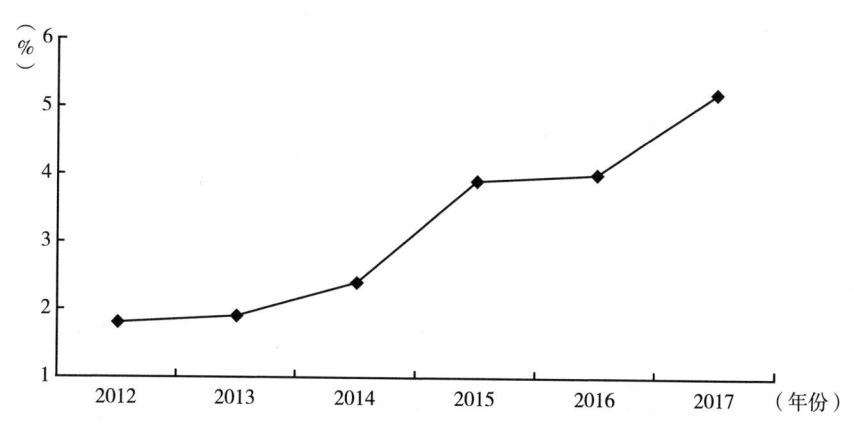

图2　60岁及以上网民占整体网民数量的比例

数据来源：CNNIC发布的第41、39、37、35、33次《中国互联网络发展状况统计报告》。

另一份《2016年中国社交应用用户行为研究报告》中，这一群体使用社交类应用的比例达到了3.2%，因此可以说，80%的老年网民都在通过互联网使用社交类应用。在典型社交应用中，微信朋友圈、QQ空间、新浪微博均属综合社交应用，使用率分别排在前三位。

在中国社会科学院社会学研究所和腾讯社会研究中心合作开展的八城市问卷调查①中，在使用微信手机客户端的老年群体中，对互联网应用仍然集中在沟通交流和信息获取方面。在信息获取上，75.8%的中老年人都会上网看新闻，超过半数的可以自行搜索信息和新闻；在沟通交流上，绝大多数的中老年人都会微信聊天（98.5%），包括发表情包、点赞或评论。除此之外，中老年人在生活应用中会用比例最高的前三名是手机支付（51.5%）、

---

① 本研究中的对象设定为50岁及以上的成年人，因此并不十分符合本文60岁及以上研究对象的界定。其中，38%的样本符合60岁及以上的年龄界定。但由于总的群体在其生理及心理特征上具有一定的相似性，故可以作为反映老年人使用互联网状况的一种参考。本次调查于2017年8月至10月在哈尔滨、北京、太仓、上海进行了焦点访谈工作，在11日针对八个大城市中使用微信的中老年人进行了问卷调查，共获得样本800个。同时，本调查也参考了TBI腾讯浏览指数，界定了符合年龄要求的样本达到35759263个（数据收集时间为2017年7月27日至10月27日）。

311

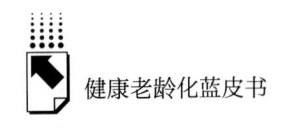

网上交手机费（40.6%）和手机导航（33.1%）。

老年人在上网时所使用的设备类型虽然多样，但最多的仍是智能手机[1]。调查显示，会使用智能手机的老人占总数的 97%，其次是台式电脑（53.9%）。65.8% 的被访者都将屏幕大作为智能手机选择的最重要条件，其次是存储空间大（37.4%）、性价比高（37.0%）和速度快（33.5%）。音响效果好、拍摄功能好排于其后，分别是 25.6% 和 24.3%。[2] 其中的一些性能要求基本适应了信息无障碍的需求，也是老年群体自身生命与行为特征的体现。

（二）老年群体的信息无障碍状况

老年群体的"无障碍"起始于居住环境"适老化"设计。随着国家相关政策的出台，社会各界对无障碍的关注也不断深入，信息无障碍是其中的一个领域。为了更好地分析老年群体的无障碍需求，有必要对老年人特殊的生理及心理特征进行概括，从而有针对性地提出"无障碍"的措施。

调查显示，老年人最常见的生理障碍有下肢障碍、视力障碍和听力障碍。其中，后两种障碍均会对老年人使用互联网应用的行为产生较大的影响。视力障碍使人难以看清事物的细节，而对光线要求会提高，对相似的色彩则容易混淆；听力障碍使老人与人沟通困难加大，对某些声音提示的网站设施也难以使用。以上问题都是信息化产品的设计和使用过程中必须直面的：如何给老人提供更贴心的功能以降低这些障碍所带来的生活中的不便。

随着独居与空巢老年群体的增加，信息无障碍成为保障其"独立且有尊严的"生活的基本条件之一。由于生理机能的退化，以及社会角色的转变，老年人心理上也会发生相应的变化，具体表现为安全感下降、适应能力减弱，比较容易出现失落感、自卑感和空虚感。一方面，由于受到生理条件

---

[1] 本研究基于 2016 年 11 月针对十个城市进行的抽样调查。本调查采用分层抽样，在十个超大城市随机选取 72 个社区，在社区中等距抽样选择家庭，共抽取 3000 多户家庭的老人并进行调查。

[2] 朱迪、何祎金、田丰：《生活在此处——中国社交网络与赋能研究》，社会科学文献出版社，2018。

的限制,如短期记忆能力的衰退和思维能力的退化,老年人对新生事物的接受能力比较低,学习和理解需要更长的时间。如果遇到障碍无法突破,也容易产生自卑情绪。① 另一方面,由于退休生活的社交圈子往往会变得越来越窄小,对于社会事务的参与度也越来越低,因此在精神上会感到孤独和空虚,常常会有与时代的脱节感,容易经常感到自己被忽视,希望得到家庭、社会的关怀和认同。

(三)政府政策与机构的推动

政府层面在信息无障碍的推动上并没有专门针对老年群体的行为,而是在针对残疾人服务中充分考虑通用设计的原则,将老年人作为一种特殊的"伤残"类型来考虑,主要工作也体现在法律法规的保障和相关部门的具体推动上。

在法律法规保障方面包括相关的国际法规范(如《残疾人权利国际公约》)和国内法规范。在国内法规中,《中华人民共和国宪法》《中华人民共和国残疾人保障法》(2008年修订版)《中共中央国务院关于促进残疾人事业发展的意见》和《政府信息公开条例》《"十三五"加快残疾人小康进程规划纲要》等文件。但遍览相关文件,我们发现"无障碍"建设的服务对象仅仅是残疾人群体。

在涉老领域的法规中,《关于加快发展养老服务业的若干意见》《关于进一步加强和改善老年人、残疾人出行服务的实施意见》《关于推进老年宜居环境建设的指导意见》都涉及了"无障碍"内容。2012年修订的《中华人民共和国老年人权益保障法》中,重点规定了无障碍环境建设(第六十三、六十四条)。由于残疾人中有相当一部分是老年人,而老年人随着年龄增长所面临的失能或残疾风险会逐步提高,因此"无障碍"成为老年宜居环境建设的一个基本要求。这些条款的制定为老年人的无障碍环境建设提供

---

① 程君青、潘晓红:《基于老年群体的网络信息无障碍服务平台的研究》,《计算机时代》2011年第10期。

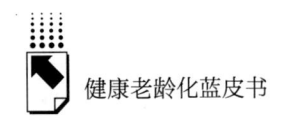

了法律基础，但其基本逻辑仍然是针对"老年的残疾人"和"残疾的老年人"，且在规定中也仅强调无障碍设施的建设与改造，却未涉及"信息无障碍"内容。

2014年，住房和城乡建设部等部门发布了《关于加强老年人家庭及居住区公共设施无障碍改造工作的通知（建标〔2014〕100号）》，从家庭和居住区"适老化"改造的层面提出了具体要求，但也在一定程度上表明，政府相关部门对老年群体信息无障碍的关注仍然不足。从政府行为的角度来看，没有针对老年群体的信息无障碍相关法规标准无疑是一种遗憾。在2016年发布的《国家人权行动计划（2016~2020年）》中，仍然将信息无障碍作为残疾人权利的一部分来表述。

2004年，北京市出台了《北京市无障碍设施建设和管理条例》，将老年人、儿童及其他行动不便者也纳入了无障碍服务的对象。同时，北京市老龄工作委员会也具备了相关的监督和建议权，能够对无障碍设施建设、改造和管理进行监督，并向有关行政主管部门提出意见和建议。但在具体条款设计时，该条例主要强调无障碍实体设施建设和管理，对用于信息沟通交流的无障碍要求明显考虑不足，留下了不少的遗憾，也反映出时代局限性。

2012年，国家层面的《无障碍环境建设条例》经国务院第208次常务会议通过，自2012年8月1日起施行。该条例明确将"无障碍信息交流"作为专门的章节提出，要求县级以上人民政府应当将无障碍信息交流建设纳入信息化建设规划，并采取措施推进信息交流无障碍建设。但该文件的缺陷仍然是将"无障碍环境建设"局限在了残疾人群体，并未充分考虑包括老年人在内的其他弱势群体的无障碍需要。该条例将信息无障碍具体到了五个领域，即政务信息服务与公开、国家举办的各类考试、电视台和影视制品、公共服务机构和公共场所、电信业务经营和终端制造等。

2016年，为进一步做好以上网站无障碍服务能力建设工作，方便残疾人、老年人等特殊群体获取网站信息、参与社会生活，中国残疾人联合会、国家互联网信息办公室发布了《关于加强网站无障碍服务能力建设的指导意见》。从网站信息无障碍入手，具体落实信息无障碍工作。文件要求按照国家相关标准加强网站无障碍服务能力建设，全面促进和改善网络信息无障碍服务环境。到2020年底，国务院各部门政府网站、各省级人民政府及其部门网站、各市级人民政府网站的无障碍服务能力建设达到基本水平，能够满足残疾人浏览网站和在网上办理服务事项的基本需求，鼓励有条件的县、区政府网站开展无障碍服务能力建设；同时，积极引导各级各类公共企事业单位、新闻媒体、金融服务、电子商务等网站的无障碍服务能力达到基本水平，为残疾人等获取信息、享有公共服务提供便利。[1]

（四）信息技术企业参与进程

2003年和2005年的信息社会世界峰会提出，"要驾驭基于信息与通信技术的数字革命焕发的潜能，并以之造福于人类"。[2] 缩小数字鸿沟对建设信息社会至关重要，而保障信息无障碍是基本的工作之一。目前，企业及所组成的产品联盟主要着力于信息无障碍产品的规范标准制定和执行，更多的社会组织则针对信息无障碍群体进行能力提升方面的培训，一些企业和慈善组织也进行大力支持。

2005年，深圳市信息无障碍研究会成立，成为中国最早专注于信息无障碍的专业机构，为腾讯、阿里巴巴集团、百度、蚂蚁金服、微软等知名企业或机构旗下的超过40款产品提供专业信息无障碍服务改造。2013年，在万维网联盟（W3C中国）、工业和信息化部电信研究院（后改制为"中国信息通信研究院"）的支持下，依托深圳市信息无障碍研究会，由腾讯、信息无障碍研究会、阿里巴巴集团、百度、微软（中国）共同发起成立了信息无障碍产品联盟（CPAP）。该联盟致力于加速我国信息无障碍环境建设的进程，着重推进中国互联网产品的信息无障碍化，让每个人都能够使用互联网产品的基本功能。目前，该联盟的成员共有39个，中国互联网协会、

---

[1] 中国残疾人联合会、国家互联网新信息办公室：《关于加强网站无障碍服务能力建设的指导意见》，2016年2月25日。
[2] 信息社会世界首脑会议：《联合国大会第五十六届会议大会决议》，2002年1月。

中国残疾人信息和无障碍技术研究中心、中国残疾人联合会信息中心和中国残疾人福利基金会都先后成为其成员单位。[1]

2016年，百度颁布《百度信息无障碍产品规范》，成为第一家将无障碍列为公司级别产品强制性规范的公司，这也成为推动中国互联网公司将"信息无障碍"融入研发流程的里程碑。中国平安作为第一家考虑障碍用户购买保险便利性的金融企业，正在对在线购买保险渠道进行无障碍优化，将信息无障碍拓展到传统领域的变革中。支付宝安卓版上线了业内第一个专门的密码键盘读屏功能，实现了关键技术的突破。此外，百度、阿里、腾讯、信息无障碍研究会等派出代表出席"中国信息无障碍技术标准联合工作组研讨会"，通过企业撬动、技术支持、演讲倡导和宣传推广等方式，进行信息无障碍的理念普及，吸引了更多企业加入其中，也让更多企业和产品团队了解信息无障碍，推进了数十个互联网产品开始进行信息无障碍优化。[2]

（五）老年群体信息能力建设

在针对老年人群体的信息能力提升方面，大量社会组织通过深入社区，积极开展信息能力培训活动，让更多的老年人了解和接触互联网。客观而言，智能手机和软件所侧重的大量消费群体为中青年群体，对老年群体并不友好。目前，绝大多数涉及助老服务的基层社会组织，都会开办智能手机使用相关的培训，为老年人提供手把手的服务。

2004年起，北京市西城区组织开展了"信息化互助行动"，举办了多届社区中老年免费电脑培训活动，受到了广大百姓的欢迎和支持，提高了地区居民的信息能力。在工作过程中，社会组织充分利用社区和网吧企业的资源开展对居民的培训，发挥和利用教育部门的学校和课件，协调更多的社会资源投入活动中来。[3] 同年，微软（中国）在中国发起了"潜力无限－社区技

---

[1] http://www.capa.ac/.
[2] http://www.xinhuanet.com/itown/2017-05/15/c_136284604.htm.
[3] 北京市信息协会：《社区信息能力及培训机制调查》，2009年11月。

术培训项目",通过有关的技能培训,为弱势人群提供学习和发展机会。双方也积极开展了合作,组织信息化互助行动的学员去微软、联想等知名IT企业参观,也取得了不错的效果。

北京市夕阳再晨社会工作服务中心是一个组织大学生青年志愿者走进社区,通过科技大讲堂和一对一模式教授老年人学习电脑、智能手机、网上购物、网上挂号、手机拍照、VR视频等新技能,倡导积极老龄、快乐享老理念的公益组织。目前,夕阳再晨在全国10个城市成立了46支志愿服务队,拥有近万名志愿者,直接服务社区老年人超过25万人。[1] 上海科技助老服务中心(简称"老小孩")以"扶老上网"为目标,通过让老年人在学习之后使用老小孩网站,不断地把培训和实践密切结合,坚持十七年之久。目前,"老小孩"用户量达到20万,其中核心用户达到5万。同时,"老小孩"也承办了上海市"扶老上网"工程、上海市"科技助老"行动等,致力于打造养老网络社区服务平台。

学习新科技对于老年人来说,是一件非常不容易的事,也是一个挑战。老年人的接受能力、自我更新能力都相对较弱,讲了很多遍还是不能理解的情况随时出现,时间长了有时也会让人感到精力的透支和情感的浪费,造成挫折感。同时,老年人在生活中有较多的空闲时间,学习热情普遍较高,与人的沟通能力强,更关注对自我价值的认可。在实践中可以通过服务骨干,组成兴趣小组,或采用竞赛的方式调动群体互帮互助的积极性,提高服务的效率,增强其在精神生活方面的满足感。[2]

2017年,在日内瓦举行的国际电信联盟(ITU)举办的信息社会世界峰会(WSIS)上,"中国政务信息无障碍服务体系"获项目大奖(Champion of WSIS Prizes 2017)。该体系旨在构建和完善政务信息无障碍交流环境,满足视障人士、老年人、运动障碍人士以及文化程度较低人群的信息无障碍需求,为所有人提供政务信息多渠道、多终端的一站式服务。这是我国在信息

---

[1] http://www.bjseeyoung.com/.
[2] 宋煜:《基于治理的社区数据能力建设的理论与实践研究:以北京市为例》,上海人民出版社,2017。

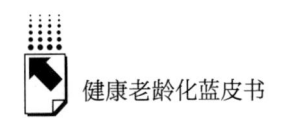

无障碍领域推出的重要成果，受到了积极的认可。目前，我国已有1000个区县以上人民政府网站接入"中国政务信息无障碍服务体系"，完成了政务信息无障碍公共服务平台的建设工作，共计3万多个政府网站提供了无障碍服务。[①]

四 存在的问题

（一）信息无障碍的政策与标准规范设计仍不完善

在推进互联网和移动互联网信息服务无障碍上，政府在政策和推动上往往陷入怪圈。一方面强调"无障碍"环境是针对所有人群的，包括老年人、儿童及其他行动不便者，强调"通用设计"原则，并积极与国际接轨。但在具体政策落地上却仅以残疾人为唯一的对象，缺乏对具体对象在生理及心理上的需求分析，政策表述前后不一致，相关规范标准也以此理念为准来设计和执行，必然会造成一定的问题。

在信息无障碍落地的过程中，以网站信息无障碍为抓手加以推进是一种好的选择。在突出政府行政力量推动的作用下，让社会各界更关注信息无障碍，但副作用也日益明显，即政府网站投资加大，对普通公众访问网站获取服务会产生一定的障碍，如在访问网站时不得不听到持续的无障碍服务提示音。如何保障便利和公平的服务，就成为当前政府网站信息无障碍建设面临的客观问题。另外，信息无障碍不仅仅指网站服务，还包括其他公共服务机构和组织的无障碍沟通交流，这也是需要每一位参与者深入考虑的。如何发挥社会的力量，特别是市场企业和社会组织的力量就显得十分关键了。

（二）信息技术企业对信息无障碍的认识还不到位

从全球信息无障碍发展的现实状况来看，信息技术企业是老年人信息化

---

① http://www.xinhuanet.com/info/2017-06/14/c_136363823.htm.

设施的开发者、生产者和供应者。保障信息无障碍地被获取和使用,绝大部分的因素取决于企业所开发、生产的产品是否考虑了包括老年群体在内的特殊群体需求。因此,互联网企业在信息无障碍方面的重要地位是不言而喻的,但对信息无障碍的认识仍然是不到位的,从而导致绝大多数互联网企业并不认可无障碍设计的理念,甚至一些声称"为老年人设计"的助老信息技术产品也存在问题。

当前,互联网信息产品的"无障碍"化设计与改造确实存在诸多技术开发等方面的问题,更需要企业投入一定的成本来实现。对国内外成规模的信息技术企业而言,"无障碍"设计已经成为体现其企业社会责任(CSR)的重要手段之一,被纳入企业发展整体规划。信息无障碍产品联盟自成立以来在行业内推动信息无障碍优化取得了一定的成绩,正如其总结的那样:企业在主观意识层面不知道还需要对产品做信息无障碍优化,在操作层面不知道该如何进行信息无障碍优化,在行业规范层面缺少统一的行业规范。①这些都是阻碍在企业界积极推动信息无障碍工作的重要问题。

(三)社会组织参与老年人信息服务缺乏顶层设计

信息无障碍并非单方面的产品设计和环境建设问题,也需要增强老年人的信息能力。助老类社会组织的发展,特别是面向社区的社会组织的发展,使得老年群体的信息能力获得了有效的提升,让其真实地使用互联网、享受互联网所带来的便利。社会组织针对老年人提供信息支持服务已经蔚然成风。在社区层面,对老年人进行电脑和智能手机使用培训已经成为全国助老类服务组织的重要活动内容之一。但从教育培训角度来看顶层设计缺乏,也导致了许多问题。

首先是老年人信息无障碍研究的工作不到位,导致社会对老年人信息无障碍的具体需求不清晰,特别是残疾人与老年人在生理与心理上的共性与不

---

① http://it.gmw.cn/2017-06/19/content_24827204.htm.

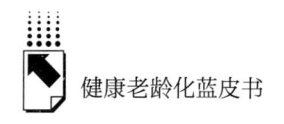

同，研究不多也不够深入，社会关注度明显不足。在中国信息无障碍产品联盟于2016年发布的《中国互联网视障用户基本情况报告》中，60岁及以上视障用户占总被访者的比例只有2%，无法反映老年人的无障碍需求。其次是培训资源的建设和共享不充分，导致政府部门和老龄委、残联、社会公益组织、爱心企业的投入的资源利用效率不高，尚未形成稳定的、可持续的机制，共享协同仍然处于较低的水平，也缺乏对投入与产出间行之有效的评估考核。最后是信息能力的培训机制尚待完善，导致在师资、课程和培训方法上都缺乏针对老年群体的有效经验总结。如培训大多采用"老师讲，学员听，考试测"，而社区培训时学员水平参差不齐，培训课程很少更新，难以跟上信息时代的步伐，造成服务效果不佳。

五 一些建议

信息无障碍建设是一件长期的工程，涉及多个部门、多个机构、多种主体，政府部门、企业和社会组织都应当发挥其重要的作用。在政策制定和落实上，尽快完善老年群体信息无障碍的法律法规，制定相关实施办法，突破设施"适老化"的藩篱。其中，加强全社会对信息"适老化"的认识，无疑是最基础的。尽快制定与公共信息服务、鼓励互联网行业企业提供无障碍设计和优化等方面的配套法规，是推进发展的重要抓手。

对互联网行业企业而言，信息无障碍不可能一蹴而就，所有产品都是不断迭代和完善的，但前提是要对用户需求和附加成本有一个比较清晰的认识，在满足绝大多数用户需求的情况下，加强与用户的沟通，获得更多的理解，进而完善老年群体的信息服务功能，并产生行业认可的信息无障碍规范和标准。

当前，信息无障碍事业仍然被作为一种针对特殊人群的公益性事业，对各类社会组织来说，提升自身服务能力是当务之急。特别是整合资源，在助老养老服务中强调"科技助老"、"信息助老"，不能让智慧社会落下任何一位老年人。

最后，在行业研究与推动上迫切需要更多的社会关注，应当对不同群体的无障碍事业发展进行有效的跟踪，研究机构、行业企业和社会各界应当协同合作，持续出台老年人信息无障碍发展的年度报告，积极推广"科技助老"和"无障碍设计"的理念，在全社会形成一个关注老年人信息无障碍事业的良好氛围。总之，信息无障碍将会促进整个社会的平等，也是应对老龄化社会的策略之一。

参考文献

陈旭明、曹倩、王慧：《当"老龄化"遇见"新媒体"》，《中国社会保障》2015年第8期。

程君青、潘晓红：《基于老年群体的网络信息无障碍服务平台的研究》，《计算机时代》2011年第11期。

劳伦斯·莱斯格：《代码——塑造网络空间的法律》，中信出版社，2004。

梁捷：《别让孤独困扰空巢老人》，《光明日报》2013年4月30日01版。

梁玮：《"助老上网"是信息无障碍的重要组成部分》，《互联网天地》2006年第6期。

宋煜：《基于治理的社区数据能力建设的理论与实践研究：以北京市为例》，上海人民出版社，2017。

孙祯祥、张家年、王静生：《我国信息无障碍运动研究综述》，《图书情报工作》2007年第11期。

王永梅：《网络社会与老龄问题：机遇与挑战》，《学术交流》2014年第8期。

吴玉韶、王莉莉：《人口老龄化与信息无障碍》，《兰州学刊》2013年第11期。

张影强等：《全球网络空间治理体系与中国方案》，中国经济出版社，2017。

赵英、章梦玄：《老年视障人士信息无障碍网站设计》，《中国老年学杂志》2018年第2期。

朱迪、何祎金、田丰：《生活在此处——中国社交网络与赋能研究》，社会科学文献出版社，2018。

Abstract

This report advocates "sustainable and inclusive development for different ages", exploring how cities can provide opportunities for older people to participate in economic and social life in a convenient and safe manner; how to provide the elderly with the necessary housing, social security and health care and social services to help them realize age-in-place; how to create inclusive, safe, vibrant and sustainable cities and human settlements, leave no one behind - no matter how old he or she is; how to help the elderly to better participate in public and social activities such as urban planning, construction and social construction, and constantly confirm, strengthen and enrich their own life meaning and social value, so as to achieve people-centered sustainable development.

The report focuses on *Active and Healthy Ageing* advocated by the World Health Organization (WHO) and puts this concept into the topic of urban governance and sustainable development, and strives to explain the relationship between population ageing and urban local governance. The report builds an urban healthy ageing index assessment system based on the analytic hierarchy process. It regards 38 large and medium-sized cities in China as research objects, by using public data, from five dimensions of health care, transportation, economic and financial, human settlements and social justice, so that objectively and impartially assess the development level of healthy ageing of these cities. It reflects the overall social environment, including the survival and development of people of all ages, focusing on the elderly, and analyzes key issues such as ageing and active health, barrier-free and suitable for the elderly, the value of the elderly and social participation, and inclusive development. Finally the diagnosis and analysis of these problems have been carried out, and several targeted policy recommendations have been proposed.

"Healthy ageing" is an important measure for people of all ages. In addition

Abstract

to the problems and challenges currently faced by the governance of the ageing society, it is more important to promote the "age-friendly" concept of healthy ageing into the mainstream of decision-making, and help the cities concerned to understand the adoption of "age awareness" in local governance. And guide the younger generation to adapt to the ageing trend of society, and take the initiative to prepare for the old age. It is necessary to innovate in the potential and opportunities brought about by the ageing of the population for economic and social development, thereby promoting the continuous improvement of national and local governance levels and capabilities. The report is expected to provide theoretical support for the research and formulation of public policies for healthy ageing, open up new perspectives for urban planning and construction, and provide decision-making reference for localities to create elderly friendly cities and healthy cities.

Keywords: Healthy Ageing; Age Awareness; Local Governance; Age-friendly City

Contents

I General Report

B. 1 Report on Index of Healthy Ageing in urban China

                              Yang Yifan, Dong Rui and Feng Bei / 001

    1. Population Ageing & Urbanization Background   / 002

    2. Healthy Aging & Current Research of Urban Governance   / 006

    3. Evaluation System & Construction Principles   / 031

    4. Score Ranking & Comprehensive Analysis   / 046

    5. Policy Recommendations   / 071

Abstract: Abstract: The framework takes 38 large and medium-sized cities in China as the research object. Based on the cross-cutting areas of active aging and local governance and sustainable development, this report is based on the study of sustainable urban governance trends, guided by healthy aging, and draws on the World Health Organization's policy on building elderly-friendly cities/ communities. From five dimensions: health care, transportation, economy and finance, living environment and social justice to analyse its operational mechanism, process and effectiveness, risks and guarantees, and constraintsInitially constructed an age-friendly urban governance and performance analysis and evaluation framework with Chinese characteristics, reflecting the concept of sustainable development and resilience governance, and building a shared governance and governance-urban health aging index. Finally from the dimension of value orientation, function, structure system, coordination mechanism and performance evaluation mechanism and so on are proposed: Constructing actively cope with an ageing population strategic action of local governance framework; Respect and promote positive value in the elderly; The inclusion of the local governance of age friendly city modern social governance framework; Improving local governance of systemic aging society; Explore diversified management guarantee mechanism, etc.

Keywords: Healthy Ageing; Urban Governance; Age-friendly

Ⅱ Sub Reports

B. 2 Report on the Development of Health Care for the
Elderly in Urban China *Lei Bin, Li Nan* / 078

Abstract: This report combs and comprehensively analyzes the research literature on health care in the context of population aging. Using the observation points of historical indicators, the health care status of 38 cities in China is selected as the research object, and the comprehensive ranking indicators and 7 levels are Indicators (per capita health expenditure, health expenditure as a percentage of GDP, per capita health care expenditure as a percentage of household consumption expenditure, number of hospitals per 10,000 people, number of doctors per thousand, number of beds per1000 people, average life expectancy) The rankings were compared and analyzed, as well as the analysis of the changes in urban health care dimensions in 2015 -2017; the important factors or causes of the impact were explored, and finally suggestions and sample references for further improving urban health care were provided.

Keywords: Health Care; Health Care Expenditure; Life Expectancy

B. 3 Report on the Development of Living Environment for
the Elderly in Urban China *Fu Fei, Fei Kai and Sun Yaxin* / 122

Abstract: This report combs and comprehensively analyzes the importance of human settlements literature and human settlements evaluation in large and medium-sized cities at home and abroad. Using the indicators of historical observation points, the living environment of 38 cities in China is selected as the research object. Ranking indicators and 8 first-level indicators (urban new standard air quality index, green area per 10,000 people, per capita park green area, per capita park number, green area coverage of built-up area, equivalent sound level of urban area environmental noise monitoring, road traffic Comparative analysis of score rankings of equivalent sound levels and harmless treatment rates of domestic garbage, and analysis of changes in urban human settlements environmental indicators from 2015 to 2017. We also exploring important factors or causes conducive to promoting healthy aging Under the guidance of Xi Jinping's ecological civilization thought, and proposes a strategy to further enhance the development of human settlements in large and medium cities.

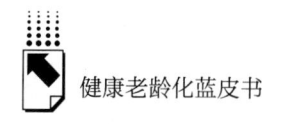

Keywords: Ecological Civilization Though; Urban Human Settlement Environment; Sustainable Development

B.4 Report on the Development of Economy and Finance for
the Elderly in Urban China   *Zhang Duo, Zhang Tianfeng* / 162

Abstract: This report starts with the status of economic and financial theory and practice research closely related to the quality of retirement life at home and abroad, taking the quality of old-age retirement life as the continuous observation dimension, and analyzing indicator data of interrelated interactions in 11 aspects, such as the per capita disposable income ratio of urban basic pensions and the consumption of urban residents, expenditure, foreign trade dependence, per capita livelihood budget investment, urban residents' minimum living allowance and per capita disposable income ratio, monthly per capita urban employee basic pension insurance, average wages of urban employees, per capita disposable income of urban residents, per capita urban and rural residents, savings deposit, commercial insurance depth and commercial insurance density form a continuous observation point, which leads to the ranking of the economic and financial dimensions of retirement life in 38 cities across the country. In order to achieve a synchronized, coordinated interaction between active aging, healthy aging and urban economic and financial development. Micro-promoting urban economic and financial pensions, helping the city to improve the quality of living and living and the quality of healthy retirement. This report analyzes the overall situation and trends of economic and financial factors affecting the retirement of urban elderly, and proposes corresponding countermeasures such as optimization of pension financial policy, development of old-age industry, and construction of pension financial system.

Keywords: Aging; Old-age Industry; Pension Finance; Economic Development

B.5 Report on the Development of Social Equity and Social Participation for the Elderly in Urban China

Ming Liang, Li Chunyan and Zhang Rongjia / 212

Abstract: It can be seen from the literature that ensuring social equity and promoting social participation are of great significance for the construction of an old-age-friendly society. We selected 11 indicators including the proportion of the tertiary industry and the number of lawyers per 10,000 people to rank the social equity and social participation index scores and the single indicator scores of 38 cities. The report analyzes the five cities with the top scores and the five cities with the comprehensive scores, and summarizes the characteristics of social equity and social participation in major cities in 2017 and the influencing factors behind them. Secondly, through the analysis of the changes in social equity and social participation index of cities in 2015 -2017, the characteristics of social equity and social participation in major cities in China are pointed out. Finally, we proposes relevant countermeasures to further promote social equity and expand social participation from the perspective of better building an age-friendly society.

Keywords: City; Social Equity; Social Participation; Old-age Friendly Society

B.6 Report on the Development of Transportation for the
　　　Elderly in Urban China　　*Zhang Xueyong, Che Sihan* / 258

Abstract: Transportation is an important dimension reflecting the livability of urban elderly. This reports evaluated the traffic suitability of 38 cities from seven indicators including one-way commuting distance, annual per capita congestion cost, per capita urban road area, urban per capita public transport vehicles, number of road accidents, number of urban road accidents per square meter, the proportion of direct economic losses to GDP. The report also describes other factors which are not covered in the indicator but reflect the state of urban traffic, in order to more fully observe the urban traffic dimension. The report concludes with recommendations on how to improve the urban transport age from both supply and demand.

Keywords: Elderly; Transportation; Livable Traffic; Public Transportation

Ⅲ　Special Report

B.7 Research on the Situation of the Elderly Groups under the
　　　Visual Threshold of Information Accessibility: Present
　　　Situation and Problem　　　　　　　　　　*Song Yu* / 305

Abstract: The aging of China is unusual and the number is extremely large. How to "survive with quality" in the information era has become an important social issue. The Internet culture is largely as a kind of youth culture, and it also brings the challenge of "information inequality" to the elderly. "Information accessibility" is undoubtedly an important means to deal with this issue, and it has increasingly become the focus of attention. Based on the analysis of the theoretical background of information accessibility, this paper establishes a theoretical research framework with national circumstance. On the basis of analyzing the data of the elderly internet users, this paper analyzes the physiological and psychological characteristics, and studies the status of the information accessibility service of the elderly groups, and puts out some problem. Information accessibility promotes the equality of the whole society, and is one of the strategies to deal with an aging society.

Keywords: Information Accessibility; Post-60s Aged Groups; Information Equity; Social Organization

社会科学文献出版社　　　　　　　　　　　皮书系列

❖ 皮书起源 ❖

"皮书"起源于十七、十八世纪的英国，主要指官方或社会组织正式发表的重要文件或报告，多以"白皮书"命名。在中国，"皮书"这一概念被社会广泛接受，并被成功运作、发展成为一种全新的出版形态，则源于中国社会科学院社会科学文献出版社。

❖ 皮书定义 ❖

皮书是对中国与世界发展状况和热点问题进行年度监测，以专业的角度、专家的视野和实证研究方法，针对某一领域或区域现状与发展态势展开分析和预测，具备原创性、实证性、专业性、连续性、前沿性、时效性等特点的公开出版物，由一系列权威研究报告组成。

❖ 皮书作者 ❖

皮书系列的作者以中国社会科学院、著名高校、地方社会科学院的研究人员为主，多为国内一流研究机构的权威专家学者，他们的看法和观点代表了学界对中国与世界的现实和未来最高水平的解读与分析。

❖ 皮书荣誉 ❖

皮书系列已成为社会科学文献出版社的著名图书品牌和中国社会科学院的知名学术品牌。2016年，皮书系列正式列入"十三五"国家重点出版规划项目；2013~2018年，重点皮书列入中国社会科学院承担的国家哲学社会科学创新工程项目；2018年，59种院外皮书使用"中国社会科学院创新工程学术出版项目"标识。

中国皮书网

（网址：www.pishu.cn）

发布皮书研创资讯，传播皮书精彩内容
引领皮书出版潮流，打造皮书服务平台

栏目设置

关于皮书：何谓皮书、皮书分类、皮书大事记、皮书荣誉、
皮书出版第一人、皮书编辑部

最新资讯：通知公告、新闻动态、媒体聚焦、网站专题、视频直播、下载专区

皮书研创：皮书规范、皮书选题、皮书出版、皮书研究、研创团队

皮书评奖评价：指标体系、皮书评价、皮书评奖

互动专区：皮书说、社科数托邦、皮书微博、留言板

所获荣誉

2008年、2011年，中国皮书网均在全国新闻出版业网站荣誉评选中获得"最具商业价值网站"称号；

2012年，获得"出版业网站百强"称号。

网库合一

2014年，中国皮书网与皮书数据库端口合一，实现资源共享。

权威报告·一手数据·特色资源

皮书数据库
ANNUAL REPORT(YEARBOOK) DATABASE

当代中国经济与社会发展高端智库平台

所获荣誉

- 2016年，入选"'十三五'国家重点电子出版物出版规划骨干工程"
- 2015年，荣获"搜索中国正能量 点赞2015""创新中国科技创新奖"
- 2013年，荣获"中国出版政府奖·网络出版物奖"提名奖
- 连续多年荣获中国数字出版博览会"数字出版·优秀品牌"奖

成为会员

通过网址www.pishu.com.cn访问皮书数据库网站或下载皮书数据库APP，进行手机号码验证或邮箱验证即可成为皮书数据库会员。

会员福利

- 使用手机号码首次注册的会员，账号自动充值100元体验金，可直接购买和查看数据库内容（仅限PC端）。
- 已注册用户购书后可免费获赠100元皮书数据库充值卡。刮开充值卡涂层获取充值密码，登录并进入"会员中心"—"在线充值"—"充值卡充值"，充值成功后即可购买和查看数据库内容（仅限PC端）。
- 会员福利最终解释权归社会科学文献出版社所有。

卡号：492966969531
密码：

数据库服务热线：400-008-6695
数据库服务QQ：2475522410
数据库服务邮箱：database@ssap.cn
图书销售热线：010-59367070/7028
图书服务QQ：1265056568
图书服务邮箱：duzhe@ssap.cn

S 基本子库
SUB DATABASE

中国社会发展数据库（下设12个子库）

全面整合国内外中国社会发展研究成果，汇聚独家统计数据、深度分析报告，涉及社会、人口、政治、教育、法律等12个领域，为了解中国社会发展动态、跟踪社会核心热点、分析社会发展趋势提供一站式资源搜索和数据分析与挖掘服务。

中国经济发展数据库（下设12个子库）

基于"皮书系列"中涉及中国经济发展的研究资料构建，内容涵盖宏观经济、农业经济、工业经济、产业经济等12个重点经济领域，为实时掌控经济运行态势、把握经济发展规律、洞察经济形势、进行经济决策提供参考和依据。

中国行业发展数据库（下设17个子库）

以中国国民经济行业分类为依据，覆盖金融业、旅游、医疗卫生、交通运输、能源矿产等100多个行业，跟踪分析国民经济相关行业市场运行状况和政策导向，汇集行业发展前沿资讯，为投资、从业及各种经济决策提供理论基础和实践指导。

中国区域发展数据库（下设6个子库）

对中国特定区域内的经济、社会、文化等领域现状与发展情况进行深度分析和预测，研究层级至县及县以下行政区，涉及地区、区域经济体、城市、农村等不同维度。为地方经济社会宏观态势研究、发展经验研究、案例分析提供数据服务。

中国文化传媒数据库（下设18个子库）

汇聚文化传媒领域专家观点、热点资讯，梳理国内外中国文化发展相关学术研究成果、一手统计数据，涵盖文化产业、新闻传播、电影娱乐、文学艺术、群众文化等18个重点研究领域。为文化传媒研究提供相关数据、研究报告和综合分析服务。

世界经济与国际关系数据库（下设6个子库）

立足"皮书系列"世界经济、国际关系相关学术资源，整合世界经济、国际政治、世界文化与科技、全球性问题、国际组织与国际法、区域研究6大领域研究成果，为世界经济与国际关系研究提供全方位数据分析，为决策和形势研判提供参考。

法律声明

"皮书系列"(含蓝皮书、绿皮书、黄皮书)之品牌由社会科学文献出版社最早使用并持续至今,现已被中国图书市场所熟知。"皮书系列"的相关商标已在中华人民共和国国家工商行政管理总局商标局注册,如 LOGO( )、皮书、Pishu、经济蓝皮书、社会蓝皮书等。"皮书系列"图书的注册商标专用权及封面设计、版式设计的著作权均为社会科学文献出版社所有。未经社会科学文献出版社书面授权许可,任何使用与"皮书系列"图书注册商标、封面设计、版式设计相同或者近似的文字、图形或其组合的行为均系侵权行为。

经作者授权,本书的专有出版权及信息网络传播权等为社会科学文献出版社享有。未经社会科学文献出版社书面授权许可,任何就本书内容的复制、发行或以数字形式进行网络传播的行为均系侵权行为。

社会科学文献出版社将通过法律途径追究上述侵权行为的法律责任,维护自身合法权益。

欢迎社会各界人士对侵犯社会科学文献出版社上述权利的侵权行为进行举报。电话:010-59367121,电子邮箱:fawubu@ssap.cn。

社会科学文献出版社